匡亚明 主编 中国思想家评传丛书

陈亮评传

董平 刘宏章 著

南京大学中国思想家研究中心

南京大学出版社

永康方岩之五峰书院，现辟为陈亮史料陈列室

新修的陈亮墓 （照片由永康市文管会提供）

《中国思想家评传丛书》序

匡 亚 明

伟大的中华民族在长达五千年连绵不断的曲折发展过程中，像滚滚东流的长江那样，以磅礴之势，冲破了重重险阻，奔腾向前，现在更以崭新面貌，雄姿英发，屹立于世界民族之林。这是人类历史上的一个奇迹。产生这一奇迹有诸多原因，其中十分重要的一点，就是我们勤劳、勇敢、智慧的各族人民，在长期的生产活动、社会活动、思维活动和对外交往以及抗击外来侵略过程中，逐渐创造、积累、发展了具有以生生不息的内在思想活力为核心的优秀传统思想文化。这是一种伟大、坚强的精神支柱，是我们民族凝聚力和生命力之所在，是历史留给我们所有海内外炎黄子孙引以自豪的无价之宝。

当然，和各国各种不同传统思想文化一样，在中华民族的思想文化传统中，也是既有精华，又有糟粕，因而全盘肯定或全盘否定，不对；一知半解、信口开河或裹足不前、漠然置之，也不对。郑重而严肃的态度应该是对它进行实事求是的科学的研究和分析，取其精华，弃其糟粕，继承和弘扬这份瑰宝，振兴中华，造福人类。人类历史发展的连续性，就是在不断去粗取精、继往开来和改革创新过程中实现的。继往是为了开来，开来不能离开继往。民族虚无主义和复古主义，都是违背历史发展的辩证规律的。

现在我们国家正处在一个新的继往开来迈向四化的关键时刻。继往就是继民族优秀传统之往，开来就是开社会主义现代化建设之来。对中国传统思想文化从广度和深度上进行系统研究，实现去粗取精的要求，正是继往开来必须完成的紧迫任务。我认为这是中国各族人民，首先是文化界、学术界、理论界义不容辞的光荣职责。但面对这一时间上长达五千年，内容上涉及人文科学、自然科学等各个领域的传统思想文化，将从何着手呢？毛泽东同志早在 1938 年就说过："从孔夫子到孙中山，我们应当给以总结，承继这一份珍贵的遗产。"[①]这是很有远见而又切合实际的英明建议。从孔子到孙中山这两千余年是中国历史上思想文化最丰富的时期，如果总结了这段历史，也就基本上总结了五千年传统思想文化的主要内容。当然，基本上不等于全部。孔子以前和孙中山以后的情况，可以另行研究。因此，我认为首先最好是在时间上从孔子开始到孙中山为止，方法上采取《中国思想家评传丛书》的形式作为实现这一任务的开端。这就是从这段历史的各个时期、各个领域和各个

---

① 毛泽东《中国共产党在民族战争中的地位》，《毛泽东选集》第 2 卷，人民出版社 1952 年版，第 522 页。

学科(包括文、史、哲、经、教、农、工、医、政治等等)有杰出成就的人物中,遴选二百余人作为传主(一般为一人一传,少数为二人或二人以上合传),通过对每个传主的评述,从各个侧面展现那些在不同时期、不同领域中有代表性人物的思想活力和业绩,从而以微见著、由具体到一般地勾勒出这段历史中中国传统思想文化的总体面貌,揭示其积极因素和消极因素的主要内涵,以利于开门见山、引人入胜地批判继承、古为今用,也为进一步全面系统地总结中国传统思想文化打下基础。自从毛泽东同志提出上引建议后,半个世纪以来,不少专家学者已从各个方面做了许多工作,但对全面完成这个任务来说还远远不够,还要在深度和广度上继续努力。作为"抛砖引玉",本《丛书》只是这个继续努力所应完成的工作的一部分。《丛书》凡二百部,约四千万言,自 1990 年开始陆续出版,争取十到十五年全部出齐。

《丛书》所以用"中国思想家评传"命名,主要是考虑到中国传统思想文化中的核心是生生不息的内在思想活力,而历史事实也反复证明,凡是在各个不同时代不同领域和学科中取得成就者,大多是那些在当时历史条件下自觉或不自觉地认识和掌握了该领域事物发展规律的具有敏锐思想的人。他们取得成就的大小,取决于思想上认识和反映这些规律的程度如何。思想并非先验之物,它所以能反映和掌握这些规律,主要是通过社会实践和对前人思想成果的借鉴和继承。思想一旦形成,反过来在一定程度上又对实践起决定性指导作用。

韩愈说的“行成于思，毁于随”[①]，列宁说的“没有革命的理论就不会有革命的运动”[②]，这些话，虽所处时代和所持立场不同，所要解决的问题的性质也不同，但就认识论中思与行、理论（思想的高度概括）与实践的关系而言，确有相通之处，即都强调思想对实践的指导意义和作用。因此我们以“中国思想家评传”命名，就是力图抓住问题的核心，高屋建瓴地从思想角度去评述历史人物，以便对每个传主在他所处时代的具体情况下，如何在他所从事的领域中，克服困难，施展才华，取得成功，做出贡献，从思想深处洞察其底蕴。历史上各个时代富有思想因而能在有关方面取得成就的人，直接阐述自己思想观点的论著虽亦不少，但大量的则是其思想既来自实践（包括对前人、他人实践经验的吸取）、又渗透在自己创造性实践之中，集中凝聚在他自己的业绩和事功上，而没有留下论著。另一些人却只留下著作而无其他功绩，对这些人来说，他那些有价值的著作就理所当然地是他的伟大业绩和事功。如果论述一个人的思想而不联系他的业绩（包括著作），必将流于空洞的抽象；同样，如果只讲一个人的具体业绩而不结合他的思想活动，又必将成为现象的罗列。评价思想和评价业绩，两者不应偏废。而不断在实践中丰富和深化的思想活力则是经常起主导作用的因素，强调这个因素，引起人们的正视和反思，正是我们的主旨和目的。当然，思想和思想家，思想家和实践家，都是既有区别又有联系的不同概念，忽视这一点是不对的。《从

① 韩愈《进学解》，中华书局《四部备要》东雅堂本《韩昌黎全集》卷十二，第 3 页。

② 列宁《怎么办》，《列宁选集》第 1 卷，人民出版社 1976 年版，第 241 页。

书》的重点则是放在两者的联系和结合上。至于如何使两者很好联系和结合而又着意于剖析其思想活力，各占多少篇幅或以何种方式表达，则自当由作者根据传主的具体情况创造性地作出妥善安排。

自从人类历史上产生了马克思主义，不仅全人类解放和发展有了划时代的明确方向，学术研究也有了更严密的科学方法，即辩证唯物主义和历史唯物主义的世界观和方法论。根据这一科学方法，在研究和总结中国传统思想文化，特别是联系到《丛书》的撰著时，我认为下列几点应特别引起重视。

一、坚持实事求是的原则。实事求是是贯串在马克思实际活动和理论研究中的主线，离开了它也就离开了马克思主义。只有切实掌握了客观情况，才能得出正确的认识和判断。前者为"实事"，后者为"求是"，二者相结合，就叫实事求是。事不实则非夸即诬。为了弄清情况，就必须对情况的本质与现象、整体与局部、真与伪、精与粗，作出区别、梳理和取舍，这样才能掌握情况的实质，达到"实事"的要求；然后进一步加以分析研究，找出事物本身固有的真相而非主观臆测的假象，并验证其是否符合人民利益和人类历史前进方向，是否反映科学、技术、文化、艺术的发展规律，这样才能得出正确的认识和判断，达到"求是"的要求。实事求是是治学的基本功夫，是对每个传主的功、过、是、非作出公正评价的必要前提。不论古今中外，对历史人物过高或过低的不公正评价，大都由于未能认真坚持实事求是原则的缘故。

二、坚持批判继承的原则。马克思主义学说就是批判的学说，而批判是为了继承、发展和创新。这就需要我们在实事求是的基础上，既要继承发扬传主业绩和思想中的积极因素，又要批判清除其消极因素。凡传主业绩和思想中体现了诸如爱国主义、民主意识、科学见解、艺术创造和艰苦奋斗、克己奉公、追求真理的精神，即在符合历史前进要求的“立德”、“立功”、“立言”诸方面有显著成就等积极因素者，必须满腔热情地加以继承和弘扬，并紧密结合当前社会主义建设实际，使之深入人心，蔚然成风；凡反映有诸如封建迷信、专制独裁、愚昧落后、丧失民族尊严和违背科学进步等消极因素者，必须以历史唯物主义的观点加以批判，清除其一定程度上至今尚起作用的消极影响，而消极因素经过彻底批判后可转化为有益的教训；凡积极因素和消极因素相混者，更当加以认真清理和扬弃，既发扬其积极因素又摒弃其消极因素。我们力求一点一滴、切实认真地探索各个传主思想和业绩中珍贵的积极因素，使之成为全国各族人民正在从事的继往开来伟大历史工程的组成部分。

三、坚持“百花齐放”、“百家争鸣”的原则。“百花齐放”和“百家争鸣”，是发扬学术民主、促进学术繁荣的正确原则和巨大动力。前者强调一个“齐”字，后者强调一个“争”字，是表示学术上平等、民主和自由的两种不同状态；前者突出的是统一与和谐，后者突出的是区别与争论；两种状态又统一于不断地相互促进和相互补充、转化的持续发展提高过程之中。“百花齐放”、“百家争鸣”的原则体现在撰著评传时，应从“齐放”和“争鸣”出发，综合中外各个时期对有关传主的不同评价，吸取符合客观存在的对的东西，摒弃其违反客观存在的不实的东西，然后创造性地提出经过自己独立思考的、赶前人或超前人的一家之言。同时，对整个《丛书》而言，也有个共性、个性又统一又区别的问题。这就是一方面作者应把“实事求是”、“批判继承”和“百花齐放”、“百家争鸣”这几点作为大家的共性(统一与共识);另一方面,对每部评传的立意、结构和行文(文体、文风和文采等),则主要是作者的创造性思维劳动和雅俗共赏的文字表达艺术的成果,是彼此的个性(区别),不宜也不应强求一律。评传作者都有充分自由去发扬这一个性,力求在对每一传主的评述中探索和展示其积极因素,使之和正在变革中国面貌的伟大社会主义建设实践融为一体,丰富其内容,促进其发展,而不是仅仅停留在对传主思想业绩的一般性诠释上。

我认为,以上三点大体上可以表达《丛书》所遵循的主要指导思想,但也不排除用其他思想和方法得出的有价值的研究成果。

感谢所有关心和支持《丛书》工作的单位和个人,特别感谢《丛书》的名誉顾问和学术顾问。他们的热情关心、支持和指教,使《丛书》工作得以顺利进行。更要感谢所有承担评传撰著任务的老中青学者,他们都以严谨的治学态度,作出了或正在作出对学术,对民族,对历史负责的研究成果。没有他们的积极合作,《丛书》工作的开展是不可能的。《丛书》副主编和中国思想家研究中心、南京大学出版社,在制定《丛书》规划,约请和联系国内外学者,审定书稿以及筹划编辑出版等方面,克服重重困难,做了大量工作,他们的辛勤劳动是《丛书》能按预定计划出版的必要前提。

现在《丛书》开始出版了,我作为年逾八旬的老人,看到自己迫于使命感而酝酿已久的设想终于在大家支持合作下实现,心情怡然感奋,好像回到了青年时代一样,体会到“不知老之将至”的愉悦,并以这种愉悦心情等待着《丛书》最后一部的问世;特别盼望看到它在继承中华民族传统思想文化的珍贵遗产方面，在激励人心、提高民族自尊心和爱国主义思想方面，在促进当前建设有中国特色的继往开来的社会主义现代化物质文明和精神文明的历史性伟大事业中，能起到应有的作用。我以一颗耄耋童心，默默地祝愿这一由一批老中青优秀学者经长年累月紧张思维劳动而作出的集体性学术成果能发出无私的熠熠之光，紧紧伴照着全民族、全人类排除前进道路上的各种障碍，走向和平、发展、繁荣、幸福的明天！

热诚欢迎国内外同仁和各界人士不吝赐教，以匡不逮。是为序。

1990年10月7日

内 容 简 介

陈亮是南宋时期的著名学者，其学说以当时理学的高度繁荣与国势之疲弊羸弱这一现实矛盾之体认为基本前提，以社会之现实政治事务的恰当措置为核心，要求实施各项制度之改革，促进民生之实际利益的普遍增进，以实现中原恢复之大业。其功利主义思想的一般倡导，虽与理学思潮不相和谐，却代表了欲使宋朝走出其时代困境的卓越努力，并提供了一种有异乎儒学"内圣之道"的价值判断模型，从而拓展了人们的思维领域。本书是一部研究陈亮之生平事迹及其思想学说的专门性著作。在充分占有史料的基础上，作者重新考订了陈亮的生平，匡正了有关记载之误，系统地研究了其史学、政治、哲学、军事、文学等方面的思想内涵，并论述了陈亮之学的历史渊源及其与朱学、婺学及永嘉之学的相互关系，在许多理论问题上提出了新的见解。

A Brief Introduction

Chen Liang was a famous scholar in the Southern Song Dynasty. His doctrine, which was based on his specific awareness of the conflicts between the flourishment of the Neo-Confucianism and the weakness of the state power in his time, takes political affairs as its ultimate concern. Aiming at the restoration of the Northern China, Chen insists on the principle of developing social productivity and increasing people's material benefits through a systematic reformation of social institutions. His utilitarianism is not in harmony with the tendency of Neo-Confucianism, but it represents an endeavor to deliver the society from its political-economic predicament, and sets up a distinct pattern of value judgement different from the traditional Confucianism in Chinese intellectual history. This book is a monograph about Chen's life and thought. The authors reinvestigate Chen's life and correct some mistakes of historical records on the basis of intensive material analysis. The major part of the book consists of systematic studies on Chen's ideas in the fields of history, politics, philosophy, literature and so on. The historical sources of Chen's thought and the interrelations of his ideas with the theories of Zhu Xi and the schools of Jin Hua and Yong Jia are also discussed with a serious attitude. In their theoretical analysis, the authors suggest a lot of new interpretations about Chen's ideaology.

目　次

A CRITICAL BIOGRAPHY OF CHEN LIANG

CONTENTS

第一章　导言：南宋的社会政治与文化背景

一种思潮的产生与发展，必然与其社会现实及其思想文化的一般趋势有着密切联系。如果思潮是“流”，则社会文化之整体背景便是“源”。唯“流”与“源”之间的互动发展，才构成一种思潮之完整的社会—历史运动过程。就思想史的研究而言，一项主要任务就是要对这种思想与社会的互动过程作出合乎历史现实的阐释，而这种历史的阐释又必须以对历史现实的了解，对思想家的个人经历、其思想的自身结构及其与不同学派之间关系的了解为基本前提。因此在切入本书的主题以前，我们先对陈亮所处的时代及其政治、文化之一般情形作一简单的提示。知人方可论世，而明其世以论人，则将会显得更为真切，更能从中寻绎出某种深刻的历史意味。

第一节 宋代政治及其所面临的主要问题

公元960年由赵匡胤所建立的宋王朝，实际上一开始就埋下了其日后萎靡闒茸的病根。有鉴于唐末五代的藩镇割据与频频发生的谋篡之祸，赵匡胤通过“陈桥兵变”而身登大宝以后，遂采取一系列措施削灭藩镇割据势力以巩固中央政权。他逐渐解除了那些曾为王朝统一建立过功勋的武将之兵权，而将其交由那些易于驾驭的“易制者”去管理；又将天下精兵萃集于京师，而边城则遣禁兵更番戍守。《宋史·兵志二》云：“太祖惩藩镇之弊，分遣禁旅戍守边城。立更戍法，使往来道路，以习勤苦、均劳逸。故将不得专其兵，兵不至于骄惰。”至于在唐末五代曾跋扈一时的诸镇节度使，则渐次剥夺其军政之权，而代以朝臣。“宋初，革五季之患，召诸镇节度会于京师，赐第以留之。分命朝臣出守列郡，号权知军州事。”[①]这些措施旨在集兵权于中央，以维护天下之一统而不至陷于分裂。赵匡胤很了解地方军事力量的壮大有可能危及其自身的统治地位，而武人又有骄横纵恣较难制驭的一面，因此在削弱地方军权的同时，在内政的管理上遂特用文臣，以为“武臣作郡，往往不晓民事，且多恣横”[②]，故“外官则惩

① 《宋史·职官志七》。

② 《宋史·职官志七》。

五代藩镇专恣，颇用文臣知州，复设通判以贰之"①。同样出于巩固中央政权的目的，朝廷对各级政府官员普遍给予优厚的俸禄，退职以后复有极厚的恩礼，并且子孙可荫补为官。设立于宋初的这一系列措施，在其实际贯彻中逐渐被制度化而形成了独特的"家法"，为此后诸帝所奉行不渝。而这种"家法"正是陈亮在政治上予以批判的主要对象。

就这种集权制本身而言，集兵权于中央，萃精兵于京师，固然消除了地方武装割据的隐患，然边城戍守须遣兵于京师，其军费开支必然激增，而驻边军队之勤加调防，以至兵不知帅，帅无常师，便削弱了军队的实际战斗能力。自宋太宗兴兵伐辽以来，宋朝与北部诸少数民族之矛盾遂日渐深重，战争不断，而其军事不竞，自真宗开始，每每以缔结和议、割地赔款而告终，正与其军事制度及重文轻武之倾向有着种种联系。

过度的中央集权必导致各级官员虽身在其位而不谋其政，以至人浮于事，政治日拙；优厚的物质生活则易习成安逸奢华之风，以至故步自封，不思开拓。祠禄之制、荫补之例，则使官僚阶级益趋庞大，冗员充斥，臃肿不堪。赵翼云："宋开国时，设官分职，尚有定数，其后荐辟之广，恩荫之滥，杂流之猥，祠禄之多，日增月益，遂至不可纪极。"②官僚人数至于"不可纪极"，实为宋朝政弊的一大根源。《宋史·职官志》云：

① 《宋史·职官志一》。

② 赵翼《廿二史札记·宋冗官冗费》。

> 宋承唐制，抑又甚焉。三师三公不常置宰相，不专任三省长官。尚书、门下并列于外，又别置中书禁中，是为政事堂与枢密对掌大政。天下财赋、内庭诸司、中外管库，悉隶三司……台、省、寺、监，官无定员，无专职，悉皆出入分莅庶务。故三省、六曹、二十四司，类以他官主判，虽有正官，非别敕不治本司事。事之所寄，十亡二三。故中书令、侍中、尚书令，不预朝政；侍郎、给事，不领省职；谏议无言责，起居不记注；中书常阙舍人，门下罕除常侍。司谏、正言，非特旨供职，亦不任谏诤。至于仆射、尚书、丞、郎、员外，居其官不知其职者，十常八九。

“官无定员，无专职”，“正官非别敕不治本司事”，乃至“居其官不知其职者十常八九”，无疑是政治上严重的腐败现象。另一方面，各级官吏既冗滥如此，而为维持这一庞大的官僚机器之运转所需耗费的钱财乃是相当巨大的，尤其是在优厚俸禄的政策之下，它实际上又成为宋朝财政困难的一大根源。“徽宗时，卢策疏言：‘皇祐所入，三千九百万，而费才三之一；治平，四千四百万，而费五之一；熙宁，五千六百万，而费尽之。今诸道随月所需，汲汲然不能终日矣。’此犹北宋全盛之时，已如此。南渡以后，幅员既少，而费更多。”①可见国家财税收入虽在逐年增加，但它并未带来财富的积累，国库却反而日见其空虚，以至于汲汲然不能以终日，这无疑与

① 赵翼《廿二史札记·宋冗官冗费》。

冗官冗费的巨额支出有直接联系。

源于官僚腐败、政治衰颓而产生的国家财政困难，无分于南北宋，是困扰着赵宋王朝的一个极其严重的内政问题。这一问题的必然结果就是朝廷采取厚赋于民的政策，人民则由于沉重的力役租赋而趋于普遍贫困。北宋“至和中，谏官范镇上疏曰：陛下每遇水旱之灾，必露立仰天，痛自刻责，而吏不称职。陛下忧勤于上，人民愁叹于下……人民流离，父母妻子不相保者，平居无事时，不少宽其力役，轻其租赋。岁大熟，民不得终岁之饱，及有小歉，虽加重放，已不及事。此无他，重敛之政在前也”[①]。及边事吃紧，军费开支陡然增加，对人民的征敛就愈其苛重：“国家自陕西用兵以来，赋役烦重。及近年，转运使复于常赋外进羡钱以助南郊，其余无名敛率不可胜计……今中书主民，枢密主兵，三司主财，各不相知，故财已匮而枢密院益兵不已，民已困而三司取财不已。”[②]爰及南宋，既承多年积弊，更兼连年征战，不仅须筹集大量军费，且每岁须向金国输送大量钱帛，而版图丧失，税源缩减，故国库更加空虚，国力更加贫弱，同时也就更加无道地朘削人民。如赵翼云：“南渡后，因军需繁急，取民益无纪极。”所谓“经制钱”、“月桩钱”、“板帐钱”、“和买折帛钱”等等，都是南渡后新增的杂征之法。[③]至于战时力役之频繁，生民负累之沉重，尤甚于从前。如建炎二年(1128)，“翁彦国为经制使，籍民输建康修城砖数百万，其人逾虔、吉、

---

① 《宋史·食货志下》。

② 《宋史·食货志下》。

③ 赵翼《廿二史札记·南宋取民无艺》。

南安诸郡，陆负水运，率千钱致两砖。江西提刑留侑劝民出私财助国，乃督责州县以等第厚赋于民，欲以求进。民苦于二役。”[①]诚如赵翼所云：“统观南宋之取民，盖不减于唐之旬输月送，民之生于是时者，不知何以为生也。”[②]

另一个始终困扰着宋王朝的严重问题乃是与北部诸少数民族之间矛盾的不断激化。宋之北部诸少数民族以金国的崛起为最迟（金太祖收国元年为宋徽宗政和五年，1115），但其国力之雄厚及其文化之发达皆胜于辽、夏，其觊觎中原之心也最为强烈。宣和七年（1125），金人始大举攻宋，危及京师；靖康元年（1126），终于以其金戈铁马攻陷汴京；次年，掳徽、钦二宗及其皇后并皇族、后妃、诸王北去，而宫中金银财物文物图书府库积蓄等等皆为洗劫一空。同年，康王赵构仓皇登基，旋渡江，奔命于扬州、镇江、平江、杭州、越州、明州、温州等地，最后建都于临安（杭州），是为南宋。

南宋朝廷实际上是一个流亡政府。按理说，当此山河沦陷，国破家亡，人民社稷遭逢大难之时，君臣上下宜当敌忾同仇，康济艰难，以图民族自救与中原之恢复，钦宗时“君臣相视又不能同力协谋以济斯难，惴惴然讲和之不暇，卒致父子沦胥、社稷芜茀”[③]之教训该当刻骨铭记。但事实上，高宗赵构既无越王勾践卧薪尝胆以图恢复的高远志向，在朝大臣复无东晋士人对泣新亭的那种慷慨悲凉，而依然是蹈常习故，“惴惴然讲和之不暇”，唯希求东南一隅的苟且偏安而已。

① 刘时举《续宋编年资治通鉴》卷一。

② 赵翼《廿二史札记·南宋取民无艺》。

③ 《宋史·钦宗纪赞》。

高宗绍兴十一年(1141),宋金达成疆界协议,规定以淮水中流为界,并割唐、邓二州于金;宋称臣奉表,岁贡银二十五万两、绢二十五万匹。和议缔结以后,朝廷上下遂又沉浸于偏安的享乐之中。绍兴二十八年(1158),"诏戒侈靡";次年,"诏戒骄惰,禁赂遗,以二诏立石于尚书省。"[1]频频下诏,正可见侈靡骄惰实已然成风,而所谓亡国之痛、君父之仇,遂不复措意矣。

随着北宋的灭亡与宋室的南渡,民族矛盾达到了空前剧烈的程度,它应是当时政治决策上必须处置的头等重要的问题。尽管在统治阶级内部一直存在着对金人是和、是战的争论,但高宗既无恢复之志,在决策上便无恢复之图,而朝论也一直以主和派占据上风。孝宗赵眘继位之初(1162),原也想在政治上有一番大的作为,他下令查禁秦桧党人,又重用张浚、陈俊卿等主战派人物。隆兴元年(1163),命张浚都督荆襄,浚命李显忠、邵宏渊等出兵与金战,是所谓"符离之役"。是役宋军初捷而终败,于是以汤思退为主的主和派势力又复抬头,一时朝论汹汹,横议纷起,翕翕然以为危亡之立至,力主与金议和。隆兴二年(1164),宋金遂再缔和约。与绍兴十一年的和议相比,这次和约的条件稍有改观,宋主改称金主为叔父,改诏表为国书,岁减银绢各五万两匹。故和议之成,"天下忻然幸得苏息"[2],当朝者尤以为"天下太平,讳言兵事"[3],要求整饬兵备,励志抗金的大臣或被排挤出朝,

---

① 刘时举《续宋编年资治通鉴》卷一。
② 《宋史·陈亮传》。
③ 刘时举《续宋编年资治通鉴》卷六。

或被窜于僻地，抗金复国这一最为严峻的时代任务，遂又被统治者轻描淡写地搁置了起来，而仅为一批在政治上并无实权的知识分子所时时呐喊。

南宋这种懦弱局面的形成，追根溯源，实应归原于宋初所确立的那份“家法”上面，故在当时提倡恢复的各种意见之中，特具卓识者即要求变通“祖宗家法”，反对沿袭守旧，积极推行政治、经济、文化诸制度的改革，以使各项制度都能符合于恢复中原的现实需要。陈亮正是这种主张的突出代表。然制度沿袭既久，未能遽改，正所谓积重难返，举步维艰；而法制纷繁，盘根错节，亦非一朝而尽可洗换；更兼在“孝”的观念之下，“祖宗”所立法度尤非“子孙”所可背弃。故终孝宗之世，其对金人的态度实游移于和战之间，其政治之举措却仍以因循为主，而一般官僚则胸无大志，偷享宴安之乐。于是，“朱门沉沉按歌舞，厩马肥死弓断弦”，而“遗民泪尽胡尘里，南望王师又一年”的孤苦悬想，却并不为统治者所顾恤。钱塘本来就“自古繁华”，本来就“市列珠玑，户盈罗绮，竞豪奢”，虽江山已非昔比，然繁华风景依旧。尽管还有人在忍受着国耻的煎熬而做着“铁马冰河”的恢复之梦，但统治者却沉醉于“三秋桂子，十里荷花”的熏风，“直把杭州作汴州”了。①

---

① 《西湖古今佳话》云：“绍兴、淳熙之间，民丰物阜，颇称康裕，君相纵逸，耽乐湖山，无复新亭之泪。士人林升者题一绝于旅邸，云：‘山外青山楼外楼，西湖歌舞几时休？暖风熏得游人醉，直把杭州作汴州。’”

第二节　南宋理学的繁荣及其基本倾向

以上所说，正是本书的传主陈亮所处的时代背景。他主要活动于孝宗时期，也即隆兴二年和议缔结以后南宋处于相对安定、升平的时期，同时也是宋代理学最为繁荣的时期。

理学发轫于北宋中叶，而鼎盛于南宋乾、淳时代。《宋史·道学传》云：

> 道学之名，古无是也。三代盛时，天子以是道为政教，大臣百官有司以是道为职业……是故盈覆载之间，无一民一物不被是道之泽以遂其性。于斯时也，道学之名何自而立哉！文王、周公既没，孔子有德无位，既不能使是道之用渐被斯世，退而与其徒定礼乐、明宪章、删《诗》、修《春秋》、赞《易》象，讨论坟典，期使三五圣人之道昭明于无穷，故曰："夫子贤于尧舜远矣。"孔子没，曾子独得其传，传之子思，以及孟子。孟子没而无传。两汉而下，儒者之论大道，察焉而弗精，语焉而弗详，异端邪说起而乘之，几至大坏。千有余载，至宋中叶，周敦颐出于舂陵，乃得圣贤不传之学。

从这里可以看出两点：第一，所谓道，是三代致治之道，也是天下人物都可广被其惠泽而遂其本性的根本原理与法则，它是以文王、周公、孔子、孟子为其杰出代表的。第二，所谓道学，首先就必须维护并坚持由孔子通过文献形式所确立下来的关于这种道的基本思想及其传承统纪，孔子—曾子—子思—孟子—宋儒这一传承关系，正是宋代理学家无不坚持的根本“道统”。

道统说的最早提倡者是唐代的韩愈，其《原道》云：“尧以是传之舜，舜以是传之禹，禹以是传之汤，汤以是传之文、武、周公，文、武、周公传之孔子，孔子传之孟轲。轲之死，不得其传焉。”[①]韩愈之所以提倡儒学道统，是有鉴于当时思想界佛、道二教的盛行以至于淹没了孔子所言的“道德仁义”，“周道衰，孔子没，火于秦，黄老于汉，佛于晋、魏、梁、隋之间，其言道德仁义者，不入于杨则入于墨，不入于老则入于佛，入于彼，必出于此。”[②]因此，他必欲揭示出正统的儒学道统以与佛、道相抗衡。从思想的历史发展来看，韩愈的道统说实际上代表了中国本土文化在面临佛教这种外来文化的强大冲击之时所作出的抗御与反击。正因中国本土文化，尤其是作为政治教化之本的儒学受到了佛教文化的严峻挑战，所以对它进行理论上的重建便显得非常必要。在这一意义上，韩愈之于宋代理学的昌盛实有发轫导源之功。

但宋儒的确有其独到之处而非韩愈所堪比拟。韩愈力主辟佛，其于佛教的态度纯粹是对抗的、拒斥的；而宋儒虽然也坚持辟佛，且其条陈佛教祸国殃民之罪，宏论滔滔，远甚于韩愈，但实际上他们对于佛教的态度恰恰是兼容的、涵摄

---

① 《昌黎先生文集》卷十一。

② 《昌黎先生文集》卷十一。

的。北宋理学诸大家无不与高僧禅客有过密切的过从，也无不对佛学的研究倾其心力。仅从濂、洛、关、闽四大家的代表人物来看，这种援佛入儒或统合儒释的情形已然十分明显：

周敦颐字茂叔，舂陵人。初见晦堂（祖）心，问教外别传之旨。心喻之曰："只消你向自家屋里打点，孔子谓朝闻道夕死可矣，毕竟以何闻道，夕死可耶？颜子不改其乐，所乐何事？但于此究竟，久久自然有个契合处。……"又扣东林（常）总禅师，总曰："吾佛谓实际理地，即真实无妄，诚也。大哉乾元，万物资始，乾道变化，各正性命，正此实理。天地圣人之道，至诚而已，必要着一路实地工夫，直至于一旦豁然悟入，不可只在言语上会。"又尝与（常）总论性及理法界、事法界，至于理事交澈。泠然独会，遂著《太极图说》，语语出自东林口诀。因游庐山，乐其幽胜，遂筑室焉。①

（程颢）自十五六时，与弟颐闻汝南周敦颐论学，遂厌科举之习，慨然有求道之志。泛滥于诸家，出入于老释者几十年，返求诸《六经》而后得之。②

（张载）少喜谈兵，至欲结客取洮西之地。年二十一以书谒范仲淹，一见知其远器，乃警之曰："儒

① 明·朱时恩《分灯录·周敦颐》，引自熊琬《宋代理学与佛学之探讨》，台湾文津出版社1985年，55页。

② 《宋史·程颢传》。

> 者自有名教可乐，何事于兵！”因劝读《中庸》。载读其书，犹以为未足，又访诸释老累年，究极其说。知无所得，反而求之《六经》。①
>
> 朱熹自谓：“某少时未有知，亦曾学禅，只李先生（侗）极言其不是。”“某旧时亦要无所不学，禅、道、文章、《楚辞》、《诗》、兵法，事事要学。”②
>
> 熹于释氏之说，盖尝师其人，尊其道，求之亦切至矣。③

理学也称为“新儒学”，其所以为新，实即在于它摄取了佛教的理论内核，其中不仅有理论方法与运思取向，而且也有直接取于佛教的基本概念。正是这种对于佛教以及道教之理论要素的广泛吸取使宋儒得以对儒家经典进行重新研究，对其理论进行重新建构并作出全新的阐释，从而使衰微的儒学获得新的生命。这样看来，韩愈与宋儒对于佛教这种外来文化的不同态度就相当具有历史的意味。韩愈对佛教的纯然拒斥在当时并未产生广泛影响，也没有使他在思想史上获得很高的地位，而宋儒对佛教的兼容却开辟了一片全新的理论天地，并直接改变了此后中国思想史的整体面貌。

就文献渊源而言，理学藉以建构其庞大理论体系之骨骼的材料主要取于《论语》、《孟子》、《中庸》、《大学》，还必须加上《易经》。《易经》一书受到古代各派思想家的特别重视，

---

① 《宋史·张载传》。

② 《朱子语类》卷一百〇四。

③ 《朱文公文集》卷三十《答汪尚书二》。

它既列于儒家“五经”之首，也极为道家所推重，魏晋玄学兴盛时它与《老》、《庄》并为“三玄”，佛教东渐之初又被用为“格义”的媒介，而理学发皇之初首先也是通过《易经》的重新研究才实现其理论境界之开辟的。周敦颐被尊为理学的开山祖师，他的主要著作是《太极图说》与《通书》，前者与道教的渊源关系已为学术界所确认，它是一篇以《易》义理来诠释道教所传之《太极图》的典范性著作，其中“无极而太极”之说，实际上又与华严宗法界缘起说的理事无碍法界相互涵融。《通书》同样以《易》义理的阐发为中心，并旁及于《论语》、《孟子》及《礼记》等其他经典，重在其义理的相互融会。周敦颐通过《易经》的重新研究为理学奠定了初步规模及其研究的基本方向。这一方向是以“性与天道”为核心的，也即以关于现象的本体诠释与人性的本体诠释以及这两者之间的同一性问题为运思中心的。他所提出的一些命题与基本概念，如“无极而太极”、“主静立极”、“诚”等等，则为此后的理学家所充分关注并反复讨论。

继周敦颐以后，张载、邵雍、程颢、程颐、朱熹等等，他们在出入于老释的同时也都尝倾其心力于《易经》的研究。这些人当中地位最为崇高的是二程与朱熹。二程不仅提出了等同于天道的普遍之理这一最基本范畴，而且将《礼记》中的《中庸》、《大学》独立出来与《论语》、《孟子》相并列，既使《四书》取得与《五经》相同的崇高地位，又为理学确立了经典的文献范围。《中庸》是以“诚”为核心的，实为演《易》之书。天道至诚，故“天地位焉，万物育焉”，人道至诚，则“极高明而道中庸”，乃至“赞天地之化育”。《大学》则以“内圣外王”为核心，以诚意为修身之本，至于齐家治国平天下，它所强调的是个体之内在的道德修养在经验活动中的外向发越，而这一点又恰好与《中庸》所阐发的天道本体通过自然的赋命方式而向个体内在转化这一理论相衔接，这样就使普遍的宇宙之道（理）翻转为个体存在的道德本体在理论上成为可能，并使形而上之道在个体存在的经验处境中显示其终极意义与价值同时成为可能。因此，二程特别表章《中庸》、《大学》，与《论》、《孟》并列，的确有其相当深刻的理论见地，它标志着理学之基本建构的完成。

二程学说代表了理学发展的一个高峰。以二程为突出代表的北宋诸儒之学传至南宋，朱熹出而面貌为之一新，“致广大，尽精微，综罗百代”[①]，成为理学的集大成者。他充分发展了二程的天理论，在承认理为宇宙万物之本体的前提下，不仅通过缜密的理论思辩将它转化为人的存在本体，而且使它还原为道德价值的本体，成为“仁义礼智之总名”[②]；他又特别详尽地阐发了包含于张载“气化”理论当中又为二程所揭示的“理一分殊”思想，不仅解决了本体与现象如何可能统一的问题，而且为他的“格物致知”之说奠定了理论基础；他坚持二程关于理、气必须兼论的观点，又接过张载关于“天地之性”、“气质之性”的二元分判，在确认人性本善的前提下既合理地论证了恶是如何产生的，又为他必使人心臻于纯然天理境界的一系列关于个体之道德修养与实践的理论确立了根本依据。理学这座十分庞大而其内部结构又相当精巧的建筑是到了朱熹手里才最终建造完毕的。在此同时，他又广

① 《宋元学案·晦翁学案》全祖望按语。
② 《朱文公文集》卷四十《答何叔京》。

聚学徒，下帷讲诵，竭力传播其学术思想，学者骛趋，风从响应，以至士林学风为之一变。他萃四十余年精力编著完成的《四书集注》，至元朝延祐年间(1314～1320)悬为令甲，被作为士子参加科举考试时答卷的依据，获得了与经典同样重要的地位。自孟子以后，的确还没有哪一位思想家的学说能有如此广泛深厚而又辽远的影响。

朱熹的时代也就是南宋学术最为繁荣的时代，与他同时的有陆九渊、张栻、吕祖谦、陈傅良、叶适、陈亮等，他们各代表了不同的思想学派，都在中国思想史上占有重要地位。陆九渊被视为"心学"的开创者。在一般意义上，心学仍然是理学的分支，只是在本体论上他们所作的先验假设并不相同。但此后的朱、陆之争却是中国思想史上的一大事件。

张栻继承胡宏所开创的湖湘学统，并奠定了湖湘学派的规模。他以二程之学为旨归，曾与朱熹切磋砥砺，相互发明，而其识见卓然，也甚为朱熹所赞赏，尝云："公之教人，必使之先有以察乎义理之间，而后明理居敬，以造其极。其剖析精明，倾倒切至，以竭两端而后已。"①在朱熹看来，张栻"学莫先乎义理之辩"的论述是足以"广前圣之所未发"的，故黄宗羲认为"南轩之学，得之五峰，论其所造大要，比五峰更纯粹"②。但与此同时，张栻又有统合心学的一面，这点与吕祖谦颇相一致。

吕祖谦所开创的学派称为"婺学"，他在当时与朱熹、张栻齐名，号为"东南三贤"。但吕祖谦与他们不同的是特重文

---

① 《宋元学案·南轩学案》。
② 《宋元学案·南轩学案》。

献传统，其学问博大，考论有据，不作空言，对典章制度、政事人物都有精深的研究，故其学术实以史论与政论最有特色，对后世的影响也最大。在思想上，他折中于朱、陆之间，尝为调和其论争作过极大的努力。

陈傅良、叶适所代表的是自宋初以来即有学绪可寻又经他们而发扬光大的永嘉学派，也称为“事功学派”。在学术精神上，陈亮与婺学及永嘉之学均较为接近。

当时的学界，确乎若群星灿烂，而陈亮就处于他们中间。在个人关系上，他与陆九渊以外的其他人都相当密切，与吕祖谦是至交，与陈傅良、叶适相互友善，与张栻也有交往，与朱熹则既是朋友又是论敌。其学术观点卓然独树一帜，以其慷慨气度而陈卓荦之论，嗤黜空疏随人牙后谈性命者以为灰埃。陈亮的学术思想，是当时以程朱理学为主导的思想界一个令人刺激的不和谐音。

尽管理学不同派别之间的学术观点并不一致，但在总体上他们所表现出来的一般趋势却是共同的。这不仅在于他们立论所依据的儒学文献并无不同，而且在于他们实际上都在讨论着共同的问题。在理论上，无论朱、陆，他们所关切的都是如何将普遍而绝对的天道本体论证为人类本身得以存在的根本原质，并且将它合理地翻转为个体的道德本体，唯此方能在形而上学意义上使天道与人道纯然统一。其次，若天人之道的同一性已经确立，则如何诠释人类在经验世界的不道德、恶或非善，便是一个必须予以妥善处置的理论问题，不然先验性善这一根本设定就难以成立。因此之故，如何将经验中的非善与恶最终归结为不是人性的根本属性，所谓“君子有弗性焉者”，便为他们共同所殚精竭虑。再次，在确认经验中表现为非善或恶的欲念与行为乃是妨碍性与天道之本然同一并造成道德之衰退的根本原因的前提下，以正心诚意为取向的窒欲乃至灭欲，也即经验中个体实现其道德完善、还原其存在与价值之本体的现实途径，就不仅为他们所共同关切，而且正为其理论的最后归结。

因此就理学的一般性格而言，它明显地表现出内倾的"主静"倾向。它重在"内圣"的追求，重在道德的培养与充实，并以个体的一切言行以至意念都为道德的自然发越为其极致。本来孔、孟栖栖惶惶地四处奔走，唯说仁道义，并不言"主静"，"主静"的精神在中国文化中是属于老庄一派思想的，而宋儒自周敦颐倡言"主静立人极"以后，遂奉之为圭臬，转相授受发明，以至二程、朱熹等都有"静坐"之说，要观喜怒哀乐未发前气象，故逐渐演为理学的一种基本性格。当理学盛时，天下竞趋之，正可谓沛然莫之能御，但就一般士林风气而言，却也有浮华空疏之弊。周密《癸辛杂识续集下·道学》云：

> 尝闻吴兴老儒沈仲固先生云："道学之名，起于元祐，盛于淳熙。其徒有假其名以欺世者，真可以嘘枯吹生。凡治财富者则目为聚敛；开阃扞边者则目为粗材；读书作文者则目为玩物丧志；留心政事者则目为俗吏。其所读书，止《四书》、《近思录》、《通书》、《太极图》、《东西铭》、语录之类，自诡其学为正心、修身、齐家、治国、平天下。故为之说曰：'为生民立极，为天地立心，为万世开太平，为前圣继绝学。'其为太守，为监司，必须建立书院，立诸贤之祠，或刊注《四书》，衍辑语录，然后号为

> 贤者，则可以钓声名，致膴仕。而士子场屋之文，必须引用以为文，则可以擢巍科，为名士。否则立身如温国，文章气节如坡仙，亦非本色也。于是天下竞趋之，稍有议及其党，必挤之为小人，虽时君亦不得而辨之矣。其气焰可畏如此。”

虽然这种浮薄之习气可归诸仅学得程、朱之皮相的浮薄之徒，未可将此时风之偏失尽归罪于理学，但这种唯以赢得一场口说而自高自大的恶癖，却又不能不说与理学的风行有某种直接关系。因此，当我们将南宋乾道、淳熙时代理学的高度繁荣与那个时代之政治经济大势结合起来考察的时候，我们就会深切地感到理学之内倾的、反思的、主静的基本性格与抗击金人、恢复中原这一迫切的时代使命是存在着内在冲突的。如果现实政治之腐败、经济之贫弱、军事之无能乃是产生陈亮以内政之改革为先导、以中原之恢复为基本目的的功利主义学说的根本原因，那么这种政治与文化之间矛盾的深刻体认便成为他在理论上对理学大肆挞伐的思想根源。

当此之时，南宋偏安已经三四十年，故国山川沦陷的耻辱已渐为世人所忘却，金人杀伐劫掠的鲜血已褪为依稀的淡痕；统治阶级沉醉于温柔的繁华而乐不思蜀，士林学子多倾心于格物诚意而希求成圣之道。而陈亮却不堪忍受其社稷芜茀文明坠地的悲愤，依然固执地扬起抗金复国的大纛，执铜琶铁板，抵掌顿足，铮铮弹奏出恢复中原的高亢旋律。这确乎是浓厚的理学氛围中的不和谐音，却应该说是那个时代的最强音。他原是从龙窟山里面走出来的，他要对此沉沉大地作一声龙的呼吼。

第二章　生平事迹及其政治学术活动

陈亮，字同甫，号龙川先生，浙江永康县(今永康市)人。生于宋高宗绍兴十三年(1143)，卒于光宗绍熙五年(1194)，仅得中寿。其一生行历坎坷，命途可谓多舛；然其气魄豪迈，不堕高远之志。本章述其生平事略，俱以可考之文献为据，而对其处事中的某些缺陷，则不为回护隐讳；对某些可疑的事件，则略为稽考澄清；既期展示其生平之大略，也希望能窥视其人格之全貌。

第一节　家世家境

根据散见于陈亮文集中的有关材料，我们先将其家世的传承作一约略的介绍。

陈亮的远祖可追溯到东汉末年的陈寔(104～187)。陈寔字仲弓，颍川许昌人。汉桓帝时为太丘长，灵帝时大将军窦武辟为掾属，德行高洁，一世叹服。其为太丘长，“修德清静，百姓以安”；其处乡里，据德安仁，平心率物，以至有“宁为刑罚所加，不为陈君所短”之说。① 陈寔有六子，以陈纪（字元方）、陈谌（字季方）最著名。陈纪曾出为平原相，建安初又拜为大鸿胪，为人以至德至孝著称。《世说新语》刘孝标注引《先贤行状》云：“陈纪，字元方，寔长子也。至德绝俗，与寔高名并著，而弟谌又配之。每宰府辟召，羔雁成群，世号三君，百城皆图画。”②可见“陈氏三君”是被当时社会上奉为楷模的，因此也往往用为品评人物的标准。③ 陈纪的儿子陈群，有英才，有识度，甚为陈寔所赏识，以为“此儿必兴吾宗”④。陈群于曹魏时官至司空，黄初元年（220）首创九品中正制度。这一制度对魏晋南北朝的政治经济与文化都有重大的影响。

陈寔的玄孙有陈准，晋时官至太尉；陈准的孙子陈逵⑤，遭逢永嘉之乱，从司马氏南迁，为丞相掾、太子洗马等官，后出为长城令⑥。陈逵颇喜爱长城一带的秀丽山川，并希望其子孙能钟此山川之灵秀，遂在当地定居下来。

陈逵下传十世，就是陈代的开国之君陈霸先。陈代历四世，至后主陈叔宝祯明三年而为隋所灭，不过三十年的国祚（557～589），但在陈氏一家看来，其祖上毕竟有人贵为天子，

---

① 《后汉书》卷六十二《陈寔传》。

② 《世说新语·德行》。

③ 参《世说新语·品藻》。

④ 《世说新语·德行》刘孝标注。

⑤ 陈逵，《陈书·高祖本纪》及《南史·陈本纪》均作陈达，此从《陈亮集》作“逵”。

⑥ 长城，地名，今浙江省长兴县。

自然也是无上的荣耀。在陈代的时候，皇室成员中大概有一支迁到了永康，因而当地还有一座皇族的陵墓。陈亮自述云："司马氏南渡，而(逵)从以迁，其后家于吴兴。霸先遂据全吴，四世乃亡。其葬于婺之永康号厚陵者，或曰后陵，陵今虽在，锢之以铜，不可发，莫能考其为谁。故永康之陈最号繁多，而谱牒未尝相通也。"[①]盖陈代既灭，陈氏散落为民，虽瓜瓞绵绵，而宗分支出，渐渐也就谱不可系了。

所谓"永康之陈最号繁多"，而大别为六支：龙山、墓西、石牛、西门、白岩、前黄。这些名称是根据陈氏不同的居住地而来的，后陵所葬者则是他们的共同祖先。陈亮一支出于前黄陈氏，本居住于距后陵七八里的前黄地方。陈亮的八世祖陈通及其子陈隆，始戮力畎亩，勤于稼穑，稍奋起于田间；至陈隆的儿子陈援，家业渐广，至于丰衣足食，尝以富有甲于乡闾。陈援有三子，其第三子名陈贺，就是陈亮的高祖。

陈贺很年轻时就死了，留下了寡妻弱子，其家境遂渐趋衰败，这时约当北宋后期。陈贺所留下的孤儿名陈知元，他是陈亮的曾祖父。徽宗宣和年间，金人对宋的攻势加紧，陈知元投身行伍，当了名戍守京师的兵士。当靖康之难，陈知元战死于开封固子门外，无由归其骸骨于乡井。陈知元死后，除留下寡母寡妻以外，还有两个儿子，长子陈益，次子陈持。

陈益(字进之)就是陈亮的祖父，出生于徽宗崇宁二年(1103)，因此当其父亲陈知元战死开封时已有二十三四岁了。陈益的性格颇有任情使气、豪放不羁的一面。他曾从事于科

---

① 邓广铭编校增订本《陈亮集》卷三十五《先祖府君墓志铭》，中华书局1987年8月版。此后引陈亮语均据该书。

举,但从未中过;后又习武,欲以武事自奋,也未能如愿;于是心灰意冷,“浮沉里谡,自放于杯酒之间,酒酣歌呼。遇客,不问其谁氏,必尽醉乃止。”[①]而其弟陈持,也即陈亮叔祖,也同样屡试不中,直至晚年方从恩科得江西高安县主簿之职,但不久即去世了。[②]

约在高宗绍兴初年,陈益将其全家迁到了离永康县治东北五十里地的龙窟山下,此地有众山回环,若蹲若伏,而“龙窟”之名,盖由山峦的形貌而来。此时陈益至少已有三十三四岁了,其夫人黄氏是同邑敦武郎黄琫的女儿,夫妇年岁相同。黄家虽不富有,但黄琫当地方寇乱盛时,曾以死捍乡里,其子黄大圭也曾在疆场上俘获过敌人的别将,因而黄氏在永康颇为知名。[③]

但是这一家的境况是艰难的。刚迁居不久,陈益的祖母李氏与母亲吕氏即相继下世,妇姑相依而葬,为陈氏再世之墓。[④] 陈益有一个尚未成年的儿子,名陈次尹。及次尹成年,其舅父黄大圭又将女儿许配给他,而这位新妇当时只有十三岁。陈益既不善持家,习惯于饮酒以消磨时日,则操持家庭生计的重担便自然地落到陈次尹夫妇的头上。十三岁毕竟太年轻了,而更为不幸的是,她嫁到陈家不久,其父母黄大圭夫妇即相继下世,只留下一位年幼的妹妹,因此,她就将这

---

① 《陈亮集》卷三十五《先祖府君墓志铭》。

② 陈持。字守之,卒于淳熙二年(1175)。见《东莱吕太史文集》卷十二《永康陈君迪功墓志铭》。

③ 参《陈亮集》卷三十八《周夫人黄氏墓志铭》。

④ 参《陈亮集》卷三十《告高曾祖文》。

位妹妹也接来陈家，由她的婆母，也就是她的姑母来抚养。[1]婚后的第二年，即宋高宗绍兴十三年(1143)，这位新妇产下一子。本来陈益就希冀着龙窟山下那两代寡妇的坟墓能为陈家带来福祉，至此孙儿出世，又刚好是那两座孤坟相继而起的一纪之后，于是就被认为祖先的降福有了灵验。据说这位婴儿"生而目光有芒"[2]，因此陈益就更对其怀抱着无限的期望，以至形诸梦寐，梦见一位状元，名叫童汝能。他认定梦中的状元童汝能就是他的孙子，因此就为婴儿取名"汝能"，字同甫[3]，却并不在乎乡邻们对他这种痴愚的非笑。

这位陈汝能，就是后来的陈亮。他是出生于这样一个衰败清贫的家庭，他注定要经受生活的磨难；他又出生于这样一个需要振作的时代，他注定要为其时代的使命去奔走叫呼。整整五十年后，他果真成了状元，算是圆了他祖父的状元梦，但其间经历的沟沟坎坎，曲曲折折，却是他的祖父所不曾梦到的。

第二节　"酌古"之论

陈亮幼时，抚育的大部分任务是由其祖父母承担的，也由祖父为之启蒙，祖孙两代常一起读书嬉戏。陈益既没有任何博得乡人尊敬的资本，陈亮在他们看来也不过为一顽劣的幼童。或许正由于此种种原因，陈亮自幼即秉承了其祖父那

① 参《陈亮集》卷三十三《祭姨母周夫人黄氏文》。
② 《宋史·陈亮传》。
③ 参《陈亮集》卷三十《告祖考文》。

种粗率豪放、落拓不羁的性格。

陈亮居家的西北有普明寺,处于龙窟山的形胜之地,景致清幽。稍长,陈亮往往读书于山中。但他所受的启蒙教育并未遵循科举道路的一般程式,因而他在山中孜孜阅读的并非儒家经典,而是历代史策。龙窟山的幽静并未改变他放诞不羁的禀赋,而历代史策所载的种种王霸业绩却更陶冶了他的豪迈性格。

少年时代的陈亮,勤于读书却不妨害其顽皮淘气。他大概很有过不少的"猖狂妄行",以至为乡人所侧目指责,为他们所不齿。[①] 但这位少年人确有异乎常人的资禀,并逐渐表现出他所特有的聪明才智。欣赏他这份聪明才智的首先是陈益,于是就益加勉励,"冀其必有立于斯世,而谓其必能魁多士也。"[②]其次则是义乌的何子刚。约在十六七岁左右,陈亮尝就读于何子刚馆舍。何子刚拥家赀数十万,又与朝中贵显结为姻亲,但其处世却是"以德不以力,以义不以势",甚至甘心自屈于乡里的强暴有力者,忍受其悖言恶行而不与计较,是一位德高望重的乡绅。陈亮来学,他不以平常学童对待,不仅劝其学业,勖勉有加,且关照体贴,常常设酒招待。[③]也就在这一时期,陈亮开始"学为语言,以求自见于世",拓展了其阅读的范围,"凡世人之文章,无巨细必求观之"[④]。同时,仍然"独好伯王大略,兵机利害"[⑤],"慨然有经略四方之

---

① 参《陈亮集》卷二十七《与应仲实》;卷三十四《吏部侍郎章公德文行状》。

② 《陈亮集》卷三十《告祖考文》。

③ 《陈亮集》卷三十一《祭何子刚文》。

④ 《陈亮集》卷二十四《赠楼应元序》。

⑤ 《陈亮集》卷五《酌古论序》。

志。酒酣,语及陈元龙、周公谨事,则抵掌叫呼以为乐”。[1] 这份经略四方的豪情,不仅在其少年的心旦萌发,不仅当酒酣耳热之时借着往昔的英雄事迹尽情地宣泄,而且针对其时代现实,参稽史策,考古人用兵成败之迹,著为《酌古论》。这时的陈亮,不过才十八九岁,而其超迈之才气与英伟之识见,却已通过《酌古论》而充分显露出来。

宋朝自立国之初就有尚文轻武的倾向,家法既立,代代因循,故兵备不饬,其渊源有自。而文武既截然分立为二途,则文士武夫“彼此相笑,求以相胜”,便势所不免。在陈亮看来,将文武之道歧而为二,以为“文士专铅椠,武夫事剑盾”,是根本错误的。他认为“文非铅椠也,必有处事之才;武非剑盾也,必有料敌之智。才智所在,一焉而已”,故“文武之道一也”。[2]《酌古论》正本着这种文武之道合一的基本思想,着重论述了十九位历史人物,上至帝王,下至功臣谋士,以史实为依据,并通过实际战例的分析,考论其成败得失。陈亮自谓其于伯王大略,兵机利害,颇若有自得于心者,“故能于前史间窃窥英雄之所未及,与夫既已及之而前人未能别白者,乃从而论著之;使得失较然,可以观,可以法,可以戒,大则兴王,小则临敌,皆可以酌乎此也。”[3]此正为其《酌古论》之所以著的目的。

贯穿于《酌古论》四卷之中的一个核心思想是强调人谋在重大事变过程中的决定作用。陈亮认为:“成天下之大功者,

---

① 《陈亮集》卷二《中兴论跋》。
② 《陈亮集》卷五《酌古论序》。
③ 《陈亮集》卷五《酌古论序》。

有天下之深谋者也；制天下之深谋者，志天下者也。”[①]只有本于必使天下统于一而后已的天下之志，才能有所以使天下统于一的深谋，“故夫取天下之大计，不可以不先定也。”[②]他所论列的第一位人物是汉朝的“中兴之主”光武帝刘秀。他认为光武之所以能够重振汉家基业，除了“料敌明，遇敌勇，豁达大度，善御诸将”这些人所共知的个体素质以外，更重要的是其“取乱诛暴，或先或后，未尝无一定之略”，故汉朝至刘秀而中兴，“此虽天命，抑亦人谋也”。陈亮强调，“有一定之略，然后有一定之功。谋者不可以仓卒制，而功者不可以侥幸成也。略以仓卒制，其略不可久；功以侥幸成，其功不可继”，犯此二病，虽运奇奋斗，也必旋得旋失，要最终使天下定于一是困难的。[③]

非常明显，光武帝刘秀也就是陈亮为南宋皇帝所确立的矢志收复故地的榜样。而他所强调的人谋，并不仅仅是具体战斗中运奇决胜的技术，而是更重要的“审敌情，料敌势，观天下之利害，识进取之缓急”的关于全局的根本决策。[④] 故对于人谋的重视，更多地体现了陈亮的战略思想。这点将在论陈亮的军事思想时再予详述。

《酌古论》在古人用兵之得失的考论中，在某些实际战例的具体分析中，还表现了陈亮本人的军事谋略。如黥布反汉，薛公为高帝陈上中下三策，以为“使布出于上计，山东非汉

---

① 《陈亮集》卷六《酌古论·吕蒙》。
② 《陈亮集》卷五《酌古论·曹公》。
③ 《陈亮集》卷五《酌古论·光武》。
④ 《陈亮集》卷五《酌古论·曹公》。

之有也；出于中计，胜负之数未可知也；出于下计，陛下安枕而卧矣。”[①]而陈亮则认为“布出下策则不足败，出中策亦败，出上策亦败”，并详为之说。[②] 秦晋淝水之战，谢玄先请苻坚麾兵少退，以决一战，而当苻坚退兵之时，阵势大乱，兵士自相蹂践，晋兵遂乘势进击，终以数万之众而克秦军百万之师。论者以为若苻坚不退，则秦军阵势不乱，胜负未可知；若苻坚以百万之众分十路并进，则晋军必败。陈亮则认为，秦军许退，乃晋之不幸；其未分为十路，更是晋之大不幸；又详为之论列。[③] 在这些方面，的确表现了陈亮在战略上的独特见解。

《酌古论》以天下之志、天下之谋为立论的根本，充分强调了决策的重要性，强调了在确切把握事件之客观情势的前提下人的主动精神对事态之发展的主导作用。这一基本思想虽形成于陈亮的少年时代，但却是为他所始终坚持的。另一方面，《酌古论》中已明显地表现了少年陈亮的理想人格，就是必有过人之智，以天下为己任的英豪之士。这一人格理想也同样为陈亮终生所信奉不渝。

还应指出，《酌古论》所论述的虽然都是古人故事，但其造意设辞却无不针对着南宋的现实。在陈亮本人，他既希望《酌古论》能为他那个时代的根本任务，即完成抗金复国的大业提供某种历史的借鉴，更希望他表现于其中的对于兵机利害的剖析及其用兵之韬略能引起世人的重视。因此，《酌古

① 《汉书》卷三十五《黥布传》。
② 《陈亮集》卷七《酌古论·薛公》。
③ 《陈亮集》卷七《酌古论·苻坚》。

论》不仅是陈亮必欲使天下统于一而后已的高远抱负的直接表现，而且也是他为自己日后一旦得用于世所作的准备。其规模术略既已久定于胸中，则一旦遇事而发，便如坐千仞而转圆石，其勇决之势犹高屋之建瓴，沛然莫之可御，陈亮是如此期望着自己的。因此若干年后，当他重新翻阅自己这些文稿的时候，便产生出如此的感叹："余于是时盖年十八九矣，而胸中多事已如此，宜其不易平也。政使得如其志，后将何以继之！"[①]可见他在写作的时候是完全如身临其境般地在施展自己的谋略的。

第三节 周葵上宾

《酌古论》是陈亮少年壮志的抒发，体现了其平盖万夫的慷慨豪情与必欲用世的勃勃雄心，也正是洋溢于其中的这种豪情与英气，它同时也成为陈亮开始真正步入社会结识名流并名声渐响的直接媒介。《酌古论》完成于绍兴三十一年(1161)左右(时陈亮十九岁)，就在前一年，即绍兴三十年，周葵以集英殿修撰知婺州。[②] 他看到《酌古论》以后，极为赞赏，遂与陈亮相见，并相与究诘论难，对陈亮的才华甚为赏识。《宋史·陈亮传》云："(亮)著《酌古论》，郡守周葵得之，相与论难，奇之，曰：'他日国士也。'请为上客。"可知在《酌古论》完成的当年，陈亮即因为周葵所激赏而成了他

① 《陈亮集》卷八《酌古论后记》。

② 周葵(1098～1174)，字立义，江苏宜兴人。官至参知政事。《宋史》卷三百八十五有传。

的门客。

绍兴三十二年(1162),夏六月,孝宗即位,周葵被调为朝官,先除兵部侍郎兼侍讲,后改同知贡举兼权户部侍郎。而在同年,陈亮适与金华吕祖谦等一起参加了两浙转运司的秩试,遂至临安。这时陈亮二十岁,吕祖谦二十六岁。吕氏有深厚的家学渊源,陈亮则自崛起于乡间,而既得同试漕台,他对自己的学问遂颇为自负:"亮二十岁时,与伯恭同试漕台,所争不过五六岁,亮自以姓名落诸公间,自负不在伯恭后。"[①]但实际情形却是吕氏在次年,即隆兴元年(1163)连中二科:先中博学宏词,后中进士,陈亮则未有任何结果。但他并未返回永康,而是仍应周葵之请而客居在他的家里。

隆兴元年夏,周葵升为参知政事,虽秉枢执要,位居要津,但对陈亮仍优遇有加,上门来言事的朝士大夫都被引介去与陈亮相见交谈。[②] 既有此机缘,陈亮遂得以广交时彦,其闻见渐广而学问益开。同时,他又不止一次地向周葵推荐人才,以此作为对其知遇之恩的回报,所谓"每思求天下之贤士致之于公门,使本朝诸公不得擅美于前,斯亦仆区区报称万一之心也。"[③]胡权、王衜、叶衡、孙伯虎四人都在这时为陈亮所荐,叶衡后来位至丞相。

在为周葵门客的时期,陈亮还有一项重要收获是第一次真正了解了有关理学的情况,并从周葵那里学得了关于《中庸》、《大学》的要义。《宋史》本传云:"(葵)因授以《中

① 《陈亮集》卷二十八《又甲辰秋书(与朱元晦)》。

② 《宋史·陈亮传》。

③ 《陈亮集》卷二十七《与周立义参政》。

庸》、《大学》，曰：'读此可精性命之说。'（亮）遂受而尽心焉。"陈亮自言："绍兴辛巳、壬午之间（1161～1162），余以极论兵事，为一时明公巨臣之所许，而反授以《中庸》、《大学》之旨，余不能识也，而复以古文自诡。于时道德性命之学亦渐开矣。"①由此我们可以知道，陈亮所走的学术道路确与当时的一般读书人颇不相同。在二十岁时，他已能极论兵事，纵横开阖而陈议滔滔，但于《中庸》、《大学》之旨却不能识，必待周葵的启蒙才渐开其道德性命之学。就此而言，陈亮的确显得有些孤陋寡闻，但他确信自己所学的知识是其时代真正所需要的"实学"。

在学术上，周葵"平生学问不泥传注"，笃信《大学》的"格物致知"之说，尝云："在人之至为智，在物之至为道，以吾之智极物之道，如两物相抵，故谓之格。夫物万不同，道一而已，方其格物，物我为二；及其物格，则自视无我，何有于物？是谓知至。"②可见周葵的格物说所看重的是"以吾之智极物之道"，从陈亮以后的思想发展来看，如果这种对于"人智"的重视对他还有一定影响的话，那么所谓物格而物我都无的观点，他却根本未予接受。因此，陈亮虽经周葵的启蒙而渐开其道德性命之学，但《宋史》本传的记载并不确切，因为他根本未沿着这条道路一直走下去，更谈不上"尽心"。淳熙元年（1174），周葵卒，陈亮为祭文云："亮昔童稚，纵观兴废；大放于辞，愿试以兵。狂言撼公，一见而惊。借之齿牙，爰及公卿。爱均骨肉，前辈典型。《中庸》、《大学》，朝

① 《陈亮集》卷三十六《钱叔因墓碣铭》。

② 参《宋史·周葵传》、《四朝名臣言行别录》。

暮以听，随事而诲，虽愚必灵。行或不力，敢忘其诚！”[1]如此看来，周葵对陈亮的教诲倒是十分诚恳而且尽心的，只是陈亮并不倾心于这种时风所尚的道德性命之学，其所谓“行或不力”，并非通常的自谦之辞。

在政治上，周葵“始终守自治之说”[2]，反对诉诸武力，是位坚定的主和派。他之所以能升为参政，与张浚的“符离之败”直接有关。《宋史·周葵传》云：

> 金主（完颜）亮为其下所毙，张浚自督府来朝，密言敌失泗州，其惧罪者皆欲来归，愿遣军渡淮赴之，此恢复之机也。葵请对，谓不可轻举，累数百言。及（张浚）遣李显忠、邵宏渊取灵壁、虹二县，败绩，孝宗思其（葵）言，拜参知政事。

张浚符离败后，朝议汹汹，各自为说，然“言和者多，言不可和者少”，“君父不共戴天之仇，则置而不问也”。[3]在朝大臣，如陈康伯、汤思退、周葵等，上疏力言“今日之事，只当用兵，不当言和”的主张是“皆不事量力”，而竭力坚持“自治”，主张“使军民少就休息”，“以待中原之变而图之，是万全之计也。使敌势诚弱，我势渐强，何求不得！”[4]正是在主和派的这种坚持之下，达成了隆兴二年的和议。《宋史·

① 《陈亮集》卷三十《祭周参政文》。

② 《宋史·周葵传》。

③ 刘时举《续宋编年资治通鉴》卷八。

④ 刘时举《续宋编年资治通鉴》卷八。

陈亮传》云："隆兴初，与金人约和，天下忻然幸得苏息，独亮持不可。"我们确信，陈亮乃是和议的坚决反对者，因而其政见应该与周葵的格格不入。但在陈亮现存的所有著作中，我们却无法考见他这时对周葵所持政见的态度，更不能发现任何对周葵的批评之词。

隆兴二年(1164)冬，周葵罢参知政事。而客居临安前后已阅三载的陈亮，也恰在此时因婚事而为其父母邀回。于是，他便收拾行囊，渡江归去了。

第四节 生计维艰

客居临安三年，实际上可称为陈亮全部生命史上最为光辉的一段时期。在这三年中，他既受周葵隆遇，得结交朝士而尽其议论，又增长了知识与见闻，同时其名声也开始渐渐地播扬出去。其婚姻问题的解决，正与这一点有关。

这桩婚事的直接促成者是何恪。何恪(？～1172)，字茂恭，义乌人，登绍兴三十年(1160)进士第。曾上万言书及恢复十二策，然均与朝论不合。其为人独立孤傲，"山立玉峙，地负海涵"①，虽"目空四海"，却"独能降意于一世豪杰"，故"士亦乐亲之"；"其文奇壮精致，反覆开阖，而卒能自阐其意"②。可以想见何恪的性格与陈亮大有相似之处。或许正出于这种原因，所以当他听到陈亮的名声并读到其文章的时候，就认定他为一世豪杰之士，引为精神上的同道知己，所谓

① 《陈亮集》卷三十《祭妻叔文》。

② 《陈亮集》卷二十五《题喻季直文编》。

"面未觌而神已交,语言未通而肺肝相与"①,不仅于熟人中广为称赞,并且决意要将其兄之次女嫁给陈亮。

何恪之兄何恢(1125～1183),字茂宏,其"状貌端厚,意象轩豁,而胸次疏豁;是非短长,人得以望而知之。"②他与其弟何恪,秉承其父亲的戒训,必欲由科举而博取功名,故兄弟二人皆浸润于文学,在当地颇有文名,何恪名声尤著。何恢读书作文,不肯过为巧丽,唯求于适用而已;同时管理家政,极善理财,家赀积累至巨万,成为义乌县有名的富户。他们的手足之情极其笃厚,"兄弟相与为一体",唯在评论文章时,"小不合辄争辩,以致辞色俱厉。童仆往往相语以为笑"③。

何恪既认为陈亮必有辉煌的前途,遂竭力怂恿其兄将次女嫁给他。这一提议何恢先是不同意的,并遭到了其族人姻党的一致反对。但何恪却根本不以陈亮家境的清寒为念,坚持不改其主张。何恪有江西永新县主簿之任,"将行,力谓其兄,'必以次女归亮,吾保其可依也'。兄(恢)犹疑之。(恪)一行二千里,有便必寄书,书必以亮为言,'吾惧失此士'。兄亦奋然曰:'宁使吾女不自振,无宁异日不可以见吾弟!'故次女卒归亮。"④正是在何恪的坚持之下,陈亮的这桩婚事才得以最后告成,遂于乾道元年(1165)往义乌就姻于何家。

① 《陈亮集》卷三十一《祭何茂恭文》。
② 《陈亮集》卷三十六《何茂宏墓志铭》。
③ 《陈亮集》卷三十六《何茂宏墓志铭》。
④ 《陈亮集》卷三十《祭妻叔文》。

尽管何恪相信陈亮的才华终有充分显露的一天，其侄女也会享有一种令人羡慕的幸福生活，但是实际上，在其有生之年，他所看到的只是陈亮一家的困顿与清贫，乃至令人难以忍受的凄凉。

陈亮的母亲黄氏，当十四岁生了陈亮以后，在此后的五年之内，又生二男一女，其中一个男孩产后不久就夭折了。[①]家庭人口的增加不过更增添了生活的负担而已，也使黄氏的身心愈加憔悴。在陈亮十八岁时（绍兴三十年，1160），他又有一位庶弟陈明（字昭甫，1160～1187）出生，由此我们知道陈亮的父亲陈次尹在此时又纳了妾，但关于这位女子的姓氏及其他一切情况均无从知晓，而这件事尤不能作为其家庭经济状况好转的证明，因为陈明出生后一百多天，就因无力抚养而送给了一位姓张的人家，直到他十七岁时才重新回到陈家。[②]

就在陈亮结婚的同一年，其母黄氏终因不堪其过重的生活负累，不堪其心力的摧折剥蚀而离开了人间，死时仅三十七岁。此时的陈亮，因迫于贫困而无力为其母亲举行丧礼，遂将灵柩停厝一旁。而母丧未终，其父陈次尹又因事被囚系而下于州狱。陈亮的祖父母此时都已年逾六十，其精力既衰，又遭如此不幸，忧思成疾，遂在乾道三年（1167）相继亡故（其祖母卒于夏六月，祖父卒于冬十二月）。陈亮的妻子何氏被接回到了义乌娘家。他的弟弟陈充夫妇别居于路旁的一座小舍。陈亮自己则四处奔波去救援他被囚系的父亲。于是，家

① 参《陈亮集》卷三十三《祭妹文》。
② 参《陈亮集》卷三十六《庶弟昭甫墓志铭》。

里就只剩了他的小妹与一名婢女守着三具待葬的灵柩。后若干年，陈亮在祭奠其妹妹的时候犹回忆起当时的惨象：

> 比我年二十有三，而我母以盛年弃诸孤而去，未终丧而吾父以罥罣困于囚系，我王父王母忧思成疾，相次遂皆不起。三丧在殡，而我奔走，以救生者（指其父）。我妻生长富室，罹此奇祸，其家竟取以归，吾弟亦挟其妻而苟活于道旁之小舍。独汝（其妹）与一婢，守此三丧，敻焉在疚。人不可堪，汝左汝右。悲涕横臆，见者疾首。号呼苍天，竟不我覆！余时无策，副前失后，大恸欲绝，出入贸贸。①

陈次尹被罥罣而困于囚系的原因，《陈亮集》中没有记载，然《宋史·陈亮传》云：

> 居无何，亮家僮杀人于境，适被杀者尝辱亮父次尹，其家疑事繇亮，闻于官。笞榜僮，死而复苏者数，不服。又囚亮父于州狱，而属台官论亮，情重，下大理。

这里须辨明《宋史》记载的两点讹误。第一，本传以陈次尹下狱事属于淳熙五年陈亮上书孝宗之后，是错误的；第二，本传云陈亮也于此时被系而下大理，同样也是错误的；这点两

① 《陈亮集》卷三十三《祭妹文》。

记载之所以错误，只要与上引《祭妹文》相参便可明显地看出来。而且本传在这里的记载，实际上是将陈次尹的下狱与陈亮在绍熙元年的狱事搅混到了一起。因此，凭现有的资料我们仍无法确知陈次尹下狱的确切原因，而只能断定他确曾被囚系。陈亮既遭受家庭中接踵而来的重大变故，其精神上受到沉重打击乃可想而知。他亟亟乎奔走于道路，希望有力者能援之以手而救其父出狱，为此他典卖了家里仅有的一些田产。乾道四年(1168)夏，陈次尹终于在叶衡的帮助下获得了释放。

尽管如此，家境却已愈其破败以至一贫如洗。陈亮不仅无法安葬那三具灵柩，甚至生计也大成了问题。因此在乾道五年(1169)，他借提笔向叶衡道谢的机会，也表露了请求借贷的意思：

> 亮往者祸患百罹，惊忧万状，不敢复望再齿于人。自蒙知怜，始有更生之意。家君之故，竟于去夏四月十二日得从白免，父子团栾，喜甚至泣；推原所自，相公实全活之……重以三丧未葬，而无寸土可耕，甘旨之奉阙然。每一念至，几不聊生。又羞涩不解对人说穷，愈觉费力；就使解说，其穷固亦自若也。以相公雅悉其家事，故辄拜之。相公旦暮归作霖雨，则穷鳞枯枿自应须有生意。西望门墙，跂立依依而已。①

① 《陈亮集》卷二十九《与叶丞相衡》第二书。据《宋史》卷二百一十三《宰辅表》，叶衡入相在淳熙元年，乾道五年尚未至丞相，此标题盖陈沆编集时所加。

陈亮与叶衡可说是故交，且有着良好的友谊。往年陈亮客居临安时，叶衡为于潜知县，陈亮曾向周葵竭力作过推荐，称其"文章清古，议论正当，临机明敏，莅政公方"，其知于潜，"百姓未尝有翻词至府，一境之内，风化肃然"①。故陈次尹能得其援助而出狱，并非全无根由，但我们却无法知道陈亮此时是否曾得到过他在经济上的支援。

不管如何，从乾道元年直至乾道九年前后，是陈亮在生活上非常贫困的一段时期，是名副其实的居陋巷而箪瓢屡空。尽管由于生资空乏处于穷厄而不得不啜菽饮水，但其天性之禀赋却使他无法表现出如颜渊那样的"曲肱而卧"的"晏如"风度。不过他为之汲汲乎奔走叫呼的却并不是其个人的富贵名利，而是在他看来其时代所应该而且必须承担起来的恢复故国山河的历史使命。

第五节　中兴五论

在撰写《酌古论》的时候，陈亮就以具有过人之智勇的英雄豪杰为其向往的理想人格，这一观念不仅没有随其阅历的丰富与学问的深入而有所改变，反而随着他对社会之认识的不断加深及南宋政治之衰颓的日趋明显而变得更为强烈。孝宗继位之初，确乎有北定中原之志，及符离败绩，始定和议。因此陈亮认为，和议并非出于孝宗本意，而只是当朝文武之中没有真正的英雄豪杰为其襄助而不得不然。他确信"创业之事，苟非上圣，必由英豪"之说，但"今上既圣矣，

① 《陈亮集》卷二十七《与周立义参政》。

而英豪之士阙乎未有闻也”[①]，故当务之急在必有英豪之士起而共戮力于王室，如是则神州克复可指日而待。这一信念在陈亮的思想中占有很大比重，而且是其行为之内在的原动力。

乾道二年(1166)，陈亮虽遭受母丧父囚的沉重打击，但家庭的磨难与生活的艰涩却未尝使他忘却天下之事，他仍然致力于古代英雄豪杰之事迹的搜集纂辑，编成《英豪录》。其自序云：

> 昔人有以千金求千里马者，不得，则以五百金买其马骨，不逾期而千里马至者三。何则？趋其所好，人之情也。不得于生者，见其骨犹贵之，可谓诚好之矣，生者之思奋，固也。故余备录古之英豪之行事，以当千里马之骨。诚想其遗风以求之，今未必不有得也，顾其诚好不耳。[②]

可见陈亮编纂《英豪录》的目的是以古代英雄豪杰之行事权作“千里马之骨”，而为其时代激切地呼唤着足以当恢复之大任的英豪之士。《英豪录》所体现的基本思想仍然与《酌古论》完全一致，而周葵所启迪的道德性命之学，至少在这时，并未在陈亮那里发生任何有意义的影响。

在《英豪录序》中，陈亮也明显地流露出以英豪自许的意思。他对英豪之士“混于不可知之间”，以至被人目为“狂”而终被埋没的现象表示了极大的愤懑，并对“上之人”

① 《陈亮集》卷二十二《英豪录序》。

② 《陈亮集》卷二十二《英豪录序》。

直接加以指责："嗟夫！承平之时，展才无所，不用，职也；而困于艰难之际者，独何欤？且上之人亦过矣，独不可策之以言而试之以事乎！"在他看来，当天下太平之时，特出异能之士因无充分施展其才能的机会而"混于不可知之间"，此犹可以理解，而当国家处于危难之中急需人才以康济艰难之际，英豪之士依然困而不达便是"上之人"的重大过失。陈亮少负经济之怀，至此乃重申其意，希望能"策之以言而试之以事"。不久，这一机会便轮到了他的头上。

乾道四年(1168)，即其父陈次尹出狱的同年秋季，陈亮不再用"陈汝能"这一名字，而更名为"亮"[①]，参加了婺州乡试。这次乡试，他被推为"袖然之选"[②]，中了解元，继而补太学博士弟子员。次年春，他以解元的资格为婺州所荐，参加礼部会试。陈亮是十分希望自己能进士及第的，只有这样，他才有机会对策大廷而"试之以事"。但会试的结果却是名落孙山，这既使他遭受到人们讪笑，又使他从内心涌出一股不平之气："今年春，随试礼部，侥幸一中，庶几俯伏殿陛，毕写区区之忠以彻天听。有司以为不肖，竟从黜落，不得进望清光以遂昔愿。"然不平归不平，事实毕竟使他无奈，遂"索

① 陈亮于此时更名，其意盖以诸葛亮自况。《英豪录序》云："盖晋武帝称'安得诸葛亮而与之共治'，正使九原可作，盍亦思所以用之。凡余所以区区于此录者，夫岂徒哉！夫岂徒哉！"其以孔明自况之意，实甚为明显。于伦《万历刻本龙川文集序》云："王公(指王世德)又语余曰：'予里中传先生(指陈亮)少名学能(按当作汝能)，后慕诸葛孔明之为人，故改名亮，字同父。'英雄期许如此，可以知同父矣。"(见《陈亮集·附录》)也可证。

② 李幼武《宋名臣言行录》卷十六。《陈亮集》附。

手东归，杜门求志”[①]，决意要对自己的前言往行着实下一番反省功夫。“一日，读杨龟山《语录》，谓‘人住得然后可以有为。才智之士，非有学力，却住不得’。不觉恍然自失。”[②]他似乎对自己的学力颇产生了几分怀疑，担心自己正是杨时所谓学力不足而住不得的人，便想息心澄虑，杜门读书，去充分培植自己的学力。但另一方面，他又确信自己从钻研历代史策而来的知识不仅是可靠的，而且是其时代所亟需的，其见解也必有裨于朝廷的恢复大计。多年以来所形成的见解日蓁蓁于心间，不吐不快。他曾想到诣阙上书，但在人们的心目中，采取这种方式总不免有干禄之嫌，遂又打消了这一主意。陈亮自云：“尝欲输肝胆，效情愫，上书于北阙之下。又念世俗道薄，献言之人动必有觊，心虽不然，迹或近似，相师成风，谁能不疑！既已疑矣，安能察其言而明其心！此臣之所大惧而卒以自沮也。”[③]虽曾自沮其上书之意，但他终究又不甘心自己的聪明才智被埋没于乡野垄亩之中，再三权衡，终于决意仍然走诣阙上书这条道路，同时又为自己的这一行为找到了十分正当的理由：“功名之在人，犹在己也；怀愚负计，而不以裨上之万一，是忿世也；有君如此而忠言之不进，是匿情也；己无他心而防人之疑，是自信不笃也。”[④]

乾道五年(1169)，既已会试落第而索手东归的陈亮，遂在这种自信心与责任心的驱策之下，复从乡间跋涉而至临安，

① 《陈亮集》卷二《中兴论序》。
② 《陈亮集》卷二《中兴论跋》。
③ 《陈亮集》卷二《中兴论序》。
④ 《陈亮集》卷二《中兴论序》。

伏阙奏《中兴五论》。

《中兴五论》由五篇文章所构成，即《中兴论》、《论开诚之道》、《论执要之道》、《论励臣之道》、《论正体之道》，并序文一篇。《中兴论》旨在为孝宗进献平定中原恢复故国之长策，主张抓住有利时机，尽早为恢复之图。文章首先陈述恢复的必要性："海内涂炭，四十余载矣。赤子嗷嗷无告，不可以不拯；国家凭陵之耻，不可以不雪；陵寝不可以不还，舆地不可以不复。"以此为前提，陈亮分析了敌我双方相互对峙的基本态势，认为必须制定出既稳妥而又切实有效的恢复之策略，并须有计划有步骤地实现恢复之大业，若再迁延时日，则养安之患无穷。他主要条陈了两方面理由：

第一，从金人方面言之，金主完颜亮已于绍兴三十一年（1161，金大定元年）为其部下所杀，"今虏酋庸懦，政令日弛，舍戎狄鞍马之长，而从事中州浮靡之习，君臣之间，日趋怠惰……不于此时早为之图，纵有他变，何以乘之！万一虏人惩创，更立令主；不然，豪杰并起，业归他姓，则南北之患方始。"

第二，就宋朝方面而言，"南渡已久，中原父老日以殂谢，生长于戎，岂知有我！……过此以往而不能恢复，则中原之民乌知我之为谁！纵有倍力，功未必半……则今日之事，可得而更缓乎！"

此人已内外两方面的分析，旨在建议孝宗须抓紧北伐的进程，过此以往，则恢复之举将愈加艰难。陈亮同时认为，恢复的实现是必须以内政清明、举国一心为基本保证的，故又提出了以肃清内政、富国强兵为核心的一系列改革措施：

今宜清中书之务以立大计，重六卿之权以总大纲；任贤使能以清官曹，尊老慈幼以厚风俗；减进士以列选能之科，革任子以崇荐举之实；多置台谏以肃朝纲，精择监司以清郡邑；简法重令以澄其源，崇礼立制以齐其习；立纲目以节浮费，示先务以斥虚文，严政条以核名实，惩吏奸以明赏罚；时简外郡之卒以充禁旅之数，调度总司之赢以佐军旅之储；择守令以滋户口，户口繁而财自阜；拣将佐以立军政，军政明而兵自强。置大帅以总边陲，委之专而边陲之利自兴；任文武以分边郡，付之久而边郡之守自固。右武事以振国家之势，来敢言以作天下之气；精间谍以得虏人之情，据形势以动中原之心。

在军事上，陈亮要求依据山川形势的实际状况来制定守御谋攻的战略。他主张侧重于荆襄设防，辑和军民，大建屯田，同时，“朝廷徙都建业，筑行宫于武昌，大驾时一巡幸。”若荆襄防卫既固，敌人来犯江淮，即可发荆襄之师以进讨。朝廷徙都建业，意在使敌人造成“吾意在京洛”的错觉，这样，其京洛之防备必专，而东西两翼就必有虚空可乘。故在实际进军路线上，陈亮强调“必先东举齐，西举秦，则大河之南，长淮以北，固吾腹中物”，既“抚定齐秦，则京洛将安往哉！”此所谓“批亢捣虚，形格势禁之道”。

总而言之，《中兴论》的基本思想在要求加快恢复的进程，但又强调不能操之过急，而须立其大本，详为规划，并以内政的改革为其先导。既筹划周密，复于攻守之间施以奇变，则在战略上便掌握了决胜的主动权，恢复之大业就是一定能够实现的。

《论开诚之道》阐明陈亮本人的人才思想，是直接针对宋朝皇帝不肯信任大臣这一现实而发的。其主要论点是："自古大有为之君，慷慨果敢而示之以必为之意，明白洞达而开之以无隐之诚。故天下雄伟英豪之士，声从响应，云蒸雾集，争以其所长自效而不敢萌欺罔之心，截然各职其职而不敢生不满之念。故所欲而获，所为而成，而卓乎其不可及也。"孝宗虽"英睿神武"，然继位八年"而所欲未获，所为未成"，"天下之气索然而不吾应"，究其原因，乃在"明白洞达，开之以无隐之诚者容有未至乎！"

《论执要之道》重在阐明皇帝的根本职分，对君主独裁提出了批判。陈亮分析了孝宗莅政八年以来的行政施设，而把它总结为"发一政，用一人，无非出于独断。下至朝廷之小臣，郡县之琐政，一切上劳圣虑"，"今朝廷有一政事而多出于御批，有一委任而多出于特旨"，这就必然造成皇帝殚精竭虑而无功，大臣却不负责任而无过的情况，其政治之日益凋敝就不可避免；因为即使政事皆善而委任皆当，皇帝犹不免好详之名；"万一不然，而徒使宰辅之避事者得用以藉口"，推诿其责。因此陈亮认为，"人主之职，本在于辨邪正，专委任，明政之大体，总权之大纲"，须"操其要于上，而分其详于下"，若"屑屑焉一事之必亲，臣恐天下有以妄议陛下之好详也"。

《论励臣之道》强调君臣戮力，和衷共济的必要性，要求皇帝须以身作则，过简朴的生活，以励臣下之志。他认为当朝的情况是上下相蒙而君臣异志，因为"今陛下慨念国家之耻，励复仇之志，夙夜为谋，相时伺隙，而群臣邈焉不知所急，毛举细事以乱大谋，甚者侥幸苟且，习以成风。陛下数降诏以切责之，厉天威以临之，而养安如故，无趋事赴功之念、复仇报耻之心。”要改变这种懒散怠惰、习故蹈常之弊，使君令以行，君志以伸，为人君者就必须以身作则，励精图治，舍弃奢靡，崇尚简朴，所谓“慨然兴怀，不御正殿，减膳撤乐，夕惕若厉”，以激起臣下报仇复耻之心，“相与熟讲惟新之政”，而共襄恢复之业。

《论正体之道》以君臣之体为论，其实仍在重申前意，强调君臣须各守其职分，以共图恢复之功。

由上述可见，如何消除内政之积弊以振起国势，如何协同君臣以康济艰难，如何励精图治以收中原恢复之功，乃是《中兴五论》的共同主题。《中兴论》提出了一系列政治上革弊维新的措施而未及展开，而《论开诚之道》以下四篇实际上是对这些措施之重要方面的补充论述。因此，《中兴五论》在内容上实相互关联、相互统一，是陈亮三十岁前后之思想的集中体现。

我们可以相信，陈亮之上《中兴五论》是出于一腔为国尽力的热忱，而非源于博取利禄之心。他对时政之弊端的指陈十分激切，文字间散逸出慷慨激昂催人奋发的热烈情绪，而他所提出的匡救之法却依然诚恳踏实，实事求是。但不管陈亮上书的主观意图是如何纯洁，也不管他所陈述的是如何可能有裨于国家的恢复大业，他所遭遇的却丝毫无异于那些怀抱利禄之心而上书的人，甚至还比他们更坏。《中兴五论》虽奏入而不报，它既根本未被孝宗所看到，自然也就没有任何消息反馈出来。

礼部会试不曾中式，诣阙上书毫无结果，家中三丧在殡而无力安葬，生资空乏而困于清贫，陈亮虽未尝消泯其必欲用世以展大猷的雄心，但面对现实的挫折却确乎感到了疲累。在给友人叶衡的信中，他表示了要归隐畎亩，不再争较是非利害于荣辱之场的心意："去秋（按指乾道四年）偶为有司所录，俾填成均生员之数，未能高飞远举，聊复尔耳。岂敢不识造物之意，而较是非利害于荣辱之场，不自省悟？来秋，决去此矣。"[①]此信作于乾道五年夏，故"来秋"乃指同年的秋季，可知当陈亮不得不再次落魄东归之时，也正是"枫落吴江冷"的季节。这次他是决意要闭门不出了，他自觉有必要去潜心培植自己的学力，也有必要去熨平其心灵的损伤，而且那最起码的养生送死的责任是仍须承担起来的。

第六节　下帷授学

就在陈亮困顿颠踬，并于乾道五年因上书不达而再次归隐乡野的前后数年间，学术界的情况已然发生了极大的变化，理学已成为读书人无不知晓的"显学"。张栻、吕祖谦、朱熹并称"东南三贤"，登高而呼，学子靡不向趋。陈亮有云：

> 广汉张栻敬夫，东莱吕祖谦伯恭，相与上下其论，而皆有列于朝。新安朱熹元晦讲之武夷，而强立不反，其说遂以行而不可遏止。齿牙所至，嘘枯吹生，天下之学士大夫贤不肖，往往系其意之所向背，虽心诚不乐而亦阳相应和。若余非不愿附，而

① 《陈亮集》卷二十九《上叶丞相》第二书。

第其品级不能高也。余亦自咎其有所不讲而未敢怨。①

对于道德性命之学的日益滋盛,陈亮在这里颇表现出了不满的情绪。就当时的实际情形而言,他的名声已经不小,且与吕祖谦私交甚笃,若他愿意放弃自己的主张,他或有条件成为理学家中的名贤并获得时人的尊敬,但他自以为"品级不能高也",而不愿归附于此汹汹的理学潮流,同时也对自己虽有所学而"有所不讲"表示了咎责。可见,陈亮此时已觉得有传播自己学术思想的必要了。

从乾道五年至淳熙五年(1169～1178),陈亮耗费不少心力于自己学力的培养。虽然他在感情上对理学颇不惬于意,以为道德性命之空谈毕竟于世事无补,但实际上他对北宋以来的理学是用过一番学习钻研功夫的,前文提及他读杨龟山语录即是一明显的例证。此外,从其文集可知,他曾编辑《伊洛正源书》、《伊洛礼书补亡》、《三先生论事录》,又刊《程氏易传》、《杨氏中庸解》、《胡氏春秋传》等,这些工作都是在此十年中完成的。但是他所重视的并非北宋理学诸家的心性义理之学,而是他们讲明法度、考订典制的有关著作。对于北宋诸子的钻研不仅没有使他在根本上接受理学传统,且反而强化了他对于"天下之学士大夫贤不肖"唯理学是趋的现象之反感。在他看来,儒学的精神乃是开物成务,故一种真正有价值的学说必须足为开物成务之资、切于当世实用,尤其应为恢复中原这一至为迫切的时代任务之完成而开辟道

① 《陈亮集》卷三十六《钱叔因墓碣铭》。

路。正由于他情系中原而耿耿不忘恢复之事，因此在纂辑北宋诸子讲明法度之作的同时，依然醉心于英雄辈出的三国史事，撰成《三国纪年》，欲以历史为现实的借鉴。在撰《酌古论》的时候，陈亮就突出表现了对于人智、人谋的重视，从稽考历代史策而来的这一思想，随着其学力的日趋深厚也获得了进一步强化，并逐渐被提炼为一种理论形式而成为其思想构成中的一个核心部分。正是在这一点上，陈亮在思想上与隋代的王通发生了强烈的共鸣，他不仅对王通特别加以表彰，崇之不遗余力，以为孟子后第一人，而且专为《类次文中子文》。王通实际上是陈亮在学术上为自己所树立的一座偶像。

从乾道五年至淳熙五年的十年，是陈亮泛观博览，其学益进，所谓"退修于家，学者多归之，益力学著书者十年"①，同时也是其思想获得成熟发展的时期。淳熙五年，陈亮云：

> 辛卯、壬辰之间（按即乾道七年、八年，1171～1172），始退而穷天地造化之初，考古今沿革之变，以推极皇帝王伯之道，而得汉、魏、晋、唐长短之由，天人之际，昭昭然可察而知也。始悟今世之儒士自以为得正心诚意之学者，皆风痹不知痛痒之人也。举一世安于君父之仇，而方低头拱手以谈性命，不知何者谓之性命乎！②

---

① 《宋史》本传。

② 《陈亮集》卷一《上孝宗皇帝第一书》。

既以为当世为正心诚意之学者"皆风痹不知痛痒之人"，而面对着凭其一己之力根本不可能有所止遏的理学潮流，他既从其内心产生出愤懑，又产生了要尽力培养其学术思想之同调的强烈愿望。

因此在乾道八年(1172)，陈亮开始聚徒讲学。"有宋中兴之四十六年，亮始取古今之书一二以读之，稍稍与其可者共学"①。从其问学的年轻人为数不少，有时达数十人之多②。他名其学社为"保社"，此事在其文集中没有提及，然吕祖谦致其书信有云："吾兄保社，今莫已就条理否？后生可畏，就其中收拾得一二人，殊非小补。要须帅之以正，开之以渐，先敦厚笃实，而后辨慧敏锐，则岁晏刈获，必有倍收。然此自吾兄所自了，固亦不待多言也。"③吕祖谦这封书信恰好作于乾道八年，而详其文意，也正为陈亮下帷授业之初而设，其中充满关切勉励之情。由此也可以知道，所谓"保社"乃是陈亮为其学社所取的名字。

陈亮之决意收徒讲学，除了欲传播其学术，扩大其影响之外，还有另一方面的重要原因是其家境较前愈为贫困，欲藉此以为生资之源。那三具待葬的灵柩仍日日刺痛着他的心灵，至少这是必须尽快予以处置的。实际上，盖当乾道之初，乡人中就有同情其清贫之日甚而劝其设馆以教授弟子的人，《文集》卷三十七《徐妇赵氏墓志铭》云："余往贫不能自食，

① 《陈亮集》卷三十五《孙贯墓志铭》。

② 《陈亮集》卷二十八《又乙巳春书之一(与朱元晦)》提及："今年不免聚二三十小秀才，以教书为行户。"

③ 《东莱集》卷五《与陈同甫》第十书。金华丛书本。

乡人徐介卿欲以子硕属余，而使食焉，会谢不收。”至此家境非但无些微的好转，且除设馆一途并无良策，所谓“其后计穷，竟出此”者，正谓其下帷之举实也有迫于生计之日艰。陈亮又云：“壬辰、癸巳（按即乾道八至九年，1172～1173）而贫日甚，欲托于讲授以为资身之策，乡闾识其素而不之信，众亦疑其学之非是也。”[①]此尤明其教授生徒是因“贫日甚”而欲以为“资身之策”。顺便提及，周梦江《叶适与永嘉学派》云：“陈亮一生未做过官，但自二十六岁后，漕试及格（按此说不确，二十六岁时陈亮为首贡于乡，其试漕台则在二十岁时），保送太学读书（上舍生），因而便成为当地的乡绅。先是他家庭遭难，母亲去世，父亲入狱，祖父母相继忧死，家道中落。以至父死时‘从人贷钱以葬’，‘贫不能自食’。成为上舍生后，有官户的待遇，家境便大大好转。”[②]此说甚不确切，述事有前后颠倒之嫌，使人疑为其“家庭遭难”、父死贷钱以葬等事均在二十六岁以前，是乃大谬不然；而且事实上直至乾道八年（时陈亮三十岁），其家境反而是“贫日甚”而未有“大大好转”的迹象。

所谓“乡闾识其素而不之信，众亦疑其学之非是也”，则使我们体会到陈亮当时处境的别一种艰难。他向来自负才高，行为不羁，邻里关系并不很好，其既会试不第，便去伏阙上书，现又要设馆讲学，在人们看来，斯亦太过于戚戚乎贫贱而汲汲乎富贵了，故少不了指背侧目更兼以当面取笑者。如与陈亮门墙相比的吕皓，就以为陈亮不解韬晦，其诣阙上书

① 《陈亮集》卷三十六《钱叔因墓碣铭》。

② 《叶适与永嘉学派》，浙江古籍出版社 1992 年版，第 123 页。

有失于“出处之大节”，有类于“人不我问，吾牵裾而强告之；人不我求，吾踴门而强售之”，遂“与侪辈聚议一笑”[①]。对于吕皓的非笑，陈亮当时大概与其颇作了一番计较，故吕皓又云：“执事已大不能堪，嗟乎，一笑之余，执事尽在吾胸中矣！……乃不能堪，勃然盛怒，遇人诮詈，谓某不足与语此。嗟乎，一笑之余，执事尽在吾胸中矣！”[②]其对陈亮的不屑之意乃是显而易见的。

吕皓对陈亮的讪笑仅是史料留存下来的一个例证，当时类似的情况可能是较为普遍的，以至直到淳熙十二年(1185)，陈亮对此仍深有感慨：“昔之君子生于斯世也有三：其上则以先知觉后知，以先觉觉后觉；其次则守先王之道以待后之学者；又其次则淑其徒以及其乡闾……呜呼！其上者非亮之所当论，其次者非亮之所及论，而又其次者亦不能勉焉。虽欲勉之，而德不足以取信，言不足以取重，徒使此心耿耿而止耳。”[③]但不管如何，同情陈亮的处境，相信其才学并愿从其问学的仍大有人在，如钱廓、孙贯、徐硕、喻侃、喻南强等，都是陈亮最早的一批学生。

陈亮教学的内容，盖不脱当时讲学的总体规模。载其文集卷 10 的《六经发题》、《语孟发题》，当是他为教授生徒而作的经籍提要；而上文提及的北宋诸子的论典制之作，也为其教学的内容。在文学方面，他独推崇欧阳修的文章，认为其文“根乎仁义而达之政理，盖所以翼《六经》而载之万世

① 吕皓《云溪稿·与陈龙川先生书》。续金华丛书本。

② 吕皓《云溪稿·与陈龙川先生书》。

③ 《陈亮集》卷二十九《复黄伯起》。

者也”，读之“蔼然足以得祖宗致治之盛”，故编为《欧阳文忠公文粹》，以授弟子。另如胡宏之文，不仅“实传文定（胡安国）之学”，而且“辨析精微，力扶正道，惓惓斯世，如有隐忧”[①]；如郑伯熊（景望）之《书说》、《杂著》，其胸臆阔大，议论弘博，可以明“帝王之所以纲理世变者”，同时又足为时文之范本，故也“推其文以与学者共之”[②]。“与从事乎科举者诵之”[③]。由此可见，陈亮虽仍以《六艺》之文、典制之作、科举时文为其教学的一般内容，并且也是以其弟子在科场中取得功名为基本目的的，但他所突出的重点以及对学生之思想的引导，却确乎与当时学界之风气大异其趣。理学家所津津乐道并为之辨析毫厘的心性义理之学在他那里几乎略无影响。他所特别强调并贯彻始终的是以现实政事为根本关切对象的切实有用之学。知识的目的，他认为就在于能转化出实际的效用，能培养出洞达物情、处事明敏的干略与才能，而必有补于现实政治之进步与昌明。

陈亮既开门授学，因有束脩之所得，其家境遂有了实际的改善。乾道九年十二月（1174 年 1 月），他终于将其祖父、祖母与母亲的灵柩安葬到了龙窟山卧龙山下，此时距其母亲之丧已经九年，距其祖父母之丧已有七年。斯事既毕，了却多年心愿，遂若去其胸中久积之块垒，不禁感到一阵欣慰：“余盖七年弗克葬其母矣，蚤夜腐心疾首，不忍闻天下之有是

① 《陈亮集》卷二十三《胡仁仲遗文序》。
② 《陈亮集》卷二十三《胡仁仲遗文序》。
③ 《陈亮集》卷二十三《郑景望书说序》。

事……后二年，始克毕事，因顾谓其友：‘即填沟壑，无憾矣！’”[①]但不幸的事却接踵而至，就在他埋葬了祖父母与母亲之后的二十二天，即乾道九年十二月二十四日，其父陈次尹即与世长辞了。他这次不再为安葬而迁延时日，虽仍因无力负担其丧葬费用而向人告贷，但总算很快将此事处理完毕。为偿还债务，陈亮急需有所收入，遂又将其父亲的灵位移供他处，以便腾出房子作为教读之用；然又自觉父灵受扰，皆已之罪，遂作《先考移灵文》以自责：

> 某也积恶而不可掩，既已毒及我先君矣。葬不克自力，乃从人贷钱以葬；坟墓未干，顽然欲以教人自名，求钱以偿其负，因得窃衣食以苟旦暮之活，至避宅以舍之，使几筵弗克即安。将以明日迁置道旁之居，徒令妻孥以供饮食，而已则安于诵圣人之书以授人。[②]

从乾道八年开始设馆教读直至他去世以前，除某些原因而暂时中断这项工作以外，陈亮基本上一直从事着讲学生涯。而从淳熙元年以后，其家境便从清贫中逐渐摆脱出来，以后竟也达到相当富裕的程度。

---

① 《陈亮集》卷三十七《孙夫人周氏墓铭》。

② 《陈亮集》卷三十一。

第七节　奏书帝廷

陈亮一生有过两次出入太学的经历。第一次是在乾道四年，既贡于乡，旋被有司录为太学生员，但次年秋天即离开了太学。在他归隐乡间从事讲学的五六年后，约在淳熙四年(1177)左右，他再次来到临安入了太学。上文提及，当乾道五年离开临安的时候，陈亮是决计要杜门不出，不再较是非利害于荣辱之场的，而将近十年之后，其学问既已益为广博，名声较前更为显著，师友之间也不乏名贤，且已下帷而为人师表，学者多归之，若从求学的方面来说，他实无必要再去作一区区的太学生，而且他自以高才而睥睨一世，唯事涂抹文字的太学生员原也不在他的眼里，那么他之所以再进太学，其目的乃在欲以此作为进身之阶，希望能高飞远举，一展其平生经略四方之志，这一点应是无可怀疑的。

叶适《水心文集》卷二十四《陈同甫王道甫墓志铭》云："(亮)著《中兴五论》，奏入不报。后十年，同甫在太学，睨场屋士余十万，用文墨少异雄其间，非人杰也，弃去之。"未言其所以去太学之原因。而实际情况是，淳熙四年，陈亮参加了一次由礼部举办的太学公试。但这次考试的结果却较前几次更糟糕，不仅未能考中，而且招致口语沸腾，众人惊怪，莫不以为猖狂妄为，因为陈亮的答卷并不符合程文的规矩，而只是借题发挥，抒其宏论，更有类于讪谤朝廷，这在考试官们看来，当然是不能容忍的；而平时与陈亮有隙或嫉其才具名声者，更乘机鼓动口舌，加以毁谤，以至一时舆论为之大哗，连续数月方渐趋平息。陈亮云："臣本太学诸生，自忧制以来，退而读书者六七年矣。虽蚤夜以求皇帝王伯之略，而科举之文不合于程度不止也。去年(按即淳熙四年)，一发其狂论于小试之间，满学之士，口语纷然，至腾谤以动朝路，数月而未已。而为之学官者，迄今进退未有据也。”①在陈亮本人，他自然十分希望自己能够考中，更不是真的不懂程文法度，他之所以弃其程式而“一发其狂论”，恐怕只是想要出奇制胜，以表现其突出之见与非凡才华。因此，他对自己的落榜遂有不少怨气，认为是主考官故意与他为难，这从吕祖谦给他的信中可以看出来：“试闱得失，本无足论，但深察得考官却是无意，其间犹有误认监魁卷子为吾兄者，亦可一笑也!”②而陈亮回信则深有感慨之意：“人生岂必其为秀才？亮平生本不种得秀才缘，而春首之事，自侍从之有声名者固已文致于列。亮亦岂恋恋于鸡肋者乎，亦恃有大著在故也。王道甫告以忌嫉之徒乘间毁谤之可畏。”③由于这次入太学、试礼部不仅没有达到预期的目的，反而招致许多非议，故其心情极为怏悒，不久即离开临安，回到了乡下。

当此之时，陈亮虽身处乡野而仍心存天下，其心情是极度纷乱与矛盾的。他既须忍受着无法排遣的国耻之煎熬，又须忍受着人们对他的误解乃至飞短流长的攻击。几次考试的经验使他认为考场并不是一个公正的关于才学的裁判所，于是他决意“弃学校而决归耕之计矣”④。但是另一方面，现实

① 《陈亮集》卷一《上孝宗皇帝第三书》。
② 《东莱吕太史外集·与陈同甫书》。续金华丛书本。
③ 《陈亮集》卷二十七《与吕伯恭正字又书二》。
④ 《陈亮集》卷一《上孝宗皇帝第三书》。

政治不仅丝毫没有昌明的迹象，反而是日见其疲弊；朝廷不仅无锐意进取以图恢复中原的实际措施，反而是苟安之患日见其深重；国势不仅未有些微的振作，反而是日见其壄茸。陈亮不能容忍钟"天地之正气"的堂堂中国如此衰朽下去，也不能容忍他经多年呕心沥血而得的经世之学尽弃于垄亩而无用，于是，在距其第一次上书首尾恰当十年的淳熙五年(1178)，他决定再次为孝宗陈国家社稷之大计。在上孝宗第三书中，他表白了上书的动机：

> 臣自是始弃学校而决归耕之计矣。旋复自念：数年之间，所学云何？而陛下之心，臣独又知之。苟徒恤一世之谤，而不为陛下一陈国家社稷之大计，将得罪于天地之神与艺祖皇帝在天之灵而不可解，是故昧于一来。旧名已在学校之籍，于法不得以上书言事。使臣有一毫攫取爵禄之心，以臣所习科举之文更一二试，而考官又平心以考之，则亦随例得之矣。何忍假数百年社稷之大计，以为一日之侥幸，而徒以累陛下哉！

陈亮谓"旧名已在学校之籍，于法不得以上书言事"，是因当时"两学犹用秦桧禁，不许上书言事，陈(亮)尝游太学，故特弃去"①，而更名"同"，于是年正月伏丽正门上书。

陈亮上书的要点，可约略概括为以下数端：

第一，中原为天地正气之所在，以中国之衣冠礼乐而寓

① 叶绍翁《四朝闻见录》乙集《钱塘》。

之偏方，即便天命人心犹有所系，也绝非久安之计；使中原沦于夷狄，天地之气郁结而不发，中国之礼乐流寓于一隅，乃有史以来所未有之奇耻大辱，故必矢志恢复，以发泄天地之正气。陈亮云：

> 中国，天地之正气也，天命之所钟也，人心之所会也，衣冠礼乐之所萃也，百代帝王之所以相承也，岂天地之外夷狄邪气之所可奸哉！不幸而能奸之，至于挈中国衣冠礼乐而寓之偏方，虽天命人心犹有所系，然岂以是为可久安而无事也！使其君臣上下苟一朝之安而息心于一隅，凡其志虑之所经营，一切置中国于度外，如元气偏注一肢，其他肢体往往萎枯而不自觉矣，则其所谓一肢者，又何恃而能久存哉？天地之正气，郁遏于腥膻而久不得骋，必将有所发泄，而天命人心固非偏方之所可久系也。

第二，偏安既久，仇耻已渐为国人所淡忘，而金人植根既久，仿效中国，黎民也将怀其德，故若不抓紧时机以决恢复之计，则其事必更加难以措置：

> 南师之不出，于今几年矣，河洛腥膻，而天地之正气抑郁而不得泄。岂以堂堂中国，而五十年之间无一豪杰之能自奋哉！其势必有时而发泄矣。苟国家不能起而承之，必将有承之者矣。不可恃衣冠礼乐之旧，祖宗积累之深，以为天命人心可以安坐而久系也。“皇天无亲，惟德是辅；民心无常，惟惠

之怀。”自三代圣人皆知其为甚可畏也……天地之气发泄于蛮夷之小邦，可以明中国之无人矣。王通有言：“夷狄之德，黎民怀之，三才其舍诸。”此今世儒者之所未讲也。

第三，金人雄居于中原，行政施设一以中国为法，其植根既久，益难动摇；而宋朝偏安于东南，反上下怠惰，任用非人，政令不施，武事不讲，府库不积，唯幸一朝之安，使五十年仇耻难以一举而尽雪，此皆通和之策有以致之，故对和议痛加斥责，并希望孝宗慨然与金人决绝，以励天下复仇之志：

今丑虏之植根既久，不可以一举而遂灭；国家之大势未张，不可以一朝而大举。而人情皆便于通和者，劝陛下积财养兵以待时也。臣以为通和者所以成上下之苟安，而为妄庸两售之地，宜其为人情之所甚便也……今和好一不通，而朝野之论常如虏兵之在境，惟恐其不得和也，虽陛下亦不得而不和矣……然使朝野常如虏兵之在境，乃国家之福，而英雄所用以争天下之机也，执事者胡为速和以惰其心乎！……陛下何不明大义而慨然与虏绝也！贬损乘舆，却御正殿，痛自刻责，誓必复仇，以励群臣，以振天下之气，以动中原之心。

第四，推阐本朝史事，为论国家立国之本末，希望孝宗随时因革，不拘旧法，以广开财路，广罗人才，以竟恢复之业。自立国之初，一切权力集中于中央，“自管库微职，必命于朝廷”，“士以尺度而取，官以资格而进”，本意原也很好，然“微澶渊一战，则中国之势浸微，根本虽厚而不可立矣。”因此，神宗时诸臣即有愤于国势之不振而有变法之举，“而其大要，则使群臣争进其说，更法易令，而庙堂轻矣；严按察之权，邀功生事，而郡县又轻矣。岂唯于立国之势无所助，又从而朘削之……亦安得而不自沮哉！”是所谓熙宁新政，正为弊国之源，“独其破去旧例，以不次用人，而劝农桑，务宽大，为有合于因革之宜。”陈亮又云：

> 南渡以来，大抵遵祖宗之旧，虽微有因革增损，不足为轻重有无……陛下愤王业之屈于一隅，励志复仇，而不免籍天下之兵以为强，括郡县之利以为富；加惠百姓，而富人无五年之积；不重征税，而大商无巨万之藏；国势日以困竭。臣恐尺籍之兵，府库之财，不足以支一旦之用也。陛下早朝宴罢，以冀中兴日月之功，而以绳墨取人，以文法莅事；圣断裁制中外，而大臣充位；胥吏坐行条令，而百司逃责；人才日以阘茸。臣恐程文之士，资格之官，不足以当度外之用也。

因此，欲竟恢复之功而开社稷数百年之基，就必须于祖宗旧法有所增损变通，若故步自封，则国势之困竭，人才之阘茸，便不可避免。

第五，论天下形势之消长，主张移都建业，重镇荆襄。陈亮认为：“夫吴蜀，天地之偏气也；钱塘又吴之一隅也……

其风俗固已华靡,士大夫又从而治园囿台榭以乐其生于干戈之余,上下宴安,而钱塘为乐国矣。一隙之地,本不足以容万乘,而镇压且五十年,山川之气盖亦发泄而无余矣……荆襄之地,在春秋时,楚用以虎视齐、晋,而齐晋不能屈也;及战国之际,独能与秦争帝……况其东通吴会,西连巴蜀,南极湖湘,北控关洛,左右伸缩,皆足为进取之机……陛下慨然移都建业,百司庶府,皆从草创,军国之仪,皆从简略,又作行宫于武昌,以示不敢宁居之意。常以江淮之师为虏人侵轶之备,而精择一人之沉鸷有谋、开豁无他者,委以荆襄之任,宽其文法,听其废置,抚摩振厉于三数年之间,则国家之势成矣。”①

上述五点,是陈亮上书的主要内容。从中可以看出,有些观点在《中兴五论》中就曾十分明确地表述过了,但正因为匆匆又过了十年,而形势则愈为迫切,又或许还因为他胸中久久郁结着一股不平之气,故不仅重申其意,且其措辞较《中兴五论》要激烈得多,慷慨激昂,几乎无所避忌。他不希望这次上书仍落得与十年前同样的结果,因此在书中数次表示希望能得到孝宗的召见。事实上,这次也的确产生了一些效果。叶适《陈同甫王道甫墓志铭》云:“天子始欲召见,倖臣耻不诣己,执政尤不乐,复不报。”乔行简《奏请谥陈龙川札子》云:“当淳熙之戊戌,三上书,极论社稷大计,孝宗皇帝览之感涕,将以种放故事不次擢用。左右用事亟来谒亮,欲掠美市恩,而亮不出见之,故为所谗沮而止。”②《宋史》本传

① 以上所引均见卷一《上孝宗皇帝第一书》。

② 《陈亮集》附录。

又云:“书奏,孝宗赫然震动,欲榜朝堂以励群臣,用种放故事,召令上殿,将擢用之。左右大臣莫知所为,惟曾觌知之,将见亮,亮耻之,逾垣而逃。觌以其不诣已,不悦。大臣尤恶其直言无讳,交沮之,乃有都堂审察之命。”这些记载基本上都是合陈亮于本年三次上书的情况而言的,然推详其事,则孝宗震动感涕,欲榜亮书于朝堂以励群臣,用种放故事以不次擢用,[①]乃是陈亮第一书奏入以后的情形。[②]当此之时,左右大臣尚未知孝宗之意,唯曾觌知之,[③]故“亟来谒亮,欲掠美市恩”的乃是曾觌。时曾觌权势方炽,朝士大夫中欲与交结的大有人在,但陈亮却卑其为人,不愿与语,竟至“逾垣而逃”,这无疑就得罪了曾觌。曾觌既对陈亮不悦,大臣也恶其直言无讳,故交相沮之,陈亮遂始终没有得到孝宗的召见。

正因有此许多缘故,因而陈亮书奏进以后,整整八天未

---

① 种放(? ～1015),字名逸,河南洛阳人。七岁能属文。后隐居终南山,结草庐以讲习为业,自号为退士。隐居三十年,不游城市十五载。真宗时尝数次被召至京师,景德二年(1005)擢为右谏议大夫。大中祥符二年(1009)命判集贤院,从封太山,拜给事中;四年(1011),拜工部侍郎。种放始终未娶,然其既屡至阙下,旋复还山,晚又于京师广置产业,时人也颇讥其出处之迹。卒于大中祥符八年,赠工部尚书。参《宋史·隐逸传》。

② 《陈亮集》卷二十七《复何叔厚》云:“上聪明睿智,度绝百代,一见亮书,便有榜之朝堂以励群臣之意,若使得对,何事不可济!”所谓“一见亮书”云云,也可明此事当在第一书奏进以后。

③ 曾觌,字纯甫,祖籍开封。乾道年间为权知阁门事,以文学侍孝宗,甚得宠幸。罢行一政事,进退一人才,必掠美自归,谓为己力。后触孝宗怒,调外,乾道六年复召还朝。淳熙元年除开府仪同三司,六年加少保。卒于淳熙七年。曾觌用事二十年,权倾中外,招权纳贿,无所顾忌。朝士大夫,多公然趋附之。参《宋史·佞幸传》。

有任何反响，所谓“八日待命而未有闻焉”[①]。他终于按捺不住，遂再伏阙上书，是为《上孝宗皇帝第二书》。此书的内容，仍在重申前意，强调必矢志恢复而不能再苟安以迁延岁月，必肃清内政而于前代旧法有所因革损益以尽通变之道，必革去以绳墨取人之弊而不次擢用人才以济非常特达之功，同时对时政之弊病与朝臣之庸陋大加切责。其议论之雄辩开阖，不减前书，而其措辞之率直无讳，犹有过之。如云：“安一隅之地则不足以承天命，忘君父之仇则不足以立人道”，实已无异于当面大声斥责。但或许正是陈亮书中的那种既无所顾忌却又慷慨磊落的英伟之气打动了孝宗，遂下旨命陈亮听候审察，是所谓“乃有都堂审察之命”。

执行审察之命的是同知枢密院事赵雄等人。[②] 在审察过程中，大臣拱手称旨以问，陈亮则拣其大体可言者三事以答之：

第一，徽、钦北狩之痛，盖国家之大耻，而天下之公愤，

---

① 《陈亮集》卷一《上孝宗皇帝第一书》。

② 赵雄（1129～1193），字温叔，资州（今四川省资中县）人。尝以极论恢复之计而为孝宗所重用，官至宁武军节度使开府仪同三司。陈亮于对答时触怒赵雄，见其集卷二十七《复何叔厚》。又叶绍翁《四朝闻见录》乙集《钱塘》云：“上韪其议，使宰臣王淮召至都省，问下手处。陈（亮）与考亭（朱熹）游，王素不喜考亭，故并陈而嫉之。陈至都省，不肯尽言，度尽言亦未必尽复于上。翌日，上问以亮所欲言者，王（淮）对上曰：‘秀才说话耳。’上方鄙远俗儒，遂不复召见。”据此，则王淮或亦与于都堂审察之事。然谓王淮因不喜朱熹而并陈亮而嫉之，并从中作梗使陈亮不得召见，恐非事实。因为陈亮此时并未与朱熹游，他们的第一次见面是在淳熙九年；其次，陈亮与王淮的关系相当不错，并曾向他推荐叶适、薛叔似、陈谦等人（见《陈亮集》卷二十七《与王季海丞相》），似不当有如叶氏所言之事。

故必图恢复之策；

第二，天下谨奉规矩准绳以从事，束缚重重，势必至于萎靡不振，故须宽文法，以求度外之功；

第三，今天下之士烂熟萎靡，诚可厌恶，故须变通一向沿习之家法，去其萎靡之气，以培国家之根本。

这三点在陈亮看来还是平平无奇可以直言无妨的，至于“数十年之策，百五六十年之计，数百年之基，与夫恢复之形势”等等，因“事大体重，苟未决之圣心，则不可泄之大臣之前也”。但即使这平平无奇的三点，已使大臣“相顾骇然”，他自己也唯有“惶恐而退”。陈亮在都堂审察时既已触大臣之怒，因而他想对孝宗面陈大计的愿望便未能实现。审察后又待命十日，未有闻，遂再至阙下，三上其书，即《上孝宗皇帝第三书》。在此书中，陈亮概括了都堂审察时所对的三项内容，同时又表明心迹，希望得到孝宗的召见，最后称自己将再待命三日，若无召见之命，便将归去而“誓将终老田亩”了。

陈亮三次上书的最后结果是，“书既上，帝欲官之。亮笑曰：‘吾欲为社稷开数百年之基，宁用以博一官乎！’亟渡江而归。”[①]事后，他在《复何叔厚》书中，曾略述其上书前后之事，从中也可以看出一些陈亮的真实思想：

亮寓临安，却都无事，但既绝意于科举，颇念其平生所学，不可不一泄之以应机会，前日遂极论国家社稷大计，以彻于上听，忽蒙非常特达之知，欲引之面对，乃先令召赴都堂审察。亮一时率尔应答，

① 《宋史》本传。

遂触赵同知之怒。亮书原不降出，诸公力请出之，书中又重诸公之怒。内外合力沮遏之，不使得面对。今乃议与一官，以塞上意。亮虽无耻，宁忍至此！只俟旦夕命下，即缴还于上，而竟东归耳。岂有欲开社稷数百年之基，乃用以博一官乎！

观上所述，知陈亮这次连续三上其书，既使孝宗震动，复使大臣骇然，产生了非同寻常的轰动，但他欲对孝宗面陈国家社稷之大计这一基本目的却未曾达到。如果陈亮上书仅出乎一己私利之计，那么他本也可乘机得一官职；如果说他根本没有要出仕的意愿，却恐又非事实；在陈亮的言行中，我们的确可以体察到某种隐含于其内心深处的矛盾。尽管“宁用以博一官乎”之语显得其胸襟极其坦荡，“亟渡江而归”之举也表现得十分潇洒，但其内心却隐藏着不可为常人道的巨大痛苦；他的心灵为这种痛苦所噬啮，有时几乎要为其所淹没。就在同年初夏，他在致挚友吕祖谦的信中有云：

亮本欲从科举冒一官，既不可得，方欲放开营生，又恐他时收拾不上；方欲出耕于空旷之野，又恐无退后一着；方欲俯首书册以终余年，又自度不能为三日新妇矣；方欲杯酒叫呼以自别于士君子之外，又自觉老丑不应拍。每念及此，或推案大呼，或悲泪填臆，或发上冲冠，或拊掌大笑。今而后知克己之功，喜怒哀乐之中节，要非圣人不能为也。[1]

① 《陈亮集》卷二十七《与吕伯恭正字又书一》。

这里对其心境的描述应是真实的，由此我们可以充分窥视到他当时的种种矛盾心理及其难以自遣与消弭的巨大悲愤。而另一方面，其上书的行为既必不免在世人心目中产生汲汲乎以干禄的嫌疑，其“亟渡江而归”也断然会使人觉得是虚伪的故作清高，更何况他原已触大臣之恚怒，因此他同时还忍受着流言蜚语的攻讦与人们的指责非笑。从吕皓的《云溪稿》可以知道，当时对陈亮的非议恐怕是相当多的，至少吕皓本人就认为陈亮太自信其心而不恤其迹，并以“瓜田不纳履，李下不正冠”为喻，劝他要顾其行藏，以免人们的猜忌①。然陈亮仍十分自信，“此心之皓然固自知矣”，“吾人之用心若果坦然明白，虽时下不净洁，终当有净洁时；虽不为人所知，终当有知时。”②

或许正是这份自信，才使陈亮得以自拔于人们的非议之中而仍独行其是；同时，他又得到了知己朋友吕祖谦的一再安慰与开导，故不久以后，其心情便渐趋平静，及至入冬，“遂与田里相忘矣”③。

第八节　师友交谊

本节主要叙述陈亮与师友间的交谊，而其交游广泛，此处难为尽述，故唯拣择与其过从密切并与其学术活动有较直接关系的几位人物略为简述，并对某些有争议的问题进行简

① 《云溪稿·与陈龙川先生论事书》。
② 《陈亮集》卷二十七《复吕子阳》。
③ 《陈亮集》卷二十七《又戊戌冬书(与吕伯恭)》。

要考证。而为叙述的方便，本节行文难以尽按时间顺序，希读者谅解。

1. 契友吕祖谦

在陈亮众多的师友之中，吕祖谦占有最为重要的地位。祖谦(1137～1181)字伯恭，号东莱，金华人。他比陈亮大五六岁，还稍沾上一点远房亲戚的关系。① 绍兴三十二年，陈亮曾与吕氏同试漕台，但当时他们并不相识。虽然陈亮自负自己的才学不在吕氏之下，但不过数年以后，吕氏已为天下重望之所归的一代师表，陈亮则祸患百罹，颠踬困顿，“行不足以自见于乡闾，文不足以自奋于场屋”②，其社会地位相去几有霄壤之别。但吕氏不仅学问极其溥博，且为人谦冲和穆，宽厚敦悫，因此社会地位的差异并未在他与陈亮的交往中投下任何阴影。

在《吕东莱文集》与《吕太史外集》中共保留了与陈亮的书信三十四通，而《陈亮集》中《与吕伯恭书》只有四通，这说明陈亮文集在其流传过程中的散佚是比较严重的。正由于这种情况，今天已难以确定陈、吕之交开始的确切年份，但从各方面的情况来看，其定交必不迟于乾道六年(1170)，可能就在乾道三年(1167)吕氏初讲学于武义明招山之时。《东莱集》中《与陈同甫》第一书也即吕氏给陈亮的最早一封书信，其中云：“今日早在学中奉候，政剧延伫，伏蒙封示《孟

① 淳熙八年(1181)吕祖谦卒，陈亮奔丧金华，祭文有“从表弟永康陈亮奔哭其柩”之语。所谓“从表弟”的关系无由详考，但陈亮的曾祖母姓吕氏(见《陈亮集》卷30《告高曾祖文》)，此或许为其沾亲的缘故。

② 《陈亮集》卷二十八《又甲辰秋书(与朱元晦)》。

子提要》,谨当细观深考,却得一一请教……盖彼此皆己事,不敢为鬲上语也。”吕氏于乾道五年除太学博士添差严州教授,六年复召为太学博士,兼国史院编修官、实录院检讨官;而陈亮于乾道四年补太学博士弟子员,五年上礼部,旋奏《中兴论》,以不达而索手东归。因此吕氏此书盖作于乾道五年,而不迟于六年。观信中语气已非泛泛,而是十分真诚恳切,故可断定其定交必在乾道六年以前。

乾道八年春,吕氏之父吕大器亡故,陈亮往吊,作《祭吕治先郎中文》①,云:“亮以晚生,不及拜公于堂,间或从公之子以游,诱之掖之,盖公之教。”可见陈、吕交往已久且感情甚笃。同年,陈亮开始聚徒讲学,吕氏随即来信力为劝勉,可谓语重心长,并对其亲吊父丧表示感谢。②

陈亮虽豪迈不羁,敢于放言横议一世人物,自谓“自少有驱驰四方之志,常欲求天下豪杰之士而与之论今日之大计。盖尝数至行都,而人物如林,其论皆不足以起人意”③,但对吕氏却极为敬重,既尊之为师长,复引之为契友。从乾道八年开始直至淳熙八年吕氏去世时止,其通信相当频繁,互相访问,过从甚密。陈亮每为一文,每刻一书,往往先送吕氏求正。上引吕氏信中提及的《孟子提要》,今陈亮集中无存,盖已亡佚;其他如《三国纪年》、《书欧阳文粹后》、《三先生论事录序》、《伊洛正源书序》、《类次文中子引》等等都先寄送吕氏。吕氏往往提出坦率而又诚恳的意见,陈亮也往往能

① 《陈亮集》卷三十。
② 《东莱集》卷五《与陈同甫》第十书。
③ 《陈亮集》卷一《上孝宗皇帝第一书》。

够接受，并按照其意见去修改自己的文字。如关于《三国纪年》，吕氏云：

《三国系年序引》及诸《赞》，累日已详看，用意高深处亦或得其一二，但大纲体制犹有未晓处……《魏武赞》述来历甚当，魏文帝两赞，深味词意予夺，甚有味；《昭烈赞》论其君臣反复于天意人事之际，所谓妙体本心，但费诗之议，却似不达时变……《武侯赞》论以国政归丞相，甚善……其篇末"王者之作，天犹以为未疏哉"，感慨之意甚长，但不若《后主赞》所谓"天命果可畏"辞严而义正也。《武烈赞》论汉末守文之弊及启桓王之翱翔，甚妙甚妙！①

示及近作，展玩数过，不能释手。如邓、耿《赞》，断句抑扬有余味，盖得太史公笔法。《武侯赞》拈出许靖、康成事，尤有补于世教。独《陈思王赞》，久于河汾（按指王通）之论，每未敢以为安，当更思之。②

关于《类次文中子引》，吕氏云：

《文中子序引》，此意久无人知之，第其间颇有

① 《东莱吕太史别集》卷十《与陈同甫第十书》。

② 《东莱集》卷五《与陈同甫》第六书。另有二书也讨论《三国纪年》，不详引。

> 抑扬过当处。如云"荀、扬不足胜",又云"孔孟之皇皇,盖迫于此矣",又云"续经之作,孔氏之志也,世胡足以知之哉",此类恐更须斟酌。[①]

在《陈亮集》卷二十三《类次文中子引》中[②],"荀、扬不足胜"已改为"荀、扬非其伦也","孔孟之皇皇"一句已删去,而"续经之作"一句仍保留原样,知陈亮既能接受吕氏的意见而作删削,也能坚持自己的某些观点。

在与陈亮的交往中,吕氏始终表现出一种宽厚和蔼的长者风度,他既十分同情陈亮之处境,又非常能理解其心情,故其书信的内容不仅在切磋学术,而且也充满抚慰、劝勉、开导与鼓励之词,以砥砺其德行。陈亮贫时,曾一度有弃文经商之意,吕氏得悉后遂寄书云:

> 里居为况必甚适,闻便欲为陶朱公调度,此固足少舒逸气,但田间虽曰绅缩自如,然治生之意太必,则与俗交涉,败人意处亦多,久当自知之。恃契爱之厚,不敢不尽诚也。[③]

淳熙四年,陈亮试礼部,不第,心绪极其潦倒,又怀疑考官故意与他为难,吕氏遂来信大加劝慰,并解释"深察得考官

① 《东莱集》卷五《与陈同甫》第七书。

② 本文末有"淳熙乙巳十一月既望永康陈亮书"的落款,乙巳为淳熙十二年,然吕氏卒于淳熙八年,既相与讨论,则此文必作于八年之前,故何格恩、童振福《陈亮年谱》均疑"乙巳"为"乙未"之误,乙未为淳熙二年,宜从之。

③ 《东莱集》卷五《与陈同甫》第二十书。

却是无意”。次年陈亮上书，未得孝宗召见，心绪又极郁愤，吕氏旋即来函慰问，并云：“乍归田间，徜徉当有佳处，卷舒出处，在我者政自绰绰有余裕也。”①时陈亮友人叶适、王自中、徐居厚皆登进士，而其情绪坏恶，回书中遂一发其不平之鸣，牢骚满纸，并云：“海内知我者惟兄一人，自余尚无开口处。虽沉浮里闾，而操舍不足以自救，安得有可乐之事乎！然一夫之忧患悲乐，在天地间去蚊虻之声无几，本无足云者，要不敢不自列于知我者之前耳。”②吕氏得书，又写信力为开导：

> 专介伏奉诲示，引纸疾读，恍如握手，不知相去数百里之远也……谕及近况之详，慨然浩叹者久之。百围之木，近在道隅，不收为明堂清庙之用，此自将作大匠者之责耳。如彼木者，生意濯濯，未尝不自若也。“井渫不食，为我心恻”，盖非井爻之盛，而兄以此自处乎？甚冀益加宽裕，从容自颐，以慰见慕之徒之心，幸甚！③

陈亮阅后，有书致吕氏（已佚），吕氏又复书云：

> 诲喻深悉。所谓“井渫”，盖政指汲汲于济世者，玩味爻策自可见。其曰：“为我心恻”，忧思盖深长矣；又曰：“王明并受其福”，盖言王者能识拔而用

① 《东莱集》卷五《与陈同甫》第十八书。
② 《陈亮集》卷二十七《与吕伯恭正字又书一》。
③ 《东莱吕太史外集》卷五《拾遗 · 与陈同父》第二书。

之,则臣主俱泰,此岂小知小才之谓哉!所以未为井之盛者,盖汲汲亟欲施之,与知命者殊科耳……春初之举,虽是习常守故者自应怪骇,然反观在我,亦未得为尽无憾……①

吕氏在书中既对陈亮深致关切与同情,又对其屡次上书暗存讽喻,对此陈亮盖亦深契于心,故其再致吕氏之书,语气已显和平,殊少愤激之气(书已佚),吕氏对此大感欣慰,复勉励云:

垂谕备悉雅意。再三玩怿,辞气平和,殊少感慨悲壮之意,极以为喜!驱山塞海,未足为勇,惟敛收不可敛之气,伏槽安流,乃真有力者也。②

陈亮豪气横溢,愤世嫉俗,平时不拘细行,故也日益为人所愤与为俗所忌;而当他每有忧患,总能得到吕氏的宽厚善待与多方排解,陈亮对此是十分感动的。淳熙七年,吕氏撰成《薛士龙墓志铭》③,寄示陈亮请正,陈亮云:"示以《士

① 《东莱吕太史别集》卷十《与陈同甫》第十八书。"井渫不食,为我心恻"、"王明并受其福",为《易·井》爻辞。

② 《东莱集》卷五《与陈同甫》第十九书。

③ 薛氏卒于乾道九年七月,同年十二月葬,然吕氏所作墓铭则至淳熙七年方始完成。《东莱集》卷七《薛常州墓志铭》有"今既免丧"之语,则必作于淳熙三年以后;又卷五《与陈同甫》第二十四书尚提及"士龙志铭以行役扰扰未曾下笔,数日间少定当属稿。"该书当作于淳熙七年深秋,故士龙墓铭最早当作于同年。陈亮与讨论文中内容,如"公复进曰"至"上是之"一段,今仍存《薛常州墓志铭》中,故知"士龙墓铭"即该文也。

龙墓铭》，反覆观之，布置有统，纪载有法，精粗本末，一般说去……顾使若亮者参论于其间，足见用心之广，不以人为可狭……屹然横流之中而不立已者，所见唯正字（即吕氏）一人”①，言下极感吕氏之相知。陈亮每推吕氏为海内唯一知己，与人言及，多出此意，如云：“四海相知惟伯恭一人”②，“丈夫出处自有深意，难为共儿曹语，亦难以避人谤毁也，此怀惟吕丈知之。”③而对吕氏的学问，也尝推为海内独步，“三四年来，伯恭规摸宏阔，非复往时之比，钦夫（张栻）、元晦（朱熹）已朗在下风矣，未可以寻常论也。”④

淳熙六年（1179），吕氏以疾病辞官，归居金华，此后每寄书陈亮，必致殷勤相邀之意，陈亮盖也随时过访。见面晤谈，气氛均极融洽，有时竟至夜分而仍无倦意。淳熙八年，吕氏病逝，噩耗传来，陈亮为之跌足痛哭，旋赴金华吊唁。所为祭文，极倾其沉痛之意，其中有云：

> 呜呼！孔氏之家法，儒者世守之，得其粗而遗其精，则流而为度数刑名；圣人之妙用，英豪窃闻之，徇其流而忘其源，则变而为权谲纵横。故孝悌忠信常不足以趋天下之变，而材术辩智常不足以定天下之经。在人道无一事之可少，而人心有万变之难明。⑤

① 《陈亮集》卷二十七《与吕伯恭正字》第一书。
② 《陈亮集》卷二十九《与吴益恭安抚》第一书。
③ 《陈亮集》卷二十七《复何叔厚》。
④ 《陈亮集》卷二十九《与吴益恭安抚》第二书。
⑤ 《陈亮集》卷三十二《祭吕东莱文》。

这里之所记，盖吕氏生前与陈亮“方半夜之剧论”所涉及的内容，陈亮本意，“盖亦发其与伯恭相处之实而悼存亡不尽之意耳”[①]，然朱熹看到以后，却对此大加指责：“诸君子聚头磕额，理会何事？乃至有此等怪论！”[②]对文中“在人道无一事之可少，而人心有万变之难明”一语，朱熹又云：“若如此，则鸡鸣狗盗皆不可无。”[③]如此看来，朱熹对陈亮实也有不少误会。

吕氏去世以后，“一代人物，风流尽矣”[④]，知己既已不存，陈亮遂生“伯牙之琴已分其不可复鼓”之慨，[⑤]其伤逝之深，几至于废其讲论：

> 亮平生不曾会与人讲论，独伯恭于空闲时喜相往复，亮亦感其相知，不知其言语之尽。伯恭既死，此事尽废。[⑥]

因此当他后来与朱熹交书辩论而又意见互不相入之时，又勾起他对吕祖谦之悠悠的怀念，“甚思无个伯恭在中间捆就也”[⑦]。

---

① 《陈亮集》卷二十八《又甲辰秋书(与朱元晦)》。

② 岳珂《桯史》卷十二《吕东莱祭文》。然岳氏谓同甫不乐，他日上书有讽晦翁之意，引其淳熙五年上孝宗第一书之语，则倒置事实，甚谬。

③ 《朱子语类》卷一百二十三。

④ 《陈亮集》卷三十二《又祭吕东莱文》。

⑤ 《陈亮集》卷三十二《祭吕东莱文》。

⑥ 《陈亮集》卷二十八《丙午复朱元晦秘书书》。

⑦ 《陈亮集》卷二十九《与辛幼安殿撰》。

2. 辩友朱熹

在陈亮与所有人物的各种交往之中，以他与朱熹的关系最引人注意。这种关系虽使人觉得有些尴尬，却也发人深思。

朱熹(1130～1200)，字元晦，又字仲晦，号晦庵、晦翁、紫阳、云谷老人，学者也称为考亭先生，祖籍江西婺源，世居福建建阳。朱熹在学术上集北宋以来理学之大成，其思想深广，源远而流长，虽在当时屡有曲折，但其影响乃及于辽远。朱熹在学术上地位尊崇，其学问弘博，体大思精；其道德醇谨，动止有度；但其胸襟却稍欠开阔，在卫正道攻异端的名义下不免有学术思想上的党同伐异，殊不如吕祖谦之有宽厚平易兼容并蓄的雅量。他与陈亮在思想上可谓大异其趣，若方圆之不能周合；在性格上又相去甚远，朱熹笃实谨厚而陈亮则豪迈不羁。这样两个在思想与性格上都极不相入的人却能一度合到一处并有过一段相当不错的友谊，盖也得力于吕祖谦的介绍与促成。

朱、陈在直接交往之前，既相互知其名声，又有吕氏的引介，互相都有一定程度的了解，但在吕氏生前他们却未曾得到见面的机会。① 淳熙八年(1181)十月，朱熹除提举两浙东路常平茶盐公事；次年正月巡历婺州、衢州，此时陈亮始

① 康熙《永康县志》卷十《游寓·朱熹》："朱熹字元晦，婺源人，以金华为文献之区，屡游永康，与陈同甫上下其议论，晚又与吕东莱、陈同甫三人讲学于寿山之内洞，外洞为僧舍。石上有朱书'兜率台'三字，大可方丈，乃元晦手迹也。内洞后建丽泽祠，祀朱、吕、陈三先生，至今勿替。"此说今人也仍袭之。按朱、陈之初次见面在淳熙九年，而吕氏卒于淳熙八年，故朱、吕、陈不可能同在一起讲学，此说必有谬误。

有机会至衢、婺间与朱熹会面，盘桓十日方始别去。[①] 这次见面的气氛可以推断是相当融洽的，朱熹“妙论”，往往尽出陈亮所闻之外，而陈亮“伟论”，也启发朱熹去思考一些他平时较少关注的问题。双方的理解既已加深，遂皆有思慕之意。别后不久，朱熹即差专人问候陈亮，送书数册，并寄书云：

数日山间从游甚乐，分袂不胜惘然……老兄与君举能一来此间相聚为幸！官舍无人，得以从容，殊胜在道间关置车中，不得终日相语也。……《战国策》、《论衡》二书并自注《田说》二小帙，并往观之，如何也？所定《文中子》，千万携来。……别后郁郁，思奉伟论，梦想以之；临风引颈，尤不自胜。[②]

陈亮答书云：

山间获陪妙论，往往尽出所闻之外。世途日狭，所赖以强人意者，惟秘书一人而已。平生有坐料人物世事之癖，今而后知其不可也。别去惘然，如盲者之失杖。意每有所不通，辄翘首东望，思欲飞动而未能。方将专人问起居，乃承专函之赐，蒙所以见念者甚至。[③]

① 《朱子年谱》卷三上。
② 《朱文公文集》卷三十六《寄陈同甫》第一书。
③ 《陈亮集》卷二十八《壬寅答朱元晦秘书》。

同年夏天，陈亮再致书朱熹，表达想念之情，并以《杂论》五篇请朱熹评阅，又谈及是夏旱情严重，若再不雨，到时便将往绍兴府上去求一碗现成饭吃。其措辞语气已极显亲切：

> 不获听博约之说，又复三月；起居之间不到凡格[①]，亦复逾月矣。尊仰殆不容言……近有《杂论》十篇，聊以自娱，恨举世未有肯可其论者。且录去五篇，或秘书不以为谬，当继此以进，然其论亦异矣。余五篇乃是赏罚形势、世卿恩旧，尤与世论不合，独恐秘书不以为异耳……六月若一向遂无雨，田秧亦无所营救，但当去绍兴请教，且求一碗现成饭吃，不能别生受……胸中所欲言万端，微秘书无以发其狂；因困于俗事，又困于诸生点课，临风引颈，徒剧此情。[②]

由这两封书信来看，自正月里会面以后，陈、朱友谊的发展是相当迅速的。在不到半年时间里，几乎已至于无话不谈。但是实际上，陈亮与朱熹的学术思想及其处世性格都毕竟相差太大，朱熹既容不得道统以外的异端曲学，陈亮也坚定不移，不肯轻易放弃自己的主见，这一点便足以决定其关系终究难以发展到陈、吕之交的地步。随着其相互间之了解的不断加深，随着在信件中所涉及内容的不断增多，其思想

① 凡格，疑当作“几格”。
② 《陈亮集》卷二十八《又壬寅夏书(与朱元晦)》。

上的分歧便愈趋明显，终至于公开交锋。这种思想上的交锋其实在淳熙九年夏陈亮寄送其《杂论》五篇以后不久便已初露端倪，至淳熙十一二年间达到高潮，十三年以后，因双方都觉得难以达成共识而告结束。这一历时四五年之久的论战，曾引起当时学术界的普遍关注，也是中国思想史上的一件大事。①

淳熙九年朱熹巡历浙江东路，除建立了种种政治上的业绩以外，他还觉察到浙江士人的学风大异于福建，以为有驰外之失，大为学者心术之害，这使他深为忧虑。在与陈亮的交往中，他又认为此种学风的坚定倡导者正是陈亮，故在论辩之初，朱熹的本意是要说服陈亮，希望他放弃那许多贱王尊霸的观点，以挽浙人学风之偏失，却殊未料到陈亮是一个很不容易被说服的人。论辩初起时，双方态度均甚诚恳，语气也比较和缓；随着问题的深入，不唯通信转频，愈写愈长，且语气也转趋激烈，又都不免暗藏讥讽挖苦，甚至于门下弟子也相互攻讦。

这种激烈的论辩若说丝毫不伤感情恐怕不是事实，但事实的另一方面是双方在论辩的同时仍然互相关心，信中往往述及自己的近况（这一点在陈亮更加明显），互存问候之意。

---

① 朱、陈论辩的内容涉及到哲学思想、历史观念、道德原则等方面，其直接资料主要是《陈亮集》中寄朱熹的八封信以及《朱文公文集》中寄陈亮的十五封书信。《陈亮集》因有散佚，故有些书信没有被保存下来。其论辩的内容在此后的有关章节中另有论述。

每年朱熹生辰，陈亮均遣人送些贺礼，并作词祝寿。[①] 绍熙四年（1193）陈亮及第后也将此事写信告诉朱熹（书已佚）[②]。陈亮虽对理学抱极其反感的态度，往往抨击不遗余力，但却极少有直接攻击朱熹本人的言词。他对朱熹仍然是非常尊重的，如云：

> 朱元晦，人中之龙也。[③]
>
> 四海所系望者，东序惟元晦，西序惟公（指辛弃疾）与子师（韩彦古）耳。[④]
>
> 诸贤凋落殆尽，独参政（周必大）与元晦岿然以镇之。[⑤]

朱熹有更多的关于陈亮的评论，但几乎没有一句好话，并往往由此而追咎于吕祖谦。[⑥]

除吕祖谦与朱熹以外，陈亮与当时同朱、吕齐名的张栻（1133～1180，字敬夫，号南轩，四川广汉人）也曾有过交往，

---

① 《陈亮集》卷三十九今存贺朱熹寿辰词三首，分别作于淳熙十年、十一年、十四年；其送贺礼事见陈、朱有关书信。《朱子年谱》卷三上云："同父以文雄浙中，自负王霸之略，任侠豪举。先生与书，箴其义利双行，王霸并用，且谓汉唐行事，非三纲五常之正，以风切之。同父有书辨难，先生累与书，极力开谕。同父虽不能改，未尝不心服焉。每逢先生生辰，虽居千里外，必遣人问遗，岁以为常。"然谓同甫"未尝不心服"，非也。

② 参《朱文公文集》卷三十六《答陈同甫》第十二书。

③ 《陈亮集》卷二十七《与林和叔侍郎》。

④ 《陈亮集》卷二十九《与辛幼安殿撰》。

⑤ 《陈亮集》卷二十九《与周子充参政》。

⑥ 可参见《朱子语类》卷一百二十三等。

唯其具体情况不详。这可从陈亮与张栻之弟张杓的一封信中看出来：

> 乾道间，东莱吕伯恭、新安朱元晦及荆州（指张栻）鼎立，为一世学者宗师，亮亦获承教于诸公后，相与上下其论。今新安巍然独存，益缔晚岁之好。子约（吕祖俭）以其兄之故，亦相与如骨肉。独侍郎（指张杓）既贵，不敢引例以进，不谓台慈肯自贬损，亦引接之如故旧，使得移所以事荆州者而自见于门下，幸甚过望不可言。①

另外，陆九渊（1139～1192，字子静，号象山，江西金溪人）曾于淳熙元年与吕祖谦会晤时谈及陈亮"文字轩翥"，并表示"甚欲得相聚"，"其意甚勤"②，但此后他们是否见过面却不得而知。

3. 文友辛弃疾

陈亮与当时词坛的领袖人物、著名词人辛弃疾有过一段十分动人的友谊。辛弃疾（1140～1207），字幼安，号稼轩，济南人。其为人耿介，性情豪爽，早年曾纠合两千余众聚义抗金，又为山东义军首领耿京任掌书记。后率七八千人奉表归宋。辛氏一如陈亮，力主恢复，反对偏安，其性格也极相投合，因此他们互相认识以后，感情笃厚。

---

① 《陈亮集》卷二十九《与张定叟侍郎》。此书盖作于淳熙十五年。

② 参见《东莱集》卷五《与陈同甫》第二十一书；《象山先生年谱》"淳熙元年"下。

辛、陈是在临安相识的，其确切年份则不可考，但必在淳熙十一年以前。淳熙十三年春，陈亮致书已闲居于江西上饶之带湖的辛弃疾，云：

亮空闲没可做时，每念临安相聚之适，而一别遽如许，云泥异路又如许，本不欲以书自通，非敢自外，亦其势然耳。前年陈咏秀才强使作书，既而一朋友又强作书，皆不知达否？不但久违无以慰相思也。去年东阳一宗子来自玉山，具说辱见问甚详，且言欲幸临教之。孤陋日久，闻此不觉起立。虽未必真行，然此意亦非今之诸君子所能发也。①

由此可见，辛、陈自临安别后有数年未曾谋面，而淳熙十一年陈亮有二书致辛氏，十二年辛氏尝托便人问候陈亮，并有过访之意。辛氏未必能成行，故十三年陈亮又致书辛氏，并有至秋天造访上饶，顺便去崇安寻访朱熹之意：

前年曾访子师（韩彦古）于和平山间，今亦甚念走上饶，因入崇安。但既作百姓，当此田蚕时节，只得那过秋杪。

但实际上，陈亮也并未于当年秋天成行。直到淳熙十五年(1188)冬，他才得偿与辛氏会面的夙愿。

淳熙二年，吕祖谦曾为排解朱熹、陆九渊之间的意见分

① 《陈亮集》卷二十九《与辛幼安殿撰》。

歧而邀其至上饶鹅湖寺，欲讲明异同而达成共识，是为著名的“鹅湖之会”，但其结果却是不欢而散。淳熙十五年，陈亮与辛弃疾复会于鹅湖，虽时值隆冬，但其气氛却如沐春风，盘桓十日，极尽款曲。陈亮原与朱熹相约至紫溪相会[①]，因其爽约，遂只身飘然东归。别后第二天，辛氏仍对陈亮依依不舍，遂前去追赶，直至雪深泥滑，不得前行，方怅然而止。其心情怏悒，遂赋《贺新郎》以自遣，并序之云：

陈同父自东阳来过余，留十日，与之同游鹅湖，且会朱晦庵于紫溪，不至，飘然东归。既别之明日，余意中殊恋恋，复欲追路，至鹭鹚林，则雪深泥滑，不得前矣。独饮方村，怅然久之，颇恨挽留之不遂也。夜半投宿吴氏泉湖四望楼，闻邻笛悲甚，为赋《乳燕飞》以见意。又五日，同父来书索词，心所同然者如此，可发千里一笑。

把酒长亭说。看渊明风流，酷似卧龙诸葛。何处飞来林间鹊，蹙踏松梢残雪，要破帽多添华发。剩水残山无态度，被疏梅料理成风月。两三雁，也萧瑟。

佳人重约还轻别。怅清江天寒不渡，水深冰合。路断车轮生四角，此地行人销骨。问谁使君来愁绝？铸就而今相思错，料当初费尽人间铁。长夜笛，莫吹裂！

---

① 紫溪，地名，位于江西铅山县南闽、赣交界之处。

辛氏对陈亮的评价与深深的怀念，其踏雪游山所触发的剩水残山之悲与壮志难酬之慨，均了然见于字里行间。自鹅湖归后，陈亮见辛词，遂次韵和之；相互酬唱，数至再三。①

辛、陈鹅湖之会，是今可确考的其相互交往的事实，久已传为文学史上的佳话。此外还有一则传闻，见于宋赵溍的《养疴漫笔》：

> 陈同甫，名亮，号龙川，始闻辛稼轩名，访之，过小桥，三跃而马三却。同甫怒，拔剑斩马首，推马仆地，徒步而进。稼轩适倚楼，望见之，大惊，遣人询之，则已及门，遂订交。稼轩帅淮时，同甫访于治所，相与谈天下事。酒酣，稼轩言南北之利害，南之可并北者如此，北之可并南者如此，且言钱唐非帝王居，断牛头之山，天下无援兵；决西湖之水，满城皆鱼鳖。饮罢，宿同甫于斋。同甫夜思稼轩沉重寡言，醒必思其误，将杀我以灭口，遂盗其骏马而逃。月余，致书稼轩，微露其意，假十万缗以纾困，稼轩如数与之。

这条记载涉及二事，一为辛、陈订交之由，一为陈访辛于淮地，后讹诈十万缗钱。因此条材料出于宋人笔下，后来信之者颇多，今为略辨于下：

第一，辛、陈订交始末今实无由详考，由前引陈亮与辛氏书，仅知其相会之地是在临安。陈亮此信作于淳熙十三年，

① 辛、陈互唱《贺新郎》五首。陈亮三首，见《陈亮集》卷三一九。

其中提到“前年”寄书之事，则其相识当在淳熙十一年以前无疑。辛氏于淳熙十一年以前居临安的时期有：乾道六年至七年为司农寺主簿；淳熙二年为仓部郎官；淳熙五年为大理寺少卿；故其相识的时间可以提前到淳熙五年(1178)。此后他们一直未曾相见，这于陈亮书信中可以得到确证。但他们如何相识则无法确知；赵溍之说，即便无稽，却也不伤大雅，姑置勿论。

第二，据赵溍所述，辛、陈聚会之地为辛氏帅淮之任所，而陈亮之所以夜盗骏马而逃，后又致书讹诈十万缗钱的原因，则是辛氏酒后说了“钱唐非帝王居”之类的话。按辛氏行历，曾帅湖、帅赣、帅闽、帅浙，却无帅淮之事。辛氏于淳熙八年(1181)为江西安抚使，被劾落职，从淳熙九年至绍熙元年(1190)一直闲居于带湖，而在淳熙八年之前辛氏宦游之迹涉及两淮之地的计有：乾道四年至六年为建康府通判；乾道八年至九年为滁州守；淳熙元年为江东安抚司参议官。如果辛、陈于淳熙五年之前即已相识，那么陈亮可能跑到江淮去访辛氏的时间，只可能在乾道四年至淳熙元年之间。上述陈亮事迹已经表明，在此六七年间，正是其家庭遭逢变故，颠沛于患难，以至养生不遑、送死无费的时期，陈亮恐不能跋涉数千里去访辛氏于任所。如果他确曾讹得了十万缗，那么其文集中屡屡言及的斯时贫困之状，以至父死不能举丧而从人贷钱以葬，须托于讲授以为资身之策等等便难以得到合理的解释。

尤为明白浅显的是，所谓“钱唐非帝王居”、“决西湖之水满城皆鱼鳖”等等，并不是什么了不得的以至要招来杀身之祸的议论，它根本不可能成为讹诈十万缗钱的口实。而且实际上，辛氏并不认为钱塘一定不可为都城，此观其《美芹十论》可知；持这种观点的恰恰是陈亮，谓杭城可灌的也是陈亮。[①] 乾道五年及淳熙五年陈亮在其上书中都曾力言徙都建康之必要，他既敢对孝宗陈说钱塘非帝王所宜居，山川之气已发泄无余，又何至于因听到与其相同的意见竟要吓得半夜逃走呢？又如何可能执其自己的意见为口实而向辛氏讹诈呢？若陈亮确曾向辛氏索贿，那么他是否还会于淳熙十五年冬再访之于鹅湖？辛氏是否还会待之如许之厚，以至于既别还冒风雪前去追赶？陈亮死后，辛氏为文祭之，谓"盖至是而世未知同甫者，益信为天下之伟人矣"。若确曾有盗马夜驰索钱十万之事，则陈亮可谓卑鄙之徒，辛氏缘何于其既死之后犹信之为"天下之伟人"呢？因此，《养疴漫笔》之说实不可信。

4. 浙东师友

陈亮与永嘉学派的几位代表人物，如郑伯熊、郑伯英、薛季宣、陈傅良、叶适等，都有比较密切的交往与良好的友谊。他至少有过三次永嘉之行。第一次在淳熙三年三四月间，第二次当在淳熙七年夏秋之交，第三次在淳熙八年春季。[②] 每至永嘉，陈亮均得与永嘉诸友切磋学问，而其观点也与永嘉之学较为接近。

---

① 参叶绍翁《四朝闻见录》乙集《钱塘》、《宋史·陈亮传》。

② 陈亮永嘉之行均有吕祖谦的书信为佐证，前人有所稽考，但欠详实。近周梦江著《叶适与永嘉学派》始考之稍详，此述时间即从其说。参周著120～121页。

郑伯熊(1124～1181)字景望,学者称敷文先生,永嘉人。陈亮与郑伯熊的交往是比较早的,其关系则在师友之间。[①]陈亮十分推崇郑氏的道德文章,以为"尚书郎郑公景望,永嘉道德之望也"[②],其文章胸臆开廓,异乎诸儒之说,且眷眷斯世,若有隐忧,故乾道中下帷时即取以教授弟子。淳熙三年之秋,郑氏从金华还临安(时郑氏为婺州守),曾取道永康,访陈亮于龙窟山下。淳熙六年,郑氏以直龙图阁知宁国府,夏五月,还永嘉,陈亮与徐元德一起候之于馆头。[③] 淳熙七年夏,郑氏移知建宁府,道出金华,陈亮又特去与他相会,并于旅舍设酒为郑氏饯行。然次年秋八月,郑氏即卒于任所。讣闻传来,他又去金华奠其亡灵。[④]

郑伯英(1130～1192),字景元,号归愚翁,与其兄伯熊齐名,当时号为"大郑公"、"小郑公"。叶适云:"大郑公恂恂,少而德成,经为人师,深厚悃愊,无一指不本于仁义,无一言不关于廊庙;而景元俊健果决,论事愤发,思得其志,则必欲尽洗绍圣以来弊政,复还祖宗之旧。非随时默默苟为禄仕者也。"[⑤]知其性格较其兄尤为潇洒俊爽。二郑在永嘉为学人宗师,"乾、淳之间,永嘉学者联袂成帷,然无不以先生兄

① 《宋元学案·龙川学案》王梓材案:"先生(陈亮)《祭郑景望龙图文》称之曰'吾郑先生',则先生亦在郑氏之门矣。"今按王氏此说虽非无据,恐亦并不确切。《陈亮集》卷二十四《送三七叔祖主筠州高安薄序》云:"而某之师友永嘉郑公朝暮来总风宪,曩固尝加惠于公矣。"则师友之说或更得其实。

② 《陈亮集》卷二十三《郑景望杂著序》。

③ 参《陈亮集》卷三十五《郎秀才墓志铭》。

④ 参《陈亮集》卷三十《祭郑景望龙图文》。

⑤ 《水心文集》卷十二《归愚翁文集序》。

弟为渠率。”[①]而郑伯英的性格与陈亮更为合拍，故其相处颇厚。淳熙五年，伯英尝访陈亮于龙窟，[②]后陈亮“欲为一世故旧朋友作近拍词三十阕”，曾以完成的十一阕送伯英评阅。[③]绍熙初（当在 1190 年左右），他们又相聚以切磋学问，议论往复，各有依据，而其意见也互有异同。这次聚会给陈亮的印象十分深刻，故伯英卒后，他仍在祭文中述之稍详，并云“兄既长往，我存曷以！天长地久，盈眶之泪！”足见其相处之笃与情谊之深。[④]

薛季宣（1134～1173），字士龙，号艮斋，永嘉人。他曾师事程氏的及门弟子袁溉，因此是二程的再传弟子，但实际上他又是转变永嘉学风而使其成为颇为朱熹所不喜的“事功学派”之真正关键的人物。“其学主礼乐制度以求见之事功”[⑤]，是为其治学的一般取向。薛氏卒于乾道九年，仅得四十岁，因此他与陈亮虽相互早已慕名，但其见面则相对较晚。乾道四年，薛氏被召入临安接受审察，曾在郑伯熊那里看到陈亮的文章，又从郑伯熊及签书枢密院事王炎（字公明）那里了解到陈亮的学业与志向，“每以未及识面聆謦欬之音为歉”[⑥]。乾道七年，郑伯熊曾将陈亮一文及陈傅良一文寄给薛氏（时薛氏在宛陵，即今安徽宣城），及至临安，他又了解到二陈之名在京师是甚为人所称道的。不久，陈亮来访，晤语

① 《宋元学案·周许诸儒学案》。
② 《陈亮集》卷二十九《与吴益恭安抚》第一书。
③ 《陈亮集》卷二十九《与郑景元提干》。
④ 《陈亮集》卷三十一《祭郑景元提干文》。
⑤ 《宋元学案·艮斋学案》全祖望案语。
⑥ 见薛氏《浪语集·答陈同甫书》。

极其款洽，所谓"晚将归休，始获见公，握手一笑，话言从容，心满意惬，俯首来东"[1]，正谓这次聚会的情形。而薛氏云："旋沐从者访临，获亲名理之益，从知名下之无虚士，谚非虚语，私以得与从游为喜。"[2]见面后不久，约在乾道七年的冬天，陈亮又寄书薛氏，谈及同年秋季太学考试自己落选的有关情形，并与讨论道器体用问题，等等；薛氏则在复函中对其学官秋试之落选予以劝慰，并提出了自己关于体用的见解。[3]薛氏的回信是在同年冬季赴淮西视察的途中写的[4]。薛、陈见面今可考者只此一次。乾道九年七月，薛氏病卒，陈亮为文祭之。

永嘉之学继薛季宣而起的是陈傅良。傅良（1137～1203）字君举，学者称止斋先生，温州瑞安人。他师事郑伯熊与薛季宣，又与张栻、吕祖谦等人交游，其治学博洽古今，精研历代经制而贯通百家，又综理当世之治具条划，期以损益变通历代之礼乐刑政而切于当世实用。他是永嘉之学经薛季宣的倡导而发展为"事功学派"的典型代表。陈亮与陈傅良在思想上有较大的共同性，然"止斋最称醇恪，观其所得，似较艮斋更平实占得地步"[5]，而较之陈亮，则更显得学问深厚宏博，议论质实典雅，不似陈亮那样锋芒毕露。二陈之交始于乾道六年在太学时，王梓材云："龙川在太学，尝与陈止

① 《陈亮集》卷三十《祭薛士隆知府文》。

② 薛氏《浪语集·答陈同甫书》。

③ 关于陈亮这次考试的情形不见载于他处，唯在薛氏《答陈同甫书》中略见其端倪；陈亮与薛氏书则已佚失。

④ 参《东莱集》卷七《薛常州墓志铭》、薛氏《答陈同甫书》。

⑤ 《宋元学案·止斋学案》全祖望按语。

斋等同为丙祭酒(烨)门人。"[①]。当时他们都以文名擅于京师,彼此交情也十分深厚。由于是同姓,陈亮常称傅良为"族兄",而傅良也承认陈亮为族弟。[②] 在陈亮的心目中,陈傅良是仅次于吕祖谦的知心朋友:"四海相知惟伯恭一人,其次莫如君举。"[③]

陈傅良为人谨厚而秉性刚直,既与陈亮友处,平时对其言行有不惬于意者也多存规谏。乾道七年,陈亮于家乡构"妥斋"之居,傅良曾数致书陈亮,对此有所议论,[④]其意见为陈亮所接受。淳熙三年、七年、八年陈亮的三次永嘉之行,都恰与傅良相值,彼此既在学术上相互发明,其友谊也得以深化。因此在淳熙十二年当陈亮与朱熹交书论辩最为激烈之时,傅良曾致书陈亮,希望平息这场已"颇近忿争"的辩论,并云:"朱丈占得地段平正,有以逸待劳之气,老兄跳踉号呼,拥戈直上,而无修辞之功,较是输他一着也……至于其间颇近忿争,养心之平,何必及此!不得不尽情以告。"[⑤]陈亮与朱熹论辩时,原有人微言轻之慨,得傅良书,遂更觉得委屈,因此在回信中不免大泄其冤气:"亮之论乃与天地日月雪冤,而尊兄乃名之以跳踉叫呼,拥戈直上;元晦之论只是与二程主张门户,而尊兄乃名之以正大,且占得地步平正,有

① 《宋元学案·龙川学案》。

② 《陈亮集》卷二十九《与范东叔龙图》:"族兄君举遂获同寮,托契至厚,今兹游处其间,乐当不可涯。"《止斋文集·何君墓志铭》:"吾宗同甫,又嗣兴之。"

③ 《陈亮集》卷二十九《与吴益恭安抚》一。

④ 参《陈亮集》卷二十九《与陈君举又书》(按该书作于乾道八年)及薛季宣《答陈同甫书》。

⑤ 《止斋文集·致陈同甫书》。

以逸待劳之气。嗟乎冤哉！吾兄为一世儒者巨擘，其论已如此，在亮便应闭口藏舌，不复更下注脚；终念有怀不尽，非二十年相聚之本旨，聊复云云。”[①]傅良书中原有“勿为晦庵言之，徒若犯分也”一句，但后来朱熹还是知道了傅良的意见，遂云：“君举只道某不合与说，只是他见不破。天下事不是是，便是非，直截两边去，如何恁地含糊鹘突！”[②]

陈傅良致书陈亮，本意只欲调解朱、陈之间的意气之见，结果是两边不讨好，可见思想之歧异确乎不能“含糊鹘突”。陈亮虽对陈傅良有所不满，并有“若其论终不契，自此可以一笔勾断”之说，但就在他回信的同时，仍馈“雪梨甜榴各一篰”以存问信。绍熙二年(1191)，陈亮第二次被诬陷系于大理狱中，平时友处之笃如陈傅良、叶适、朱熹，均未有大力救援之迹，陈亮对此深有感慨，尝寄书辛弃疾，云“君举吾兄，正则吾弟，竟成空言”[③]。陈亮出狱后，陈傅良有书来慰问，并对自己救援不力深自切责：“又况朋友满世，一日有缓急，束手无策，若衰朽尤荷亲爱，亦不过叫冤叫苦，与坐视者无异……急时坐视，慢时空言相切，某则自知罪矣！”[④]

绍熙四年(1193)，陈亮参加礼部的进士试，考试后曾拜访陈傅良并与讨论自己的答卷。[⑤] 但后来廷对时，陈亮对光宗之不朝重华宫(孝宗所居之宫殿)竟别有词说，此事当时就

① 《陈亮集》卷二十九《与陈君举》。

② 《朱子语类》卷一百二十三。

③ 叶绍翁《四朝闻见录》甲集《天子谳》。

④ 《止斋文集·与陈同甫》。

⑤ 参见吴子良《林下偶谈》。

深为人们所讥评，陈傅良盖尤其不满，因为同年稍后，傅良曾为劝谏光宗去朝重华宫而作过非常动人的努力："书奏，帝（光宗）将从之（朝重华宫），百官班列以俟。帝出，至御屏，皇后挽帝回，傅良遂趋上引裾，后叱之，傅良哭于廷，后益怒。傅良下殿，径行。"①次年陈亮卒，傅良托言不胜悲痛而未做祭文，恐怕是对陈亮廷对之事仍心存芥蒂之故。

陈傅良应该说既是陈亮的学友，更是其诤友，从其关系的最后情况来看，互相间或不免稍有嫌隙。

叶适（1150～1223），字正则，号水心，祖籍处州龙泉，后定居永嘉。他于上述永嘉诸子中辈分最晚，但皆得与之相接，又天资高放，治学精勤，故为南宋永嘉学术的集大成者。他与陈亮的结交很早，关系始终密切；在陈亮的心目中，叶适是世间极少数可以推心置腹的朋友之一。

乾道中，叶适方十七八岁时曾游学婺州、衢州诸地，他与陈亮的结识盖始于此时。淳熙五年，叶适中进士，旋丁母忧，陈亮为祭文，其中云："昔余识夫人之子于稚年，固已得其昂霄耸壑之气。自其客居永康，每一食未尝不东向凄然，有时继以泪下。"②可知陈、叶交谊开始很早，而且叶适尝一度客居永康，故其见面的机会较上述任何人都多。淳熙间陈亮三次访问永嘉，也都与叶适有聚会讲论之乐；而淳熙七年即第二次永嘉之行，辞别之日，叶适等在温州江心屿设酒为陈亮饯行。③ 淳熙十二年（1185），陈亮颇治亭台屋宇，成"燕

① 《宋史》本传。据《续资治通鉴》卷一百五十三，此事发生在绍熙四年九月。
② 《陈亮集》卷三十三《祭叶正则母夫人文》。
③ 参《陈亮集》卷三十九《南乡子·谢永嘉诸友相饯》。

坐”、“抱膝”等居，陈傅良、叶适均为作诗以咏。同年秋天，叶适从苏州奉召回临安，居二月余而未有差遣，陈亮遂致书丞相王淮，力为推荐：“亮向尝言叶适之文学与其为人，此众所共知，丞相亦尝首肯之矣。此人极有思虑，又心事和平，不肯随时翻覆，既有时名，又取甲科……丞相若拔擢而用之，必将有为报效者……亮当以五十口保任其终始可信也。”①陈亮的这封信恐怕是起了作用的，淳熙十三年，叶适即为王淮所荐，任太学正，次年为太学博士。② 绍熙元年(1190)夏，叶适之江陵为湖北安抚司参议官，过永康，陈亮有《祝英台近》一词相送。③ 绍熙四年春，陈亮状元及第后又在临安与叶适欢聚多日。

陈、叶一生交好，情深意笃，“义同弟昆”④。陈亮年长叶适七八岁，成名也较早，但他对叶适的人品学问都极其推崇。《祭叶正则母夫人文》云：“数年以来，夫人之子大放于古今之书，凡圣贤之用心，与夫后来英雄豪杰之行事，观其会通而得其所以与时偕行者；于是四海友朋如夫人之子者可以一二数。”《与吕伯恭正字》第二书云：“正则才气俱不在人后。”《与朱元晦(又乙巳春书之一)》云：“正则学识日以超颖。”《与吴益恭安抚又书》云：“叶正则俊明颖悟，其视天下事有迎刃而解之意，但力量有所不及耳；渠与亮甚厚。其与亮所厚如兄与天民(石斗文)，极惓惓，殆未可以科举士人论。此

---

① 《陈亮集》卷二十七《与王季海丞相》。

② 参周梦江《叶适与永嘉学派》163～164页。

③ 陈词见《陈亮集》卷三十九。此时间从姜书阁《龙川词笺注》，见姜著69～70页。

④ 《陈亮集》卷三十三《祭叶正则外母高恭人翁氏文》。此文作于绍熙三年。

君更过六七年，诚难为敌，独未知于伯恭如何耳。”陈亮的这些夸赞与褒扬，不仅表明了他对叶适的十分器重以及他们之间那种“极惓惓”的友情，而且表明他始终都是将叶适引为学术上的同道与知己的。正出于这份深情与信任，陈亮于临终前乃亲嘱叶适为其撰写墓志，“且曰必信，视我如生”①。陈亮卒后，叶适为文以祭，又“请于朝，命补一子官；非故典也”②。至宁宗嘉定十四年(1221)，叶适撰《陈同甫王道甫墓志铭》③，时距陈亮之卒已二十七年。

这里有必要提到叶适对于陈亮之道德文章的一般观点。叶适在墓志铭中许陈亮为“春秋战国之材无是也”，而在推崇的同时，又对其自处不能无憾：“上，求而用之者也；我，待求而后用者也。不我用，则深藏景匿而人不能窥；必我用，则智运术展而众不能间。若夫疾呼而后求，纳说而后用者，固常多逆而少顺，易忤而难合也。二公(谓陈亮、王自中)之自处，余则有憾矣！”是叶适以陈亮屡至帝廷上书之举为急于求用，故而不能无贬。对于其学术，叶适云：“予最鄙且钝，同甫微言，十不能解一二……病眊十年，耗忘尽矣。今其遗文，大抵斑斑具焉，览者详之而已。”④此以对陈亮“微言”十不能解一二，且病眊十年耗忘殆尽为辞而不加评论，但实已寓其贬抑之意；而所谓“微言”，则指陈亮之所谓“平生

① 《水心文集·祭陈同甫文》；又参吴子良《林下偶谈·水心合铭陈同甫王道甫》。

② 《宋史·陈亮传》。

③ 《水心文集》卷二十四。

④ 《水心文集》二十九《书龙川集后》。

经济之怀”[1]。故叶适的及门弟子吴子良在《荆溪林下偶谈》中云:“水心少与陈龙川游,龙川才高而学未粹,气豪而心未平,水心每不以为然也。”“学未粹”、“心未平”,正可视为叶适对陈亮的总体评价。

与陈亮交好的永嘉士人值得一提的还有王自中。自中(1140～1199),字道甫,号厚轩,温州平阳人。其性格与陈亮颇有相类,少负奇气,自立崖岸,敢于直面讥刺当朝宰相[2],容色不移。乾道四年,伏阙上书陈复仇之义。登淳熙五年进士第。自中处世多与流俗不合,屡征而屡罢,也可谓落魄不得其志者,但尝与陈亮友处颇笃。今《陈亮集》中有六七处提到自中,另有专为自中所作词二首。陈亮云:“四海相知惟伯恭一人,其次莫如君举,自余惟天民、道甫、正则耳。”[3]自中卒后,魏了翁(1178～1237)为撰墓志铭,陈傅良为作《王道甫圹志》;后叶适以为他与陈亮学行相同,生前友好,但身后名声大不相类,陈亮之文“学士争诵惟恐后”,“道甫乃独无有”,遂合志其墓,特为表章,冀陈亮以死后余力引而齐之,使道甫也传而信[4],故《宋元学案》也列自中为陈亮“同调”。

但是实际上,陈亮与王自中似乎并未始终保持其志同道合的友好关系。陈亮《祭王道甫母太宜人文》云:“某向与令子为琨、逖之相期,晚节末路,盖管、华之异向;迹虽小戾,

---

① 参《水心文集》二十九《书龙川集后》。
② 参叶适《陈同甫王道甫墓志铭》。
③ 《陈亮集》卷二十九《与吴益恭安抚》一。
④ 叶适《陈同甫王道甫墓志铭》。

心实如初，追念昔游，几成一梦。”①《鹧鸪天·怀王道甫》又有“大都眼孔新来浅，羡尔微官作计周”之句，在陈亮看来，王自中自进士及第后已倾慕于轩冕之途，而稍变其少壮之志，所谓“管、华之异向”，所谓“羡尔微官作计周”，讽谏责备之意显而易见，并深寓其知己飘零之慨。陈亮曾对陈傅良云“道甫直是一梦”②，而“追念昔游，几成一梦”正可为其注脚，则陈亮晚年已不惬于自中之为人，不复推其为同调已经非常明显。然陈傅良云：“道甫岁晏，抑才为学，去智为恬，假之持久，何造不深！”③《宋元学案》则在引此语后加一句云：“则又非同甫所可并语矣！”④如此看来，学术观点原不必求其尽同，而论人之见也固有其差异；若必以此是而彼非，恐怕并不恰当。

除上述永嘉士人以外，还应提到浦江倪朴与金华唐仲友。

倪朴(生卒年不详)字文卿，居浦阳石陵村，遂以石陵为号。其为人豪隽，喜舞剑谈兵，耻为无用之学，必欲见之事功。绍兴末，上万言书陈征讨大计，欲以兵战自请，慷慨激烈，闻者感动。“郑伯熊见之，连吐舌曰：‘男子男子！’”⑤

---

① 《陈亮集》卷三十三。该文当作于绍熙三年(1192)左右。晋刘琨、祖逖相互友善，矢志恢复中原，其事见《晋书》卷六十二。管宁、华歆见《三国志·魏书》。管、华为友，少时尝同席读书，有乘轩冕过门者，管宁读书如故，华歆则弃书往看，管宁与之割席分坐，曰“子非吾友也”。后华歆为司徒，管宁笑曰：“子鱼(歆字)本欲作老吏，故荣之耳。”见《世说新语·德行》。

② 《陈亮集》卷二十九《与陈君举一》。

③ 《止斋文集·王道甫圹志》。

④ 《龙川学案》。

⑤ 宋濂《浦阳人物记·倪石陵传》，引自续金华丛书集部《倪石陵书》卷首。

倪朴认为天下山川之险阻，人民户口之多寡，是用兵者所当知，遂遍考群书，成《舆地会元》四十卷（今佚），又推古今内外境土、徼塞之远近，绘以为图，张之屋壁，预定其计策，逆料其攻守之势，手指心计，亹亹不厌。然其性情耿介，不能委曲，颇与时人不合。淳熙中与县令赵汝钺有隙，又为乡里豪强楼益恭所诬陷，被系狱，废徙筠州；后被赦东归。

倪朴之所学及其性格、遭遇都与陈亮有相似之处，他们也曾是相当要好的朋友。宋濂云："朴好使气，与人多不合。年四十七尚未娶。当时人亦鲜有知朴者，独永康陈亮敬焉。"①吴莱云："（朴）愿出为当世有用之学而不欲仅为儒者陈腐无实之空言，当时之士，惟同父为能知之。先生（朴）亦惟寄示同父，而不遑以他及者也。"②周葵主婺州时，倪朴曾以绍兴末所上万言书进见，希望周葵"振而起之，使之得以赴云龙风雨雷电霹雳之会"③，后即与陈亮同为周葵门下之士。其《舆地会元》撰成后，先示之陈亮，陈亮又将其介绍给郑伯熊与吕祖谦。倪朴《上太守郑敷文》云："去年冬，曾携其稿见上舍陈亮同父，朴与同父皆荆溪（周葵）门下生也。（亮）将介之以见阁下与正字吕公。近闻其到城，曾袖之以见阁下矣。"④淳熙八年，吕祖谦、郑伯熊先后下世，倪朴认为陈亮

---

① 宋濂《浦阳人物记·倪石陵传》，引自续金华丛书集部《倪石陵书》卷首。

② 《石陵先生倪氏杂著序》，见《倪石陵书》卷首。按吴莱（1297～1340），字立夫，浦阳人，为元代著名文学家，有《渊颖集》。宋濂为其学生。

③ 《倪石陵书·上太守周侍郎书》。

④ 《倪石陵书》。郑伯熊尝于淳熙二年为婺州守，则倪氏此书当作于此年。

应继之而起，以有用之学术倡导天下，遂寄书陈亮云：

> 同甫足下：往岁承复书，过为见畏之语，似非情实，非所望于朋友也。近者郑、吕二公相继云亡，前辈风流，几扫地矣！今之世以文章名天下、为时辈所推许者，足下一人而已。宜便自励，使道德日定，进为小子后生之矜式，以绍郑、吕二公后，是所愿望！朋友尚忠不宜佞，唯足下察之！①

显然，倪朴在这封信中既极推崇陈亮之学术，又对其行为暗存规谏；而陈亮当时愤世之意正浓，他不愿约束自己而投世情之所好，故对倪朴之书"怫然不悦"。吴莱云："先生贻书同甫，谓宜力学以绍吕公后，而同父怫然不悦。是其一时人材，学术之盛，卒不肯俯首以随人下，而欲自表表于世。"②这应是对陈亮"怫然不悦"的评论。然《宋元学案》云："予又尝考东莱之卒，先生（朴）贻书同甫，谓宜力学以绍其后，而同甫怫然不悦。是则同甫之护前，莫能洗其膏肓之痼，而先生晚年所见平实，有不谬于伊、洛诸公者矣，是不可不表而出之也。"③此云同甫护其前说，固然；但谓倪朴晚年"有不谬于伊、洛者"，却恐未必。吴莱又云："藉令先生（朴）之学本之以伊、洛之义理，而又无贵乎永康之事功，则其所就且将不止于此。虽然，今之学者尚可及耶！吾固未易以王道

① 《倪石陵书·与陈同甫书》。
② 《石陵先生倪氏杂著序》，见《倪石陵书》卷首。
③ 《龙川学案》。

霸术之并行而遽少之也。”这里既用“藉令”，则明倪朴之学并未本诸伊、洛之义理，而又独贵乎永康之事功，故其学且止于此；而所谓“吾固未易以王道霸术之并行而遽少之”，尤为倪朴之学主张王霸并行的明证。《学案》又云：“水心为同甫、道甫作合志……先生(朴)直过于同甫，而未有文如水心者，渊颖(吴莱)又言之而不详，是以六百年来，几泯泯焉。”其所以谓倪朴直过于同甫，即承前“有不谬于伊、洛者”而来，然前说既未恰当，则此说恐也未审。此云“渊颖又言之而不详”，然《学案》对于倪朴之学术及其行历的叙述与评论，似均未出吴莱之右。倪朴《舆地会元》今虽不存，但其杂著犹有存者，学者可取而详焉。

唐仲友(1135～1187)，字与正，号说斋，金华人。绍兴二十一年进士，兼中博学宏词。曾上万言书以论时政，为孝宗所纳。唐氏学术极其溥博，而特精于历代经制之学，颇负时誉。曾任建康府通判、信州(治在今上饶)知州、台州知州，皆有政绩。然淳熙九年守台州时，亟为朱熹所弹劾，章至六上，深文周纳，唐氏终被罢职，声名为之狼藉，其著作也绝大多流失不存。①

唐氏性格有孤傲的一面，平时不甚与人相往来。全祖望云：“乾、淳之际，婺学最盛，东莱兄弟以性命之学起，同甫以事功之学起，而说斋则为经制之学。考当时之为经制者无若永嘉诸子，其与东莱、同甫皆互相讨论，臭味契合，东莱尤能并包一切，而说斋独不与诸子接，孤行其教。试以艮斋、

① 今《续金华丛书》中有《唐氏遗书》及《说斋文钞》十卷，而唐氏著作原有四百余卷。

止斋、水心诸集考之，皆无往复文字，水心仅一及其姓名耳。至于东莱，既同里，又皆讲学于东阳，绝口不及之，可怪也。将无说斋素孤僻，不肯寄人篱落邪?”[①]唐氏原与陈亮没有密切的关系，在学术上既无联系，恐怕也算不上朋友，但谓他与陈亮“绝不过从”[②]，却也不是事实。陈亮有《贺新郎》词一首，注明“同刘元实、唐与正陪叶丞相饮”；此词作于淳熙二年，而据姜书阁先生说，词中所述饮宴有两次[③]，那么至少可证明唐、陈是互相熟悉的，且尝有过从。

除此以外，吴子良《林下偶谈》云：

> 金华唐仲友，字与正，博学工文，熟于度数，居与陈同甫为邻。同甫虽工文，而以强辩使气自负，度数非其所长。唐意轻之，而忌其名盛。一日，唐为太学公试，故出《礼记》度数题以困之，同甫技穷见黜。既揭榜，唐取陈卷示诸考官，咸笑其空疏。同甫深恨。

这一事若确曾有过，那么以陈亮的事迹来印证，只有淳熙四年陈亮参加太学公试的情形最为符合。考试失败固然使陈亮十分沮丧，也曾怀疑是考官故意为难，但吕祖谦曾解释过“深察得考官却是无意”，若以吕氏的话为准，则所谓唐氏故出经制题以困陈亮，恐怕就未必尽然。

---

① 《宋元学案·说斋学案》。

② 《宋元学案·说斋学案》。

③ 《陈亮龙川词笺注》第1页。

又一记载则直接与朱熹纠劾唐氏一案有关。周密《齐东野语》卷十七《朱唐交奏本末》云：

> 朱晦庵按唐仲友事，或云吕伯恭尝与仲友同书会，有隙，朱主吕，故抑唐，是不然也。盖唐平时持才轻晦庵，而陈同父颇为朱所进，与唐每不相下。同父游（天）台，尝狎籍妓，嘱唐为脱籍，许之。偶郡集，唐语妓云："汝果欲从陈官人邪?"妓谢，唐云："汝须能忍饥受冻乃可。"妓闻，大恚。自是，陈至妓家，无复前之奉承矣。陈知为唐所卖，亟往见朱。朱问："近日小唐云何?"答曰："唐谓公尝不识字，如何作监司?"朱衔之，遂以部内有冤狱，乞再巡按。既至台，适唐出迎少稽，朱益以陈言为信，立索郡印，付以次官，乃摭唐罪具奏，而唐亦作奏驰上。时唐乡相王淮当轴，已进呈，上问王，王奏："此秀才争闲气耳。"遂两平其事。

据周密此说，朱熹纠劾唐仲友一案乃完全是由陈亮挑唆起来的，若如此，则陈亮为宵小固不待言，而朱熹也只是一个偏听偏信气量狭窄以至于假公事以泄私愤的人，这恐怕与朱熹的为人颇不符合。陈亮至天台，今可考见的只有一次，当在淳熙七年秋季，归来后曾填词二阕赠吕祖谦[①]，但他是否"狎籍妓"则别无旁证。虽然如此，当时唐氏曾怀疑陈亮挑唆恐

① 今存一词为《桂枝香·观木樨有感寄吕郎中》，见卷三十九；其归自天台事参《东莱集》卷五《与陈同甫》第二十四书。

是事实，而陈亮也对朱熹纠唐一事表示过明确的态度。他与朱熹书云：

台州之事，是非毁誉往往相半，然其为震动则一也。世俗日浅，小小举措已足以震动一世，使秘书（朱熹）得展其所为于今日，断可以风行草偃……《震》之九四有所谓“震遂泥”者，处群阴之中，虽有所震动，如俗谚所谓“黄泥塘中洗弹子”耳，岂有拖泥带水便能使其道光明乎？去年之举（按即谓纠唐一事），《震》九四之象也。以秘书壁立万仞，虽群阴之中亦不应有所拖带……奸狡小人，虽资其手足之力，犹惧其有所附托，况更亲而用之乎！物论皆以为凡其平时乡曲之冤，一皆报尽，秘书岂为此辈所使哉？为其阴相附托，而不知耳。既为此辈所附托，一旦出于群疑之上而有所举措，岂不为其拖带乎！况更好人恶人，皆因其平时所不快而致其拖带之意，秘书虽屹然为壁立万仞之举，固不能使其道光明矣！二家各持一论，惟亮此论为甚平，未知秘书以为如何？……且如东阳之事，此岂可放过？但当时有人欲在中附托，亮既为人之客，只应相劝，不应相助治人，合在秘书自决之，却因一停房人而治之，此于事理尤不可，又宁是当时为人所附托耳。亮之本意，大抵欲秘书举措洒然，使识与不识皆当其心而无所不满，岂敢为人游说乎？……亮平生不曾会说人是非，唐与正乃见疑相谮，是真足当田光之死矣！[①]

从陈亮的这封信中，我们可看出以下几点事实：

第一，陈亮对朱熹纠劾唐氏一事的总看法是"是非毁誉往往相半"，以为是"《震》九四之象"。《易·震》九四云："震遂泥。"《象》曰："震遂泥，未光也。"故陈亮有"黄泥塘中洗弹子"，"拖泥带水"之说。既"拖泥带水"，即非光明磊落，故又明言"秘书虽屹然为壁立万仞之举，固不能使其道光明矣"。可见陈亮对朱熹的举措是多有贬抑的。

第二，陈亮既以朱熹之举过于震厉却又不免拖泥带水，遂推测朱熹恐为小人所使而不自知，望朱熹深思之。

第三，从"亮之本意大抵欲秘书举措洒然"，"岂敢为人游说"诸语来看，可推断陈亮在写信之先曾寄书或面见朱熹，望稍缓其势而不必过于峻切；所谓"只应相劝，不应相助治人"，正为此意；而朱熹则以为陈亮在为人做说客。

第四，唐仲友确曾怀疑陈亮在朱熹面前进了谗言，陈亮遂云："此真足当田光之死"[②]，以白其冤。

由此看来，周密之记载虽对后世有较大影响，如《四库提要·龙川词提要》即从其说，但实际上并不可信。诚如全祖望所云："或谓说斋自矜其博，常诋朱子不识一字，故朱子劾之；或又言说斋不肯与同甫相下，同甫构之于朱子；此皆

---

① 《陈亮集》卷二十八《又癸卯秋书(与朱元晦)》。

② 田光为战国时人，荐荆轲于燕太子丹。太子丹使荆轲刺秦王，诫田光勿泄所图之事。光曰："长者为行，不使人疑之。今子告光曰：'所言者国之大事也，愿先生勿泄'，是太子疑光也。夫为行而使人疑之，非节侠也。"遂自刎。见《史记·荆轲传》。

小人之言，最为可恶。”①

第九节　治生之绩

自乾道八年开始聚徒讲学以后，陈亮之家境的贫困状况逐渐得到了改善。现有史料表明，自淳熙五年以后，他不仅摆脱了原先的清贫，且家道亦渐趋殷实，而他在淳熙五年上书时所说的決归耕之计也非虚语，他确曾躬耕垄亩，这在其文集中尚多有反映。如云：

亮入冬无一事，遂与田里相忘矣。②

会亮涉历家难，穷愁困顿，零丁孤苦，皆世人耳目之所未尝及者……今但与妻孥并力耕桑以图温饱，虽书册亦已一切弃去。③

亮为士、为农、为商，皆踏地未稳，天之困人，宁有穷已乎？④

亮方学为老农老圃者也，足下肯访之于畦垄之间，使亮放锄释耷，班荆而相与助焉，取古人之诗断章而咏歌之……庶乎有以酬足下见望之始意。⑤

---

① 《宋元学案·说斋学案》。
② 《陈亮集》卷二十七《又戊戌冬书与吕伯恭》。
③ 《陈亮集》卷二十七《与韩无咎尚书》。该书作于淳熙六年左右。
④ 《陈亮集》卷二十九《与石天民》。该书作于淳熙五年。
⑤ 《陈亮集》卷二十九《复黄伯起》。该书作于淳熙十二年。

至淳熙九年，陈亮开始营建了几间居室，“自朝至暮更不得举头”，至次年夏秋之间“方整顿屋宇、什物就绪”，他更打算“就南边营葺小园，架数处亭子，遂为老死田间之计”[①]。但不意淳熙十一年(1184)他因事下狱，出狱后又遭意外袭击，营建工作不得不因此而中止。淳熙十二年，他一方面与朱熹交书论辩，一方面则十分起劲地建造其安乐窝。先是起柏屋三间，取名为“抱膝”，后又修葺一规模甚伟的园林，要将“楼台侧畔杨花过，帘幕中间燕子飞”的富贵婉丽搬进他“田野小夫”的居所。他在给朱熹的信中曾详细描述了其屋宇园林的布局与规模，今不嫌其烦，照抄于此：

今年不免聚二三十小秀才，以教书为行户。一面治小圃，多植竹木，起数处小亭子……亮旧与秘书对坐处，横接一间，名曰“燕坐”；前行十步，对柏屋三间，名曰“抱膝”，接以秋香海棠，围以竹，杂以梅，前植两桧两柏，而临一小池；是中真可老矣……“抱膝”之东侧，去五七步，作一杉亭，颇大，名曰“小憩”，三面临池，两旁植以黄菊，后植木樨八株，四黄四丹，更植一大木樨于其中，去亭可十步。池之上为桥屋三间，两面皆着亮窗，名曰“舫斋”。过池可十四五步地，即一大池，池上作“赤水堂”三间，又作箔水，正临大池，池可三十亩。池旁又一小池，小池之旁即驿路。去驿路百步，有一古松，甚大而茂，当是七八十年之松；“赤

① 《陈亮集》卷二十八《又癸卯秋书(与朱元晦)》。

水堂”王对之，名曰“独松堂”。堂后为宁廊一间，中有大李树，两旁为小廊，分趋“舫斋”。小廊之两旁即植桃，堂之两旁，为小斋以憩息，环植以竹。“独松堂”寻赤水木未足，度与“舫斋”皆至秋可成。杉亭之池如偃月，西一头既作柏屋，东一头当作六柱榧亭一间，名曰“临野”。正西岸上稍幽，作一小梓亭于其上，名曰“隐见”。更去西十步，即作小书院十二间，前又临一池，以为秀才读书之所，度二年皆可成也。两池之东有田二百亩，皆先祖先人之旧业，尝属他人矣，今尽得之以耕。如此老死，亦复何憾！田之上有小坡，为园二十亩，先作小亭临田，名曰“观稼”。他时又可作一小圃，今且植竹，余未有力也。此小坡，亮所居屋正对之。屋之东北，又有园二十亩，种蔬植桃李而已。“楼台侧畔杨花过，帘幕中间燕子飞”，可只作富贵者之事业乎？[①]

在这絮絮的描述之中，确乎流露出一种踌躇满志的神态，几乎与慷慨击节、志大宇宙的陈亮判若两人，他似乎决意要将其后半生消磨于这清雅而又不乏野趣的园囿楼台之中了。

“抱膝”斋既成之后，叶适为作《抱膝吟》二首，陈傅良作一首，皆暗有讽喻之意，故陈亮认为“未能尽畅抱膝之意”。他亟愿朱熹为作两吟：“其一为和平之音，其一为悲歌慷慨之音，使坐此屋而歌以自适，亦如常对晤也。”又求朱熹为书“抱膝”、“燕坐”、“小憩”六大字，并遣去仆人，纳纸

① 《陈亮集》卷二十八《又乙巳春书（与朱元晦）之一》。

六幅,要等朱熹诗做好了方回来:"去仆已别赍五日粮,令在彼候五七日不妨。千万便为一作,至恳至恳!"[①]但时朱、陈笔战方酣而意见未合,朱熹为人又极端庄沉重,他断不肯在这种情况下为陈亮题咏,故回书对陈亮大加贬斥:

> 且闻葺治园亭,规模甚盛,甚恨不得往同其乐而听高论之余也。"楼台侧畔杨花过,帘幕中间燕子飞",只是富贵者事,做"沂水舞雩"意思不得,亦不是躬耕陇亩、抱膝长啸底气象,却是自家此念未断,便要主张将来做一般看了。窃恐此正是病根,与平日议论同一关捩也。二公诗(指叶、陈的题咏)皆甚高……所惜不曾向顶门上下一针,犹落第二义也。[②]

陈亮写信又自为辩解,并仍希望朱熹为其作诗:

> "楼台侧畔杨花过,帘幕中间燕子飞",当时论者以为"贫人安得此景致?"亮今甚贫,疑此景之可致,故以为"可只作富贵者之事业"。而来喻便谓"做沂水舞雩意思不得,亦不是抱膝长啸底气象",如此则咳嗽亦不可矣……许作《抱膝吟》,须如前书得两篇可长讽咏者为佳,不必论到孔明抱膝长啸。各

① 《陈亮集》卷二十八《又乙巳春书〈与朱元晦〉之一》。

② 《朱文公文集·与陈同甫》第七书。

家园池，自有各家景致，但要得语言气味深长耳。①

朱熹回书则点明因议论未合而不愿作诗之意：

《抱膝吟》亦未遑致思，兼是前论未定，恐未必能发明贤者之用心，又成虚设。②

淳熙十三年(1186)秋季，陈亮在给朱熹的书信中仍在为此事而请求：

连书求作《抱膝吟》，非求秘书妆撰而排连也，只欲写眼前景物，道今昔之变，一为和平之音，一为慷慨悲歌，以娱其索居野处耳。信手直写，便自抑扬顿挫，何必过于思虑以相玩哉！去奴留待几日尽不妨，愿试作意而为之！③

朱熹来书仍作推辞，语气颇决绝：

《抱膝吟》久做不成，盖不合先寄陈、叶二诗来，田地都被占却，教人无下手处也。况今病惫如此，是安能复有好语道得老兄意中事耶！④

---

① 《陈亮集》卷二十八《又乙巳春书之二(与朱元晦)》。
② 《与陈同甫》第九书。
③ 《陈亮集》卷二十八《丙午复朱元晦秘书书》。
④ 《与陈同甫》第十一书。

直至绍熙四年(1193)陈亮进士及第以后写信给朱熹,仍提起此事,希望朱熹能践前约而作《抱膝吟》。朱熹则以“前论未定”为理由而作了最后的拒绝:

> 《抱膝》之约,非敢食言,正为前此所论未定,不容草草下语。须俟他时相逢,弹指无言可说,方敢通个消息,但恐彼时又不须更作这般闲言语耳。[①]

这样,陈亮尽力而筑以为终老之所的“抱膝斋”,遂始终未能得到朱熹的题咏,这在陈亮恐怕是一终生的遗憾;而朱熹为人之不肯苟且,于此一事,也尽可想见了。

第十节　再度上书

淳熙十四年(1187),陈亮又一次上礼部之试。他对这次考试早有准备,淳熙十二年春天他在写给朱熹的信中就提到“后年随众赴一省试,或可侥幸一名目,遮蔽其身,而后徜徉于园亭之间以待尽矣”[②]。却不料临试前忽然得病,而其考试的结果也就可想而知了。勉强捱过三场考试以后,他即狼狈东渡,其诸弟接之钱塘江边。回家后卧病一月有余,方能饮食如常,而其庶弟陈明竟于此时染病以死。稍后,其妻儿也轮番病倒;入夏后又脚气作梗。直到本年秋季,他才从这恶运的纠缠之中摆脱出来。《与周丞相》云:

---

① 《与陈同甫》第十三书。

② 《陈亮集》卷二十八《又乙巳春书之一(朱元晦)》。

今春以年免上礼部，本有进拜之便，临试一病狼狈。拖强魂入院，仅而不死，仓皇渡江，兄弟接之江头，携持抵家，更一月始能啖饭。一庶弟竟染病以死。更以妻孥番病，意绪惘惘，殆不知身世之足赖也。

《与章德茂侍郎》第二书亦云：

亮岁之二日扶病东渡，诸弟接之江头，相与携手而归。一庶弟竟染病以死，亮亦轗轲一月而能复常。又妻孥更番病，意绪惘惘，殆不知身世之足赖也。入夏脚气殊作梗。贫病相寻，天与不肖亦云惨矣。

同年十月宋高宗以八十一岁高龄寿终于德寿殿。在陈亮看来，孝宗之所以迟迟不为北伐之举，自己数次上书而不为召见，恐怕与高宗健在因而孝宗行事有所不便有关，现高宗既已寿终正寝，则孝宗应能独行其是。出于这种想法，他遂打点行装，去金陵、京口一带作实地考察，以观兵战攻守之势，而为其再陈社稷之计做准备。高宗死后，宋朝数遣使往金国告哀，至次年(即淳熙十五年)二月，金国遣使来吊，行礼于德寿殿，俨然如临小邦，其祭辞又寂寥简慢。此事并未使在朝文武觉得委屈受辱，却将陈亮激得跳脚，以为莫大的耻辱。他想藉这一事件重新鼓动起孝宗的复仇之心，于是在淳熙十五年四月[1]，他再到临安，第三次上书于孝宗，是为《戊申再上孝宗皇帝书》。

与前几次的上书相比，陈亮这次上书的内容无新，总在陈复仇之大义，必欲鼓动起孝宗的恢复之志，希望其“寻即位之初心”，“以与天下更始”，以其“喜怒哀乐爱恶之权以鼓动天下”，以作兴天下之气。在具体主张上，他仍坚持必须经营建业，必须不拘常格以擢用人才，认为必“有非常之人而后可以建非常之功”。其上书既无所避忌，而言词之间又蕴蓄着一股震厉激昂之气，确有极强的感染力。

然此时孝宗正打算将皇位传给他的儿子，他已不复有“即位之初心”，更不可能有“与天下更始”的壮志了。因此，陈亮书奏而不报，“由是在庭交怒，以为怪狂”[2]，唯赢得一场口语沸腾与人们的耻笑而已。留临安二十日以后[3]，他只好又怀着一颗落魄之心而回到其“抱膝斋”去作不平之长啸了。

淳熙十五年之冬，陈亮与辛弃疾有“鹅湖之会”。十六年二月即出发作第二次金陵、京口之行。他在金陵会见好友章森（字德茂），后又在京口购置了别业。尝寄书吕祖俭云：

> 二月间匆匆告违，即有金陵、京口之役，举眼以观一世人物，惟有怀向而已。五月二十四日抵家……亮已交易得京口屋子，更买得一两处芦地，便为江上之人矣。地广则可以藏拙，人朴茂则可以浮

① 《续资治通鉴》卷一百五十一。

② 叶适《陈同甫王道甫墓志铭》。

③ 《陈亮集》卷二十九《与尤延之侍郎》。

沉。五七年后，庶几成一不刺眼人也。[1]

可见陈亮之所以在京口买下房屋，盖有移居彼地之意，欲藉其地广人茂以藏拙浮沉，但此后发生的一系列事件却使他未能实现这一心愿。

同年秋季，陈亮再一次为病魔所纠缠，大病几死：

亮自七月二十五日，一病不知人者两月。自此日旦不能吃饭，夜间不能上床，凡二十余日，方渐渐较可。入九月，吃饭打睡始能自齿于平人，然未至五更便睡不着。望见暮景已自如此，不如早与一死为快脆也。[2]

这一年，陈亮已四十七岁了。数十年东奔西走，为复国家之仇耻，而命途坎坷多舛，难遂其平生之志。颠踬困顿之余，他已感觉到体力与心力的疲倦，先前那种平盖万夫的气魄也已渐渐地悄然逝去。"亮平生百事并在人后，只有一健耳。望见暮景，天已与夺之，憔悴病苦，反以求死为快脆，其他尚复何说！"[3]他已体会到桑榆暮景的萧瑟与悲凉，但他依然抵挡不住命运对他的继续捉弄。

① 《陈亮集》卷二十七《复吕子约》。
② 《陈亮集》卷二十七《复陆伯寿》。
③ 《陈亮集》卷二十七《复楼大防郎中》。

第十一节　两次系狱

陈亮一生曾两次身陷囹圄，这有他本人的叙述以及叶适、陈傅良等人的记述为证。但由于《宋史》本传以叶适所作墓志铭及叶绍翁《四朝闻见录·天子谳》的记载为蓝本，而二叶所记又不无异同，遂统而合之，竟记为四次。后人或未遑详考而沿其成说，或考之未审而云三次[①]，均与事实不合。今参诸史料，重视内证，并吸取前辈学者已有的研究成果，述其两次系狱之经过；而于《宋史》未审之说，也因便略为辨证。

陈亮《告高曾祖文》云："高安既殁，十年之间，亮两以罪系棘寺，实为我祖先之羞。"[②]"高安"即陈亮的叔祖陈持，他曾为筠州高安县主簿，卒于淳熙二年(1175)[③]；此可明自淳熙二年以后陈亮共有两次狱事，而所谓"十年之间"，盖由绍熙四年逆溯推算，因为自淳熙十一年至绍熙四年，前后恰合十年之数。

第一次狱事发生于淳熙十一年(1184)春天。卷三十六《陈春坊墓志铭》云：

> 甲辰(淳熙十一年)之春，余以药人之诬就逮棘寺，更七八十日而不得脱。

---

① 《宋元学案·龙川学案》及颜虚心《陈龙川年谱》等均记为三次。

② 《陈亮集》卷三十。该文作于绍熙四年陈亮中状元以后。

③ 参《东莱吕太史文集》卷十二《永康陈君迪功墓志铭》。

同卷《钱叔因墓碣铭》云：

> 甲辰之春，余亦颠倒于祸患……

据此，则陈亮系狱的时间在淳熙十一年春天，原因是"药人之诬"；另据卷二十八《又甲辰秋书》，其脱棘寺的时间是同年五月二十五日，由此上推七八十日，则其"就逮棘寺"之较确切的时间是春三月。

所谓"药人之诬"，叶适《陈同甫王道甫墓志铭》云：

> 前此乡人为讌会，末胡椒，特置同甫羹胾中，盖村俚敬待异礼也。同坐者归而暴死，疑食异味有毒，已入大理狱矣。

叶适在这里所记载的是陈亮下狱的真正原因，但实际上却又只是当时一件案情的一半，前此乃有所谓落魄醉酒册妃拜相之事。叶绍翁《四朝闻见录・天子谳》云：

> 永康之俗，固号珥笔，而亦数十年必有大狱。龙川陈亮既以书御孝宗，为大臣所沮，报罢居里，落魄醉酒。与邑之狂士甲，命妓饮于萧寺，目妓为妃。旁有客曰乙，欲陷陈罪，则谓甲曰："既册妃矣，孰为相？"甲谓乙曰："陈亮为左。"乙又谓甲曰："何以处我？"曰："尔为右。吾用二相，大事其济矣。"乙遂请甲位于僧之高座，二相奏事讫，降阶拜甲。甲穆然端委而受。妃遂捧觞歌《降黄龙》为寿，妃与二相俱以次呼"万岁"。盖戏也。先是，亮试南宫，

> 何澹校其文而黜之，亮不能平，遍语朝之故旧曰："亮老矣，反为小子所辱。"澹闻而衔亮，未有间。时澹已为刑部侍郎，乙探知其事，遂不复告之县若州，亟走刑部上首状，澹即缴状以奏，事下廷尉。廷尉，刑部属也。笞亮无完肤，诬服为不轨，案具闻于孝宗。上固知为亮，又尝阴遣左右往永康廉知其事，大臣奏入，取旨，上曰："秀才醉了，胡说乱道，何罪之有！"以御笔画其牍于地。亮与甲俱掉臂出狱。

这一记载绘声绘色，煞有介事，足为人们的谈论之资，但其可疑有二：第一，《宋史·何澹传》未载其为刑部侍郎，只载其尝为兵部侍郎，《传》云：

> 何澹，字自然，处州龙泉人。乾道二年进士，累官至国子司业，迁祭酒，除兵部侍郎。光宗内禅，拜右谏议大夫兼侍讲。澹本周必大所厚，始为学官，二年不迁，留正奏迁之。澹憾必大。及长谏垣，即劾必大，必大遂策免。

从这里知道，何澹先为国子司业二年，后因留正的奏请迁为祭酒，据《宋史·宰辅表》，留正以淳熙十三年(1186)除端明殿学士签书枢密院事，十四年除参知政事兼同知枢密院事，十六年除右丞相；周必大于淳熙十四年除右丞相，十六年正月迁左丞相，同年五月罢。因此，何澹以留正之奏而迁国子祭酒，最早也应在淳熙十三年左右，他为右谏议大夫(即所谓"长谏垣")则在淳熙十六年光宗即位以后，而为兵部侍郎则更在此后，那么，当淳熙十一年左右，何澹仅为国子司业，绝无已为“刑部侍郎”之事。由此而推，在淳熙十一年以前，所谓“亮试南宫，何澹校其文而黜之”的事情也是必不会有的，因为陈亮自淳熙五年以后一直蛰居于家乡，至十四年方再试礼部，而在淳熙五年以前，何澹根本无与于学官之事。

第二，“册妃拜相”事件中的主犯“某甲”，其实仍有姓名可寻，他就是吕约。吕约于淳熙二年以前即就学于陈亮，是陈亮最早的学生之一。[①] 即便其为狂诞不羁之辈，但师生间醉酒胡闹竟一至于斯，且吕约自以“皇上”而册陈亮为“相”，则不能不使人产生疑窦。何以知“某甲”即吕约？其事件的真相果又若何？吕约之弟吕皓《云溪稿》云：

> 臣婺之永康人，世修儒业而未有显者……去年之冬，获从群士贡于礼部，未能以遂其志，而仇人冤家所竞不满百钱，至诬臣之兄以叛逆，诬臣之父以杀人。叛逆，天下之大怼也；杀人，天下之元恶也，非至棘寺终不能以自明。一门父子既械系而极图圄之苦，狱告具而无纤芥之实，卒从吏议以累岁酒后戏言而重臣兄之罪，搜抉微文，以家人共犯而坐臣父之罪。夫酒后果有一二戏言，而岂有异意！此所谓言动之过，而非故为之者也。深山穷谷之中，荜门圭窦之下，一时之戏言，固不宜尽律以文法……

① 淳熙二年陈亮弟子孙贯卒，亮率众弟子亲临其穴，为祭文，其中提到吕约的名字。见《陈亮集》卷三十五《孙贯墓志铭》。

且仇怨告讦之情，累岁不可知之事，所不应治也。[①]

仇人冤家所竞不满百钱，乃至诬皓之兄以叛逆，诬皓之父以杀人，仓皇就逮，一门无有遗者……卒从吏议，以数年前酒后茫昧不可知之言而坐其兄之罪，搜抉微文，使某之父亦不免。夫深山穷谷之中，闾阎败屋之下，酒后耳热，不识禁忌，此唐明皇所谓三更以后与五更以前者，若一一推寻而穷究之，则展转相讦，疑似相乘，人无置足之地矣。[②]

乡之奸民卢氏父子，屡假是非以疑上司州县之听而不已。既诬某之兄有狂悖等语，事方得直，又复诬某之父与同里陈公药杀其父，虽有如阁下高明洞达，烛见物理，巨细不遗，亦未免致疑焉……试以卢氏诬告之事平其心而察之，使有人当十目所视而且饮他人之酒，后有一人几半月而死，病寝之际，医卜交至其门而皆能证其状，死且十日，其子忽声于众，谓某与某药杀我父，而闻之官。官既穷究其事，决不复疑之，而使之再冤也。[③]

合上引材料相参，可以确知淳熙十一年陈亮的狱事是由卢氏父子与吕约、吕皓之父吕师愈之间的诉讼而引起的。[④] 诉讼的

---

① 《上孝宗皇帝书》。

② 《上王梁二相书》。

③ 《上丘宪宗卿书》。

④ 吕约之父名师愈，见卷三十八《吕夫人夏氏墓志铭》；师愈卒于绍熙五年正月，参叶适《水心文集》卷十四《吕君墓志铭》。

直接起因是卢氏与吕师愈有“不满百钱”的争议，卢氏盖深恨吕师愈的吝啬，遂诬构其罪而诉诸官府。在讼事之先，“乡人饮宴”的事是早已发生过了，但卢氏并未将它作为罪状，而只将数年前吕约酒后戏言（即上引“册妃拜相”之事）作为一项重要罪证，故吕约父子均被逮系。至此，陈亮并未受到牵连，此可以反证陈亮并未参与吕约的酒后胡闹，叶绍翁的记载是有失误的。吕氏父子既被逮系，数经曲折，案情已趋明白，却不料卢氏父于此时病死，其子更将其死因归于半月前的乡宴，遂重兴讼事，诬陷吕师愈在宴会中下毒药杀其父，并将陈亮也牵连在内，故吕皓谓“既诬某之兄有狂悖等语，事方得直，又复诬某之父与同里陈公药杀其父”。正因如此，陈亮遂以“药人之诬”而下了大理狱。

由此可知，陈亮只与该案的后半截有关，故叶适惟载其以“药人之诬”而下大理狱，不载所谓“酒后狂言犯上”之事。但由于“酒后狂言”与“药人之诬”在整个案件中是纠缠在一起的，又有叶绍翁的记载在先，故《宋史》作者遂不察其故而分记为两事，其为失误已不待言而明。

陈亮下狱以后，其内弟何大猷、庶弟陈明、弟子喻侃、喻南强等均为救其出狱而四处奔走。“当路欲以事见杀，少嘉（大猷字）自比于弟子，而营救不爱其力。浙江风涛之险，一日往复两涉之，几至覆舟，不悔。”①陈明则始终陪伴着陈亮，“扶持左右”②。喻侃在平时就深信陈亮的学说，广为宣传，至此则“与同志极力营解”，喻南强更“义形于色”，“走东瓯，

① 《陈亮集》卷三十六《何少嘉墓志铭》。
② 《陈亮集》卷三十六《庶弟昭甫墓志铭》。

见叶水心诉冤，水心曰：'子真义士也。'即秉笔为作书数通。先生（南强）又持走越，袖见诸台官，诵言无忌"[①]。在此同时，丞相王淮又能主持公道，颇与开脱[②]，故至五月二十五日，陈亮得以出狱。而这一案件中最重要的被告吕师愈，则是在同月二十日出狱的[③]，其直接原因是吕皓在四处伸冤的同时又捐弃了新任命的官职，以救赎其父兄之罪。"（吕）约为冤家所告，几陷不测，语连吕君（师愈），浩（即皓）诣阙告哀，请以所得官赎父兄之罪，朝廷义而许之。"[④]"（皓）方少时，适会父兄有诏狱，上疏孝宗，且纳所居官，天子感动，立命虑冤枉，并缘坐得释五十余人。"[⑤]

陈亮这次下狱是纯粹被人诬陷的一桩不幸事件，但他在狱中之受折磨，所谓"当道欲见杀"、"欲残其命"，却有其他方面的原因。陈亮出狱后书致书朱熹云：

> 如亮今岁之事，虽有以致之，然亦谓之不幸可也。当路之意，主于治道学耳，亮滥膺无须之祸，初欲以杀人残其命，后欲以受赂残其躯，推狱百端搜寻，竟不得一毫之罪，而撮其《投到状》一言之误，坐以异同之罪，可谓吹毛求疵之极矣。最好笑者，狱司深疑其挟监司（指朱熹）之势，鼓合州县以求赂。亮虽不肖，然口说得，手去得，本非闭目合眼、矇

---

① 《宋元学案·龙川学案》。
② 参《陈亮集》卷二十六《谢王丞相启》。
③ 参吕皓《云溪稿·畏天惧法碑》。
④ 《陈亮集》卷三十八《吕夫人夏氏墓志铭》。
⑤ 叶适《水心文集》卷二十九《吕子阳老子支离说》。

> 瞳精神以自附于道学者也。若其真好贿者，自应用其口手之力，鼓合世间一等官人相与为私，孰能御者？何至假秘书（指朱熹）诸人之势，干与州县以求贿哉！狱司吹毛求疵，若有纤毫近似，亦不能免其躯矣。①

由此可以确知，陈亮下狱以后，其罪名除药人以外，至少又加上了"为道学"与"受贿赂"两项。淳熙十年六月，监察御使陈贾、吏部尚书郑丙均上疏言道学假名以济伪，当明诏中外，痛革此习，孝宗许之。② 而当时之所以重道学之禁，则又与朱熹弹劾唐仲友一案密切相关。《宋史·王淮传》云："初，朱熹为浙东提举，劾知台州唐仲友，淮素善仲友，不喜熹，乃擢陈贾为监察御史，俾上疏言近日道学假名济伪之弊，请诏痛革之。郑丙为吏部尚书，相与叶力，攻道学，熹由此得祠。"当陈亮系狱之时，正学禁方严之际，故陈亮云"当路之意主于治道学耳，亮滥膺无须之祸。"盖陈亮向善吕祖谦，近又与朱熹友谊颇厚，狱司遂以其为道学中人而必欲重治其罪。至于"受贿赂"一事，虽不知其详，但其大概则谓陈亮假借朱熹等人之势以干预州县而求贿。若事实果是如此，则所谓道学"假名以济伪"便又添一项佐证，因此陈亮的这一罪名实际上仍为当道出于治道学的目的而强加的。但这一罪名之所以能强加到陈亮头上，则可能与其家境的好转有关。陈亮原先之贫困是人所共知的，但事情竟有那么凑巧，就在他

① 《陈亮集》卷二十八《又甲辰秋书》。

② 参刘时举《续宋编年资治通鉴》卷十；《续资治通鉴》卷一百四十八。

认识朱熹的同一年，便发生了朱熹纠唐事件，而陈亮便开始营造屋宇，而且规模颇大，至此未休；既然前一事件人们就怀疑为陈亮所挑唆，那么人们对后一事件而致其疑问，便似乎也显得相当有理。

总而言之，淳熙十一年陈亮的狱事是有种种复杂原因的，它既与特定的政治背景有关，也与陈亮平时的处世作风有关，“药人事件”只是某些人得以重治其罪而泄愤的触发点而已。案件审理的最终结果则证明陈亮是清白的。

陈亮脱离棘寺以后，到六月二日方回到永康家里。他原打算要休形息影，闭户潜居，不再到外面去与人往还而招惹是非了，但因妻弟何大猷家里有些事情要他去处理，遂于同年秋季去了义乌，不料在回家的路上又遭到了一伙强人的截杀。陈亮事后自述云：

> 自六月二日归到家，方欲一切休形息影，而一富盗乘其祸患之余，因亮自妻家回，聚众欲箠杀之，其幸免者天也。不知今年是何运数，自是虽门亦不当出矣。①
>
> 自棘寺归，闭门不与人交往，以妻弟之故，一出数日，便为凶徒聚数十人而欲杀之，一命存亡仅丝发许。②

事后，陈亮曾将此事具状告于州县，州县均“漠然不应”。当

① 《陈亮集》卷二十八《又甲辰秋书（与朱元晦）》。

② 《陈亮集》卷二十八《又乙巳春书之一（与朱元晦）》。

时的婺州知州是丘崈(字宗卿),他与陈亮原有并非泛泛的交情[①],但对陈亮的诉状也持不信任的怀疑态度,所谓"丘宗卿亦受群儿谤伤之言,半间半界"[②],正指此言。陈亮则以为自己能保住性命已属大幸,便未对此事再加追究。这一事件,使陈亮浑身重伤,颇费调治:"事发之五日,头重而不可扶,眼闭而不可擘,冥心静念,以一死决不可免矣……又二十日而后动止作息不异于平时……世途日狭,亮又一身不着行户,宜其宛转陷于榛莽而无已时也。"[③]连遭两场飞来横祸,皆几乎丧命,也宜乎陈亮有此深深的感慨。

陈亮的第二次狱事发生于绍熙元年(1190)冬季至绍熙三年(1192)春季。卷三十六《何少嘉墓志铭》云:"绍熙改元,冬十有二月,狱事再急。月之六日,少嘉无疾而死,予为之惊呼曰:'我其不免于诏狱乎!少嘉死,是恶证也。'二年兴狱,而仅能以不死。"同卷《喻夏卿墓志铭》:"绍熙辛亥(二年)……夏卿死,余犹系三衢狱中……明年二月出狱,则往哭焉。"据此两条记载,知陈亮这次下狱的时间是绍熙元年冬十二月,其囚系地点在三衢(今衢州)监狱;其出狱时间则在绍熙三年二月。

关于这次下狱的原因,叶适《陈同甫王道甫墓志铭》云:

民吕兴、何廿四殴吕天济且死,恨曰:"陈上舍

① 《陈亮集》卷二十四有《送丘秀州宗卿序》、卷三十三有《祭丘宗卿母硕人臧氏文》、卷三十九有《三部乐·七月送丘宗卿使虏》。

② 《陈亮集》卷二十八《又乙巳春书之一(与朱元晦)》。

③ 《陈亮集》卷二十八《又乙巳春书之一(与朱元晦)》。

使杀我。”县令王恬实其事，台官谕监司选酷吏讯问，数岁无所得，复取入大理，众意必死。少卿郑汝谐直其冤，得免。

叶绍翁《四朝闻见录·天子谳》在记其因“酒后戏为大言下狱”后紧接着云：

居无几，亮又以家僮杀人于境外，适被杀者尝辱亮父，其家以为亮实以威力用僮，有司笞榜僮，气绝复甦者屡矣，不服。仇家置亮父于州圄，又嘱中执法论亮情重，下廷尉。时王丞相淮知上欲活亮，以亮款所供尝讼僮于县而杖之矣，仇家以此尤亮之素计，持之愈急。王（淮）亦不能决。稼轩辛公与亮婿素善，亮将就逮，亟走书告辛……（辛）援之甚至，亮遂得不死。

在表面上看来，二叶之记载有很大不同，故《宋史》遂又分记为二次下狱，其实二叶所记载的实际上是同一事件。叶适在上引记载后紧接着即云“未几，光宗策进士，擢第一”；陈亮于绍熙三年二月脱狱，四年春试礼部，成进士，正所谓“未几”者，此可明叶适所记载的即为陈亮绍熙元年至三年的狱事，断无可疑。而依叶绍翁的记述，参诸《陈亮集》中有关文字，又可得其案情之仿佛。陈亮于绍熙三年出狱后谢启有云：

俄而积世之冤，端若从天而下。途人相杀，罪及异乡；当路见憎，勘从旁郡。恟恟之势可畏，炎炎之焰若何！一死一生，足累久长之福；十目十手，具知来历之非。莫弭人言，爰兴诏狱。是非错出，真伪相淆。①

叶绍翁谓"家僮杀人于境外"，此则谓"途人相杀，罪及异乡"；谓"被杀者尝辱亮父"，此则谓"积世之冤端若从天而下"；谓"中执法论亮情重下廷尉"，此则谓"当路见憎，勘从旁郡"；其间实有合若符节者。然《宋史》之所以误分二叶之记载为二事，却恐怕又与叶绍翁记载中的数处失实有关：

第一，所谓"仇家置亮父于州圄"，那是早在乾道三年(1167)左右的事情，至此时陈次尹早已尸骨冰冷，何能再置州圄？

第二，王淮于淳熙十五年五月罢左丞相，除观文殿大学士判衢州，然次年即去世，②至陈亮下狱时，已墓有宿草，何能犹援陈亮出狱？

第三，辛弃疾之素善者即陈亮本人，并非"亮婿"。辛氏确曾为陈亮出狱而尽力，但其最终得免，却非尽出辛氏之力。

如此，则叶绍翁"闻见"有误而录之，《宋史》作者因其闻见之误而又录之，遂较然可得分辨。

如上所述，这次狱事的案情似乎并不复杂，但陈亮因系一年有余，备尝箠楚之苦而不得脱，则的确又有别种原因。叶适所谓"谕监司选酷吏讯问"的"台官"以及陈亮屡屡提及

① 《陈亮集》卷二十六《谢郑侍郎启》。
② 参《宋史》卷二百一十三《宰辅表》、卷三百九十六《王淮传》。

的“当道”，在很大程度上都可能指何澹而言。叶绍翁谓“亮试南宫，何澹校其文而黜之。亮不能平，遍语朝之故旧曰：‘亮老矣，反为小子所辱。’澹闻而衔亮。”此事前已证其不可能发生于淳熙十一年以前，但却很可能发生于绍熙元年。陈亮曾于绍熙元年春初又试礼部，[①]而何澹恰于此年“同知贡举”[②]；此年陈亮已四十八岁，也正与“亮老矣”之语相合。何澹本人品低劣，报复心极重，惯于阿附权奸，颇善党同伐异。[③] 其既衔亮，则于绍熙二年陈亮囚系期间，也正有足够的权势予以报复，他这时也正为“台官”，因为绍熙元年四月，何澹又由右谏议大夫同知贡举被除为御史中丞。[④]

正因有权势方盛的台官何澹从中作梗，不仅使酷吏讯问，且多方罗织文致其罪，欲致其死地，陈亮的处境遂显得相当危急。而平日与陈亮有仇隙者亦纷纷出言毁谤，惟恐其中伤之不深，正所谓“第以当路之见憎，况复旁观之共谤，怨家白撰于其外，狱吏文致于其中。俨然凶人，无一可免，置之诏狱，凡百谓何！”[⑤]时朝中故旧有力救援者原本无多，有些人又因各种原因表示无能为力，其他如张杓、辛弃疾等人则

① 《陈亮集》卷二十九《与范东叔龙图》：“亮开岁又随众一到春官，包羞至此，只欲为遮拦门户计。若更不遂，且当沉浮里闬，与田夫野老为伍，无所复望于今世矣。”此书作于绍熙元年。

② 《续资治通鉴》卷一百五十二。

③ 参《宋史》卷三百九十四《何澹传》。

④ 参《续资治通鉴》卷一百五十二。

⑤ 《陈亮集》卷二十六《谢陈同知启》。

虽能尽力，而实际效果却又并不明显。[①] 直到绍熙二年(1191)八月，何澹逢其继母之丧，按例应退职奉忧，然何澹藉口非其生母而不欲持丧，不肯退职，后因太学生乔嘉、朱九成、黄会卿联名移书，严加斥责，方不得已而解官。[②] 随着何澹的去职，陈亮的狱情便也得以稍缓其势。绍熙二年末，大理寺少卿宋之瑞以侍御史林大中的严厉弹劾而出知外郡，[③]郑汝谐由江西转运使入为大理寺少卿。正是在郑汝谐的主持公道之下，陈亮终于得以洗雪冤情，被无罪释放。

与淳熙十一年的狱事一样，陈亮这次下狱虽以主使杀人为由，然也仍有另外方面的原因。陈亮出狱后谢启有云：

> 伏念某少尝有志于当世，晚乃自安于一廛，身名俱沉，置而不论；衣食才足，示以无求；人真谓其有余，心固疑其克取；而况奴仆射日生之利，子弟为岁晏之谋。怨所有归，谓可从于勿恤；内常无歉，岂自意其难明。[④]

> 伏念某少时跌宕，久遂阔疏。学剑何止不成，徒存逸想；读书非求甚解，第采高标。谩曰古心，不入俗眼。既置身于无用，宜取祸以难明。下流而至

① 《陈亮集》卷二十七《与章德茂侍郎》第四书："张定叟拯拔其祸患尤力，而事乖人意，薄命所招，无可言者。"此书作于绍熙三年出狱之后。辛弃疾祭陈亮文云"行年五十，犹一布衣……中更险困，如履冰崖，人皆欲杀，我独怜才。"知辛氏也确曾为救其出狱而尽力。

② 参《续资治通鉴》卷一百五十二。

③ 参《续资治通鉴》卷一百五十二。

④ 《陈亮集》卷二十六《谢郑侍郎启》。

缙绅之见推，从何自取？穷居而使衣食之粗足，似若无因。谓其豪强，处以任侠。加虚谤于实事，入信语于疑心。[1]

同故旧之戚休，乃名"任侠"；通里闾之缓急，见谓"豪强"。欲为饱暖之谋，自速摧残之祸。[2]

在其他谢启之中，文字语气也多有类似者。可见陈亮这次下狱而久不得脱的另一原因是他近年来家赀的富足颇引起某些人的嫉妒与猜疑。原先陈亮是那样清贫，而十数年间竟富厚如此，不仅复祖田、造广厦、购别业、辟园林，且"奴仆射日生之利，子弟为岁晏之谋"，"同故旧之戚休"，"通里闾之缓急"，因此，在淳熙十一年的狱事中就有人怀疑他挟朝士之权势而干州县以求贿，这次更有人怀疑他暗地里颇做些打家劫舍的勾当。所谓"豪强"而"处以任侠"，显然也为狱司所文致的罪状之一，而不仅为"主使杀人"而已。

陈亮出狱以后，陈傅良有书来贺其脱险，并云：

老兄数年以来，再脱于祸，目今只得还他本朝学者辙样，将秦汉间士大夫公案一切封起。未当其位，屈着头，合着眼，杜门燕坐以养和平之福而已。浙西别业，稍有伦序，渐为择乡之计，尤所愿望！[3]

---

① 《陈亮集》卷二十六《谢葛知院启》。

② 《陈亮集》卷二十六《谢何正言启》。

③ 《止斋文集·与陈同甫》第三书。

的确，数年来以无辜之身而两下大狱，虽公道终未沉埋，却毕竟为人间羞耻。陈亮在祸患之际或曾体会到世态的炎凉，既脱祸之后更复有心灵的沮丧。“乡间岂可复居？京口也恐惹人闲话。今只当买一小业于彼，却于垂虹之旁买数间茅屋，时以扁舟寻范、张、陆辈于松吴江上，以终残年。其他一笔勾断，不复作念矣。”[①]但是实际上，他又毕竟不甘心就如此终其残年。虽然已到“知天命”的年龄，但安于天命原非其本色，屈头合眼杜门燕坐尤非其夙愿，他正决计要在科场上做一次最后的拼搏。

第十二节　状元及第

绍熙四年(1193)春，陈亮考中了进士。

同年五月，陈亮参加殿试。光宗之策问开首云：

> 朕以凉菲，承寿皇(孝宗)付托之重，夙夜祗翼，思所以尊慈谟、蹈明宪者甚切至也。临政五年于兹，而治不加进，泽不加广，岂教化之实未著，而号令之意未孚耶？[②]

当时的实际情形是，从绍熙二年(1191)岁末开始，光宗感

① 《陈亮集》卷二十七《与章德茂侍郎》第四书。

② 《陈亮集》卷十一《廷对》。

染疾病，同时又极受皇后李氏的挟制而不朝重华宫(不向孝宗请安)。史云："(绍熙二年)冬十一月壬申冬至，郊，风雨大至。上(光宗)震惧，感疾。后李氏，大将李道女也，悍而妬，欲亟立子嘉王(赵扩)为储嗣。因内晏，请于寿皇，未许；后不逊，寿皇有怒语；后衔之。乃造言诬谓寿皇有废立意，上惊疑，疾愈甚……绍熙三年春正月，上以疾不疗，乃御内朝。于是重华宫温凊之礼以及诞辰节序，屡以寿皇传旨而免。宰辅群臣封章沓上，都人始忧。"[①]这一情形直至陈亮廷对时也并未改变；稍后，中书舍人陈傅良尝对光宗拽裾泣涕而谏。因此，光宗策问所谓"夙夜祗翼，思所以尊慈谟、蹈明宪者甚切至也"，并非事实。然陈亮对云：

> 臣窃叹陛下之于寿皇莅政二十有八年之间，宁有一政一事之不在圣怀？而问安视寝之余，所以察词而观色，因此而得彼者，其端甚众，亦既得其机要而见诸施行矣。岂徒一月四朝而以为京邑之美观也哉！[②]

此说似乎为光宗之不朝重华宫找到了非常合适的理由，故光宗得对后龙颜大悦，以为善处父子之间，陈亮虽奏名第三而御笔亲擢为第一。[③] 时孝宗在南内，宁宗在东宫，闻之皆喜。

---

① 刘时举《续宋编年资治通鉴》卷十一。

② 《陈亮集》卷十一《廷对》。

③ 参叶适《陈同甫王道甫墓志铭》、叶绍翁《四朝闻见录》乙集《光皇策士》、《宋史》本传。

光宗赐第之诰词有云："廷策者再，乃始得汝。尔蚤以艺文首贤能之书，旋以论奏动慈宸之听，亲阅大对，嘉其渊源，擢置举首，殆天留以遗朕也。尚循故事，往佐帅幕，益茂远业，以须登用。"①遂授签书建康军节度判官厅公事。

陈亮中了状元，五十年前其祖父陈益的"状元梦"至此才算真正应验。但半个世纪跋涉于生活的艰险途程，坎坷颠沛，曲折离奇，已消耗了他过多的体力与精力，他已望见其生命之暮景的萧瑟。因此，状元及第似乎并未给他带来多少欢欣喜悦，廷对时回避了某些问题，其内心是清楚的，此或将为人们所非议，其恐也有所预料，故及第后谢启有云："数十年穷居畎亩，未谐豹变之怀；五千言上彻冕旒，误中龙头之选。顾今自喜，论古良惭；虽欲有言，莫知所谢。"②"上于二三之中，擢在第一之选……自天有命，无地自容。"③但无论如何，一生中"六达帝廷，上恢复中原之策；两讥宰相，无辅助上圣之能"④，行事之光明磊落，毕竟于心无愧；多年来人们的侧目指背，谤议飞扬，以至再蒙无须之祸，至此则已得到了最后的澄清。他可以安心无愧地去见其先人于地下了：

> 亮之既第而归也，弟充迎拜于境，相对感泣。亮曰："使吾他日而贵，泽首逮汝；死之日，各以命服

① 李幼武《宋名臣言行录》外集卷十六，《陈亮集》附。
② 《陈亮集》卷二十六《谢留丞相启》。
③ 《陈亮集》卷二十六《谢陈参政启》。
④ 《陈亮集》卷二十六《谢留丞相启》。

见先人于地下，足矣！”闻者悲伤其意。[①]

但状元及第毕竟有使陈亮感到振奋的一面，他希冀自己毕生之所学能够展其大用，复仇之志向指日可偿，他甚至已想见其运筹帷幄决胜千里的疆场风采。“复仇自是平生志，勿谓儒臣鬓发苍。”[②]谈到这一主题，他依然神采飞动，壮心不已：

> 愿当圣世，合天下之异以为同，岂无厉阶，非斯人之徒而谁与！鼓同舟遇风之势，成披云睹日之功。出尖之才，百端并用；易世之怨，一洗而空。”[③]
>
> 亮青年立志，白首奋身，敢不益励初心，期在重温旧业。出片言而悟明主，尚愧古人；设三表以系单于，请从今日！[④]

但陈亮老矣。数十年忧患困折，已使他“精泽内耗，形体外离。”[⑤]他还未来得及赴建康之任，即已为病魔所纠缠，终至一病不起。终前嘱其好友叶适为志其墓，并云：“铭或不信，吾当虚空中与子辨！”[⑥]时在绍熙五年春夏之间，陈亮享年五

---

① 《宋史》本传。
② 《陈亮集》卷二十九《及第谢恩和御赐诗韵》。
③ 《陈亮集》卷二十六《谢赵同知启》。
④ 《陈亮集》卷二十六《谢留丞相启》。
⑤ 叶适《陈同甫王道甫墓志铭》。
⑥ 吴子良《林下偶谈·水心合铭陈同甫王道甫》。

十二岁。

第十三节　身后毁誉

陈亮死了。他终于穿上了"天子"的命服，也永远带走了他毕生为之奔走呼号的恢复中原的壮志雄心。他的生前虽祸患百罹却也轰轰烈烈，他死之后虽身份荣耀却显得冷冷清清；在其众多的故旧之中，对其死去做祭文表示哀悼的似乎只有叶适与辛弃疾。

宁宗嘉泰四年(1204)，陈亮之子陈沆编其父遗文为四十卷，叶适为之序；嘉定七年(1214)左右，婺州太守丘真长刻之于州学，叶适又为书后。[①] 在《龙川集序》中，叶适云：

> 初，天子得同甫书，惊异累日，以为绝出，使执政召问当从何处下手，将由布衣径唯诺殿上以定大事，何其盛也！然而诋讪交起，竟用空言罗织成罪，再入大理狱几死，又何酷也！使同甫晚不登进士第，则世终以为狼疾人矣。呜呼，悲夫！同甫其果有罪于世乎？天乎，余固知其无罪也！同甫其果无罪于世乎？世之好恶未有不以情者，彼于同甫何独异哉！

① 《水心文集》卷十二《龙川集序》作于"嘉泰甲子春三月"；卷二十九《书龙川集后》云："同甫虽以上一人赐第，不及至官而卒，于是二十年矣。"是以知其集之刻在嘉定七年左右。

正以"世之好恶未有不以情者",故陈亮虽身死而论未定,其间是非毁誉也往往相半。

理宗端平元年(1234),乔行简上书为陈亮请谥,认为其"当渡江积安之后,首劝孝宗以修艺祖法度,为恢复中原之本,将以伸大义而雪仇耻,其忠与汉诸葛亮、本朝张浚相望于后先,尤不可磨灭……况如亮者,非所谓一乡一国之士,乃天下之士。"理宗从其请,追谥陈亮为"文毅",更与一子官。①

方孝孺《读陈同甫上孝宗四书》云:"予始读陈同甫论史诸文,见其驰骋为惊人可喜之谈,以为同甫特尚气狂生耳,未必足用也。及观其上孝宗四书,不觉慨然而叹,毛发森然上竖。呜呼,同甫岂狂者哉?盖俊杰丈夫也!宋之不兴,天实弃之……设用同甫,听其言,从其设施,则未必无成功,而卒不用者,天也。"②

张溥云:"贾生年少秀才,建议更秦法……陈亮上书孝宗,天子震动……两生皆命世才……然孝文治当太平,众庶休息,(贾)谊忽痛哭流涕,其辞过激,疑为阔远。宋隆兴之际,大仇震邻,枕戈饮血犹恐不及,非可饮食燕乐、塞耳无闻也,斥亮不用,何哉?"③

姬肇燕云:"卧龙(诸葛亮)、龙川,千古一辙,何多让焉!至其气节,虽屡遭刑狱,而百折不回,饶有铜肝铁胆、唾

---

① 《奏请谥陈龙川札子》,《陈亮集》附。参《宋史》本传。

② 《陈亮集》附录。

③ 《宋史纪事总议》,《陈亮集》附录。

手燕云之志。所谓真英雄、真豪杰、真义士、真理学者，非其人耶?”①

朱熹云:“同父才高气粗,故文字不明莹。要之,自是心地不清和也。”②

李贽云:“堂堂朱夫子,反以章句绳亮,粗豪目亮,悲夫!士唯患不粗豪耳;有粗有豪,而后真精细出矣。不然,皆假也。”③

危稹云:“龙川上书气振,对策气索,盖是要做状元也。”④

全祖望云:“若同甫,则当其壮时,原不过为大言以动众,苟用之,亦未必有成。迨一掷不中,而嗒焉以丧,遂有不克自持之势……而其暮年对策,遂阿光宗嫌忌重华之旨,谓不徒以一月四朝为京邑之美观,何其谬也!……故即令同甫不死,天子赫然用之,必不能掩其言……水心于同甫,惜其初之疾呼纳说,以为其自处者有憾;而又谓使其终不一遇,不免有狼疾之叹,可谓微而婉者也。”又云:“卒之同甫附会光宗之不孝,以取一第,尽丧其生平。”又评其学“粗莽抡魁,晚节尤有惭德”⑤。

叶绍翁云:“水心先生序龙川之文,乃谓同父使不以进士第一人及第,则诚狼疾人矣……水心先生不当以是篇冠首。

① 康熙刻本《龙川文集序》,《陈亮集》附。

② 《朱子语类》卷一百二十三。

③ 《李氏藏书名臣传·陈亮传》,中华书局1974年版《陈亮集》附。

④ 叶绍翁《四朝闻见录》乙集《光皇策士》。

⑤ 均见《宋元学案·龙川学案》。

龙川虽不为进士一人，其所上阜陵（孝宗）三书，讵可泯乎！”[①]以上引文，虽稍嫌繁琐，但足以说明一点，即常人不是圣人，其好恶异情，便至臧否殊途，欲其喜怒哀乐之发而皆中节之和，岂是容易！上引诸说，其喜而誉之者或稍嫌其过情，其厌而毁之者恐亦未免失当。陈亮之行藏上文已述之稍详，其立身处事绝非无可訾议，但他敢于坚持自己的政治主张，敢于坚持其独立之人格，虽以韦布之士而以天下为心，屡次诣阙，慷慨陈言，体现了其英伟过人的胆识与一往无前的勇气，正不失为一卓荦人物。至于陈亮果得其用，是否真能有所成就，此尤难为定说。历史既未曾为其提供这样一种机会，则后人关于这一问题的见解，在根本上均为猜测之臆见，于历史之研究并无裨益，徒腾口说而已。

陈亮晚年廷对一事最遭后人非议，往往谓其阿谀、诡谲，而有失节、惭德之评，然以此而谓“尽丧其生平”，却是太过。一个人的思想行为毕竟受其生活经验与现实生活之情境的制约，若从这方面去考虑，则陈亮所谓“一月四朝”之说，即便不可谓其全无迎合之意，却未必就是为攫取一己之功名而故为曲笔。明代郭士望云：“宋之儒，理有余而气不足者也。同甫其气绰然，足支弱宋，杯酒淋漓，神色悲壮，一世之人鲜不以为怪物，敢大言撼朝廷，坎壈以老，岂足异哉！或谓一月四朝之说为曲笔阿人主，不知人主束缚太急，责备太过，则患其显有所出事而旁有所迕逸。假令光宗疏问视之节而断然与金绝，日夕讲求刷耻之务，则重华宫之青草，孰与夫五国城之悲孟婆、叹马角者哉？故迂回以之于正，此真善

① 《四朝闻见录》乙集《光皇策士》。

处人父子之间者矣。嗟嗟！豪杰独抱英骨，怀一片任事苦心，与世龃龉不合，岂可胜道！”[①]按照郭氏的理解，陈亮之所以在廷对中回避光宗不朝重华宫之事实而为“岂徒一月四朝为京邑之美观”之说，正恐对“人主束缚太急，责备太过”，其行事反有可能更逸出常道。而更为重要的是，孝宗莅政二十八年，其所图所谋无非恢复之事，若光宗真能察词观色而得其机要，继其志而述其事，断然废绝和议，讲求刷耻之务，则已然为得孝道之大，而不必拘执于一月四朝之虚礼。倾心于中原恢复之事较之重华宫之定省要重要得多。因此，陈亮之说乃“迂回以之于正”，其意仍在激励光宗的恢复之志，而非故为曲笔以阿人主。实际上，从《廷对》和全部内容来看，它仍然与陈亮平时的思想观点相符合，故以“一月四朝”之说而断言陈亮失节、有惭德，以至于尽丧其生平，似嫌过于草率，而郭士望之说反较为近似。可以断言，陈亮绝不赞同光宗之废去定省之礼，因为在《廷对》的末尾，他仍对此事提出了极其明显的讽谏：“陛下之圣孝，虽曾、闵不过，而定省之小夺于事，则人得以疑之矣。陛下之即日如故，而疑者不愧，其望陛下之以厚自处为无已也……臣愿圣孝日加于一日……使天下无一人之有疑，而陛下终为寿皇继志而述事。”由此看来，我们虽毫无必要为陈亮文饰而回护其短，但“一月四朝”之说实也未足以尽丧其生平，郭士望之说虽未必尽无可疑，但至少提供了别一种见解，因而是值得注意的。

陈亮为人们所非议的又一件事是关于其死因。叶适《陈同甫王道甫墓志铭》云：

---

① 郭士望《龙川文集序》万历刻本，《陈亮集》附。

同甫虽居高第，忧患困折，精泽内耗，形体外离，未至官，病，一夕卒。哀哉！

其《祭陈同甫文》云：

子不余谬，悬俾余铭，且曰“必信，视我如生”。畴昔之言，余不敢苟。

辛弃疾祭陈亮文有云：

以同父之才与志，天下之事孰不可为？所不能自为者，天靳之年。闽浙相望，信问未绝，子胡一病？遽与我诀！

这是关于陈亮之死于疾病的确凿记载，其中绝无任何可疑之处。《林下偶谈·水心合铭陈同甫王道甫》云：

(龙川)垂死，犹托铭于水心，曰：“铭或不信，吾当虚空中与子辨。”故水心祭龙川文云：“子不余谬，悬俾余铭，且曰必信，视我如生。”

这条记载是可信的，因为它与叶适之祭文完全相合。而陈亮既“垂死”犹能“托铭于水心”，则可见其死亡绝非突然；而叶适既在祭文中承诺“畴昔之言，余不敢苟”，则我们便有充分的理由相信他关于陈亮之死于疾病的记载。

此事原本无疑，疑窦之起源于元代方回《桐江集·读陈同甫文集跋三》：

同甫魁天下而归，虐使桶匠，欲取其女，俾为方桶。桶可圆不可方，同甫百端怒詈，匠恨甚，以桶刀杀之。水心亦讳不书，曰"病一夕卒"，非也。

若不以猎奇之心来看待方回的这条记载，则其为不可信便十分明显。民间为桶之法原本多术，形式多样，恐方桶并非必不可为；且陈亮既魁天下，虽欲必取桶匠之女，其威逼利诱之法良多，何用出此无赖手段？若果如方回所言，则陈亮便毫无羞耻之心，岂堪言道德？而宋代文人中既不乏猎奇之辈，尤多仁义道德之徒，其中攻击陈亮之道德文章的也非无人，何以这种尽丧道德的死因却不被提及？及至元代而此说忽出于不仅"反面事二姓"且人品卑污嫖妓成性的方回之口，①其可信乎？故全祖望云"至若反面事二姓之方回，亦深文以诋同甫，谓其登第后以渔色死非命，是则不可信者。同甫虽可贬，然未许出方回之口，况摭流俗人之传闻以周内之哉！"②

方回造出陈亮以渔色死非命之说，是对陈亮一种更为恶劣的诋毁，而全氏之说，可为定论。但或许叶适的记载的确过于简略，以至使今人在理解上产生了某种错误。近见《陈亮之

① 方回(1227～1307)，字万里，号虚谷，今安徽歙县人。知严州，元兵至，迎降。"其处乡专以骗胁为事，乡曲无不被其害者，怨之切齿。""老而益贪淫，凡遇妓则跪之，略无羞耻之心。"时人有疏其十一可斩之罪。见周密《癸辛杂识别集·方回》。

② 《宋元学案·龙川学案》。

死及其原因探索》一文,[①]认为"陈亮死得极为突然","患病一天,就寿终正寝了",因此有必要考查其"致命的病因"。作者据盛如梓《庶斋老学丛谈》的记载:"黄白之术……得之者,如龟毛兔角,为之致祸者,十常八九。如韩魏公、明道、东坡,得之而不为;陈公亮为之,即病指疽而死。"遂认为陈亮死于指疽之疾。这是一种全新的说法,但却是错误的。第一,如上述,陈亮之死并不突然,所谓"病一夕卒"者,不得以"病一夕"连读而以为只"患病一天",而应在"病"字下断句。故"死得极为突然"之说盖由句读之误而来,或也由方回之说误导而致。第二,《庶斋老学丛谈》之所谓"陈公亮",不是陈亮,而是别有其人。陈公亮也为永康人,登绍兴三十年进士第,官右司郎中,见《光绪永康县志》卷六。盛如梓在他处提及陈亮,皆称其字,是也可证"陈公亮"非指陈亮。因言及陈亮之死因,故为略辨于此。

① 1993年10月在陈亮故乡永康市召开了"首届全国陈亮学术讨论会",该文为提交会议的一篇论文。

第三章　史学思想与历史观念

南宋孝宗时期，学术最称繁荣，学派众多，学说纷纭，议论叠出，亹亹不穷，然总其大势，可约为二端：一为道德心性的仔细推寻，衍为精深缜密的理论思辩；一为历代典制的博征稽考与历史事件的重新研究，欲斟酌变通以为经世之用。前者的目的在“成圣”，后者的目的在致用；前者的性格主于静，后者的性格则偏于动；故前者往往以古圣先贤之说为其立论之基，而以个体之道德精神的培养与光大为其理论的最后境域；后者则以历史研究为其先导并以现实政事的合理措置为其学说的最终归结。在当时，若道德心性之学必以朱熹、陆九渊为其突出代表，则通古今之变以经世致用正为浙学的基本特色。朱熹甚轻视史学，认为“圣贤以《六经》垂训，炳若丹青，无非仁义道德之说。今求义理不于《六经》，而反取疏略浅陋之子长(司马迁),亦惑之甚矣!”[①]故浙江学者如吕祖谦、陈傅良、叶适等等,无不深受其讥评与非难。他对陈亮更有一番定论:“陆氏(九渊)之学虽是偏,尚是要去做个人,若永嘉、永康之说,大不成学问,不知何故如此。”[②]“看史只如看人相打,相打有甚好看处?陈同父一生被史坏了。”[③]“陈同父读书,譬如人看劫盗公案,看了,须要断得他罪,及防备禁制他,教做不得。它却不要断他罪及防备禁制他,只要理会得许多做劫盗底道理,待学他做。”[④]朱熹毕竟颇了解陈亮,这些话虽显得相当偏激,但正说明陈亮思想在整体上是以历史研究为其一般基础的。而历史观念上的重大差异,实际上也正为朱、陈之说互不相入的一个重要原因。本章先述陈亮之基本的史学思想,然后对朱、陈历史观念的歧异及其三代汉唐之辩的实质作一基本考察。

第一节 天人之际、天道与历史发展的统一性

“历史”并不仅仅是“过去”,而总是与“现在”相联结的。它是特定的社会群体在一定的时空结构中之生活经验的创造、积累与绵延,是以历时性而呈现出来的一个无限过程;

---

① 《朱子语类》卷一百二十二。
② 《朱子语类》卷一百二十二。
③ 《朱子语类》卷一百二十三。
④ 《朱子语类》卷一百二十三。

我们今天所看到的“历史”，便总是这一无限过程的已往片断。由于今天同样是这一过程的一个环节，因而历史相对于今天便永远具有意义，并且正是今天构成了历史被理解的真正基础。但今天的已往历程毕竟与今天不同，其中包含着无限多样的文明的创造、消亡、重建、变革、因袭、承继，正是各种变化的因素构成了社会—历史之运动的总相，使它在作为过程的统一性之中展示出无限丰富的多样性。在历史过程之中，特定的社会群体在某一时空状态之下的现实存在，其阶层结构、经济制度、政治设施与人民的生活方式，以及人文—自然环境，乃是“现实”一词所应囊括的内容；这种现实，在古代的许多史学家与思想家那里，便更多地将它理解为“天人之际”。

司马迁在《报任安书》中曾以为史家的职责即在“究天人之际，通古今之变，成一家之言”，而在陈亮那里，“究天人之际”与“通古今之变”正是其历史研究的目的，也是其史学思想的核心。尝云：

> 臣不佞，自少有驱驰四方之志，常欲求天下豪杰之士而与之论今日之大计……辛卯、壬辰之间，始退而穷天地造化之初，考古今沿革之变，以推极皇帝王伯之道，而得汉魏晋唐长短之由。天人之际，昭昭然可察而知也。①

穷天地之造化，考古今之沿革，推极王伯之道，寻绎历代之

① 《陈亮集》卷一《上孝宗皇帝第一书》。

政治得失，便是对已往之天人之际的寻求，而其现实的出发点则是为"论今日之大计"，以实现其"驱驰四方之志"。这表明陈亮对于已往之天人之际的寻求，实际上是要为当代的社会现实提供一种值得借鉴的参照体系；他要将其时代纳入于社会历史之运动的整体范畴，要在社会的自身运动之中对其时代的现实问题作出历史性反思，并为这些问题的解决谋求其可能的基本出路。因此，历史具有发展的统一性与不间断性的思想，实际上一开始就包含于陈亮的历史观念之中。

按照陈亮的理解，国家制度是人类的群体生活在一定阶段上的产物，君主制度则建立于人类生活的自然基础，是社会生活本身的一种自然选择。陈亮云：

> 昔者生民之初，类聚群分，各相君长，其尤能者，则相率而听命焉。曰皇曰帝，盖其才能德义足以为一代之君师，听命者不之焉则不厌也。世改而德衰，则又相率以听命于才能德义之特出者。天生一世之人，必有出乎一世之上者以主之，岂得以世次而长有天下哉！[①]
>
> 方天地设位之初，类聚群分，以戴其尤能者为之君长，奉其能者为之辅相。彼所谓后王君公，皆天下人推而出之，而非其自相尊异，以据乎人民之上也。[②]

① 《陈亮集》卷三《问答》上。
② 《陈亮集》卷三《问答》上。

在他看来，历史的演进是以人类之社会生活的变动为主要轨迹的。国家形式的出现，乃以“类聚群分”，即社会生活的分层结构既经形成为必要前提；而才能德义之特出者为之君长，便是国家的建立，它是特定历史状态下天人之际的一种自然而必然的体现形式。随社会生活的自然变更，原政权形式与行政制度就难以完全适应。所谓“世改而德衰，则又相率以听命于才能德义之特出者”，便体现了天人之际的历史性变动。

因此，历史的演进与朝代的更替都必然以特定历史阶段的天人之际为其最终依据，这一点决定了历史在一系列的皇朝更替中仍存在着可以寻绎的统一性。在这一意义上，任何一个朝代的消亡或兴起都有某种必然的合理性，一个政权是否能够维持久远则决定于其政权结构与各种制度是否能够适应于特定现实条件之下的天人之际及其变更。因此，陈亮与同时代的大多数人不同，他并不将三代政治视为完善的理想形式，更不认为它就是后世必不可企及的最高范本，而只是认为它是历史发展中的一个辉煌时期，其各种制度是值得后世借鉴的。三代的衰亡含有历史的必然，这种必然性，在陈亮看来，便是道的自身运动。道的存在及其自身运动不仅在总相上展示为社会历史的本身，而且在本质上规范了人类之实践活动的根本取向。

在陈亮那里，道并不纯粹是一种哲学上的先验设定，也非一种绝对的形而上学的价值本原，而是一种可以在人的主体性实践活动中被充分贯彻的客观实在。它具有存在的普遍性与运动的不间断性；这两方面性质决定了其存在的永恒性，并只有当它与历史意识相结合的时候才是真正可理解的。

首先,道之存在的绝对性不表示它可独立于事物现象的具体存在以外,反而是必须藉现象存在才能充分展示出来的,其永恒性就是现象之具体存在的无限性与丰富性。道必然与事物同在,或更直接地说,事物存在本身便是道之实在性的显现。故陈亮云:

夫道之在天下,何物非道!千涂万辙,因事作则。[1]

夫道,非出于形气之表,而常行于事物之间者也……天下固无道外之事也。[2]

天地之间,何物非道!赫日当空,处处光明,闭眼之人,开眼即是。[3]

“天下固无道外之事”是陈亮屡屡予以强调的一个命题。在此界说之中,道既具有无限的包容性,同时又具有绝对的普遍性;由于天地之间触物皆道,因而日常生活中人们的一切现实活动,在陈亮看来,便即意味着对于道的实践,因此他又认为“道之在天下,平施于日用之间……而其所谓平施于日用之间者,与生俱生,固不可得而离也。”[4]这样,道就不具有任何超验的性质,而是普遍存在于经验世界并且必然展示于人的经验活动之中的。在“平施于日用之间”这一意义

① 《陈亮集》卷二十七《与应仲实》。
② 《陈亮集》卷九《勉强行道大有功》。
③ 《陈亮集》卷二十八《又乙巳秋书(与朱元晦)》。
④ 《陈亮集》卷十《六经发题·诗》。

上,道即体现为人们在经验中为其生活的群体性质所决定的一系列根本的生活原则。所谓“千涂万辙,因事作则”,断然不能脱离人类现实活动的一般背景。陈亮又云:

> 夫子之道即尧舜之道,尧舜之道即天地之道。天地以健顺育万物,故生生化化而不穷;尧舜以孝悌导万民,故日用饮食而不知;夫子以天地尧舜之道诏天下,故天下以仁义孝悌为常行。①

按照他的理解,尧舜以孝悌导万民,即是对生化不穷的天地之道的承继并将它措置于民众的日常生活,这正是尧舜的辉煌事业;经过孔子的发扬光大,被民众不知不觉地贯彻于日用之间的天地之道便成为人们所共同遵守的生活原则。故仁义孝悌之常行也即天地之道在人伦理法之中的对象化。因此陈亮认为:“礼者,天则也,果非圣人之所能为也。”②“圣人之于天下也,未尝作也,而有述焉。”③无论是仁义孝悌还是礼仪三百、威仪三千,均原本存在于民众的日常生活之中,圣人取其合乎时宜者载之典籍而导之绵远,却不能脱离生活经验而另为杜撰,是所谓“礼者天则也”。故天道即普遍的客观性法则,就其普遍性而言,它恰恰是绝对的。

其次,道的存在形式绝非静止,而是处于永无止境的运动变化之中。四时阴阳代序而有常,昼夜晦明迭运而有则,便

① 《陈亮集》卷十九《汉论·高帝朝》。

② 《陈亮集》卷十《六经发题·礼记》。

③ 《陈亮集》卷十《六经发题·春秋》。

是天地之道常运而不息的确切证明。“夫阴阳之气，阖辟往来，间不容息……此天地盈虚消息之理，阳极必阴，阴极必阳，迭相为主而不可穷也。”[1]正是阴阳之气“间不容息”的不断运动，才使天道获得其自身存在的恒久。换言之，道之存在的普遍性是通过其运动的绝对性来实现的，而其存在的永恒性却又伴随着变化的必然性。因此，只要天运一日而不息，道便无一日而不在天下；但与此同时，它在不同历史时期所涵盖的现实内容却又必然有其历史性差异。因此，尽管道的实在性不容置疑，但这并不表示它是一个可以执定的对象，因为它永远处于无间断的运动过程之中。要对道作恰切的把握，就须研究其演进的历程，充分究诘它在不同历史时期的现实内容及其变迁的实迹，故诉诸人类社会的自身历史及其文化过程便是充分必要的。

从陈亮关于道的一般理解之中可以看出，在他那里，道不仅是一个自然哲学的概念，而且更重要的，它还是一个社会—历史范畴。道的存在既具有普遍性，又具有历史性，唯其普遍性与历史性的相互统一才构成道的整全，因而对其把握便须有历史意识的充分介入。由于他将天道确认为人类藉以生存的现实世界及其历史发展本身，因而在理论上，天道历程即体现为人类社会之现实的历史进程。这样，道在某一历史阶段所涵盖的现实内容与该历史时期的天人之际，在内涵上便获得了同一，它们都代表了处于某种特定时空结构之中人类现实存在的一般情境及其基本状态。这就意味着对于过往时代之天人之际的寻绎，便是对于道之历史运动轨迹的

① 《陈亮集》卷二十七《与徐彦才大谏》。

追寻。陈亮云：

> 洪荒之初，圣贤继作，道统日以修明，虽时有治乱，而道无一日不在天下也。而战国秦汉以来，千五百年之间，此道安在？而无一人能识其用，圣贤亦不复作，天下乃赖人之智力以维持，而道遂为不传之妙物，儒者又何从而得之，以尊其身而独立于天下？①

这是陈亮以历史主义的观点对"道统说"所提出的质疑，是他平时所孜孜探求的问题，也是他与朱熹所反复论辩的一个主要问题。从中可以明显地看出，他正是将历史研究，将天人之际的寻求与道的体察在观念上相同一的。

在这种观念之下，道即是天人之际；在历史进程中，它既展示为某种客观必然性，又展示为人的主体性对于这种必然性的觉解、把握、领会以及在现实政治与各种制度之中对它的具体施用。天人之际既具有历史性差异，则道的现实内容便是历史的。因此，历史现实的变动即意味着道之现实的历史内容发生了变动，这一变动的连续过程，是道的自身发展，也是社会历史的一般发展。故陈亮认为："夏、商、周之制度定为三家，虽相因而不尽同也。五霸之纷纷，岂无所因而然哉！"②三代制度虽相互因袭而差异存乎其中，战国诸侯纷争各自为政而于三代制度的因袭之迹也仍存乎其中；三代

① 《陈亮集》卷三十六《钱叔因墓碣铭》。

② 《陈亮集》卷二十八《又乙巳春书(与朱元晦)之一》。

相因而不尽同，五霸相异而有所袭，是由社会现实的历史性变动所决定的，都体现了特定现实情境之中的天人之际。如果制度之相因的方面体现了道之历史运动的连续性，那么其相异的方面便体现了连续过程之中的阶段性；唯此相因相异、增损沿革的相互缠结交替或连续性与阶段性的相互统一，才构成了天人之际完整的历史发展。而不同时代的人们对于前代制度的因革损益便同样决定于天人之际的历史性变动，是道的必然性要求，并在本质上体现为主体性对于道的洞达与实践。故在陈亮看来，若认为道仅存在于三代，战国秦汉以后即道为不存，乃是十分荒谬的，至少是人为地割断了历史发展过程的连续性，破坏了社会历史之整体发展的统一性。

显而易见，道常行于事物之间，甚至即为事物存在之本身的基本界定，表现了陈亮在哲学上拒斥形而上学的浓厚倾向。这一基本界定与先秦儒家，尤其是体现于《易经》之中的天道观念的结合，构成了陈亮关于道常存而不灭、常运而不息的根本观念。在此观念所涵盖的意义之下，道的存在乃是与历史现实相同一的。当这种同一性被确认为天人之际的时候，道的实在性便转化为天人之际的现实性，其自身的运演便展示为天人之际的历史性变动。故仅仅是道常在不灭、常运不息这一基本性质就足以决定其自身的存在及其所蕴含的现实内容乃是历史的，且其运动的展开形式必然与人类社会自身演进保持着同一。我们似乎可以认为，在陈亮的历史观念之中已然隐藏了某种逻辑与历史发展的同一性思想，至少他已十分明确地表述了社会历史过程是连续性与阶段性的统一，并强调了这种统一性不容割裂。这种关于历史的观念在陈亮那里实为根深蒂固，是他处置现实诸问题的思想基础。

第二节　古今之变、三才与时措之宜

天人之际或道之历史运动轨迹的一般追寻，作为一种知识形态，是历史学；作为一种认识活动，则是通古今之变；而其结果或根本效用，则归诸现实诸问题的合理措置，即时措之宜。故陈亮认为，“察古今之变，识圣人之用，而得成顺致利之道”①，是这一认识活动的完整过程。

那么关于历史的认识活动是如何可能的？或者说，历史研究的依据何在？按照陈亮的理解，这种依据就是关于人类已往之实践经验的载籍，它们是历史现实的载体。只有以历代史著的研究为手段，深入于史著背后的历史现实，把握其天人之际的确切内涵及其历史性变动的所以然之故，历史的认识活动才是充分可能的。由于陈亮在哲学上将道纳入于社会历史的发展过程，又以通古今之变为历史学的一个基本目的，因而他不仅十分重视历史著作的阅读，并且由此引导出了他颇不同于时人的关于六经的见解。陈亮云：

> 昔者圣人以道揆古今之变，取其概于道者百篇，而垂万世之训。其文理密察，本末具举，盖有待于后之君子……古之帝王独明于事物之故，发言立政，顺民之心，因时之宜；处其常而不惰，遇其变而天下安之，今载之《书》者皆是也。
>
> 道之在天下，平施于日用之间，得其性情之正

① 《陈亮集》卷二十三《书林勋本政书后》。

者，彼固有以知之矣。当先王时，天下之人，其发乎情，止乎礼义，盖有不知其然而然者……圣人之于《诗》，固将使天下复性情之正，而得其平施于日用之间者。乃区区于章句训诂之末，岂圣人之心也哉！

《周礼》一书，先王之遗制具在，吾夫子盖叹其郁郁之文，而知天地之功莫备于此，后有圣人，不能加毫末于此矣……文、武之政，布在方册，其人存则其政举。自周之衰以迄于今，盖千五百余年矣，天独未厌于斯乎！

《诗》、《书》、《礼》、《乐》，吾夫子之所以述也。至于《春秋》，其文则鲁史之旧，其详则天子诸侯之行事，其义则天子之所以奉若天道者，而孔子何作焉？……夫子周之民也，伤周之自绝于天，而不忍文、武之业遂坠于地也，取鲁史之旧文，因天子诸侯之行事而一正之……是以尽事物之情，达时措之宜，正以等之，恕以通之，直而行之，曲而畅之。①

天下之理具于《易》，治道之本末著之《洪范》，而《诗》之喜怒哀乐，盖学者所以用功于平时；举而措之之大端，而当时之学者载而为《论语》……帝王继世之用，《书》载之明矣，而三王之损益，夏商文献之不足，而周道独详焉，夫子之所深叹，而

---

① 《陈亮集》卷十《六经发题》。

《春秋》所以备四王之制，百世以俟圣人而不惑者也。[①]

显然，六经绝不是关于某种抽象义理的说教，它们所记载的也不仅仅是仁义道德之说，而更是先王遗制与圣人之志，是先王致天下于太平的实迹。“帝王之法度，至成周而极矣。凡事变之所至，人情之所有，习俗之所偏尚，耳目念虑之所可及者，固已毕具。”[②]先王致治之迹既多，故“至于周公，集百圣之大成”，其制度考文，“文理密察，累累乎如贯珠，井井乎如画棋局，曲而当，尽而不污”[③]，故能使文、武之政布于方册，以俟后世之有考。孔子既哀周之衰亡，而不忍文、武之业遂坠于地，故取鲁史之旧，因天子诸侯之行事，揆之以道而作《春秋》，故“《春秋》，继四代而作者也。圣人经世之志，寓于属辞比事之间”[④]，而后世遂可藉以考见先王之迹与圣人之志。因此，六经的根本意义乃在于记载了先王施治的实迹，体现了特定的历史现实，反映了处于该现实条件之下人类对于天道的实践与贯彻；简言之，六经即载道之书，故“六经作而天人之际其始终可考矣。”[⑤]这样，我们已可明显地发现，陈亮实际上是将六经视为特定现实条件之下的产物的，即六经本身是历史的；由于它们体现了天人之际的历史性变动，故其内涵也同样是历史的。在

① 《陈亮集》卷三十《告先圣文》。
② 《陈亮集》卷十五《问古今法书之详略》。
③ 《陈亮集》卷十《六经发题·周礼》。
④ 《陈亮集》卷二十三《春秋比事序》。
⑤ 《陈亮集》卷十二《传注》。

陈亮那里，确乎已有“六经皆史”的观念，尽管这一命题直至清代的章学诚才被明确提了出来。

实际上，只有取消六经独立于历史过程的绝对性而将其纳入于历史的一般范畴，陈亮关于社会历史作为过程的统一性思想以及历史认识活动的可能性观念才是可以坚持到底的。如果六经不是历史现实的体现，而“无非仁义道德之说”，那么所谓尧舜之治、三代之道的实际情形，又何从而知之？今世儒者又何从而得之？惟当六经是历史的，先王之遗制与三代行道之实才可能在人们的认识活动中获得还原。而这样一来，六经那种在人们一般观念中的至高无上的绝对性便实际已为陈亮所摇动，因为在载道这一根本点上，历代史著的价值是与其相同一的。陈亮也确乎曾以此为基点而将六经与“诸史”相提并论：

> 六经、诸史，反复推究，以见天运人事流行参错之处，而识观象之妙、时措之宜，如长江大河，浑浑浩浩，尽收众流而万古不能尽也。①

“天运人事流行参错之处”，即是天人之际，其浑浑浩浩，尽收众流而万古不尽，即是天道人事的历史性变动，是社会历史本身的绵延。六经与诸史既充分体现了天运人事之流行参错，便是人类过去之现实经验的直接载体，而在主体意识的直接参与之下，天人之际的古今之变与人类过去的现实经验都可在主体本身获得还原。故陈亮云：“芟夷史籍之繁词，

① 《陈亮集》卷三十六《钱叔因墓碣铭》。

刊削流传之讹谬，参酌事体之轻重，明白是非之疑似，而后三代之文灿然大明，三王之心迹皎然不可诬矣。”①

如果将六经与诸史并论，均以为载道之书，而表现了陈亮对六经之绝对性的某种否定的话，那么这一点却并不同时就必然意味着他对六经之权威性的蔑视。恰恰相反，陈亮是极为强调六经的权威性的，不过在他看来，这种权威性不在于它们保存了圣人关于仁义道德的言论与说教，而在于它们在记述天人之际的基础上充分体现了圣人“相时宜以立民极”的根本精神。正是这种参稽事势之变而因时制度的精神，才是真正的圣人之道，才是六经之权威性的所在，堪为万世之法程，乃所谓“百世以俟圣人而不惑者也”。陈亮云：

> 帝尧始因时立制，可以为万世法程。而百王之纲理世变者，自是而愈详，故裁而为《书》；三代损益之变，后世圣人将有考焉……圣人之所以通百代之变者，一切著之《春秋》。六经作而天人之际其始终可考矣。②
>
> 孔子之作《春秋》，其于三代之道或增或损，或从或违，必取其与世宜者举而措之，而不必徇其旧典。③

---

① 《陈亮集》卷二十八《又乙巳春书(与朱元晦)之一》。
② 《陈亮集》卷十二《传注》。
③ 《陈亮集》卷三《问答上》。

“因时立制”、“取与世宜者举而措之”，必以现实的天运人事为其根本依据，故其中不仅包含着圣人对其当代之天人之际的明白洞达与深切把握，并且其所为制度与时措之宜是以切于当世之现实利用为根本目的的，因此它同时就体现了圣人的经世之志。在陈亮看来，六经的根本精神恰在于推详事势之变而因时立制，它是以切于当世实用为实质的。

惟圣人为能尽天地之道、详人物之情、推古今之变，综核名实，参稽异同而因时立制，所谓“惟皇作极”，而“凡厥庶民，极之敷言，是训是行，以近天子之光”①。故因时立制即是为民立极。陈亮认为，“自伏羲、神农、黄帝以来，顺风气之宜而因时制法，凡所以为人道立极，而非有私天下之心也。”②周公既“集百圣之大成”而制礼，文理密察，无复一毫之间，而人道为之大备。“人道备，则足以周天下之理，而通天下之变。变通之理具在，周公之道盖至此而与天地同流，而忧其穷哉？”③由是言之，自三王五帝以迄于周公、孔子，圣人积古留传之道法即是因时立制，而通变之理固已寓于其中。无论是“惟皇作极”还是圣人的因时立制，都须以当代的天人之际及古今制度之沿革嬗变的历史性审察为基础，因而它即代表了人之能动的主体性对于天道的把握与实践。按照陈亮的理解，这就是人对于道的干预。故云：“夫日异而月不同者，时也；纪日以成岁者，法也。时者，天之所为也；法者，

① 《尚书·洪范》。
② 《陈亮集》卷十《六经发题·周礼》。
③ 《陈亮集》卷十《六经发题·周礼》。

人之所为也。法立而时不能违，则人谋足以定天命。”[1]另一方面，现实世界是人的活动境域，而世界的实在性则必须在主体性的参与之下才有其终极意义与价值，正是人的实践活动才将世界现象联系为一个有意义的统一整体的；在将道表述为世界存在之本身的前提下，那么仅仅是人本身的实践活动就已经意味着对于道的干预了。因此在陈亮看来，因时立制而为民立极，即是天道在现实人事之中的贯彻，故《易》云“与天地合其德”、“先天而天弗违，后天而奉天时”[2]，故人能“赞天地之化育”。正以天道不仅不可能离诸现实人事，而且恰须依赖于人之能动的实践活动才得以实现，故陈亮又特别强调孔子曾经说过的“人能弘道，非道弘人”[3]。

诚然，人是社会实践的主体，是历史的主体，只有人的现实实践活动才是天人之际发生客观性变动的真正根源。由于陈亮先行界定了道的运动与社会历史的同一性，因而当他将注意力充分倾注于人的现实活动的时候，当他充分意识到人事即天人之际发生历史性变动之根源的时候，他就很自然地引申出“道赖人以存”这样一种基本观念。

这一观念是借助体现于《易经》中的三才思想来证明的。《系辞下》云：“《易》之为书也，广大悉备，有天道焉，有人道焉，有地道焉。兼三材而两之，故六。六者非它也，三材之道也。”《说卦》云：“昔者圣人之作《易》也，将以顺性命之理，是以立天之道曰阴与阳，立地之道曰柔与刚，立人

① 《陈亮集》卷十五《问古今损益之道》。
② 《易·文言》。
③ 《论语·卫灵公》。

之道曰仁与义。兼三才而两之，故《易》六画而成卦。”《易》之所以能广大悉备而弥纶天地，是因为它囊括了天地人三才之道；而既分三才，即表明它们之所以确立的原点各有歧异；承《说卦》之说，陈亮云：“一阴一阳之谓道，而三极之立也，分阴阳于天，分刚柔于地，分仁义于人，天地人各有其道，则道既分矣。”①这里似乎强调了天地人各有其道，但若由此而得出陈亮认为三才之道各不相侔的结论则肯定是错误的。《易经》虽分立天道、人道、地道，但必兼三才而成卦，故其分立的目的恰在于最后的统会。所谓“兼三才而两之”，即仍将三才之道归结为阴阳之变。在陈亮那里，“天地人各有其道”的前提也正是“一阴一阳之谓道”，其内涵与“兼三才而两之”是一致的，均隐含着三才之道的大原乃出于天这一意义。因此在绝大多数情况下，陈亮不言三才之分立，而言三才之并立，强调其缺一不可。② 换言之，三才虽可分而不可离，惟其各自有分而又归其有极，从而构成一个完满的统一整体，才是道的最为完整的内涵。

非常明显，三才观念的确立，其中包含着人在宇宙中之地位的深沉思考，也包含着对于人为宇宙之中心这一地位的确认。《礼运》云：“故人者，其天地之德，阴阳之交，鬼神之会，五行之秀气也。”“故人者，天地之心也。”《荀子·王制》：“水火有气而无生，草木有生而无知，禽兽有知而无义，人有气有生有知亦且有义，故最为天下贵也。”在先秦儒学之中，人为天地之心的观念是被普遍接受的，故虽三才并举，而

① 《陈亮集》卷十五《问皇帝王霸之道》。

② 参《陈亮集》卷三十六《钱叔因墓碣铭》。

实仍以人道为其系统运行的核心。既然天道阴阳、地道柔刚、人道仁义是圣人“将以顺性命之理”而对三才之内质所作的不同规定,它们便都是主体性的赋予。因此之故,人道就不是天道之被动的接受者,反而是天道之主动的制导者与实现者。荀子曾强调“大天而思之,孰与物畜而制之!从天而颂之,孰与制天命而用之!”①天命而可制,云何人力不可以实现对道的干预呢!故陈亮云:

> 人之所以与天地并立而为三者,非天地常独运而人为有息也。人不立则天地不能以独运,舍天地则无以为道矣。夫“不为尧存不为桀亡”者,非为其舍人而为道也。若谓道之存亡非人所能与,则舍人可以为道,而释氏之言不诬矣。
>
> (汉)高祖、(唐)太宗及皇家太祖,盖天地赖以常运而不息,人纪赖以接续而不坠,而谓道之存亡非人之所能预,则过矣!……道非赖人以存,则释氏所谓千劫万劫者,是真有之矣。②

“人不立则天地不能以独运”,道之存亡必为人力之所能与,是陈亮一个极为重要的基本观念。既然三才并立而不相离异,并且人道在其中居于主动的核心位置,天地赖之以常运不息,道赖之而后存,那么所谓道的历史性运动,当它充分体现为现实性的时候,实际上即是人对于道实现其适时干

① 《荀子·天论》。

② 《陈亮集》卷二十八《又乙巳春书(与朱元晦)之一》。

预的一系列结果。在陈亮看来，圣人依乎天道、切乎人物之情而创制垂统，是相度时宜、审度事势而为民立极，故原始要终、因时立制便是人对于天道的适时干预。但这种干预不能脱离天人之际的现实情境，而必须受其制约。因此，“相度时宜”或“因时”便成为这种干预之合理性的根本规定；而在更确切的意义上，所谓人对于道的干预，乃是调适，即调节现实人事以协同天人之际，使三才系统在合理性前提下趋于新的和谐与平衡。故陈亮有云：“《易》：‘穷则变，变则通，通则久。’是以圣人成天下之大顺，致天下之大利，和同天人之际而使之无间。”[①]和同天人而成顺致利，也正是因时立制的目的。

由此可见，因时立制之所以是绝对必要的，之所以为“万世之法程”，不仅是由于它为古先圣王积古留传之道法，不仅是由于它为圣人所确立的六经的根本精神，而且还由于它是恰切地把握道之实际现存相状的根本原理，是接续人纪、维持天道的根本手段。毫无疑问，在这一原理之中是已然蕴含了“通古今之变”的丰富内容的。所谓“通”，至少有两方面意义。其一是博通，在此意义上，它体现为天人之际的历史追寻，即要求对道的已往历程与历代制度的因革损益之实迹作宏观上的审察与究诘。其次是变通，即以博通为基础，以现实制度的合理化为目的，斟酌古今，参合同异，制定出切合于现实之天人之际的各种措施；就此而言，“变通”即是对道合乎时宜的现实措置，是为时措之宜。按照陈亮的理解，它既是对道的接续，也是对道的更新；既是惩前代之

① 《陈亮集》卷十五《问古今法书之详略》。

弊,也是为后世立法。故云:

> 人主为治,有所惩者斯有所善。前人之政或未善,则嗣其后者不容无所惩;有如袭其为而卷于更焉,则人心去而不可复。何也?含洪光大者,乃胶人心之理。①
>
> 适遭其变,则亦有所惩而已矣……大抵天下之事,有所遭者必有所变,遭其会而不知变焉,则变穷而无所复入矣。三冬之凛,万物悴焉,莫有生气;一经阳春之燠,则悴者荣矣。天道之善变也如此,人君适遭变之穷,而犹祖其故智,天下之人其不掉臂而去也乎?故夫前人有可随之规,则谨守而勿失者,乃善述人之事;前人无宏远之谋,则惩创而有所反焉,斯为善达权之君。若昧夫时措之宜,胶焉而不调,吾虑其难善于后矣。②

可以显见,在陈亮那里,因时立制或通古今之变前提下的时措之宜,是受到特别重视的。在理论上,它是主体对于天道的实践与贯彻,是将道的必然性要求在现实世界中实现出来的根本途径;而在现实性上,则是改革并完善现行制度从而达到天下大治的有效方法。故能否博古今、惩前弊、审事势、尽通变以达夫时措之宜,遂成为陈亮心目中的"英雄之主"或"明君"的标准。按照这一标准,并从其时代现实

① 《陈亮集》卷十八《汉论·章帝》。

② 《陈亮集》卷十八《汉论·章帝》。

出发，他又将能否变通宋朝“家法”以振起疲弱国势而实现中原恢复之业提到能否真正“奉天承运”的高度。“今中原既变于夷狄矣，明中国之道，扫地以求更新可也！使民生宛转于狄道而无有已时，则何所贵于人乎！”①若不能“扫地以求更新”，便是人道的坠失，同时也必然是天道的坠失，因为“人道失其统纪，而天地几于不立矣。”②另一方面，在“究天人之际，通古今之变”作为历史认识的意义上，因时立制就是这一认识活动的结果，而其切于当世之实用的基本取向，则代表了知识之价值的终极转换，故陈亮认为：“所贵乎学者，以其明古今之变而已乎！”③

综观上述，究天人之际，通古今之变以达于时措之宜，乃是陈亮历史思想的核心，也是其关于历史学之经世效用的概括。道即现实的阐述使他获得了历史发展之统一性的整体观念，并使这一观念得到了哲学上的有力支持。六经即载道之书，与历代史策并见天运人事之流行参错的解说，体现了陈亮以历史的统一性观念去融通经史的努力，这一点对后世影响殊深。三才观念的重新揭示与重新诠释，强调了天人之道的本质同一性，并确认三才系统以人道为运行轴心，从而深化了道即现实的基本内涵，在宽阔的历史背景之下充分凸现了人的主体实践性，同时也使其理论有了历史文化本身的厚度。正由于三才系统的和谐运行是由人来实现的，因而道不可能独立于人事之外，必赖人以存，而因时立制在本质上

① 《陈亮集》卷四《问答下》。

② 《陈亮集》卷三《问答上》。

③ 《陈亮集》卷十四《问古今财用出入之变》。

遂成为对于道的干预，是主体性对于客观必然性的把握与制导。对于这一点的强调，不仅表明陈亮必欲将社会制度的历史性绵延以及社会历史本身纳入于主体的实践范畴，而且表现了他必欲改革、更新现行社会制度的基本思想。他以恢复中原为基本目的的种种改革主张，正是以此为其理论支点的。就文献渊源而言，尽通变之道而达于时措之宜，是《易经》的一项基本理念。《系辞上》云："形而上者谓之道，形而下者谓之器，化而裁之谓之变，推而行之谓之通，举而措之天下之民谓之事业。"变通是合宜之举措的前提，故须"明于天之道而察于民之故"，惟此方能"备物致用，立功成器，以为天下利"①，是为圣人成顺致利的焕然事业。尽管陈亮之说有此经典的依据，但却与当时思想学术界的一般趋势不相合拍，他首先遇到了理学大师朱熹的严厉批评与反击。

第三节　朱、陈三代汉唐之辩及其实质

朱熹与陈亮在学术思想上不能相合，尝交书为激烈论辩。现存资料表明，这场论辩最剧烈的时期是在淳熙十一年至十三年间。历来的研究者均将这场论争概括为"王霸义利之辩"，固然不错，但双方在历史观念上的重大差异，实际上却是更为基本的。现为概述如下。

1. 汉唐是否能接三代之统绪？

---

① 《系辞上》。

理学家有所谓“道统说”，其大意以为尧、舜、文、武、周公之道，传之孔子，孔子传曾子，曾子传子思，子思传孟子，孟子而下无有传之者，遂为绝学；及至北宋二程先生出，方得直接于孟子之后。就近处而言，道统说的首创者是唐代韩愈，稍后的李翱认为颜子、曾子得孔子之传，而孟子之后，公孙丑、万章之徒，盖传之矣，唯秦火以后，此道之传授始废缺。[①] 宋初孙复以为自汉至唐，“始终仁义、不叛不杂者，惟董仲舒、扬雄、王通、韩愈”，盖以诸人皆传孔孟之道。[②] 石介《泰山书院记》云：“自周以下观之，贤人之穷者，孟子、扬子、文中子、韩吏部是也……吏部后三百年，贤人之穷者，又有泰山先生。”[③]则又以孙复居于道统之传。此明道统说有一发展过程，自韩愈首创之后，响应者纷然，当宋学初起时，其代表人物尤不否认汉唐有传孔孟之道者，未有所谓“直接”之说。其后程颐志其兄程颢之墓，云：“周公殁，圣人之道不行；孟轲死，圣人之学不传……先生生乎千四百年之后，得不传之学于遗经，以兴起斯文为己任。辨异端，辟邪说，使圣人之道涣然复明于世。盖自孟子之后，一人而已。”[④]朱熹传程颐之学，遂申其说而确立道统之说。《中庸章句序》云：“盖自上古圣神继天立极，而道统之传有自来矣……夫尧、舜、禹，天下之大圣也……自是以来，圣圣相承，若成汤、文、武之为君，皋陶、伊、傅、周、召之为臣，

① 参《李文公文集》卷二《复性书》。
② 《宋元学案·泰山学案》。
③ 《宋元学案·泰山学案》。
④ 朱熹《四书集注·孟子集注》卷十四。

既皆以此而接夫道统之传；若吾夫子，则虽不得其位，而所以继往圣、开来学，其功反有贤于尧舜者。然当是时，见而知之者，惟颜氏、曾氏之传得其宗。及曾氏之再传，而复得夫子之孙子思……自是而又再传以得孟氏，为能推明是书（指《中庸》），以承先圣之统，及其没而遂失其传焉……故程夫子兄弟者出，得有所考，以续夫千载不传之绪……盖子思之功于是为大，而微程夫子，则亦莫能因其语而得其心也。”“道统”一词即首见于此，而道统之说也由是乎确立。自此以后，学者除以朱熹为道统的当然传人以外，此说遂无复移易。

道统说在当时影响既大，流行亦广，几乎为学者所普遍接受，而在朱、陈关于三代汉唐的论辩之中，它既是朱熹所坚持并用以批评陈亮的基本原则，也是陈亮所特别加以非难的对象。陈亮尝云：

> 使汉唐之义不足以接三代之统绪，而谓三四百年之基业可以智力而扶持者，皆后世儒者之论也。世儒之论不破，则圣人之道无时而明，天下之乱无时而息矣。悲夫！①

“汉唐之义不足以接三代之统绪”，正是持道统说者的基本观点；“三四百年之基业可以智力而扶持”，则是以道统说去解说历史所得出的结论。陈亮要破除道统说的基本态度是显而易见的。但是实际上，他并不否定三代以道治天下，也不一般地否定尧、舜、禹、汤、文、武、周公、孔子之道有一传

①　《陈亮集》卷三《问答上》。

统,他所坚决反对的只是有所谓“不传底绝学”,反对将战国秦汉以降的千五百年历史排斥于这一系统之外,而要求将道统说真正贯彻到底。按照他的理解,“夫子之道即尧舜之道,尧舜之道即天地之道”[①],若天地之道为博厚高明悠久无疆,则尧舜之道必有同样性质,而不可能秦汉以后即为不存。当先王致治之初,仰则观象于天,俯则观法于地,近取诸身,远取诸物,遂确立以天地之道措置于民情物故的致治原则。及尧舜作而王天下,“通其变,使民不倦,神而化之,使民宜之”[②],故夏、商、周三代之制度,虽相因而又不尽相同。尧舜之通变,三代之相异,均出于时势之变而有不得不然,故惟“明于天之道而察于民之故”,相度时宜、法天立极才是致治的根本原则,故谓“因时立制”乃为“万世法程”。汉唐诸君虽其所建立的具体制度不同于尧舜三代,但其间的差异正有其历史现实之变动的深刻的原因。因此在陈亮看来,汉唐之制不同于三代反而是合理的,因为它正体现了因时立制这一致治原则;若就这种精神实质而言,汉唐之所以治天下之道实与三代无异。若必以汉唐为不足以接三代之统绪,则不仅否定了道之常存不息的绝对性,而且否定了圣人之道的普遍有效性,这样也就割裂了作为道的完整运动而展开的社会历史之过程的连续性与统一性。

这是陈亮的一个基本观点,它是以道为常存不息并且实际上体现为世界存在之本身的一般界定以及三才必然并立而不能相离的观念为其理论基础的。汉唐足以接三代之绪的肯

① 《陈亮集》卷十九《汉论·高帝朝》。
② 《易·系辞下》。

定，体现了陈亮关于社会历史之发展过程的统一性思想，强调了人在历史进程中的主导地位，它是以历史的现实主义观点对道统说提出的批驳。

但是就道统说的内涵而言，它是道德主义的，而不是历史主义的，更不是关于历史现实的。作为其核心观念的“人心惟危，道心惟微，惟精惟一，允执厥中”[①]，即强调须于道心、人心之间寻得其统一的制衡点，是所谓“允执厥中”。在朱熹那里，道心、人心被解释成天理、人欲，而在观念上又将天理与道相同一，因此道即是天理，即是人类由于降衷秉彝而先天具就的道德本体。道统说正以道德的立场为基点，而朱熹之否定汉唐能接三代之统绪，则实际上是对汉唐诸君之行为所作的一种道德判断。

按照朱熹的理解，政治的最高境界是道德的实现，是道德本体之自然的外向发越，“是以欲其择之精而不使人心得以杂乎道心，欲其守之一而不使天理得以流于人欲，则凡其所行无一事之不得其中，而于天下国家无所处而不当。”[②]这种理想境界朱熹认为只存在于三代，因此尧舜及三代圣人均以人心道心惟精惟一之旨迭相传授。“夫尧舜禹之所以相传者既如此矣，至于汤武则闻而知之，而又反之，以至于此者也。夫子之所以传之颜渊、曾参者此也，曾子之所以传之子思、孟轲者亦此也……此其相传之妙，儒者相与谨守而共学焉，以为天下虽大，而所以治之者不外乎此。然自孟子既没，而世

① 语出伪《古文尚书·大禹谟》。然此说必渊源有自，非魏晋人所能造。如《荀子·解蔽》即引《道经》云：“人心之危，道心之微。”

② 《朱文公文集》卷三十六《答陈同甫》第八书。

不复知有此学。”[1]本于这一观点，朱熹遂确断汉唐之制为不合理，因为它未曾原本于天理的纯粹性或道德的至善性。

> “天理”、“人欲”二字不必求之于古今王霸之迹，但反之于吾心义利邪正之间，察之愈密则其见之愈明，持之愈严则其发之愈勇……老兄视汉高帝、唐太宗之所为而察其心，果出于义耶、出于利耶？出于邪耶、正耶？若高帝则私意分数犹未甚炽，然已不可谓之无。太宗之心，则吾恐其无一念之不出于人欲也。直以其能假仁借义以行其私，而当时与之争者才能知术既出其下，又不知有仁义之可饬，是以彼善于此而得以成其功耳。若以其能建立国家，传世久远，便谓其得天理之正，此正是以成败论是非，但取其获禽之多而不羞其诡遇之不出于正也。[2]

显而易见，朱熹的观点纯粹属于伦理学范畴，他所强调的是立心之本，即行为的动机是否本于纯粹的德性原则，而不重视行为的结果是否有其确切的现实效用。或许正由于这一原因，朱熹在与陈亮的论争中极少牵涉到具体的历史事件。在他那里，只有动机的价值原则是绝对的，这也是他用以判断汉唐是否得以承继三代统绪的最终标准。尽管汉祖唐宗均能建立国家，且传世久远，但其行为的动机绝未本于天理或纯粹的德性原则，甚至“其无一念不出于人欲”、“其所以为之

---

① 《朱文公文集》卷三十六《答陈同甫》第八书。

② 《朱文公文集》卷三十六《答陈同甫》第六书。

田地根本者，则固未免乎利欲之私”①，因此，“尧、舜、三王、周公、孔子所传之道未尝一日得行于天下之间也。”②既然如此，若认为汉唐是对三代统绪的承继，岂非荒谬？

2. 历史是否可能有无本质的运动？

循朱熹以上之说，他得出汉唐不足以继三代之绪的结论便显得十分自然。尽管这一观点所否定的实际上是汉唐之治在道德上的正当性，而不是历史本身，但朱熹的确未曾论及历史过程的连续性，而在其观点中又确乎包含了对于历史过程之统一性的否定，因此在陈亮看来，朱熹大有必要回答诸如此类的问题，即历史的不合理绵延是如何可能的？战国秦汉以下的千五百年历史又是凭什么原则来开创并维持的？如果超出圣人之道以外还别有可以开辟出如汉唐数百年之基业的原则，那么这是否意味着圣人之道并非达天下之治的唯一原则？或更直接一点，是否即便背离了圣人之道也能致天下于治且能维持久远？

依朱熹所说，汉唐专是人欲，圣人之道未尝一日得行于天下之间，而就历史的现实而言，此说就恰恰意味着人欲甚至私意是能够主持得世界的。而陈亮独不相信这一点，他认为“只是情之流乃为人欲耳，人欲如何主持得世界？”③如人欲可以主持世界，则又需圣人之道何为？按照他的一贯主张，道是宇宙间亘古常在之物，天运无一息之或停，道即无一日不在天下；道的实在性及其对现实人事的本质规定均须藉主

① 《朱文公文集》卷三十六《答陈同甫》第八书。

② 《朱文公文集》卷三十六《答陈同甫》第六书。

③ 《陈亮集》卷二十九《与陈君举》第一书。

体之能动的实践活动才被转换出来，故道的最充分的意义必体现于三才系统的和谐运行之中，而这一系统则是以人为核心的。因此天地常运而人为常不息，人虽赖天地以立，而道亦赖人以存，绝无舍人而天地可以独运、舍道而人欲可以独主世界之理。正以天地常运，而时势推移，天人之际或有不和谐之时，故作为主体的人须相度时宜，因时立制，以重新协和天人。正是社会现实的客观性变动以及通过人的实践所不断实现出来的天人之际的和谐平衡，展示了道之永恒的实在性，展示了人参赞天地之化育的主体性，同时也构成了社会历史之运动的本质。因此致治的大原，在陈亮看来，乃是主体在明于天之道而察于民之故，即在天人之际之切实究详的前提下将天道的客观性要求在现实人的世界中实现出来，将天道转化为切于世用的实践性原则。“尧舜之所以治天下者，岂能出乎道之外哉！仁义孝悌，礼乐刑政，皆其物也。”[①]而汉唐之世岂无“仁义孝悌”之伦常、“礼乐刑政”之施设？事随世变，“天下大势之所趋，天地鬼神不能易，而易之者人也。自有天地，而人立乎其中矣……圣人论《易》之法象而归之变通，论变通而归之人，未有偏而不举之处也。”[②]然则汉唐之制虽不能尽如三代，却适足以证明变通之道可为万世之法程。“贾生之一书，仲舒之三策，司马子长之记历代，刘更生之传五行”，虽或有异于先秦儒者之说，但却“切于世用而不悖于圣人”[③]。故就汉唐之治而言，岂可以其因“天下

① 《陈亮集》卷十一《廷对》。
② 《陈亮集》卷十一《人法》。
③ 《陈亮集》卷九《扬雄度越诸子》。

大势之所趋”而其所为变通者有异乎三代，遂遽然谓之悖谬乎圣人，而道为之不存哉！

尤其重要的是，在陈亮看来，若果如朱熹所论，则不仅否定了圣人之道为唯一根本的致治原则，而且还在根本上取消了社会历史之运动的本质。故云：

> 自孟、荀论义利王霸，汉唐诸儒未能深明其说，本朝伊洛诸公辩析天理人欲，而王霸义利之说于是大明。然谓三代以道治天下，汉唐以智力把持天下，其说固已不能使人心服，而近世诸儒遂谓三代专以天理行，汉唐专以人欲行，其间有与天理暗合者，是以亦能久长。信斯言也，千五百年之间，天地亦是架漏过时，而人心亦是牵补度日，万物何以阜蕃而道何以常存乎！故亮以为：汉唐之君本领非不洪大开廓，故能以其国与天地并立，而人物赖以生息。惟其时有转移，故其间不无渗漏……诸儒之论，为曹孟德以下诸人设可也，以断汉唐，岂不冤哉！高祖、太宗岂能心服于冥冥乎？天地鬼神亦不肯受此架漏！①
>
> 夫心之用有不尽而无常泯，法之文有不备而无常废。人之所以与天地并立而为三者，非天地常独运而人为有息也。人不立则天地不能以独运，舍天地则无以为道矣……使人人可以为尧，万世皆尧，则道岂不光明盛大于天下！使人人无异于桀，则人

① 《陈亮集》卷二十八《又甲辰秋书（与朱元晦）》。

纪不可修，天地不可立，而道之废亦已久矣。天地而可架漏过时，则块然一物也；人心而可牵补度日，则半死半活之虫也。道于何处而常不息哉！①

顺承朱熹所谓汉唐专以人欲行，圣人之道未尝一日得行于天下之说，即自然得出"天地可架漏过时，而人心可牵补度日"的结论。在陈亮看来，这一观点的致命缺陷不仅在于它断然否定了汉唐之治的合理性，还更在于它否定了道之常存不息的绝对性。由于它将汉唐数百年的历史在总体上理解为仅仅是非理性之盲动的结果之蝉联，因而它也就在根本上否定了社会历史有其自身的运动本质。而陈亮认为，无本质的历史运动是无法想象的。若天地既可架漏过时而为块然一物，则一再为经典所阐明的万物得以煦妪覆育且生生不已的天地之道安在？若人心可以牵补度日而为半生半死之虫，则同样一再为经典所阐明的可以参赞天地之化育的人道又安在？

这一诘难是陈亮对朱熹的有力挑战，实际上也是他们反复论难的一个最主要问题。不过朱熹对这一挑战却浑不在意，他恰好并不否认天地可以架漏过时而人心可以牵补度日。基于其道德主义原则，既然不合理的历史运动是可能的，那么无本质的历史运动便同样是可能的。值得注意的是，朱熹对这一观点的论证同样以道之亘古不灭的永恒性为基本前提，但断然否定它为人所可能干预的对象：

若论道之常存，却又初非人所能预。只是此个

① 《陈亮集》卷二十八《又乙巳春书(与朱元晦)之一》。

> 自是亘古亘今常在不灭之物，虽千五百年被人作坏，终殄灭他不得耳。汉唐所谓贤君何尝有一分气力扶助得他耶！①

尽管朱熹这里的措辞在逻辑上恐怕是有毛病的，因为道既“非人所能预”，便不应说“千五百年被人作坏”，也无须要求人的“气力”去“扶助得他”；道既可“被人作坏”，且要求人有“气力”去“扶助”，它便不是“非人所能预”；但其意思仍然明显，即道是脱离于事物现象之具体存在的绝对实体。其存在的绝对性既不容受到任何侵犯，它便不容受到任何除它本身以外之力量的干扰、控制或引导，哪怕是人类之能动的实践活动，因为它本身即为合理性的终极本原。根据孟子所阐明的性善说，善在人类是先天具就的，人性乃是天道之最为充分的流注，故性即是道；它既是存在的本体，也是道德的本体。但另一方面，人类在其后天的经验处境中又极易受到外物的诱导，非本质的欲心遂由此产生，其结果则导致道德之心或“本心”的陷溺乃至迷失。朱熹正是在这一意义上来理解“人心惟危，道心惟微”这一“禹廷传心密旨”的。但无论如何，“惟危”者与“惟微”者却必然同时存在，这就使朱熹找到了对陈亮的观点进行反驳的基点：

> 来书“心无常泯，法无常废”一段，乃一书之关键……盖有是人则有是心，有是心则有是法，固无常泯常废之理。但谓之“无常泯”，即是有时而泯

① 《朱文公文集》卷三十六《答陈同甫》第六书。

> 矣；谓之“无常废”，即是有时而废矣。盖天理人欲之并行，其或断或续，固宜如此。至若论其本然之妙，则惟有天理而无人欲，是以圣人之教人，必欲其尽去人欲而复全天理也。若心，则欲其常不泯而不恃其不常泯也；法，则欲其常不废而不恃其不常废也……夫人自有生而梏于形体之私，则固不能无人心矣；然而必有得于天地之正，则又不能无道心矣。日用之间，二者并行，迭为胜负，而一身之是非得失、天下之治乱安危，莫不系焉。①

由于人在经验处境中道心、人心均不能无，故日用之间遂有天理、人欲二者的并行。但人欲必须加以否定，因为它是非本质的、非道德的、不合理的，并且是天理之流行发见的障碍，故做圣人功夫须“尽去人欲而复全天理”。但与此同时，朱熹并不否认即便在人欲横流的过程中，其局部的“一言一行”仍有“偶合”于道的可能，正因道是“亘古亘今常在不灭之物”，终是“殄灭他不得”。但他强调认为，这种“偶合”由于是盲目的而非出于道心的自觉运用，因此在本质上就不能视之为天理的流行。他由是而指责陈亮是“指其（汉唐之君）须臾之间偶未泯灭底道理，以为只此便可与尧舜三代比隆，而不察其所以为之田地本根者之无有是处也”②。

汉唐之君“为之田地本根者无有是处”，其全体只在利欲中，却又不妨其局部行为有不自觉地或盲目地暗合于道的可

---

① 《朱文公文集》卷三十六《答陈同甫》第八书。

② 《朱文公文集》卷三十六《答陈同甫》第八书。

能,这一观点同时也成为朱熹对陈亮的三才观念进行批驳的依据:

> 夫三才之所以为三才者,固未尝有二道也,然天地无心而人有欲,是以天地之运行无穷,而在人者有时而不相似。盖义理之心顷刻不存,则人道息,人道息则天地之用虽未尝已,而其在我者,则固即此而不行矣。不可但见其穹然者常运乎上,颓然者常在乎下,便以为人道无时不立,而天地赖之以存之验也。夫谓道之存亡在人而不可舍人以为道者,正以道未尝亡而人之所以体之者有至有不至耳。非谓苟有是身,则道自存;必无是身,然后道乃亡也。①

在这里,朱熹虽同意三才"未尝有二道",但更强调道本身之存在的绝对性,而且他对于"人道"的理解与陈亮大相径庭。陈亮将人道理解为主体的实践精神,朱熹则将它同一于义理道德之心。因此,道虽不亡,但人之所以体之者不至,即人道为不存;这就不仅表明三才并非必然地相互联结,而有相互分离的可能,而且并非所有由人的主体精神所发出的行为,哪怕它们在现实性上都确然有效,即可意味着对道的体察或实践,它们也有可能构成对道的支离甚或侵害。正由于"义理之心顷刻不存"即人道息,即道为不行,故"一念之间不

① 《朱文公文集》卷三十六《答陈同甫》第八书。

似尧而似桀，即此一念之间便是架漏度日、牵补过时矣”[①]。换言之，道德之心的隐没即造成了无本质之历史绵延的可能。故朱熹断言：“千五百年之间，正坐如此，所以只是架漏牵补过了时日。其间虽或不无小康，而尧、舜、三王、周公、孔子所传之道，未尝一日得行于天地之间也。”[②]

朱熹进一步认为：“天下固不能人人为尧，然必尧之道行，然后人纪可修、天地可立也。天下固不能人人皆桀，然亦不必人人皆桀，而后人纪不可修、天地不可立也。”[③]在他看来，汉唐虽未必人人皆桀，却并不妨碍其“人纪不修”、“天地不立”，而使千五百年“架漏牵补过了时日”。既然如此，那么处于此“架漏牵补”过程中的人，就恰好并不是人，而不过是某种无本质的存在而已。故朱熹又云：“且曰‘心不常泯’，而未免有时之或泯，则又岂非所谓半生半死之虫哉！”[④]

由上述可见，朱熹所坚持的基本观点是道本身之存在的绝对性虽不容怀疑，但它并不必然地展现于现实世界。这种超越于经验之表的绝对存在，同时也是人之所以为人的本质。因此，它一方面拒斥一切经验行为对它的任何干预，另一方面又规定了一切经验行为只有当它们合乎其本身目的的时候才是合理的；因而就经验世界的人而言，对道的体察与把握除了纯粹的道德之心，即合乎道本身之目的的动机以及这种动机的纯粹贯彻以外，绝没有其他的任何途径。这样，当朱

① 《朱文公文集》卷三十六《答陈同甫》第八书。
② 《朱文公文集》卷三十六《答陈同甫》第六书。
③ 《朱文公文集》卷三十六《答陈同甫》第八书。
④ 《朱文公文集》卷三十六《答陈同甫》第八书。

熹确认了汉唐之君唯利欲之是从以后，同时即确认了汉唐之治在道德上的（也即本质上的）不合理性，其过程的绵延便是无本质之盲动的连续，因此他可以毫不尴尬地接过陈亮的非难而予以断然肯定：千五百年只是架漏牵补过了时日，其间的人也不过"半生半死之虫"而已。

在朱熹看来，道心人心天理人欲可以同时共在，因此汉唐之君即便有做得对而合乎圣人之道者，充其量也只是固有天理之不自觉的偶尔流露，是以谓之"暗合"，"故汉唐之君虽或不能无暗合之时，而其全体却只在利欲上"①，因此他切责陈亮之说乃"坐谈既往之迹，追饰已然之非"，"指其偶同者以为全体，而谓其真不异于古之圣贤也。"

对朱熹的以上观点，陈亮提出了异常激烈的非难：

> 心有时而泯，可也，而谓千五百年常泯，可乎？法有时而废，可也，而谓千五百年常废，可乎？至于"全体只在利欲上"之语，窃恐待汉唐之君太浅狭，而世之君子有不厌于心者矣……使千五百年之间成一大空阙，人道泯息而不害天地之常运，而我独卓然而有见，无乃甚高而孤乎！宜亮之不能心服也……使后世之君子不免哭穷途于千五百年之间，亮虽死而目不瞑矣！②
>
> 亮大意以为本领闳阔，工夫至到，便做得三代；有本领无工夫，只做得汉唐。而秘书必谓汉唐并无

① 《朱文公文集》卷三十六《答陈同甫》第八书。

② 《陈亮集》卷二十八《又乙巳春书（与朱元晦）之二》。

些子本领，只是头出头没，偶有暗合处，便得功业成就，其实则是利欲场中走。使二千年之英雄豪杰不得近圣人之光，犹是小事，而向来儒者所谓“只这些子殄灭不得”，秘书便以为好说话，无病痛乎？

天地之间，何物非道？赫日当空，处处光明，闭眼之人，开眼即是。岂举世皆盲，便不可与共此光明乎！眼盲者摸索得着，故谓之暗合，不应二千年之间有眼皆盲也。亮以为后世英雄豪杰之尤者眼光如黑漆，有时闭眼胡做，遂为圣门之罪人；及其开眼运用，无往而非赫日之光明，天地赖以撑拄，人物赖以生育。今指其闭眼胡做时便以为盲，无一分眼光，指其开眼运用时只以为偶合，其实不离于盲，嗟乎冤哉！……天下之盲者能几？赫日光明未尝不与有眼者共之。利欲汩之则闭，心平气定，虽平平眼光亦会开得，况夫光如黑漆者，开则其正也，闭则霎时浮翳耳。仰首信眉，何处不是光明！……今不欲天地清明赫日长在，只是“这些子殄灭不得”者便以为古今秘宝，因吾眼之偶开便以为得“不传之绝学”，三三两两，附耳而语，有同告密；画界而立，一似结坛。尽绝一世之人于门外，而谓二千年之君子皆盲目不可点洗，二千年之天地日月若有若无，世界皆是利欲，斯道之不绝者仅如缕耳；此英雄豪杰所以自绝于门外，以为立功建业别是法门。这些好说话且与留着妆景足矣。若知开眼即是个中人，安得撰到此地位乎![1]

非常明显，在对朱熹的以上反驳之中，陈亮重申了他所坚持的关于历史的基本观念。首先，人类社会的自身绵延必然有其过程的统一性，作为历史事实，这种统一性不能视而不见，更不容被人为地抹煞。如果认为天地可以“架漏过时”，那么就肯定了社会历史可以陷入某种无本质的盲动，而这种观点无疑是对历史过程之统一性及其文化传统的人为割裂，故陈亮谓其“使千五百年之间成一大空阙”。另一方面，若果真千五百年只是“架漏过时”，那么这恰恰就意味着人的“智力”、而且是非人道之本质的智力便可以把持得天下，在陈亮看来，这是尤其荒谬的，因为历史进程所呈现出来的只可能是三才之间制约—互动的总相，唯有这种总相才构成了真切的历史现实。因此第二，他再次强调了人道在历史进程中的主导作用，认为对天地之运或客观之历史现实的把握、干预及其适时调适乃为人道的本质，而人类自身的社会历史是无论如何都不能脱离这种人的实践的。故朱熹认为人心可以“牵补度日”，“人道泯息”而不害“天地之常运”，便是对人道之本质的否定，是对人作为主体的实践精神及其历史之原创性的否定。第三，道具有贯彻于事物的必然性，正如赫日当空，开眼即是。既然如此，便无法想象千五百年之间如何可能道为不存。故朱熹之所谓“不传底绝学”，乃是抛开历史之具体过程的一种主观臆断，其结果恰恰是将外王之功业的建立排挤于圣门道法之外，从而分裂了圣人之道。第四，即便就纯粹

① 《陈亮集》卷二十八《又乙巳秋书(与朱元晦)》。

道德的基点来论,汉唐诸君尽管有“闭眼胡做”之时,但由此而断言其“全体只在利欲上”恐过于浅狭,不能因一叶障目而谓世界皆一团漆黑,更无法想象何以“二千年之间有眼皆盲”。故朱熹“暗合”之说,实为倒偏为正,更继而以偏概全,同样是一种非历史的主观臆断。正如陈傅良所说,“且汉唐事业,若说并无分毫扶助正道,教谁肯伏?……‘暗合’两字,如何断人!识得三两分,便有三两分功用;识得六七分,便有六七分功用。却有全然识了,为作不行,放低一着之理;决无全然不识,横作竖作,偶然撞着之理。”①

但是实际上,朱熹的观点原就未本于客观的历史现实,他是反对将道的寻求诉诸“古今王霸之迹”这种具体的历史过程的,因此他也依然坚持其说而未有丝毫让步:

> 窃以为亘古亘今只是一体,顺之者成,逆之者败,固非古之圣贤所能独然,而后世之所谓英雄豪杰者,亦未有能舍此理而得有所建立成就者也。但古之圣贤从根本上便有惟精惟一功夫,所以能执其中,彻头彻尾无不尽善。后来所谓英雄,则未尝有此功夫,但在利欲场中头出头没,其质美者乃能有所暗合,而随其分数之多少以有所立。然其或中或否,不能尽善,则一而已。②

至此,双方的基本观点均已和盘托出,其若方圆之不能

① 《止斋文集·再致陈同甫书》。
② 《朱文公文集》卷三十六《答陈同甫》第九书。

周合，固也，必也。尽管陈亮坚信"亮之说话一时看得极突兀，原始要终，终是易不得耳"①，但又不免有人微言轻而不能取信于人之慨，遂云："不深察其心，则今可止矣。"②

3. 历史经验是否可为知识对象？

包含于朱、陈以上论辩中的又一问题是人类过去的事迹与经验是否可为知识对象并有其确切的现实效用。双方关于这一问题的不同观点是围绕着汉唐是否值得效法这一具体问题而展开的。

在陈亮那里，这一问题的实质恰好可以转化为通古今之变是否可能或历史的认识是否可能，因此不言而喻，他是坚持从正面来回答这一问题的。按照他的理解，道必然展示于历史的全部过程，因此历史研究并非为发思古之幽情，而是对于现实之历史的追寻，是对于道的究诘。其基本目的则是要通过人类已往事迹的追寻而为其时代谋求一条走出困境的现实道路。因此，历史之经验事实的认识价值及其借鉴作用是被作为历史学本身的价值与作用而肯定的。在他看来，汉唐的"英雄之君"既然以其超拔的智慧与宏阔的本领而收廓清宇内之功，"天地赖以撑拄，人物赖以生育"，奠定了数百年国家之基业，则其所以致之的经验，无论如何都足资借鉴，并且值得效法。如前所述，他竭力反对汉唐无道的观点而确信汉唐是对三代之道的承继，由此引申，对汉唐的效法即意味着对三代圣人之道的效法。陈亮坚持这样一种观点，即事势必有转移，古今必有异宜，三代之道即使尽善尽美，也毕

---

① 《陈亮集》卷二十八《又乙巳秋书》。

② 《陈亮集》卷二十八《又丙午秋书(与朱元晦)》。

竟显得过于遥远，要使其在现实中复活是不可能的，正所谓“古今时变，方失其宜，岂能遽以周礼而敌天命乎！”[①]汉唐之道虽未必尽可为法，却毕竟更为切近，其政事人物也皆班班可考，因而更“着实而适用”，“然则汉武之旧，宣帝之政，果不可易也”[②]。因此在与朱熹的论辩中，他一方面反对汉唐之君“为其田地本根者无有是处”的观点，认为“使其田地根本无有是处，安得有来谕之所谓小康者乎？”[③]另一方面则主张汉唐致治之道实为可法，并引王通之说为证：“王通有言：‘《皇坟》、《帝典》，吾不得而识矣。不以三代之法统天下，终危邦也；如不得已，其两汉之制乎！不以两汉之制辅天下者，诚乱也已！’仲淹（通字）取其以仁义公恕统天下，而秘书必谓其假仁借义以行之。”[④]即以朱熹之论不合于王通之说而予以拒斥。

然在朱熹那里，道没有贯彻于社会历史之过程的必然性，因此道的知识之获取就没有必要诉诸古今之变的追寻，但求“反之于吾心之义利邪正之间”而已。换言之，至少在求道这一意义上，关于历史的经验知识是没有价值的。按照他的理解，汉唐之君在本质上无有是处，唯在利欲场中头出头没，即便其有所偶合于三代，也如盲人瞎撞，而非其立心之本，“盖举其始终而言，其合于义理者常少，而其不合者常多；合于义理常小，而不合者常大。”“立心之本，当以尽者为法，而

① 《陈亮集》卷十五《问古今治道治法》。
② 《陈亮集》卷十五《问古今治道治法》。
③ 《陈亮集》卷二十八《又乙巳春书之二（与朱元晦）》。
④ 《陈亮集》卷二十八，所引王通语见《中说·关朗篇》。

不当以不尽者为准。”①因此汉唐绝无值得效法之理。对于陈亮所援引的王通之说，朱熹驳云：“帝王本无异道，王通分作两三等，已非知道之言。且其为道，行之则是，今莫之御而不为，乃谓不得已而用两汉之制，此皆卑陋之说，不足援以为据。若果见得不传底绝学，自无此蔽矣。”②实际上，他所强调的正是“不传底绝学”，即使仅仅从道统说的维护而言，他也必须排斥王通，必须否定汉唐之制为值得效法，不然，何以见得是学之绝而不传？所谓“千五百年架漏牵补”之说，也同样出于道统说的当然要求，陈亮尝针对此说而讽刺朱熹“一生辛勤于尧舜相传之心法，不能点铁成金而不免以银为铁，使千五百年之间成一大空阙”③，朱熹遂云：

> 若夫点铁成金之譬，施之有教无类、迁善改过之事则可，至于古人已往之迹，则其为金为铁固有定形，而非后人口舌议论所能改易久矣。今乃欲追点功利之铁以成道义之金，不惟费却闲心力，无补于既往，正恐碍却正知见，有害于方来也。若谓汉唐以下便是真金，则固无待于点化，而其实又有大不然者。盖圣人者，金中之金也；学圣人而不至者，金中犹有铁也；汉祖唐宗用心行事之合理者，铁中之金也；曹操、刘裕之徒，则铁而已矣。④

① 《朱文公文集》卷三十六《答陈同甫》第八书。
② 《朱文公文集》卷三十六《答陈同甫》第九书。
③ 《陈亮集》卷二十八《又乙巳春书之二》。
④ 《朱文公文集》卷三十六《答陈同甫》第九书。

既是如此，岂有抛弃"金中之金"而反去效法"铁中之金"之理！因此在朱熹看来，若必以汉唐为可法，即无异于"必欲弃舍自家光明宝藏，而奔走道路，向铁炉边查矿中拨取零金"；而陈亮之"指铁为金"，便是"认贼为子，而不自知其非也"①。

朱、陈关于三代汉唐之辩的一般情形已如上述，②双方观点确乎绝不相容，难以达成共识。不过我们仍有必要追究这样一个问题，即双方持论之所以大相径庭的原因究竟何在？就其时代的实际情形而言，这场论辩的实质又是什么？

陈亮曾表示过这样的意见："亮与朱元晦所论，本非为三代、汉、唐设，且欲明此道在天地间如明星皎月，闭眼之人，开眼即是，安得有所谓暗合者乎！""亮之论乃与天地日月雪冤"，"元晦之论只是与二程主张门户。"③这一意见正提示我们须考虑以下几点：

第一，朱、陈论辩在理论上之真正的核心问题是道这一概念的内涵及其性质；双方持有不同的道的观念，是为其论点互不相入的根本原因。在朱熹那里，道是某种观念的绝对化，其基本内涵是现象世界之存在的本体；而当它体现于人这一特殊的现象层面时，它又转化为人类之普遍道德的根本原质，因此而成为价值的本体。在作为存在之本体的意义上，道是世界的最后原因，故就世界之现存相状而言，一切现象

① 《朱文公文集》卷三十六《答陈同甫》第九书。

② 论辩中所牵涉到的有关哲学与伦理学问题，详第五章。

③ 《陈亮集》卷二十九《与陈君举》第一书。

均为道的分化。显而易见，道的分化并非道本身，而分化的多样性也绝不妨害其本体的唯一性，因此朱熹遂在本体论意义上特别阐发了“理一分殊”之说。这样，在理论上就形成了道与器、形上与形下、本体与现象的二重分离，因此之故，现象之存在的合理性便有必要以道的绝对性标准来重新加以审定，因为存在的并不必然是合理的。这一观念与性善说的结合，遂成为阐释人性何以先验善而后天却未必善的理论基础；而也正由于这种结合，存在的本体才有可能翻转为价值的本体，并使道德的成为合理性的最终规定。因此在朱熹的理论模式之下，道与器乃有相互分离的可能，现实世界也并不必然地具有合理性。如果不合理的存在在理念上须为道所拒斥，那么就道的绝对性而言，这种不合理的存在就恰好可以表述为非存在，充其量也只是非本质的存在。正因如此，他才断言千五百年“架漏牵补过了时日”。另一方面，作为某种观念的绝对化或普遍的德性原则，道又显然具有超越于时空的绝对性，而未必须显现于具体的历史过程，故朱熹又坚持认为虽“千五百年被人作坏，终殄灭他不得”。

而在陈亮那里，道没有那么许多隐微曲折的内涵，他只认为道必然显现于事物存在之中，甚至就是现实世界本身，所谓“闭眼之人，开眼即是”。道不离器，器不离道，两者原本相互统一，因此在他那里，根本不存在本体论上的“理一分殊”问题，也没有二元世界在主体那里如何统一的问题。既然道不可能与器相分离，那么只要世界存在，道的存在便不容置疑。基于这一观念，他并未如朱熹那样将道理解为道德的终极原则，而是将它理解为事物存在的法则。因此，随着事物之存在状态的改变，道所含摄的具体内容便必然随之改变，但这一法则之本身的存在却依然是绝对的，并且必然贯彻于具体的时空过程。

如此看来，朱、陈论辩虽十分激烈，但双方在道概念之基本内涵的界定上却存在着极大的差异性，在理论上几乎不存在交汇点。而在双方都未曾修正其所执持的道之观念的情况下，这场论辩如果不是导致“此亦一是非，彼亦一是非”这种结果，而是达成了共识，倒反而会令人奇怪。

第二，陈亮关于道的界说支持了他所主张的社会历史之发展过程的连续性与统一性观念，他在论辩中也始终贯彻了这一基本的历史观念。而朱熹所藉以批驳陈亮之历史思想的却是道统说，这确乎难免“为二程主张门户”之嫌。而且究实而言，道统说本身根本不是关于历史的，反而是撇开历史之具体运动过程的某种观念的抽象，因此当朱熹企图用这种并非历史的观念去解释历史的时候，他就不可避免地会遇到十分棘手的麻烦，并且在根本上难以避免谬误。一方面，我们的确很难想象在排除了外部力量之闯入的前提下，一个民族之固有的文化传统是如何突然中断的，也同样难以想象历史在其进程中如何可能突然转向一个无本质的过程。尽管朱熹从“立心之本”或动机的纯粹性对此作了阐释，而恰恰在这一点上，我们仍可以提出这样的诘问，即道德原则或纯粹道德的动机是否能够确定不移地成为社会历史之运动的本质？而如果历史研究仅仅以道德动机为对象而不是以历史现实以及构成该现实的人物事件、政治制度等等为基本对象，则恐怕令人惶惑。

第三，朱、陈之辩不仅体现了两种历史观念的冲突，而且反映了两种不同的关于知识的价值观念。在朱熹那里，知识的最后目的在体道而成就圣人品格，在个体道德的自我完善；道之深邃幽眇的哲学性格，则使体道的过程，也即全部知识过程，表现出整体上的内倾性。正因这一缘故，朱熹在论辩中尝告诫陈亮要“从事于惩忿窒欲、迁善改过之事，粹然以醇儒之道自律”[①]，“将来不作三代以下人物”[②]，“但当穷理修身，学取圣贤事业，使穷而有以独善其身，达而有以兼善天下，则庶几不枉为一世人耳。”[③]但在陈亮那里，知识的目的不仅仅是道德的，它还须通过实践功夫在经验世界转换出切于现实利用的实际效用，唯有这种知识价值的实际转换，才是他所理解的“圣贤事业”。因此，他所重视的乃是主体对于现实世界的实际干预以及实现这种干预之能力的切实培养。显而易见，这一思想实为其时代的直接产物，是要为恢复中原这一时代使命的完成提供某种理论依据与思想指导。就此而言，朱、陈关于三代汉唐之争，乃直接反映了理学这一普遍流行的思潮与恢复中原这一时代主题不相和谐的基本事实，体现了两种取向迥异的价值观念的根本冲突。这一冲突在现实性上的归结，便是主体的能动精神，除开道德领域的切身事务以外，是否也应该将现实事务的恰当措置与驾驭，譬如恢复中原这一迫切的当代事务，纳入其当然的实践领域？正是在这一问题上，充分体现了朱、陈论辩的时代意义，并且实际上是其实质之所在。

---

① 《朱文公文集》卷三十六《答陈同甫》第四书。

② 《朱文公文集》卷三十六《答陈同甫》第六书。

③ 《朱文公文集》卷三十六《答陈同甫》第十书。

第四章　社会政治与经济思想

前一章阐明陈亮的史学思想以相度时宜、因时立制，即究天人之际以达夫时措之宜为其要义，这一思想与陈亮对其时代局势的分析及其一般观念相结合，便成为其政治经济思想的理论中坚。振起国势以扫荡萎靡阘茸之风，富国强兵以实现中原恢复之事，是陈亮全部政治经济思想的取向中心，而在其具体论述中，又始终贯穿着对现实的批判精神与现行制度的改革主张。

第一节　“尊王攘夷”与中原恢复之必要性

孝宗即位之初，确曾有恢复中原之志，然自符离战败、和议再成之后，在军事上遂未再有大的举措。而与此同时，以奉持祖宗家法为名义的因循蹈旧之风随之益以滋盛，以至财用日以匮乏，人民日以贫困，国力日以羸弱，人才日以埜茸。甲胄之士，无有奋励之志，而张其骄扬之气；文学士子，少以国事为意，而骋其文采华辞。其情形正有类于“文恬武嬉，习熟见闻，以为当然”①。陈亮云：

> 今中原半夷狄，而国家之大耻未洒，此天下之义不能以一日安者，顾独恬然如平时，为士者论安言计，动引圣人；居官者宴安江沱，无复远略；而农民工商又皆自谋之不暇。圣上慨然有北向之志，作之而不应，鼓之而不动，是天下皆无人心，而崇高之势亦无如之何也。然则厌弃文士，崇奖武夫，本不为过，而数年以来，武举之程文、武人之威仪进退、武官之议论词气，往往更浮于进士。②

在他看来，中原半为“夷狄”，国家之大耻未洗，当此非常变故之际，最宜君臣协力，和衷共济，然实际情形却与此相反，政事疲弊几至百事之不理，文恬武嬉却竟偷晏安之乐。这种“举一世而忘君父之大仇”的情形，他认为实道德性命之学有以启之，故言之往往腐心切齿：

> 二十年之间，道德性命之说一兴，迭相唱和，不知其所从来。后生小子，读书未成句读、执笔未免手颤者，已能拾其遗说，高自誉道，非议前辈以为不足学矣。世之为高者，得其机而乘之，以圣人之

① 韩愈《昌黎集》卷三十《平淮西碑》。
② 《陈亮集》卷十四《问武举》。

> 道为尽在我，以天下之事无所不能，能麾其后生以自为高而本无有者，使惟己之向，而后欲尽天下之说一取而教之，颀然以人师自命。虽圣天子建极于上，天下之士犹知所守，吾深惑夫治世之安有此事乎，而终惧其流之未易禁也！①
>
> 自道德性命之说一兴，而寻常烂熟无所能解之人自托于其间，以端悫静深为体，以徐行缓语为用，务为不可穷测以盖其所无，一艺一能皆以为不足自通于圣人之道也。于是天下之士始丧其所有，而不知适从矣。为士者耻言文章行义，而曰尽心知性；居官者耻言政事书判，而曰学道爱人。相蒙相欺以尽废天下之实，则亦终于百事不理而已。②

基于这种观点，他遂疾言斥责“今世之儒士自以为得正心诚意之学者，皆风痹不知痛痒之人也。举一世安于君父之仇，而方低头拱手以谈性命，不知何者谓之性命乎！”“今者举一世而忘君父之大仇，此岂人道之所可安乎！”③。

不消说，在陈亮看来，这种士林学风亟待纠正，因为它尽废天下之实，终至于百事之不理，不唯无裨于复仇恢复之业，反而有助于习故蹈常之风。但学风之偏弊所关涉的并不只是士林，而且也是官场，这就意味着学风的纠正须与政治制度的改革相互结合。故陈亮在批评学风之失的同时，又深

① 《陈亮集》卷二十四《送王仲德序》。
② 《陈亮集》卷二十四《送吴允成运干序》。
③ 《陈亮集》卷一《上孝宗皇帝第一书》。

刻地揭露了当时的官制之弊，以为必须改革：

本朝之制，大抵尚循唐旧，盖六世而天下病之……循至今日，则有可论者。阶官，则升改于荐削而叙进于年劳；列职，则平进于资格而躐用于堂除；禄，则视其品之崇庳而随所莅之厚薄；地，则列五等之虚封而为郊祀之常典；文武之贴职，则又以均出入之劳而不必其真有功也；至于功劳之大小，一切以官赏之，盖虽天子之师傅不能以靳于立功之武夫。此尚可久而不变乎！①

对于当时弊窦丛生的现实政治，陈亮确乎有深刻的认识，因此他要求于"祖宗家法"变而通之，"不思所以变而通之，则维持之具穷矣"②，"维持之具既穷，臣恐祖宗之积累亦不足恃也。"③实际上，陈亮一切关于现实政治的见解都紧紧围绕着抗金复国这一主题，无论是学风的纠正还是制度的改革，其目的均在作兴天下之气以图国家的根本强固。在他看来，实现中原恢复之业是需要以肃清内政、人民富厚为其先行条件的，因此它同时也成为陈亮分析现实政治之种种弊病并提出其改革主张的指导思想。

陈亮认为："赤子嗷嗷无告，不可以不拯；国家凭陵之耻，

① 《陈亮集》卷十四《问任官之法》。
② 《陈亮集》卷一《上孝宗皇帝第三书》。
③ 《陈亮集》卷一《上孝宗皇帝第一书》。

不可以不雪；陵寝不可以不还；舆地不可以不复。”[①]言而总之是中原必须恢复。然而这种必要性究竟何在？除了他在《中兴论》以及上孝宗诸书中曾提到的诸如钱塘为东南一偏，非天命人心所可久系以及“夷狄之德，黎民怀之”，恐其植根既久难以动摇之类的原因以外，是否还有更为深刻的思想原因？我们认为其答案是肯定的，这种思想原因即在于陈亮的《春秋》学思想。

元代刘壎认为：“龙川之学尤深于《春秋》。”[②]这一见解颇合乎事实且显得相当深刻。陈亮于诸经中特重《春秋》，以为《春秋》备四王之制，为王道之极则，其大义所在，则关乎君道之根本。孔子之所以作《春秋》，正以其有伤于周室之陵夷，叹王道之不举，故为揭正名之大义，严夷夏之大防，以惧乱臣贼子，而为后世立法。陈亮云：

> 昔者春秋之时，君臣父子相戕杀之祸，举一世皆安之。而孔子独以为三纲既绝，则人道遂为禽兽夷狄，皇皇奔走，义不能以一朝安。然卒于无所寓，而发其志于《春秋》之书，犹能以惧乱臣贼子。今者举一世而忘君父之大仇，此岂人道之所可安乎！使学者知学孔子，当进陛下以有为，决不沮陛下以苟安也。[③]
>
> 西周之末，犬戎之祸，盖天地之大变，国家之

---

① 《陈亮集》卷二《中兴论》。

② 《隐居通议·论陈龙川二则》，《陈亮集》附。

③ 《陈亮集》卷一《上孝皇帝第一书》。

深耻，臣子之至痛也。平王东迁以来，使其痛内切于心，必将因臣子之愤，藉晋、郑之势，以告哀于天下之诸侯，以大义责其兴师以奖王室，其不至者，天下共诛之，则可以扫荡犬戎，洗国家之耻而舒臣子之愤矣。然后正纪纲、修法度、亲鲁、卫，以和柔中国；命齐、晋为方伯，以纠合天下之诸侯；文、武之迹可寻，东周之业可兴也。今乃即安于洛邑，虽周民赖以初安，宗祀赖以不绝，然使其臣子忘君父之大仇，而置天下之诸侯于度外，周之名号虽存，而其实则眇然一列国耳。当平王在位之时，世之君子尚意其犹有待也，及待之四十九年，而士君子之望亦衰矣……孔子伤宗周之无主，痛人道之将绝，而作《春秋》，其书天王之义严矣……孔子之心，未尝不庶几天下之民一日之获瘳也。是君道之大端，而圣人望天下与来世者，可谓深切著明矣。①

在这里，陈亮的用意显然不仅仅在阐明孔子之作《春秋》的缘由，而更在以古讽今，以《春秋》之大义而对孝宗力加规谏。按照他的理解，当西周之末世，犬戎侵陵中国，若平王真能励志奋发，以天子之令号召天下，则犬戎可平，国耻可雪；无奈其苟安于洛邑，置天下于度外，终至神州陆沉，使天子之国降为“眇然一列国”，使人道废绝而沦为“禽兽夷狄”。不管陈亮的这一理解是否切合于东周的实际情形，但其以东周方之南宋之意却极其显明，因此，他对平王的种种指

① 《陈亮集》卷一《上孝宗皇帝第二书》。

责便无疑是直指孝宗之非了。

《春秋》以“正名”为根本大义,故陈亮谓其“书天王之义严矣”;“正名”之下,又有“尊王攘夷”的根本主张。“尊王”之义,主于“大一统”,唯天下之纪统于一,“尊王”之义方始大显。“攘夷”实即“尊王”,强调对夷狄的排斥,所谓“《春秋》内其国而外诸夏,内诸夏而外夷狄”①,“尊王攘夷”,总在明夷夏之辨,使中国、夷狄不得混而为一。除“正名”之大义以外,《春秋》又有“三世说”,即拨乱、升平、太平,说《春秋》者以为孔子政治理想之所寄。“升平”、“太平”可与《礼运》中的“小康”、“大同”相呼应。而“尊王攘夷”、诛乱臣贼子,实也为“三世说”中的拨乱之道,故孟子谓“孔子成《春秋》而乱臣贼子惧”②。“尊王攘夷”即所以为“拨乱”,唯经拨乱反正,方能入于“升平”、转进于“太平”。故陈亮上孝宗书屡言“欲为社稷开数百年太平之基”,似未可仅以吊诡之语视之,其背后实有《春秋》思想为其依据。而他所强调的中原必须恢复,同样以“尊王攘夷”这一经典性思想为主导。只有以此为先行条件,才有可能实现“大一统”,使天下统于一,才有可能开辟出社稷的“太平”之基。

“尊王攘夷”必宗主“中国”,故陈亮云:“中国,天地之正气也,天命之所钟也,人心之所会也,衣冠礼乐之所萃也,百代帝王之所以相承也,岂天地之外夷狄邪气之所可奸哉!”③故中国乃为文明之渊薮,代表了一种与民族血液相交

---

① 《春秋公羊传·成公十五年》。

② 《孟子·滕文公下》。

③ 《陈亮集》卷一《上孝宗皇帝第一书》。

融的历史文化传统，为天命人心所以维系之所在。因此，“尊王攘夷”也就不仅仅是抵御外侮，而且是为捍卫文明而对野蛮的抗拒。在陈亮看来，孔子作《春秋》，书天王之义，严夷夏之辨，正欲为人道立极，故若坐视中原沦陷而不之恤，使“堂堂中国而蠢尔丑虏安坐而据之，以二帝三王之所都而为五十年犬羊之渊薮，国家之耻不得雪，臣子之愤不得伸，天地之正气不得而发泄”①，便是使人道废绝，使天命乖离，使文明坠地，使圣人之道幽闭而不显。故云：“使学者知学孔子，当进陛下以有为，决不沮陛下以苟安也。”“今中原既变于夷狄矣，明中国之道，扫地以求更新可也！使民生宛转于狄道而无有已时，则何所贵于人乎！”②因此在陈亮那里，是否能实现中原恢复之业，实质上即为是否能真正继承圣人之道而实现人道的完善。他是将这一问题真正提到历史文化之传统的继承与发扬这一高度来认识的。

“尊王攘夷”是陈亮来源于《春秋》大义的一种根本的政治观念，正是在这一观念的指导之下，他竭力主张恢复中原，为之四处奔走叫呼，且反对与金人缔结和议，非难汉、唐之君以公主“和亲”，攻击徽宗约金伐辽之策，咎责朝中大臣之不讲《春秋》而致“夷狄专中国之祸”③。这一思想常为今天的研究者确认为爱国主义，而这一点同时也证明一种文化观念原是在绵长的历史过程中积淀于民族之整体意识的。

① 《陈亮集》卷一《上孝宗皇帝第一书》。

② 《陈亮集》卷四《问答下》。

③ 参《陈亮集》卷四《问答下》、卷十二《汉论·景帝朝》、卷八《酌古论·桑维翰》。

第二节 关于王霸问题

"王霸",在中国古代代表了两种不同的政治模式或政治思想。尽管王霸观念产生于春秋时期,但它所引起的伦理学问题却一直为后代的思想家所关注,并逐渐演变为关于政治评判的价值尺度。孟子云:"以力假仁者霸,霸必有大国;以德行仁者王,王不待大。"[①]这是对王霸的典范性界说,也是对王霸所作的道德评判。朱熹云:"力,谓土地甲兵之力。假仁者,本无是心,而借其事以为功者也,霸,若齐桓、晋文是也。以德行仁,则自吾之得于心者推之,无适而非仁也。"[②]故王道政治在本质上是道德的普遍推行与实现,是仁义的普施博化,而霸道则不必依于仁义,它所强调的是现实功业如何被确切地实现出来。在一般道德意义上,王道着重于行为的动机,强调动机必须合乎普遍善的道德观念;霸道则着重于行为的最终效果,强调效果须合乎主体之所以施动的一般目的。孟子是仁政的竭力倡导者,因此在其价值判断中表现了尊王贱霸的浓厚倾向;作为孔孟儒学的一种基本精神,这一点一直为后世学者所普遍奉行。但事实上,纯粹的王道政治,除了在被理想化的三代,恐怕在历史上从来未被真正实现过,而齐桓、晋文之霸道却曾有过辉煌的功业,在春秋战国时代常为各国诸侯所津津乐道。荀子之论王霸较孟子为尤详。尽管他也奉王道为理想,但并不在价值上贬抑霸道,只

---

① 《孟子·公孙丑上》。

② 《孟子集注·公孙丑上》。

是强调在目的之实现过程中不能使用诡术，认为“义立而王，信立而霸，权谋立而亡”[①]，故霸道并不仅仅是以力服人，而仍然须以信义为其前提。秦汉以后，作为政治模式的王霸问题实际上并未受到像春秋战国时期那样的普遍重视，人们所真正感兴趣的只是对于王霸的价值权衡。理学兴起以后，特别是在南宋，由于其理论的基本性格是内倾的、反思的，它强调行为之动机的至善，甚至要审察喜怒哀乐未发之先的本心本性，因此这种价值权衡在很大程度上便以形上的道德本原为依据，从而带有浓厚的非经验色彩。个体在经验领域的一切活动既必以自我本善之性的复归为终极目的，则其主张必倾向于尊王贱霸，而且是要反对一切关于现实之功利的倡导与追求的。在这一点上，陈亮的确与理学家颇为不同，他不仅不讳言功利，而且竭力倡导功利。在他看来，金人南侵，中原沦陷，国家分裂，人民涂炭，绝不可能是王道政治所应有的结果，故改变这种情形正为现实政治的当务之急。而要达到这一基本目的，诉诸一切有利于富国强兵的措施与手段便不仅为必要而且是急迫的；追求人民社稷的利益与福祉乃当然地符合于至善原则，若置这种利益于不顾而唯提倡一己之心正意诚，那么即便其道德修养臻乎纯粹境地，在本质上也仍然为道德的坠失。

如何使国家改弱就强以实现民族统一的大业，在陈亮那里是一个至为重要而且迫切的问题。其迫切性至少是个体之内在道德的培植所无法比拟的。要实现这一大业，就必须诉诸现实的政治、经济与军事活动，必须诉诸实际功利的寻求。

---

① 《荀子·王霸》。

他反对理学的一般倾向，言之往往腐心切齿，正因为在他看来，道德性命之空谈虽无裨于现实事功的成就，却足以使朝廷之策与国人心态误入歧途。理学以道德的涵养与完善为倡导，在政治上倡言王道而嗤黜功利，以为非道德性质的经验活动必将导致自我本心的迷失。其风气所趋，以至"世之曲儒末学，后生小子，窃闻其说而诵习之，讪侮前辈以为不足法，蔑视一世才智之士，以为醉生梦死而不自觉"①。这种学风与士人心态显然与恢复中原这一特殊的时代使命相左其势，故陈亮屡屡将国力之困乏与朝廷举措的畏葸懦弱乃至民心的涣散不振归咎于理学对于孟子仁政之说的片面发展。尝云："自孟、荀论义利王霸，汉唐诸儒未能深明其说。本朝伊洛诸公辨析天理人欲，而王霸义利之说于是大明。"②但值得深思的是，汉唐诸儒虽未尝辨析天理人欲以至于丝毫不谬，而汉唐之治却能垂之久远且国力雄厚威服四邻；"本朝"独主于王道，却终致山河破碎人民流离，国势不作而受邻邦之辱。陈亮对此遂有深沉的感慨：

> 本朝专用儒以治天下，而王道之说始一矣。然而德泽有余而事功不足，虽老成持重之士犹知病之，而富国强兵之说于是出为时用，以济儒道之所不及……今翠华局处江表，九重宵旰以为大耻，儒者犹言王道，而富强之说慷慨可观，天下皆以为不可行，何也？……始之以王道，而卒屈于富强，岂不将

① 《陈亮集》卷十五《问古今治道治法》。
② 《陈亮集》卷二十八《又甲辰秋书（与朱元晦）》。

贻天下之大忧邪?[1]

所谓“德泽有余而事功不足”,“始之以王道而卒屈于富强”,确乎是一种理论与现实的悖反、观念与历史的悖反。这种令人不安令人担忧的悖反现象之揭示,代表了陈亮对于现实的一种历史性反思,也是他提出王霸问题的基本前提。

陈亮是一位历史的现实主义者。在他看来,与其曲解历史乃至无视历史现实以维护某种观念的统一性,倒毋宁修正观念本身以使之合乎历史现实,并从中抽引出切于当世实用的理论与方法。按照他的理解,所谓皇帝王霸之道,原无一定不易之准则,它们曾出现于不同的历史阶段。这一事实本身即表明它们为古之圣主明君原本于相度时宜、因时立制之精神而采取的不同的政治之道。“一阴一阳之谓道。而三极之立也,分阴阳于天,分刚柔于地,分仁义于人,天地人各有其道,则道既分矣。伏羲神农用之以开天地,则曰皇道;黄帝尧舜用之以定人道之经,则曰帝道;禹汤文武用之以治天下,则又曰王道;王道衰,五霸迭出以相雄长,则又曰霸道。皇降而帝,帝降而王,王降而霸,各自为道。而道何其多门也邪?无怪乎诸子百家之为是纷纷也。”[2]依陈亮之见,皇帝王霸实际上仅为名言之不同而不应有精神实质之区别,因为它们都为一阴一阳之天道在特殊的历史现实之中的显现;若必谓皇帝王霸各自为道而互不相侔,则“道何其多门也邪?”这一点乃是不可思议的。如果不否认历史有其发展的连续性

① 《陈亮集》卷十五《问皇帝王霸之道》。
② 《陈亮集》卷十五《问皇帝王霸之道》。

与统一性，则“皇降而帝，帝降而王，王降而霸”，仅仅是社会现实之历史性变动的体现；斟酌这种现实的历史性变动而施以合乎时宜的政治之道，即究详当世的天人之际以为民立极，正为切于世用而又根本有效的政治原则。他确信历史发展的根本依据即在于社会现实的不断变更，因此不同时代的政治措施必互有因革，而任何一种既定的政治模式都不可能以其固有形式而永垂后世。皇帝王霸的历史嬗变无疑是关于这一点的明证。“昔尧舜之际专尚德化，三代之王以仁政，伯国以谋，战国以力。治乱之不同，所从来异矣。由汉迄今，有国家者始兼而用之。”①汉以降之兼用霸王之道，并非对于三代王道的背叛，因为它不仅有历史现实之变动为其必然性前提，而且在精神上也合乎圣贤垂训之则。“孔子之叙《书》也，上述尧舜而不道其前，则皇道固已不可为法于后世矣。”“帝王之道，万世之法程也，然而子思称夫子之言曰：‘王天下有三重焉’，则帝道又或可略也。”春秋战国时代，诸侯纷争，各相雄长，“孟轲、荀况驾王道于诸侯之庭，而五伯则羞称而讳道之”，然五霸也依然各自做出一番轰轰烈烈的事业。这表明三代之王道乃是对皇道、帝道之合乎现实的修正，五霸之不用王道，同样是历史的选择，故皇、帝、王、霸之道均依现实而转移，不能被悬为绝对。降及汉唐，“董生、刘向、扬雄，汉儒之巨擘也，相与世守其法而不废，诸儒之说既一于王道矣，而汉家之制度乃以霸王之道杂之。”②“秦以刑名齐天下，汉氏易之以宽厚，宜本于儒者之道矣，而所谓‘齐鲁诸儒言

① 《陈亮集》卷二十二《谋臣传序》。
② 均见《陈亮集》卷十五《问皇帝王霸之道》。

人人殊'者，虽曹参犹知厌之，而况于轻儒嫚骂之主乎！盖公之清净，不独行于齐矣，则文帝之躬行元默以移风俗，非有取于笃恭而天下平之论也。"[①]即汉高帝之取天下，汉文帝之治天下，均未尝一切本诸儒者王道之论；"宣帝起自闾阎，知吏道之病民，故综核名实，信赏必罚，而天下治；凡儒者多端之说，一切置之而无所惑也。"[②]汉代诸君虽以霸王之道杂之，并未纯粹依于儒者王道之说，然也并未妨碍汉家天下垂于数百年之久。至于唐代"李氏之兴，一曰仁义，二曰仁义，而详考其制度，则无以异于汉氏也。虽不曰霸王之杂，可乎？"[③]在他看来，自禹、汤、文、武所推行的王道衰微以后，儒家所理想的王道、仁政就从未以其所构想的原本样式在历史上被实现过，而以"综核名实，信赏必罚"为基本精神的霸道与"霸王之杂"的治世之道，则不仅被实现过且取得了极大的成功。这其中的历史经验是值得深刻反思的。

王道衰微而有霸道，五霸消亡而有汉家的霸王之杂，这其中体现了天人之际的历史性变动，具有某种不可逆转的必然性。从历史发展的连续性来考虑，这种政治制度的相互转移与嬗变也必然包含着某种内在的逻辑联系。因此陈亮认为："五霸之纷纷。岂无所因而然哉？""使若三皇五帝相与共安于无事，则安得有是纷纷乎？"[④]并断言汉家"谓之杂霸者，其道固本于王也。"[⑤]按他的理解，政治之真正确定不移的根本

① 《陈亮集》卷十五《问古今治道治法》。

② 《陈亮集》卷十五《问古今治道治法》。

③ 《陈亮集》卷十五《问皇帝王霸之道》。

④ 《陈亮集》卷二十八《又乙巳春书之一(与朱元晦)》。

⑤ 《陈亮集》卷二十八《又甲辰秋书(与朱元晦)》。

原则存乎慎辨当世的天人之际，审度其时代的实际情形而因时立制，并不在于任何“主义”的执持。在这一意义上，无论是王道、霸道还是王霸之杂，均有其充分的合理性，并且历史已经证明在其各自的现实性上都是有效的。因此，某种政治原则的合理性必须同时体现为实践上的有效性，而这种有效性无论如何都与功利相联系，因为有效性之本身的确立即意味着功利的实现。若根本排斥这种有效性，譬如固执王道之理想而不顾国家分裂人民贫困，那么这种“王道”也就根本没有值得天下为之竞趋的诱人魅力，并且在现实性上乃是不合理的。基于这种观念，陈亮坚持王通关于“王伯之道不抗”的观点，①坚持汉唐之制以“霸王之道杂之”为值得效法，反对拘泥于王道之说，唯道德性命之求的理学家言，而确信治天下必贵于实。

> 故才智之士始得奋其说，以为治天下贵乎实耳。综核名实，信赏必罚，朝行暮效，安用夫大而无当、高而未易行之说哉！然则汉武之旧，宣帝之政，果不可易也，儒者徒自苦耳。②

“治天下贵乎实”、“综核名实，信赏必罚”，代表了陈亮关于治道治法的根本观念。正是在“贵乎实”这一意义上，“王伯之道不抗”，即王霸之道并非互不相容，而是完全可以统一的。霸道虽以现实功利的追求为目的，但在实践上并不是为达目

① 《陈亮集》卷十五《问皇帝王霸之道》。
② 《陈亮集》卷十五《问古今治道治法》。

的而无所不用其极的“强梁主义”，在结果上则表现为人民利益的实际谋求。齐桓公任用管仲而成九合诸侯之功，为一时霸主，然人民也因此而被其惠泽。在陈亮看来，管仲之动机虽或出于功利，然其结果则与王道之旨无异，故屡称管仲贤者，慕其雄才，浩叹“管敬仲、王景略(猛)之不作久矣”①。朱熹尝以动机之未本于纯粹道德而谴责汉唐诸君，断言汉唐尽是人欲，并亦不取其事功。陈亮则坚信动机必展现于行为之结果，并就其结果而判定汉唐虽杂以王霸，然其道固本于王，王霸在实践上是可以相互统一的。尝云：

(汉高帝)彼其崛起之初，眇然一亭长耳；其盛者不过一少年子弟，安知天下之大虑，而勃然有以拯民于涂炭之心。三章之约，非萧何所能教；而定天下之乱，又岂刘文靖之所能发哉！彼其初心未有以异于汤、武也。而其臣凡下，无以辅相之。虽或急于天位，随事变迁，而终不失其初救民之心，则大功大德固已暴著于天下矣。②

又略论汉朝诸君云：

汉高帝豁达大度，以与天下更始，禁网阔疏，而天下之人得以阔步高谈，无危惧之心。反帝王之末流，还天地之全体，此其功德，非后世儒生之所能

① 《陈亮集》卷二十八《又甲辰秋书》及其他与朱熹诸书，卷二十一《汉论·昭帝朝》等。
② 《陈亮集》卷三《问答上》。

知也。文、景因而弗改,而武、宣之法禁始严矣。中兴屏去苛法,简省文书,以舒天下之气,大纲虽非高帝之旧,而其意犹在也。①

高皇代虐(秦)以宽,易暴以仁,除苛解娆,剔荒濯秽;向之桎梏者今俄而枕簟矣,向之枵腹者今俄尔饘粥矣,向之相刃者今俄而骨肉矣,此其功直与天地等矣。加以文帝以仁柔而驯之,武帝以经术而治之,宣帝以纪纲而正之,虽中更新室之变,而民心终依依不忍离汉者,不可谓其功之细也。群盗蝟兴,三精雾塞,吾赤子复罹荼毒之苦,光皇烟赤帝之灰而复燃之,援民于浊淖之中,而饮以清泠之水,斯民复知有汉矣。继以明帝之政平讼理,章帝之宽厚长者,而汉脉遂寿于四百年之永。虽以奸雄之(曹)操,睥睨汉鼎,终垂涎而不敢挈者,民之戴汉旧矣。②

这里的阐述实际上表明这样一种观点,即判断某一时代之政治优劣的一般依据,只能是关于政治的一般思想、原则、观念及其具体措施在现实中被实现出来的实际效果,而不是这些思想观念本身,更不是隐微的动机。而在具体判断中,还必须考虑到特定的现实历史背景。依据现实的治效标准,则不必纠缠于王霸问题。刘邦未曾以儒术得天下,也未曾以儒

① 《陈亮集》卷十五《问古今法书之详略》。

② 《陈亮集》卷十七《汉论·七制》。

术治天下，然当“秦人挈宇宙而鼎镬之”，生民无聊之甚之时，其“出而拯之于水火之中。措之衽席之上。而子子孙孙，第第相承，又皆有以覆护培植之，使其父子兄弟得以相保相安于闾里之间”①，便是其心无一念之不在斯民的证明，其功绩可等于天地，而其心迹则同于汤武。这种现实的政治效果便包含了王道所应有的实际内容，故王霸之道不抗。

如果政治仅停留于、满足于礼乐教化之道德的倡导而不重视民生的实际改善，不谋求国家的富强与繁荣，甚而卑弃物质，蔑视功利，自甘于懦弱受辱而犹放言王道，这的确是不可思议的。因此陈亮一再提出这样的问题：“孔孟之学真迂阔而不切事情邪？”按他的理解，王道并不意味着国家的贫弱，更不意味着它必须建立于这种贫弱的基础上面。如果王道在本质上是对人民推行仁政，是属意于人民生活之实际状况的改善，那么它恰好必须建立于国家富足与人民生活安定的基础之上，而国家之富足的谋求就必然是功利性的。因此，一言功利就被指责为霸道，以为有悖于孔孟精神，不仅极其偏狭，而且实际上正背叛了孔孟所言王道的本质精神。在孔子那里，“举而措之之大端，而当时之学者载而为《论语》”②，故“《论语》一书，无非下学之事也”③，“夫子曰：‘如有用我者，吾其为东周乎！’此夫子之志，春秋之所由作也。”④故“圣人经世之志，寓于属辞比事之间”⑤，则孔子绝不排斥现实中之

① 《陈亮集》卷十七《汉论·七制》。
② 《陈亮集》见卷三十《告先圣文》。
③ 《陈亮集》卷十《论语发题》。
④ 《陈亮集》卷十《春秋发题》。
⑤ 《陈亮集》卷二十三《春秋比事序》。

事业功利的追求。“孟子言王道，本之以农桑，而鸡豚狗彘之微，材木鱼鳖之用，往往无所不及，至于言经界、谷禄，其事为尤详。”[1]则孟子不仅不排斥事业功利，而且王道所藉以推行的现实基础正在于这种事功的开辟与建立。故若本领不宏阔，便担当开辟不去，便无由得致其位，“孔孟以天下之贤圣而适当春秋战国之乱，卒不得行其道以拯民于涂炭者，无其位也。”[2]故“不得其位，则此心何所从发于仁政哉?”[3]因此，即便从孔孟学说本身来考察，其所言王道也并不排斥事功，王霸之道依然不相违抗。将它们对抗起来如同冰炭的不是孔孟，而是当世的道学家们。故陈亮认为“世之儒者，揭《易传》以与学者共之……然予以谓不由《大学》、《论语》及《孟子》、《中庸》以达乎《春秋》之用，宜于《易》未有用心之地也。”[4]“夫渊源正大之理，不于事物而达之，则孔孟之学真迂阔矣，非时君不用之罪也。”[5]即理论必须返回于现实以致其实际效用。

以上表明，陈亮之论王霸，重在阐明其“治天下贵乎实”的基本原则或“主义”。所谓“实”，既指人们所面临的特定的社会历史现实，也指切合于这种现实的政治主张与具体措施，还指政治措施所应收取的实际效用。在这种“贵乎实”的“主义”之下，不仅是皇帝王霸，而且历史上一切关于政治的不同见解与不同的学术主张，都可以经过斟酌取舍

---

① 《陈亮集》卷十五《问古今治道治法》。
② 《陈亮集》卷三《问答上》。
③ 《陈亮集》卷二十八《又乙巳春书之一》。
④ 《陈亮集》卷二十三《杨龟山中庸解序》。
⑤ 《陈亮集》卷九《勉强行道大有功》。

而扬长避短，相互补充，相互兼容而使之切合于现实政治的实际利用。在陈亮看来，各种不同的政治学说均代表了人们在特定的历史条件之下对于现实诸问题的思考及其不同的措置之法，因此也必然各有其合理性；由于它们不符合儒家学说而被指责为"异端"，那只不过是后来产生的、立足于儒家思想才有的观念。然推原各派学说之本意并非故为雄辩以与儒家相颉颃，更不是故意要分裂圣人之道。因此在学术问题上，只有不同的思想与不同的见解，并无所谓"异端"。陈亮云：

> 异端之学，何所从起乎？起于上古之阔略，而成于春秋战国之君子伤周制之过详，忧世变之难救，各以己见而求圣人之道，得其一说，附之古而崛起于今者也。老庄为黄帝之道，许行为神农之言，墨氏祖于禹，而申、韩又祖于《道德》。其初岂自以为异端之学哉？原始要终而卒背于圣人之道，故名曰异端，而不可学也。①
>
> 农墨欲以敦本而御世，申、韩欲以核实而救时，是皆周末忧世君子之所为，而非欲为是异端以分裂圣人之道也。②

这就意味着无论儒墨道德，只要其学说言之成理，行之有效，便可变通而参取之，以切于当世之实用，而不必尽拘执于孔

① 《陈亮集》卷十一《子房贾生孔明魏征何以学异端》。

② 《陈亮集》卷十五《问古今文质之弊》。

孟之言。[①] 因此，陈亮尝与诸生商略如此问题："今天下之习日趋于轻浮变诈矣，老聃之思虑，孔氏之遗法，周末忧世之君子，各致其说以救时弊者，可以区别而用之欤?"[②]然这里的答案实际上是肯定的，因为他不仅表明"王霸之杂，事功之会，有可以裨王道之阙而出乎富强之外者，愿与诸君通古今而论之"[③]，而且确信"苟有用心之地，则凡天下之学皆可因之以资吾之陟降上下焉"[④]，更曾明白宣布其"正欲搅金银铜铁熔作一器，要以适用为主耳"[⑤]。

这种关于"异端"的言论，在主张儒学道统说的理学家看来，其本身就是"异端"的，但却表现了陈亮更为宽阔的学术胸怀，而尤其重要的是，代表了他要以"切于实用"这一基本原则去统摄诸家学说的一种努力。在他看来，不论是皇帝王霸，也不论是儒墨道法，凡天下之学都可在"要以适用为主"的原则之下获得统一的。因此，在王霸问题上，他固然不尽主张王道，也不尽主张霸道，甚至也未必就倡导"王霸杂用"。我们认为，陈亮之论王霸、辩"异端"，实际上恰恰是要求人们从王霸、异端诸问题的纠缠中超拔出来，将这些问题暂时搁置起来，唯着眼于社会政治的实际情形，变通古今，参合异同，以达夫时措之宜，而无需必求尽合于某种"主义"。这一明显而又强烈的实用主义倾向，与他在哲学

---

① 在陈亮看来，即使孔子还是博取众家之论的，并非执于一端以攻其余。参同上所引二文。

② 《陈亮集》卷十五《问古今文质文弊》。

③ 《陈亮集》卷十五《问皇帝王霸之道》。

④ 《陈亮集》卷三十六《钱叔因墓碣铭》。

⑤ 《陈亮集》卷二十八《又乙巳春书之一》。

上的拒斥形而上学是完全相一致的。

因此，我们有必要澄清陈亮研究中一种极其重要且被普遍接受的基本观念，即确认陈亮主张“义利双行，王霸并用”，并认为这是陈亮学术之整体的基本性格，是他与理学阵营相互对垒的关键之所在。从朱熹开始直至今天的研究家们，这一观念在不断的重复中被不断地肯定，已成为关于陈亮思想的一种定论。诚然，在朱、陈论辩最激烈的时候，朱熹曾以“义利双行，王霸并用”来判定陈亮的思想学说，希望陈亮“绌去义利双行、王霸并用之说，而从事于惩忿窒欲、迁善改过之事，粹然以醇儒之道自律”①。但陈亮认为朱熹此说是对他极大的误解，故须就此问题继续辩明其心迹：“来教乃有义利双行、王霸并用之说，则前后布列区区，宜其皆未见悉也。海内之人，未有如此书之笃尽真切者，岂敢不往复自尽其说，以求正于长者。”②显而易见，以“义利双行、王霸并用”来衡定陈亮的学术思想，仅仅是朱熹的观点，而陈亮自己是绝不接受的。尤其重要的是，在陈亮看来，真正主张“义利双行、王霸并用”的恰恰是朱熹，而不是他本人。尝云：

> 诸儒自处者曰义曰王，汉唐做得成者曰利曰霸，一头自如此说，一头自如彼做；说得虽甚好，做得亦不恶；如此却是义利双行、王霸并用。如亮之说，却是直上直下，只有一个头颅做得成耳。③

① 《朱文公文集》卷三十六《答陈同甫》第四书。

② 《陈亮集》卷二十八《又甲辰秋书》。

③ 《陈亮集》卷二十八《又甲辰秋书》。

> 近世儒者谓三代以天理行，汉唐专是人欲，公私义利，以分数多少为治乱，其说亦不为无据矣，而不悟天理人欲不可并用矣。①
>
> 世儒之论，皆有官不容针私通车马之意，皆亮之所不晓……有公则无私，私则不复有公；王霸可以杂用，则天理人欲可以并行矣。②

事情是非常清楚的，问题乃在于如何理解陈亮的这些言论？从表面上看起来，穷究皇帝王霸之学的是陈亮，倡言事业功利的也是陈亮，而朱熹则是睟面盎背，唯求道德之纯粹，所谓正谊不谋利，明道不计功的，故主张“义利双行，王霸并用”的宜若陈亮，而朱熹不与焉。但是按照陈亮的理解，朱熹之说却又确乎主张“义利双行，王霸并用”。因为：

第一，朱熹从道统说的立场出发，坚持以道心宰制人心，尝论云：“夫人自有生而梏于形体之私，则固不能无人心矣；然而必有得于天地之正，则又不能无道心矣。日用之间，二者并行，迭为胜负，而一身之是非得失、天下之治乱安危，莫不系焉。是以欲其择之精而不使人心得以杂乎道心，欲其守之一而不使天理得以流于人欲，则凡其所行，无一事之不得其中，而于天下国家无所处而不当。”③朱熹在这里强调了道德修养的必要性，这种必要性在本质上即渊源于“人心惟危，

① 《陈亮集》卷十五《问古今损益之道》。

② 《陈亮集》卷二十八《丙午复朱元晦秘书书》。顺便说一句，侯外庐等先生所主编的《宋明理学史》(上卷)以“天理人欲可以并行”作为陈亮自己的论点，实有理解上的错误。见该著437页，人民出版社1984年版。

③ 《朱文公文集》卷三十六《答陈同甫》第八书。

道心惟微”。尽管朱熹在价值上惟取乎“道心”而不取乎“人心”,但已然断定了这两者在人之存在的现实性上都是“不能无”也即必然有的。如果“道心”为本然道德之心,在现实性上主导着“义”与“王”,而“人心”则是欲望之心,主导着“利”与“霸”,那么道心与人心于“日用之间二者并行”的肯定,无疑即肯定了天理、人欲二者的相互并行,这样也就肯定了“义利双行、王霸并用”。而在陈亮看来,心不可分判为二,故天理人欲不能并用;理欲不能并用,则义利不是双行,王霸无需并用;是所谓“只有一个头颅做得成耳”。

第二,朱熹认为三代专以天理行,而汉唐专是人欲,故汉唐不能承接三代之统绪。这一观点的另一表述就是三代以王道行,汉唐则以霸道行;故汉唐之君全是功利,在本质上无有是处。按照陈亮的理解,如果朱熹的这一观点果然能够成立,那就不仅意味着历史的发展可以人为地截断,而且意味着仅仅是人欲在现实性上就足够主持得世界;如果人欲足以主持得世界,那么它就变得与同样能够主持得世界的王道相等价了。因此,朱熹将义利、王霸截然对立起来的最终结果,反而是肯定了“义利双行,王霸并用”的合理性及其客观有效性。而尤其糟糕的是,在王霸的截然对立之中,朱熹将纯粹道德的内容归诸前者,而将事业功利属诸后者,似乎王道本身是排斥事功的,而“立功建业别是法门”,并非王道所应有的内容。在陈亮看来,这一观点仅仅在表面上似乎维护了王道的纯洁性,而实质上却是为利欲、为霸道的纵横驰骋保留了恢宏的余地,是所谓“官不容针私通车马”;不仅如此,由于它将立功建业排斥于王道之外,便在本质上肢解了孔孟儒学,割裂了它内外涵摄的整体统一性,从而取消了它作为现实政治之指导思想的正当性。如果儒学仅满足于道德性命的寻求而没有将事功的追求也包容在内，那么从理欲、王霸相对立的观点来看，便即意味着人们在现实领域之事功的开辟必须在别种思想，譬如霸道的指导之下才能实现；若果真如此，则儒学便没有足够充分的资格成为现实政治的主导原则了，因为政治在实践上是不可能纯然排斥事功的。因此陈亮认为，道心、人心之二分及其相互之间的截然对立，首先导致了义利可以双行、王霸可以并用的肯定；必欲维护儒学道统的纯粹性而将汉唐之治拒斥于道统之外，断定其"专是人欲"而斥之于王道之外，所导致的乃是更为严重的对于儒学之整体统一性的支离宰割，甚至是儒学本身的灭裂。故云："有公则无私，私则不复有公矣。公私可相附而行，则儒者反破其门户扃鐍以与人共之，将使时君世主何所执以为一定不易之治乎？"①

综合上文，我们表明以下观点：

1. 陈亮对皇帝王霸问题的历史思考建立于其时代所谓"德泽有余而事功不足"、"始之以王道而卒屈于富强"这种现实之上，这是他所体认到的、在其时代又表现得特别尖锐的一种思想文化与现实政治的悖反现象；而在其思考之中，则贯穿了他所坚持的社会历史之发展的连续性与统一性观念，重申了政治的根本任务在于对特定时代的历史现实给予恰当措置，故"治天下贵乎实"，须通古今之变而因时立制。

2. 既然政治的根本任务在于现实事务的恰当措置，那么它就不能在根本上排斥事业功利；既然通古今之变而因时立

① 《陈亮集》卷十五《问古今损益之道》。

制是切实有效的治道原则，那么历史上一切关于政治的不同见解都可经过变通、整合而为今所用。因此，陈亮强调，将道德与功利、王道与霸道截然对立起来，固执道德以嗤黜功利，泥于王道而贱弃事功，不仅在理论上是不明智的，而且在实践上必然为迂阔而不切于事情。

3. “王伯之道不抗”、“杂霸固本于王”，是陈亮关于王霸问题的根本观念。他坚持认为绝不能将事业的开辟与功利的寻求从王道之中抽取掉，恰恰相反，必须确认它们原是为王道所包容的。否认这一点，便是对儒学之整体统一性的肢解，是对儒学作为政治之指导思想的本质否定。

4. 陈亮并不主张“义利双行，王霸并用”，他论证了坚持这种观点的反而是朱熹及其追随者们，这一论证是有力的，是合乎逻辑的。“双行”、“并用”，只有当“义利”或“王霸”被作为两种不同的系统的时候，这一表述才是恰当的；而在陈亮那里，王霸之道原不相对抗，道德与功利则相互统一，它们仅仅是某一系统，譬如儒学当中所涵盖的不同层面。这样，即便是义利王霸的现实运用，也仍然是对该种系统之基本精神的恰当坚持与贯彻，而无所谓“双行”或“并用”。

5. 因此究实而言，如果按照传统观念而将王道与霸道视为两种精神不同的“主义”，那么陈亮之论述王霸问题的实质，并不在于要左袒任何一方，而恰恰是在要求人们的思想观念从王霸问题的滞碍束缚当中超拔出来，将“主义”的问题搁置起来，而将注意力充分倾注于其时代所面临的各种现实问题的解决；凡有利于这一点的，无论其出于儒墨道法，无论其出于皇帝王霸，都可参取而用之。治天下贵乎实而已，安用乎大而无当、高而未易行之论乎？这才是他的“主义”。

第三节　心为致治之原

尽管陈亮在与朱熹的论辩中表现了明显的轻视动机而重视实效的功利主义倾向，以至其观点被陈傅良概括为“功到成处便是有德，事到济处便是有理”①，但这并不意味着他不提倡个体之内在的道德修养，更不意味着他撇弃传统文化中的“内圣”精神而“专言事功”。实际上，在陈亮那里，个体的内在精神或“心”，不仅是事功得以实现的前提，而且在特殊的个体即人君那里，它同时即为政治与教化的本原。这一思想集中体现在其后期著作，尤其是《汉论》之中，而《汉论》的重新发现，则提示我们须对陈亮事功学说的传统看法作出重要修正。②

---

① 《止斋文集》卷三十六《致陈同甫书》；此说不是陈亮自己的观点，今《陈亮集》不见此语。陈傅良的这一概括并非情实，对后世造成不良影响。全祖望“专言事功”之说，盖即承此而来。

② 《汉论》五卷载《圈点龙川水心二先生文粹》，该书原藏台湾国立中央图书馆善本书库，1983 年邓广铭先生辗转从美国得之，以其为底本重新编校增订本《陈亮集》。Tillman 的研究也以《文粹》为据，但以该本有饶辉作于嘉定壬申的序而确认其刊于 1212 年，恐失之粗疏；邓广铭先生认为饶辉之《序》“必然与《文粹》刊行年月全无关系”。另外，Tillman 据陈亮上孝宗第一书末尾“辛卯、壬辰之间始退而穷天地造化之初”云云，而确定《汉论》作于 1171～1175（乾道七年至淳熙二年），就其内容来看，此说恐也未安。邓广铭先生认为“《汉论》可能就是叶氏（适）所提及的《陈子课稿》的一部分，是陈亮授徒讲学期内向学生提示的一些历史问题，为学生撰写的一些示范文字”。而我们认为，《汉论》的写作时间较晚，属于其后期著作，很可能作于与朱熹的论辩（淳熙十三年）以后。其中的一些观点与其前论稍有不合，而与其可以确考的后期作品，如《迂对》、《人法》、《勉强行道大有功》以及及第后诸作中的观点，则颇相符合。

中国古代的政治思想有极其浓厚的王权意识，“天子”观念正代表了这一意识的极化。在这一观念下，天子不仅享有特殊的崇高地位，有至高无上的权力，而且政治本身是具有神圣性的。作为神圣之天的人间代表，天子的特殊权力表现在“惟皇作极”，皇极既建，黎民即“是训是行，以近天子之光”，故“天子作民父母，以为天下王”[①]。天子所以建极的依据，是“天叙有典”、“天秩有礼”、“天命有德”、“天讨有罪”[②]，首先是人间的彝伦，是现实生活中的人伦理法，而在观念上，彝伦则是被确认为天命之所赋予的。正是“惟皇作极”对天子的内在道德提出了根本要求，道德也因此而被理解为政治的原质。《尚书·尧典》云：“克明俊德，以亲九族；九族既睦，平章百姓；百姓昭明，协和万邦。”这就是后来《大学》中所谓“修身齐家治国平天下”的蓝本。而在《洪范》中，“彝伦攸叙”则是政治清明、天下大治的基本标志。因此，政治即是德化，其理想境界是道德的普遍实现，以造成举国上下协恭和衷、雍熙辑睦的和谐局面，是为“内圣外王”的根本内涵。

在陈亮那里，“惟皇作极”的观念是根深蒂固的。他认为“《洪范》之九畴，盖天地之成理，君道之极致也”[③]，“一道德以同风俗者，乃‘五皇极’之事也。极曰皇，而皇居五者，非九五之位则不能以建极也。以大公至正之道而察天下之不协于极、不罹于咎者，悉比而同之，此岂一人之私意小智乎！

---

① 《尚书·洪范》。

② 《尚书·皋陶谟》。

③ 《陈亮集》卷十五《问古今君道之体》。

无偏无党，无反无侧，以会天下于有极而已。”[1]所谓“一道德以同风俗”，乃是皇极既建以后所应实现的政治效果，即“会天下于有极”，而这一点无疑就要求人君之作极必须出以“大公至正之道”而排斥其“私意小智”，因为皇极的本质是“无偏无党”，“无反无侧”的。因此他强调君主的个体品质必须是“厚处其身而未尝以薄待天下之人”[2]。“厚处其身”，即须“无有作好”、“无有作恶”，充分培植其内在道德以至于“惟精惟一”的纯粹境界。故云：

> 呜呼！唐虞三代之君臣，夫岂无所用心于为治者？然其平居讲论，惟曰“惟精惟一”，曰“德惟一”，曰“纯亦不已”，曰“之德之纯”。究其言，疑若迂阔而不切事情，及穷其理，则治道无复出乎此。何也？专精纯诚者，合百为于一致；舛驭进退者，散志虑于多端……又况民以德而化，德以一而进，德不进于己，则化不形于民。民化于德，德化于心；心不一则德不进，德不进则民不化。此其源流本末所在，为君者要在端其本也。[3]

这里表明，陈亮是同意道德为政治之基础这种观念的，他不仅肯定治国平天下必本于正心诚意，[4]且认为惟“专心纯诚”

---

① 《陈亮集》卷十一《廷对》。

② 《陈亮集》卷十一《廷对》。

③ 《陈亮集》卷十七《汉论·文帝》。

④ 参《陈亮集》卷十五《问古今治道治法》、《问古今君道之体》。

才能“合百为于一致”,才能同风俗以正人心,使天下会归于荡荡王道之正。由于“民化于德,德化于心”,因而政治就最终归原于人主之心:

夫心者,治之根也;治者,心之影也。其心然,其治必然。①

一人之心,万化之原也。本原不正,其如正天下何?是故人主不可不先正其心也。此心既正,纯矣而固,一矣而无二三,培事物之根,濬至理之源,择善而固执之,不以他道杂之,虽非常可喜之说欲乘间而进,吾无庸受焉,则终始惟一,无间杂之病,施之治道,岂不粹然而明,浑然而全欤!②

夫天下之事,孰有大于人心之与民命者乎?而其要则在夫一人之心也。人心无所一,民命无所措,而欲论古今沿革之宜,究兵财出入之数,以求尽治乱安危之变,是无其地而求种艺之必生也,天下安有是理哉!③

显而易见,人主之心即为政治之根本,为治道之本原,而政治不过为人主之心的对象化。人主之心是否据依于道德本原之地且“纯矣而固”,即决定了现实政治是否能“粹然而明,浑然而全”。因此在他看来,人主之心终始惟一无间杂之病,

① 《陈亮集》卷十七《汉论·孝景》。
② 《陈亮集》卷十七《汉论·文帝》。
③ 《陈亮集》卷十一《廷对》。

则其政必为善政，其治必为善治。所谓“其心然，其治必然”，即谓人主之个体道德的完善与作为其外向显现形式的政治之完善是一致的。故陈亮强调“人主之心不可以不仁”①，“同风俗以正人心，清刑罚而全民命，而明效大验，可以为万世无穷之法，其本则止于厚处其身而已。”②就此立论，他又提出了论治必以心，仅言治不足以论古人的观点：

> 继前人之治者，要在识前人之心。心不前人之心，而治欲光前人之治，亦难矣。何也？心者治之原，其原一正，则施之于治，循理而行，自与前人默契而无间。有如本原之地已非其正，则措之政事之间，必有背理伤道而不自知者。③
>
> 以治论古人，终不若以心论古人……奚为治不足以论古人邪？盖心有定向，治无定体。治或因于前人则易为力，治或因于身致则难为功，此治无一定之体也。心之宽仁者虽时有忿怒，终不足以胜其宽仁；心之忌刻者虽时有贳贷，终不足以胜其忌刻；此心有一定之向也。苟舍其心而论其治，则治之粗安者可以盖其情实，而心所向者，万世之下孰能知之？是故天下不可无君子之论也。④

---

① 《陈亮集》卷十七《汉论·孝景》。
② 《陈亮集》卷十一《廷对》。
③ 《陈亮集》卷十七《汉论·孝景》。
④ 《陈亮集》卷十七《汉论·孝景》。

此说显然是就政治的道德本原立论。由“心为治之原”而引导出来的必以心论古人之治的观点，所强调的也即为动机的纯粹性，即是否“循理而行”。毫无疑问，“以治论古人终不若以心论古人”之说断然可以为朱熹所同意，但却与陈亮本人在论辩中所执持的观点颇有出入。而表述于《廷对》中的观点，显然又将政治最终归原于人主“一人之心”，从而又将人心之一的重要性置于“论古今沿革之宜，究兵财出入之数”之上，以为人心才是根本，这与他在其他著作中所阐述的基本思想，尤其是上孝宗诸书、与朱熹诸书以及《问答》、《中兴论》等，乃显得并不十分和谐。在某种意义上，我们可以将陈亮在这里的表述视为接受了朱熹的某些影响而对其前说所作的修正。

但是这仅仅是问题的一方面，另一方面，陈亮毕竟与朱熹不同，即使在以上这一问题上，他也始终只说“心者治之原”、“治原于一心”，却未曾干脆直接地说明“德者治之原”，因为在他那里，“心”还有非纯粹道德意义的一方面内涵，而注意到这一点恐怕是更为必要的。

就“心者治之原”这一命题而言，根据陈亮的阐释，“心”的内涵实际上是意志，意志有其专注的一贯性，即所谓“心有一定之向”。而意志之所专注的既可以是“宽仁”，也可以是“忌刻”，既可以是善，也可以是非善。无论其善与非善，只要它确切地表现为君主之意志，就都可能成为政治的本原。因此在陈亮看来，所谓政治之本原，乃是一般意义上的意志；道德不过为意志之善的指向而已。而当君主的意志偏离其善的指向时，它就成为不善之政乃至苛政的本原：“心既扰扰，则以刑罚，说者或以刑罚为务；以征罚，说者或以征罚为务;以聚敛进者,或以聚敛为务;否则心主乎嗜欲,主乎便佞,又否则主乎广宫室,广台榭,而天下不胜其扰矣。”[①]因此,“治新于人主之作意,而其弊也,亦自夫作意者遗之也。”[②]“苟其心之所用有间杂之病,则治道纷然无所底丽,而天下有受其弊者矣”,故“人主之心贵乎纯一而无间杂”[③],正所谓“人心之危,道心之微,出此入彼,间不容发,是不可一息而但已也。”[④]

“心”作为意志的阐释使“心者治之原”这一命题一方面与儒家文化传统中的德化政治观念相联结,另一方面又使陈亮所一贯坚持的“必定恢复之大计”的主张获得了理论基础。按照他的理解,“必有天下之大志而后能立天下之大事”,“大凡立天下之大事者,非有天下之大志者不能也。”[⑤]意志的决断在君主那里是有其特殊重要性的,它是具体的政治决策得以形成的根本前提,也是这种决策能否在实际贯彻中取得实效的根本前提。在他看来,恢复中原无疑为“天下之大事”,且为当务之所急,而要实现恢复之业,君主就必须坚定复仇之志。若“圣心”决意于恢复,则一切治具条画就必将以此为取向中心,然则恢复之业便可指日而待。若心意不决,踟躇犹疑,则非但无由济中兴之功,且正为弊政之原。故云:“夫处心不定者,皆害治之本,而执德不回者,乃运化之枢,

① 《陈亮集》卷十七《汉论·文帝》。
② 《陈亮集》卷十七《汉论·孝宣》。
③ 《陈亮集》卷十七《汉论·文帝》。
④ 《陈亮集》卷九《勉强行道大有功》。
⑤ 《陈亮集》卷十九《汉论·高帝朝》。

人主其可不纯用其心也哉!”[①]在这一意义上,“心者治之原”遂又与《中兴论》及上孝宗诸书保持了观念上的一致,因为这些著作都是以激励孝宗“励志复仇”,启其北向之志,决恢复之大计为主要论点的。

意志在个体的具体表现就是喜怒哀乐爱恶之情,而在君主那里,其情感表现便同样与政治风化密切相关,并且在陈亮看来,实际上也为政治的某种手段,故谓“夫喜怒哀乐爱恶,人主之所以鼓动天下而用之之具也”[②]。由于六情为意志的表现,因而当人主公其“喜怒哀乐、是非好恶”于天下,“皎然如日月之在天”,便有“雷动风行,天下方如草之偃”之势。[③] 据此立论,他遂对孝宗有相当严厉的批评:

> 乙巳、丙午之间,虏人非无变故,而陛下不独不形诸喜,而亦不泄诸机密之臣;近者非常之变,虏人略于奉慰,而陛下不独不形诸怒,而亦不密其简慢之文。陛下不以喜示天下,而天下恶知机会之可乘?陛下不以怒示天下,而天下恶知仇敌之不可安?弃其喜怒以动天下之机;而欲事功之自成,是闭目而欲行也。[④]

这番议论是直接针对孝宗“机会在前而不敢为翻然之喜,隐

---

① 《陈亮集》卷十七《汉论 · 文帝》。
② 《陈亮集》卷一《戊申再上孝宗皇帝书》。
③ 《陈亮集》卷一《戊申再上孝宗皇帝书》。
④ 《陈亮集》卷一《戊申再上孝宗皇帝书》。

忍事仇而不敢奋赫斯之怒”的懦弱而发的。在他看来，孝宗“泯其喜怒哀乐，杂其是非好恶，而用依违以为仁，戒喻以为义，牢笼以为礼，关防以为智”①，其结果必然为天下皆忘其仇耻而沉湎于苟安之乐，必然为人心日趋其涣散而政事日趋其凋敝。因此，他竭力主张“陛下用其喜怒哀乐爱恶之权以鼓动天下”，使天下人心皆同所向。六情的恰当运用既是纯正光明之心的表现，因而就是“行道”，有其现实性上的致治之功。“尧舜之‘都’、‘俞’，尧舜之喜也，一喜而天下之贤智悉用矣；汤武之《诰》、《誓》，汤武之怒也，一怒而天下之暴乱悉除矣。此其所以为行道之功也。”②陈亮又云：

> 夫喜怒哀乐爱恶，所以受形于天地而被色而生者也，六者得其正则为道，失其正则为欲……夫道岂有他物哉？喜怒哀乐爱恶得其正而已；行道岂有他事哉？审喜怒哀乐爱恶之端而已。不敢以一息而不用吾力，不尽吾心，则强勉之实也。③
>
> 夫人心之正，万世之常法也。苟其不役于喜怒哀乐爱恶之私，则曲折万变而周道常如砥也。④

按照这里的阐释，天赋之情感的正当表现，即当排除了私意小智之掺杂的时候，即为道；这一观点丰富了他所坚持的

① 《陈亮集》卷一《戊申再上孝宗皇帝书》。
② 《陈亮集》卷九《勉强行道大有功》。
③ 《陈亮集》卷九《勉强行道大有功》。
④ 《陈亮集》卷四《问答下》。

“天下无道外之事”的基本思想。另一方面，由于将意志之正当的直接表现，即作为心之所发的六情理解为道，因而“心者治之原”这一命题便同时在道的层面上获得了其内涵的深化。

由上述可见，以心为政治之本原是陈亮一项基本的政治观念，并且实际上指导着他的政治活动。“心”所包含的纯粹道德的内容，使这一思想与“内圣外王”的传统政治观获得了一致；而“心”作为意志的阐释，又使它与陈亮所坚持的恢复主张保持了统一；六情之正即为道，其展现则为实际政治之手段，乃是“心者治之原”的合理引申。应须指出，陈亮的这一思想尽管有经典文献为其依据，并且他也用之以批判现实政治，用之以阐明决恢复之计的政治主张，但其本身却包含着极端的王权意识，因而它就不可避免地有其严重缺陷。陈亮自己也认识到这样一点，即“人君居得致之位，操可致之势，目与物接，心与事俱，其所以取吾之喜怒哀乐爱恶者不一端也，安能保事事物物之得其正哉？”[1]因此他一再强调人主须去其私意而以天下为心，也在同样的意义上强调必致操存修养之功，即以纯粹道德来确保君主之心的不失其正。但在这一点上，倒确乎“人心惟危”，是极不牢靠的。因此，尽管陈亮有非常明确的反对君主独裁的主张，但他所阐明的“心者治之原”这一思想，却刚好又为君主独裁开启了方便之门。

---

① 《陈亮集》卷九《勉强行道大有功》。

第四节　天下不可以才智独运

在作《酌古论》时，陈亮就形成了以具有过人之智慧与撼动天下之大才为特征的人格理想，他时时所称道的“豪杰之士”与“英雄之主”也无不以特出之才智为其典型性格。在他看来，本领必须宏阔，唯其具有“推倒一世之智勇，开拓万古之心胸”，方能使天下之大物“斡得动，挟得转”，或力挽狂澜于既倒，或开拓百代之事业。雄才英睿，嘉猷大谋，是陈亮所理想的英雄之主所应具备的条件。因此，他对才智首先是加以肯定的。尝云：

> 大抵才智之在人，非能用之为难，而不能尽用之为难。变故之相仍而利害之相攻，祸患之迭起而雌雄之未决，于斯时也，非才智不足以胜之……又况人主之拨乱反正，非神武之才，聪明之智，未易以慑英雄而使之帖服。君子固谓欲成中兴之美，非才智不可也。①

但是另一方面，他又认为才智的运用必须要有一定的限度，若用之而不已，必致弊害丛生，是所谓才智“不能尽用之为难”，因为“道无时而息，术无时而穷，才用而不已则有遗才，智用而不已则有遗智。故善用才智者深藏而时出之，如干将之出柙，牛既解则弢而藏之。苟用之而不已，其不缺且折者

① 《陈亮集》卷十八《汉论·光武》。

几希。”[①]他尤其强调，才智唯可尽施用于拨乱反正之际，当群雄并起、斗智格力之时，若无过人才智则无由得天下，而及天下既得，便须韬光养晦，“屏智虑，黜聪明，泯才智于无用，兼天下之视听以为视听，资大臣之谋猷以为谋猷，有好问之诚，无自用之失，断大事以圣人之经，假宰相以进退之权”[②]。只有这样，其天下之治才可能长久无弊，硕大光明。反之，“不知养才于拙，晦智于愚，其中翘然恃其所长，视在廷之臣若无以当其任者，凡一政一事惟恐以愚拙目我，于是介介焉以思，役役焉以察，必期下之人不能欺然后已”[③]，则其不仅终不免为臣下所欺，而且其所以为治者必不能逃其弊害。“何也？一己之聪明有限，有限则易以昏；众人之聪明无穷，无穷则难以蔽。”[④]故君主之治天下，切忌专恃于一己之聪明才智，而须集思广益，兼天下之视听，用众人之聪明。故陈亮云：

> 古之圣人，非不用心于为治，然其酬酢万变，陶冶一世，必有出于才智之表，而非徒倚办于才智。故治之全体，浑然醇粹，无一毫之可恨。[⑤]
>
> 天下之大，不可以才智运也。以才智而运天下，则其所遗者必多。何也？周防检察，将以求胜天下之奸，而天下之奸反捷出而策吾之所不及。故与天

① 《陈亮集》卷十八《汉论·光武》。
② 《陈亮集》卷十八《汉论·光武》。
③ 《陈亮集》卷十八《汉论·光武》。
④ 《陈亮集》卷二十一《汉论·宣帝朝》。
⑤ 《陈亮集》卷十八《汉论·光武》。

> 下战于才智之中者，虽足以起一时之治，使之整肃，而心地不广，规摹不宏，亦足以为治道之累。[①]

天下不可以才智独运这一观点，陈亮是将它限定在君主之治天下这一意义上的。因此，一方面，它可以被看作是对“汉唐以智力把持天下”之说的一种反驳。陈亮认为，“才智可以致治于暂，而不可以持久”[②]，而汉唐均有数百年之治，故汉唐也必非以智力把持天下，天下也非智力所可把持。因此在与朱熹论辩时，他曾强调“道之在天下，至公而已矣，屈曲琐碎皆私意也。天下之情伪，岂一人之智虑所能尽防哉？就能防之，亦非圣人所愿为也……圣人之于天下，时行而已矣，逆计预防皆私意也。天运之无穷，岂一人之私智所能曲周哉？就能周之，亦非圣人之所愿为也”[③]。这一阐述无疑为天下何以不能以才智独运的更为充分的理由。但是另一方面，上引《汉论》诸语均对汉朝“中兴之主”光武帝刘秀而言，“天下不可以才智运”的结论也从他对刘秀的批评之中而得出，他认为“后之人主，既以才智角奸雄而得天下，故其守之之日，不能脱其旧习，犹欲用其故智以从事于臣民，是以为治之效有不能满人意者，汉之光皇是也”[④]。由此看来，在《汉论》中陈亮似乎又不知不觉地，至少是部分地同意了天下是可能以智力把持的，因为他恰好也认为光武之治乃出于一

---

① 《陈亮集》卷十八《汉论·光武》。

② 《陈亮集》卷十八《汉论·光武》。

③ 《陈亮集》卷二十八《丙午复朱元晦秘书书》。

④ 《陈亮集》卷十八《汉论·光武》。

己之才智，故其“中兴之美”未能“全尽”，其为治之效也不能令人满意，而后之人主“尽用才智者可不以是为戒哉！”①

然而无论如何，“天下不可以才智运”这一观点在陈亮的政治思想中仍值得重视，因为它实际上是陈亮对集权体制与君主独裁提出其切中肯綮而又激切之抨击的观念基础。

赵匡胤立国之初，因鉴于唐末藩镇之祸而厉行中央集权制度，总揽军政财权于朝廷，“兵皆天子之兵，财皆天子之财，官皆天子之官，民皆天子之民。纲纪总摄，法令明备，郡县不得以一事自专也。士以尺度而取，官以资格而进，不求度外之奇才，不慕绝世之隽功”，“自管库微职必命于朝廷”，“举天下皆由于规矩准绳之中”②。这种极端的中央集权，陈亮认为，在当时的情况下是必要的，北宋“二百年太平之基从此而立”。但其中也潜存着导致日后国势不振的隐患，尤其是当中原既经沦陷而宋室南渡以后，亟需有度外之才以济其度外之功，而朝廷仍严守其祖宗旧法，这种集权体制遂成为政事不举，国力困竭，财用不支的根源，故云：“圣断裁制中外，而大臣充位；胥吏坐行条令，而百司逃责；人才日以壄茸，臣恐程文之士，资格之官，不足以当度外之用也。”③在《中兴论》中，陈亮更直指孝宗云：

> 臣窃惟陛下自践祚以来，亲事法官之中，明见万里之外，发一政，用一人，无非出于独断；下至

① 《陈亮集》卷十八《汉论·光武》。
② 《陈亮集》卷一《上孝宗皇帝第一书》。
③ 《陈亮集》卷一《上孝宗皇帝第一书》。

朝廷之小臣，郡县之琐政，一切上劳圣虑……今朝廷有一政事而多出于御批，有一委任而多出于特旨。使政事而皆善，委任而皆当，固足以彰陛下之圣德，而犹不免好详之名；万一不然，而徒使宰辅之避事者得用以藉口。[1]

“圣断裁制中外”，“封一政用一人无非出于独断”，是集权政体之下极端的君主独裁，也即陈亮所反对的以一己之才智而独运天下。照他看来，“人主之职本在于辨邪正，专委任，明政之大体，总权之大纲”[2]。唯在于秉枢执要而已。若屑屑焉每事之必亲，一切皆经御批裁制，那么它所带来的就绝不是君主之权力的强化，而是它的失落，因为过分独裁的必然结果乃是“百司逃责”，而在各级官僚政府竞相逃避其责任的情形下，要求政事之无弊即断然为不可能，而君主既“泛应乎一日万机之繁”，要求其权力之强固，亦岂可得乎？因此陈亮认为，君主必不能过分独裁，须明执要之道，分其事权于大臣，若“专以一身任天下，其明之所不见，力之所不举者多矣”[3]。

以上表明，陈亮对于集权制度之下极端的君主独裁所造成的政治弊害是有相当清醒的认识的。但似乎应充分注意这样一点，即陈亮对于现实政弊的这种指责，充其量只是要求在行政过程中实现某些具体制度与政策的改革，而不是要求

① 《陈亮集》卷二《中兴论·论执要之道》。
② 《陈亮集》卷二《中兴论·论执要之道》。
③ 《陈亮集》卷十八《汉论·光武》。

对集权制政体本身实行改革。在他那里，君权之神圣的绝对性实为不可动摇，而所谓天下不可以才智狃运，其更确切的内涵是强调君主之心的硕大光明，不能偏离于荡荡平平的皇极之则；若自恃其聪明才智，专以一身任天下，便是私意小智的夹杂，便是其心之失正，然则其政治便不能无弊。因此，“天下不可以才智运”与“心者治之原”在内涵上是相互连贯的。正由于陈亮未有在根本上反对集权政体的意思，因此在其著作中对“艺祖皇帝”略无贬词而多有颂扬，但若谓他对现实的批评仅要求回复到宋初的政治局面，[①]却恐是皮相之见，因为陈亮所真正重视的是相度时宜而因时立制，并不强调任何前代政治局面的回归。

第五节 君臣须相与如一体

承上所论，陈亮既强调君主须秉枢执要，总揽权纲，而以政事委诸大臣，那么这就自然引导出一个君臣关系问题。事实上，这一问题在整个帝制时代的政治生活中都显得特别重要，作为天经地义的五伦之一，它更在儒家文化中受到特殊重视。在以王权为核心的政治体制中，官僚阶层处在绝对的统治者与纯粹的被统治者之间，它一方面担负着君主之意图的传达、政令的施行、具体政治活动的组织以及民意的上达等等重任，另一方面又须服从于君主的绝对权威；它既是统治者又是被统治者。正是这种政治上的双重角色，决定了政治活动中各级官僚层层对上负责的普遍特征。而君臣关系的

---

① 这是 Tillman 的观点。见其著 Utilitarian Confucianism，P3，P217。

和谐也因此而显得异常重要，因为这种和谐一旦丧失，政治便将陷入偏弊、混乱乃至瘫痪。

但是维系君臣关系的纽带却不是其他的任何东西，而仅仅是观念，即所谓纲常。陈亮首先所强调的也同样是尝为儒家学说所阐明的这种观念。尝云：

> 太极肇分，两仪奠位，君臣父子之道始立。①
>
> 君臣，天地之大义也。君臣不克其终，则大义废而人道阙矣。②
>
> 孔子之作《春秋》，其于三代之道或增或损，或从或违，必取其与世宜者举而措之，而不必徇其旧典，然于君臣之大义，未之有改也。③

在他看来，君出令而臣施令，君主政而臣辅相，这种关系的特殊定位是天地之大义的赋予，是人道善美的表现，也是圣人所确立的政治之道，故无任何理由不予恪守奉行。正常而又合理的君臣关系是相互之间的"以诚相感"而"以心相知"④，同寅协恭，和衷共济，共致天下于大治并维持国家社稷于久远。这就要求"君以仁为体，臣以忠为体。遍覆包含如天地之大，仁也；公家之事知无不为，忠也"⑤。只有君仁臣忠，各得其体之正，才能"君臣之间相与如一体，明白洞

---

① 《陈亮集》卷二十《汉论·惠帝朝》。

② 《陈亮集》卷三《问答上》。

③ 《陈亮集》卷三《问答上》。

④ 《陈亮集》卷十九《汉论·高帝朝》。

⑤ 《陈亮集》卷二《中兴论·论正体之道》。

达，豁然无隐”①。

陈亮进一步认为，君臣之间的职能区分之所以为天地之大义，是由于“天生斯民而立之君，君不能以自治，则定卿大夫之任，分职授政，择天下之士以共之，因其才之优劣而任职之高下”②。而当人君奉天行事，择人臣以“分职授政”之时，最重要的莫过于“辨邪正”：

> 人君之任臣，莫大于明君子小人之情。不明君子小人之情，而惟曰信任，未有不败事者矣。③

邪正既辨，人臣既委，君主便应“虚怀易虑，开心见诚”，以体现如天地之大的宽厚仁慈，“与其位，勿夺其职；任以事，勿间以言。大臣必使之当大责，迩臣必使之与密议。才不堪此，不以其易制而姑留；才止于此，不以其久次而姑迁。言必责其实，实必要其成”④。切忌疑而用之，用而疑之。君主对臣下的开心见诚，是确保臣下尽忠并使君臣关系保持和谐的基本前提。因此，陈亮认为君主御臣之道不在于心存猜忌而密使检察，也不在于严刑峻法而使之畏惧怵惕，而应体仁隆礼以使之竭诚尽忠，所谓“君臣固当相与如一体也，何至存肆谗之人以恐惧其心志，而徊徨其进退哉！”⑤以此为论，他甚至认为“刑不上大夫”是必要的：

---

① 《陈亮集》卷二《中兴论·论开诚之道》。
② 《陈亮集》卷十三《问三代选士任官》。
③ 《陈亮集》卷二十一《汉论·昭帝朝》。
④ 《陈亮集》卷二《中兴论·论开诚之道》。
⑤ 《陈亮集》卷十一《廷对》。

> 先王知朝廷之尊严在乎体貌大臣而厉其节，故其用之也加之以审，而其待之也加之以礼。是以一代之臣必立一代之勋，由夫上之人以礼维其心，而不以法约其外，用礼愈严而人臣畏法益谨。传曰："刑不上大夫"，乃先王尊严朝廷之意也。①

在他看来，"刑不上大夫"之所以为必要，是由"朝廷之尊严"所决定的。他似乎认为刑上于大夫便将有损于朝廷之尊严，故在论汉宣帝之待人臣时，指其有任法寡礼之失，认为"法胜而礼衰"必导致"上之势孤而下之情隔"。"上之势孤，至于久则不尊；下之情隔，至于久则不通。势不尊而情不通，遂积为相臣擅命之祸。"②因此，君主之待人臣须体于仁而依乎礼，不能以法取胜，因为"仁义者，人心之同然，惟仁义可以激人心"③。

就人臣方面言，为臣的本分是尽忠于君主，须"以其君为心"而"不负于国家非常之求"④。"人臣之事君，至不可使有一毫之忌隙也"，"尽其心，竭其诚，与天相为无穷可也。"⑤既立心于忠诚，以君为心，则其处事便能"无慊诸其心而忠于国家"⑥。

在陈亮的理解之中，君臣关系的和谐、"君臣相与如一

① 《陈亮集》卷二十一《汉论·宣帝朝》。
② 《陈亮集》卷二十一《汉论·宣帝朝》。
③ 《陈亮集》卷十九《汉论·高帝朝》。
④ 《陈亮集》卷十二《制举》。
⑤ 《陈亮集》卷十九《汉论·高帝朝》。
⑥ 《陈亮集》卷二十七《与徐彦才大谏》。

体”，乃是国家机器正常运作的基本保证。尽管他认为君仁臣忠是相互依存、互为条件的，但并不是平等。所谓“天地之大义”原本就包含着天尊地卑这种确定不可移易的界限，正所谓“自风气初开，人极肇建，于是有君臣上下之分，而为之号以尊异之”[①]。因此，“君当其善，臣当其怨”，“君任其美，臣受其责”，便为天经地义，是亦正为陈亮所理解的“君臣之体”的实际内涵。[②] 显而易见，它所强调的正是君主之权力的绝对性以及各级官僚尽忠于君主以维护君权的正当性。

在理论上，“君臣相与如一体”也是天下不可以才智独运这一命题的展开，因为既不可以独运，便须分职授政；既分职授政，便以相与一体、共襄王事最为理想。但陈亮对于“分职授政”的重视绝不意味着他有削弱君主之至上权力的主观意图，恰恰相反，他所强调的是君主“临下以简，御众以宽”，认为唯宽简方合乎天下至健之君道，故“礼乐征伐必自天子出，而诸侯大夫不得而干也”。“一日万机”以独运天下必不合乎秉枢执要的宽简之道，它必然导致君主至上权力在实际上的坠失，而“一日失其柄，则虽有宽仁之德而非君矣”[③]。在他看来，君主之“位”与“柄”实比“宽仁之德”更为重要。因此，在天下不可以才智独运以及君臣须相与如一体这种意义上所强调的对于君主之事权的分散，其实质恰好是分散的反面，是君主之权力的“简化”与“健化”，也即是强化。但在当时的政治背景之下，陈亮对这一观念的重新阐

① 《陈亮集》卷四《问答下》。

② 《陈亮集》卷二《中兴论·论正体之道》。

③ 《陈亮集》卷十五《问古今君道之体》。

明,却又包含着对于君主"泛应乎一日万机之繁"而"百司逃责"、虽任用大臣而不与事权,且又事事"防闲检察"这种"上下相蒙,君臣异志"之现实情形的批判。他在《汉论》中对于君主或任用非人,或虽用人却又矫诡相试,或听信谗言而杀戮大臣等等方面的揭露与指责,也同样寄寓了他对现实的这种批判。在他看来,现实中"君臣异志"的情形不予匡正,无由求政治之清明,也无由求任何实际事功之开辟,故谓"上下同心,君臣戮力者,事无不济;上下相蒙,君臣异志者,功无不隳"①。在这种批判现实的意义上,"君臣相与如一体"的倡导遂表现了陈亮要求改革政弊的主观愿望,并且它与恢复中原这一迫切的现实事务是相为表里的。

就君臣相与如一体这一观念本身而言,它不仅略无新意,且是非常古老的旧调。按照《尚书·皋陶谟》的记载,舜曰:"臣作朕股肱耳目,予欲左右有民,汝翼。"天子为"元首",大臣为"股肱耳目",是即为"君臣相与如一体"的含义。"元首明"、"股肱良",是"庶事康"的保证;若是"元首丛脞"、"股肱惰",则"万事堕哉"。陈亮之论君臣关系实本于此而未能超出此义。至于因强调君仁臣忠的所谓"君臣之体"而肯定"刑不上大夫",则极不可取。

第六节　法治与人治

儒家之传统的政治学说较少强调"法"而特重"礼",法的观念实质上是为"礼"所包含的。由于道德为政治的本原,

---

① 《陈亮集》卷二《中兴论·论励臣之道》。

因而有“修齐治平”之政治模式的确立；而对人性本善的突出强调，则必然导致对于法制观念的淡漠，因为在性善说的框架之内，人性的本善不仅表明个体具有先验道德，而且表明他先验地具有对于是非善恶的判断能力，因此，只要将本善之性充分引导出来并使之扩展于经验领域，那么现实性上的恶就是可以避免的。这就意味着政治应须诉诸道德而不是在本质上对恶实施强制的法律，道德风化也因此而成为政治的最高要求。在儒家的典型代表，比如孔、孟那里，他们所真正重视的正是仁、义、礼、智、忠、恕等属于个体道德的范畴。但其中“礼”稍有不同，尽管“行于礼”是道德的，但它本身却是关于人们之外在行为的规范，是贯彻于生活经验中的某种制度，在这一意义上，它遂涵盖了“法制”的某些实际内容。在先秦儒家中，荀子与孔、孟的不同即在他对于礼更为突出的强调，其全部学说都是以礼为核心来建构的，而这一点正以他关于人性的一般观念，即“人之性恶，其善者伪也”为根本前提。正因“人之性恶”，故须对其行为实施强制性限定，以实现“化性起伪”，使之终归于善。荀子对礼的突出强调，实即表明以礼为形式的法制在国家政治中为不可或缺，它是善政的保证，是政治的必要手段；这一思想同时也保留了与法家思想相兼容的余地，故其学生韩非会成为法家的典型代表，并非没有缘由。

自汉代始以儒立国，但儒家所理想的那种政治境界虽非常美妙却显得过于遥远，人性虽可界定为善但其经验表现却未必善，故汉袭秦制，虽重儒术而又兼取刑名法术，正所谓

"汉家自有制度，本以霸王道杂之，奈何纯任德教，用周政乎！"①而在推崇汉代之制的陈亮看来，人性之善的高扬、仁义之性的启导与经验行为之规范的确立、国家制度的建设，尤须并行而不悖。因此，他首先确认法制为政治的必要手段：

> 仁义、法制，帝王之所以维持天下之具也。②
>
> 自有天地，而人立乎其中矣。人道立而天下不可以无法矣。③
>
> 夫法度不正则人极不立，人极不立则仁义礼乐无所措，仁义礼乐无所措则圣人之用息矣。④

法制之所以必要，是因为"法者公理也"，"人心之多私，而以法为公，此天下之大势所以日趋于法而不可御也"⑤。作为"公理"之法，是对"人心之多私"的制衡，在实际政治中，则为人主所以为天地立极之具，为天下所应共同遵守的规范与准则，也为国家机器正常运行所凭藉的必要手段。在本质上，法制的建立与变更是以天下事变为其依据的，因此，法制之成为必要的行政手段即体现了天下大势之所趋，而法制的日益详密则体现了天下事变的日益繁杂，故谓"天下之变

---

① 汉宣帝语，见《汉书·元帝记》。

② 《陈亮集》卷十三《问汉唐及今日法制》。

③ 《陈亮集》卷十一《人法》。

④ 《陈亮集》卷二十三《三先生论事录序》。按此文也误入《朱文公文集》卷76，应予改正。

⑤ 《陈亮集》卷十一《人法》。

日趋于下，而天下之法日趋于详也”①。

陈亮对于法制的重视及其以天下事变为立法依据的合理阐释，表明他对法制在国家行政管理过程中的重要作用有深刻的认识，但这却并不表明他主张法治。实际上，他是竭力反对“任法”的，认为法制日趋于详密，欲恃法以为治，不仅无由致治，而且有其极为严重的弊害。尝云：

> 古者不恃法以为治，惧天下之以法求我也。后世立法以听人之自取，惧天下之相与为私也。庆赏刑威，圣人所以奔走天下之具，《周官》所谓八柄驭群臣者，其操纵阖辟，无不自我，岂尝立为定法，以听人之自取哉？天下而有定法，则各执其成以要其上，如持券取偿，患法之不合，而不患吾之无以堪此也；患求之未遂，而不患人之不以为然也。则天子之八柄亦亵矣。②
>
> 夫人情不易尽，而法之不足恃也久矣。然上下之间每以法为恃者，乐其有准绳也。以名誉取人，人或以虚诞应之，而荐举直以文移为据耳。天下宁困于荐举而终以为名誉之风不可长者，所恃在法也。以绩效取人，人或以浮伪应之，而年劳直以日月为功耳。天下宁困于年劳而终以为绩效之实不可信者，所恃在法也。③

① 《陈亮集》卷十二《铨选资格》。

② 《陈亮集》卷十一《任子宫观牒试之弊》。

③ 《陈亮集》卷十二《铨选资格》。

在他看来，法制的过于繁琐严密，一切皆按循一定的制度条例，就必有任法之弊。一方面，既一切皆以法度为准绳，法度便成为绝对准则，而君主"操纵阖辟"之权便将因此而削弱乃至丧失；另一方面，法制虽日益详密，但终究不能尽人之情，其遗漏之处正可为奸宄所利用；而与一切皆随例而行、无所改易，相伴随的就必然是制度的僵化，它不仅无由求度外之人以建立度外之功，而且各级官僚无论贤智愚不肖均不得展布其四体，因此人浮于事，虽在其位而不谋其政，虽有劳绩而不得庆赏、虽无才能却因有资格而得升迁等等不合理现象便不可避免。有见于此，陈亮不仅认为"法不足恃"，而且提出了治不可以求备的观点：

> 治之在天下，不可以求备也。必求备，则有所不可备者捷出而乘其后。故风林无宁翼，急湍无纵鳞，操权急者无重臣，持法深者无善治。奸宄之炽，皆由禁网之严；罅漏之多，亦由夫防闲之密。故圣人宁受不足之名，而推其有余以遗后人，不忍尽用其术以求多于天下。①

法制之日趋繁密，是求治以备的表现，而在陈亮看来，禁网之严密必多法外之遗奸，求治具之详备必多治效之罅漏；这是一种老庄式的辩证观，但"持法深者无善治"却也不失为一种卓见。

① 《陈亮集》卷十七《汉论·孝宣》。

任法之弊既如此严重，依赖法制并不能达于善治，那么是否应当弃置法制而一任人治？这显然也非陈亮的观点。他确认当时法制之弊，“此其病不在法也，亦不在人也，病在夫立法以听人之自取，而天下皆得执法以要其上也。”①所谓“立法以听人之自取”，即将法制条令悬为绝对而没有变通的灵活性，也即“任法之自行”。陈亮是将“以人行法之法”与“使法自行之法”相区别的：

> 法固不可无，而人亦不可少。闻以人行法矣，未闻使法之自行也。立法于此，而非人不行，此天下之正法也。法一立而人主以用人为己忧，兢兢然惧任官之非其人，（非其人）而法不能行也，故上当其忧而下任其责，天下所以常治而无乱也。病无其人而一委于法，此一时之私心也，法一详而人君以用非其人为未害，纤悉委曲，条目具备，彼固不能尽出吾法之外也，故上无近忧而下不任责，天下之事所以常可虞也。故有以人行法之法，有使法自行之法。②

按照这里的阐释，所谓“以人行法之法”，即在法制既经确立以后又必善择乎执法之人，因为法是赖人以行的；而“任法自行之法”则以法制本身为绝对，而少措意于执法之人的选择。这两者的区分实际上是提出了法制建设及其贯彻过程中

---

① 《陈亮集》卷十一《任子宫观牒试之弊》。

② 《陈亮集》卷十一《人法》，括号内“非其人”三字为引者所加。

人的素质问题。陈亮是必欲确立"以人行法之法"而反对"使法自行之法"的。他认为"三代未尝不立法,而无任法之弊;三代未尝不用人,而无任人之失",其根本原因即在"以人行法"①,"故一世之贤者得以展布四体以共成治功,而民之耳目手足亦各有定而不摇。"②至"汉,任人者也;唐,人法并行者也;本朝,任法者也"。尽管他认为"艺祖皇帝立法之初"也未尝有任法之弊,但又确认"本朝"至于"今日"的一切法弊皆由任法自行而来:"法当以人而行,不当使法之自行。今任法之弊,弊在于使法之自行耳。"③

"法当以人而行,不当使法之自行","天下不可以无法也,法必待人而后行者也"④,是陈亮所提出的法治与人治的辩证观,代表了他关于法的根本观念。由上述可知,这一观念的实质是反对法禁的严密,反对纤悉委曲之科目条例对于人在实践上的主动性之束缚乃至扼杀;重视立法与执法的相互关系,强调善择乎人以执法较之立法本身更为重要。法令周密,制度繁琐,一切皆依循条例,按部就班,确乎为官僚政治的一种典型特征,它所造成的是平庸拖沓沉闷僵硬的政治局面;在反对这种官僚政治而要求行政制度之改革的意义上,陈亮所提出的观点有其可取的合理内核。但是"以人行法"的观点是不能被过分强调的,因为其实质仍是"人治",其过分强调将导致法作为某种原则之客观性的丧失,其规范作用便将

① 《陈亮集》卷十五《问古今法书之详略》。
② 《陈亮集》卷十一《人法》。
③ 《陈亮集》卷十一《人法》。
④ 《陈亮集》卷十一《人法》。

随之不见，然则其弊害恐怕就并不仅仅是“执法以要其上”，而是有法不依，上有政策下有对策，其“法外遗奸”之患也将更甚。

但是在陈亮那里，他所看到的是任法自行之弊，他欲革除此弊而要求以人行法，强调某种变通的必要性，则不仅可以理解，且有其现实意义。实际上，陈亮又是充分意识到这样一点的，即“天下方以法为恃，而欲委法以任人，此虽尧舜不能一日而移天下之心也”①、“天下之大势一趋于法，而欲一切反之于任人，此虽天地鬼神不能易，而人固亦不能易矣”②。“法令之密，而天下既已久行而习安之，一旦患贤智之不得以展布四体而思不恃法以为治，吾恐奸宄得以肆其所欲为，而其忧反甚于今日也。”③另一方面，“任法者本朝之规模也，易其规模，则非后嗣子孙之所当出也。”④这表明法制的急剧变革甚或尽撤法制以任人，都是既不合时宜也是不可能的，而且其弊害或将更甚于任法。“然而任天下大势之所趋，而听其所至之如何，则无所责于人矣”⑤，是又为不可。有见于此，他遂以变通为必要的处置之道，强调“变通之道不可缓也”，“倘能于其使法自行之意而变通之，则条目微密，得无有可简者乎？关防回互，得无有可去者乎？大概以法为定，以人行之，而尽去其使法自行之意，上合天理，下达人心，二

① 《陈亮集》卷十二《铨选资格》。
② 《陈亮集》卷十一《人法》。
③ 《陈亮集》卷十一《人法》。
④ 《陈亮集》卷十一《人法》。
⑤ 《陈亮集》卷十一《人法》。

百年变通之策也。”[1]

变通是强调制度的内部调整，要求对现行制度实施局部改革，其调整与改革的方向则是芟夷繁琐微密之科条，使法令简明确定，而确立以人行法之原则。这里值得重视的是“以法为定”，它显然是要求法制本身的确定性，也即作为行政之基本法则的客观性。陈亮认为，当时的实际情形是立法以私意，而未本诸“公理”的根本原则，“然人之私意无穷，而吾之立法亦未已，一人抑之，一人开之，抑之一说也，开之又一说也，互相是非而法亦不知所定矣。”[2]因此，“凡其大臣之所讲画，议臣之所论奏，往往因弊变法。”[3]这样就造成“朝廷科条日密，更易不定，吏民不相习知”的实际情形。[4] 朝廷立法不定，往往“因弊变法”，务于补苴罅漏，热衷于颁布临时性的政策条例，遂至于“科条日密”。故政策条令的繁琐细密，更易不定，是政治不成熟甚至于张皇的表现，而另一方面，法令既没有相对的确定性与稳定性，“吏民不相习知”，便无所措其手足，便谈不上法令的贯彻与奉行，故“法愈详而弊愈极”[5]，“是何以尊朝廷而壮国势哉！”[6]显而易见，陈亮“以法为定”之说乃针对这种决策的随意性与随机性而言，其意义即为他一再强调的立政之大体，定国之规模，即要求某种基本法的确定。而与此同时，“以法为定”又是对“以人行

① 《陈亮集》卷十一《人法》。
② 《陈亮集》卷十一《任子宫观牒试之弊》。
③ 《陈亮集》卷十二《铨选资格》。
④ 《陈亮集》卷十三《问汉唐及今日法制》。
⑤ 《陈亮集》卷十二《铨选资格》。
⑥ 《陈亮集》卷十三《问汉唐及今日法制》。

法”的一种必要限定。

陈亮云：“天下方争论法以求精密，而愚独以为当使法令宽简，而予夺荣辱之权一归于上。”[①]这是他所确认的法制改革之方向。然而法令须就宽简的必要性何在？陈亮认为：

> 人主为治，莫患乎饰治者有余而出治者不足也。夫文物者饰治之具，而宽洪者出治之本……品式之具而根本之戕也，华藻之丽而质朴之亡也，典章之盛而道德之役役也。故善为政者，宁使治本之不立？……是故临简御宽者，皆圣人体天地之量；而以严束下，以慧察物者，必非进德之阶。[②]
>
> 夫宽厚仁慈者，乃人主养心之本，而忌忍刻薄非为君进德之阶。[③]

这是就立政之本而言。宽洪既为出治之本，故君主须临简御宽，以体天地之量，而且唯“含洪光大者乃胶人心之理”[④]。由此我们可以看出它与“心者治之原”、“天下不可以才智独运”诸说的联系。另一方面，陈亮认为为政不仅须要合理，还须要合情，而人情是“乐简易”的：

> 吁！乐简易而恶烦碎，喜柔和而惮严切者，人

① 《陈亮集》卷十一《任子宫观牒试之弊》。
② 《陈亮集》卷十八《汉论·明帝》。
③ 《陈亮集》卷十七《汉论·孝景》。
④ 《陈亮集》卷十八《汉论·章帝》。

> 情之常也。为政不顺人情，而曰权之在我，制之无不从；势之在我，劫之无不服。从固从矣，服固服矣，其如苟何！[1]

如此看来，法令烦碎即悖逆人情之常，它不仅必导致弊政，还极可能导致苛政，故须改繁杂而就宽简。再一方面，依陈亮之见，"艺祖"立法之意原也以宽简为本：

> 艺祖之初，法令宽简，取士任子，磨勘考绩，年劳升转，皆未有一定之法，而天下之人尽心毕力以事其上，上之人视其劳佚、能否而为之黜陟进退，而不必尽拘于一定之法，故上易知而下易使，明白洞达，以开千百年无穷之基。[2]

在他看来，宋初"取士贵得人，任官贵责效"，"治兵贵制敌，理财贵宽民"，皆"立法以公而以人行法，未尝敢曰无其人而法亦可行也"[3]，故虽任法而无任法自行之弊。因此，删繁就简，改严从宽，就正体现了"祖宗立法之意"，是也所谓"反其本而求之"[4]。

总而言之，治国之规模必须确定，而具体法令则须就宽简。唯宽简方能体现君主如天地之大的仁慈，方能使大臣在

---

① 《陈亮集》卷十八《汉论·章帝》。

② 《陈亮集》卷十一《任子宫观牒试之弊》。

③ 《陈亮集》卷十一《人法》。

④ 《陈亮集》卷十一《任子宫观牒试之弊》。

其职权范围内有从容回旋的余地，方能真正切实地责其治效劳绩，也才有可能求得度外之才以共襄治功。实际上，陈亮对于法制宽简以及以人行法的强调，是与其人才思想有密切联系的。

正因特别强调法令的宽简，所以在论到刑法时，陈亮遂对“肉刑”的滥用严加指责，而认为刑法须止于适平：

> 井田封建，自黄帝以来，极十数圣人之思虑，所以维持而奉行之者，唯恐其一事之不详而一目之不精也。至于肉刑，则多为之涂以出之，唯恐其或用耳，岂可同日而语哉！圣人之恐其一事之不详而一目之不精者，今既尽废而不可复举矣，独惓惓于圣人之恐其或用者，纵使可用，无乃颠倒其序乎！使民有耻，则今法足矣；民不赖生，虽日用肉刑，犹为无法也。礼节民心，乐和民声，政以行之，刑以防之；四达而不悖，则王道成矣。①
>
> “沉潜刚克，高明柔克”，以明刑法之适平而已。②

法令须就宽简，刑法止于适平，肉刑不得滥用，在陈亮看来，这是君主欲致天下于治所应遵循的，因为政治之本存乎道德，而为政之则乃在启迪民心，以复还人性之本善的品质。尽管他所强调的是“使民有耻”，但“民不赖生，虽日用肉刑，犹

① 《陈亮集》卷四《问答下》。
② 《陈亮集》卷十一《廷对》。

为无法"之说，却显得相当深刻，它其实是表明了民之"有耻"是须以有所赖生为前提的。基于刑法须是适平之说，他严厉抨击了当时因刑罚滥用而民命无以苟全的现实。"二三十年来，罪至死者，不问其情而皆附法以谳，往往多至于幸生，其事既偏，而平心之人皆不以为然矣。数年以来，典刑之官遂以杀为能，虽可生者亦傅以死，而庙堂或以为公而尽从之，使奏谳之典反以济一时之私意，而民命何从而全乎！"①在他看来，"正人心"、"全民命"乃二帝三王之所以急先务者，故须效尧舜之则，礼乐刑政并出而用之，重礼乐以导民于有耻，轻刑罚以全生民之命。"凡天下奏谳之事，长案碎款，尽使上诸刑寺，其情之疑轻者驳就宽典，至其无可出而后就极刑，皆据案以折之，不得自为轻重。"②所谓"无可出"者，乃是极少数罪大恶极之人。当尧舜之时，"夫鞭作官刑，朴作教刑，金作赎刑，眚灾肆赦，怙终贼刑。官刑既如彼，教刑又如此，情之轻者释以财，情之误者释以令。凡可出者悉皆出之矣，其所谓怙终贼刑者，盖其不可出者也，天下之当刑者能几人?"③按照他的理解，刑罚既轻而教之以礼乐，则民命可以完全，道德可以归厚，政事必至大理。若滥用刑罚，以杀为能，反至于风俗浇薄，良非治世之道。因此在强调须减轻刑罚的同时，他又给予"赏罚"以特殊的重视，认为赏罚之道出于天命，是最合乎人性的：

① 《陈亮集》卷十一《廷对》。
② 《陈亮集》卷十一《廷对》。
③ 《陈亮集》卷十一《廷对》。

> 夫赏，天命；罚，天讨也。天子，奉天而行者也。赏罚而一毫不得其当，是慢天也，慢而至于颠倒错乱，则天道灭矣；灭天道，则为自绝于天。①
>
> 君制其权，谓之赏罚；人受其报，谓之劝惩。使为善者得其所同欲，岂以利而诱之哉？为恶者受其所同恶，岂以威而惧之哉？得其性而有以自勉，失其性而有以自戒，此典礼刑赏所以同出于天，而车服刀锯非人君之所自为也……孔子之作《春秋》，公赏罚以复人性而已……故私喜怒者，亡国之赏罚也；公欲恶者，王者之赏罚也。外赏罚以求君道者，迂儒之论也；执赏罚以驱天下者，霸者之术也。②

按照他的理解，人性中既有仁义礼智之善端，也有耳目口鼻四肢之欲，故庆赏以劝善，乃劝人心之所同善，而非以利诱；刑罚以惩恶，也惩人心之所同恶，而非以威惧；若庆赏为善的表扬，则刑罚实为善的启导；故"公赏罚"即所以"复人性"。赏罚出于天命，最能入于人心，故非君主可以随意施为，而须出以公心，奉天而行，若夹杂私意，行赏罚而不当，即是对天命的欺妄，不当之甚以至于"颠倒错乱"，则亡国不远。这种对赏罚的突出重视，一方面源于陈亮的《春秋》学思想，因为《春秋》之褒贬即代天子而行赏罚；另一方面则寄寓了他对当时官进于资格、秩叙于年劳，功劳之大小一切以官赏

① 《陈亮集》卷十《六经发题·春秋》。

② 《陈亮集》卷四《问答下》。

之，而君主又往往随意陟黜大臣等等不公正现象的批判。至于“大事必集议，除授必资格；才者以跅弛而弃，不才者以平稳而用；正言以迂阔而废，巽言以软美而入；奇论指为横议，庸论谓有典则”[①]，就非但为赏罚不公，而且是体现于现行制度上的“颠倒错乱”。因此，正赏罚的思想是与陈亮对现实法制之弊的批判相联系的，也为其法的观念的一个重要构成部分。

陈亮尝主张“将今法制重新洗换一番方好”[②]，而由上文的叙述已大概可见其对现实法制之弊的批判之广度与深度。他要求实行制度改革，要求宽简法令，反对以繁琐细密之科条来过于严切地束缚人们的手脚以至于磨灭了人的主动精神，体现了他对于主体之实践精神的重视，而其基本目的则在使贤智得以展布其四体，度外之才也有其进用之途，以形成一种宽松而有生气的政治氛围。他将各种政弊均归于法制之弊，不为无据，然以此而断言“法不足恃”，或恐矫枉嫌其过正。他未曾脱略以道德为政治之本原的窠臼，所谓“以人行法”之实质仍是人治，最终必须回归于内在道德这一原点，但他所提出的法治与人治的辩证观，实足为重视。“法必待人而后行”，确乎是有其真理性的。任何一项立法本身都往往不能确保该项法令在实践上必能有效地被贯彻，法令之贯彻的有效性取决于人，故人的素质，尤其是执法者的素质，实际上便成为立法本身是否有效的重要因素。这一问题不予解决，如陈亮所说的用非其人，那么欲“恃法以为治”而求其

① 《陈亮集》卷一《戊申再上孝宗皇帝书》。

② 《朱子语类》卷一百一十《论兵》。

无弊,便的确十分困难。所以一方面是“因弊变法”、“立法无已”,日益详密,另一方面却有法不依,政令不施,往往三令五申犹不奏效。故陈亮认为,法制的过于繁杂,更易不定,不仅导致行政效率之低下,而且实际上意味着朝廷之尊严与法制本身之尊严的破坏。就执法过程中人的素质这一突出问题而言,法本无弊,原在人弊,故“以法为定,以人行法”,这一思想,即使在今天也仍值得人们深思。

第七节　一世之才自足一世之用

人才问题在当时显得非常突出,因为中原沦陷,要竟其恢复之功,就不仅需要有过人之智慧的忠臣谋士,需要精明干练有文韬武略的行政官员,还需要能横戈跃马的英雄斗士。但“天下乏才”却是一种普通的社会心理,实为那个时代之无奈的长叹。陈亮也怀着激切的热望为其时代呼唤着人才,但其观点却不是“天下乏才”,而是“何世不生才,何才不资世”,“一世之才自足一世之用”。因此,绝非天地不生才,也非天下无才,而是现行制度既不能罗致人才,也不能使人才尽其所用。陈亮的人才思想是以改革用人制度以开发人才以及人才的培养与保护为核心的。

任贤使能原为儒学所阐明的官僚阶层之构成的基本原则,而政治的弊坏也往往首先在用人制度上表现出来。陈亮认为,当时朝廷之用人可谓弊陋已极:“才者以跅弛而弃,不才者以平稳而用”,“朝得一才士,而暮以当路不便而逐;心知为庸人，而外以人言不至而留”[①]，“故天下懦庸委琐之人，得以自容而无嫌；而狂斐妄诞之流，得以肆言而无忌。中实无能而外为欺罔，位实非称而意辄不满。平居则何官不可为，缓急则何人不退缩！”[②]朝廷既喜用易制之人，充斥其位的也原为驽劣庸才，“是宜陛下当宁而叹天下人才无一之可用。”[③]但事实上，天下雄伟英豪之士、奇瑰磊落之才，无不企踵延颈而待用。故真正所缺乏的不是人才，而是朝廷任贤使能之策与君主求用人才的诚心。陈亮云：

> 何世不生才，何才不资世！天下雄伟英豪之士，未尝不延颈待用，而每视人主之心为如何。使人主虚心以待之，推诚以用之，虽不必高爵重禄而可使之死，况于其中之计谋乎！人主而有矜天下之心，则虽高爵重禄日陈于前，而雄伟英豪之士有穷饿而死尔，义有所不屑于此也。夫天下之可以爵位诱者，皆非所谓雄伟英豪之士也。陛下勿以其可以爵位诱，奴使而婢呼之。天下固有雄伟英豪之士，惧陛下诚心之不至而未来也。[④]

在他看来，所谓“天下乏才”的真正原因是君主不善任用人才。若果有求才之意，那么在任用人才时，便应去其矜天下

① 《陈亮集》卷一《戊申再上孝宗皇帝书》。
② 《陈亮集》卷二《中兴论·论开诚之道》。
③ 《陈亮集》卷二《中兴论·论开诚之道》。
④ 《陈亮集》卷二《中兴论·论开诚之道》。

之心，虚心推诚，与其权，责其效，且须尊重其人格。若朝用而夕逐，奴使而婢呼，则英豪之士宁穷饿而死，不肯受此嗟来之爵禄。故君主是否诚心求之，善用人才并尊重人才，便是天下人才能否为朝廷所用的关键。贤者在朝，能者在职，是政治清明的基本前提，而能否招揽人才以共襄其治，陈亮认为是考察现实政治状况并判断君主是否为“大有为之君”的重要标准。“自古大有为之君，慷慨果敢而示之以必为之意，明白洞达而开之以无隐之诚，故天下雄伟英豪之士，声从响应，云蒸雾集，争以其所长自效而不敢萌欺罔之心，截然各职其职而不敢生不满之念。故所欲而获，所为而成，而卓乎其不可及也。”①

当时的现实情形是中原之“礼乐衣冠尽委弃于地”，人民妻子呻吟于道路，辗转于沟壑，在陈亮看来，是为千百年来从所未有的奇耻大辱，是所谓天地非常之变。当此非常变故之际，欲求恢复之功，正需君主“慷慨果敢而示之以必为之意”，尤需突破寻常选拔人才的程序格式，以求得度外之士与非常之才。“有非常之人然后可以建非常之功。求非常之功而用常才、出常计、举常事以应之者，不待智者而后知其不济也。”②但当时并没有招徕非常之才的策略，而由所谓常程正路，即通过科举而选拔之士，也尽皆“烂熟委靡”之人。陈亮认为，“取士之道，所以敬天之所付，而求尽天下之才也，非诱之以爵禄而使之颠倒于是非荣辱之涂而不自知也。”③但

① 《陈亮集》卷二《中兴论·论开诚之道》。
② 《陈亮集》卷一《戊申再上孝宗皇帝书》。
③ 《陈亮集》卷十一《任子宫观牒试之弊》。

因“立法以听其自取”，故天下正“颠倒于是非荣辱之涂”，取士之道遂因之大坏。其论科举之弊云：

> 方唐之盛时，科举得人为尤盛；天下并趋于华，而人才日以浮……本朝承唐之余烈，故取士一以科举。艺祖之初，盖犹欲听有司之行其意，而严赏罚以临之，其后一付于法矣。然惟恐其法之不密也，二百年之间，于今为尤密。才智之士，老死于山林，而不敢以为有司之不公，盖亦可谓至矣；而士之骫骳烂熟亦莫甚于今，何哉？夫一切必取于虚文，其势固必至此。①

原为“求尽天下之才”而设的科举制度，竟至于使“才智之士老死于山林”，至于使天下之士“骫骳烂熟”，则其已然极弊大坏，固不待言。除科举以外，南宋又有制举之设，“设科以取士，而制举所以待非常之才也”。人君“于天下之故常惧其有阙也”，“故设为制举以诏山林朴直之士，使之极言当世之故，而期之以非常之才”，此为设立制举的本意。但在当时，“执事方以董仲舒、刘蕡所对之缓急，而论者皆有遗憾发于问目”，“将酌其中以警夫非常之士”，因而制举之设并无其实，不过为饰治之美观而已。② 显而易见，这种弊坏已极的人才选拔制度与颠倒错乱的用人之策，不仅已经极不合时宜，而且实际上正为人才之开发利用的严重桎梏。在这种刻板的模式

---

① 《陈亮集》卷十四《问科举之弊》。

② 参《陈亮集》卷十二《制举》。

之下，既不可能选拔出足以康济艰难、能当得天下之轻重有无的真正人才，也就无怪乎朝廷有天下无才之叹，正所谓“本朝以儒道治天下，以格律守天下，而天下之人知经义之为常程，科举之为正路……至于艰难变故之际，书生之智，知议论之当正而不知事功之为何物，知节义之当守而不知形势之为何用，宛转于文法之中，而无一人能自拔者。陛下虽欲得非常之人以共斯世，而天下其谁肯信乎！”①因此陈亮强调，欲得天下英豪之士以共斯世，就必须以人才选拔制度的革新为先行条件，广开才路，以不次用人，“尽收天下之人材，长短大小，各见诸用，德行、言语、政事、文学，无一之或废”②。“苟得非常之人以共之”，则中原恢复之事业，将如“电扫六合，非难致之事也”③；若一仍其旧，故步自封，则不仅北向复仇必为空言，而且政权维持之具将至于穷而无复可恃。

在广开才路这一点上，陈亮主张惟才是用。由北地南来的所谓“归正归明”之人，其中不乏才能之士，但因其来自敌方，朝廷往往存猜忌之心而不能重用，辛弃疾即为一典型例证。然陈亮认为，“夫善恶不常，不独来归之人为然”，“天下之事，以至公之心处之，则异类可合也，苟曲为防虑，则东南之民独不在所忧乎！”因此主张“尽取诸郡归正归明之人置之麾下而杂用之，简其智勇，莛其技能，别其高下，听其去留；居者有以为业，行者有以为资；开心见诚，使各奋其

① 《陈亮集》卷一《戊申再上孝宗皇帝书》。

② 《陈亮集》卷十一《廷对》。

③ 《陈亮集》卷一《戊申再上孝宗皇帝书》。

所能，各得其所便。豁达明白之风，可以复动中原之心矣。”①

上述表明，在人才的开发与利用方面，陈亮是以刻板僵硬的用人制度之改革以及在此基础上求得“非常之人”以建立“非常之功”为基本思想的，这一点正与其宽简法令、“以人行法”的要求相互符合。而在人才培养问题上，其基本主张有二：

第一，人的才能只有在实践中才得以充分显现出来，因而实践也是培养人才、磨炼人物之最为切实有效的途径。“天下不可以坐取也”②，“度外之功，岂可以论说而致？”③在他看来，恢复之事绝非停留于口头所能实现，而须付诸行动，并且这种行动之需要已十分迫切，所谓人才匮乏、财用短缺等等均不能成为继续苟延岁月的理由。在付诸实际行动以前，即便“府库充满”、“甲胄鲜明”，也依然为不足恃，及“兵端一开，其迹败矣”，因为“人才以用而见其能否，安坐而能者不足恃也；兵食以用而见其盈虚，安坐而盈者不足恃也”④。故唯实践方能考验人物是否真实有才，同时也能培养出真正切实有用的人才。如“东晋百年之间，未尝与虏通和也，故其臣东西驰骋，而多可用之才”；今若废黜和议，慨然与绝，将恢复付诸实行，则不仅天下英豪必将来归，而且在实战中还会涌现出大量人才，故谓“东西驰骋，而人才出矣”⑤。

① 《陈亮集》卷十五《问归正归明人》。
② 《陈亮集》卷一《戊申再上孝宗皇帝书》。
③ 《陈亮集》卷二十八《壬寅答朱元晦秘书》。
④ 《陈亮集》卷一《上孝宗皇帝第一书》。
⑤ 《陈亮集》卷一《上孝宗皇帝第一书》。

第二,超世迈往之才诚然难得,但"圣人不以才难而废天下之大政,亦不以任重而责天下之常才"[1],却须养才于平时,以冀其当一朝之大用。陈亮云:

> 一世之才自足一世之用,尧舜三代之时,何其人才之多也!自汉以来,世往往以乏才为病,岂天地之生才遽不若古哉?……养之不于平时,而仓卒欲望其用,岂不难哉![2]

三代之所以人才众多,以其在平时就注重培养各种人才,其设学校以教公卿大夫之子弟,固在于明人伦,然礼、乐、射、御、书、数,国家之本末源流,皆所以讲授于平时,故"其適子(嫡子)往往可以继世为卿,而诸子之官又集其庶子而教之以道德,肃之以戒令,平居则考其艺能,缓急则部以军法。凡在王朝之左右者,无非可用之才也"[3]。而今日之学法虽详,但无论太学还是郡县之学,皆"独汲汲于一日课试之文","夫以终岁之学而为一日之计,其心安得而厚、其材安得而成乎?"[4]它所培养出来的就不过是仅能"猎取一二华言巧语,缀缉成文而为欺罔有司之具"的庸人而已;"立天下之学而教以此,此岂所以承天意而发越民之情性乎?"[5]学校既以科举为目的,而欲责天下之才于学校,岂可得乎!故学校

① 《陈亮集》卷二十八《又壬寅夏书(与朱元晦)》。

② 《陈亮集》卷十三《问人才》。

③ 《陈亮集》卷十二《国子》。

④ 《陈亮集》卷十四《问学校之法》。

⑤ 《陈亮集》卷十四《问学校之法》。

之制也在应须改革之列。陈亮认为，三代学校之法固不可及，而汉唐之制仍可效尤。“汉唐盛时，虽专门诵说，犹将以讲论经理；出入文史，犹将以考求治乱。”①若能以国家之源流本末、治具条画教授讲论于平时，则虽当仓猝之际犹不至于无才可用。“临事不至乏才，随才皆足有用”②，必有得于养才于平时，是为培养人才的根本之道。

在阐明其人才思想的同时，陈亮又谴责了嫉贤妒能的恶劣风气：

> 人才之在天下，固乐乎人君之尽其用，而尤乐乎同列之知其心。夫士之怀才以自见于世，常虑夫人君之不我用，君既知而用之矣，同列之人相与媢其长而媒孽其短，周旋四顾，无与共此乐者，其何以泰然于进退之际哉！此自古乘时有为之士，而犹怀不尽之叹，以公论常不出于同列故也。③
>
> （英豪之士）旅出旅处而混于不可知之间，媢之者谓狂，而实狂者又偶似之，将特自标树，则夫虚张以求贾者又得而误之矣。此英豪之所以困而不达；而谓无人焉者，非也。④

对于才能之士的斫丧，非必刀锯，“同列之人相与媢其长而媒

① 《陈亮集》卷十四《问学校之法》。
② 《陈亮集》卷一《上孝宗皇帝第一书》。
③ 《陈亮集》卷九《王珪确论如何》。
④ 《陈亮集》卷二十二《英豪录序》。

孽其短”，以飞短流长相与诋毁，甚或诬构其罪，其摧折之功往往更甚于刀锯。嫉贤妒能或许真为人的固有劣根，而论资排辈这种僵化的用人制度除了足以培植、强化这种劣根并消磨人的锐意进取之心以外，对于个人创造才能的发展绝无半点利益；它只能制造出大量的庸人，直教才能之士也变成庸人方休。在这种本质上以摧折人才制造庸人为能事的用人体制被革除以前，在以激发人本身之创造性才能为目的的公平竞争机制被确立以前，陈亮所提出的对于才能之士“君臣上下相与共乐之而无异同疑间之论”，“无相媢之意”，恐怕也只能为“可愿”而已。[①] 这一“可愿”正体现了陈亮关于人才保护的思想。“同体共事之人，其论易以不公，而人主之听易以入。此自古之所通患，而其来非一日矣。”[②]看来这种对于人的创造性才能独具破坏力的传统确乎渊源有自代代相传而几至于渗入我们的骨髓了。

陈亮的时代正需要不拘一格的人才，他的人才思想不仅合乎其时代的现实需要，而且在表述上显得极为开明。在断定“一世之才自足一世之用”的前提下，他对庸人世界进行了严肃而尖锐的批判。他未曾将这种批判仅仅停留于局部现象的指陈与揭露，而是将庸人充斥的原因归结为现行政治制度本身，这一归结显然是深刻的。在人才问题上，朱熹似乎与陈亮颇有共同语言，他也断言“天生一世之才，自足一世之用”[③]，也同样痛切地指责用人制度，以为“今科举之弊极

① 《陈亮集》卷九《王珪确论如何》。
② 《陈亮集》卷九《王珪确论如何》。
③ 《朱子语类》卷一百〇八《论治道》。

矣”,而认为陈亮关于古代立学校以培养国子之论为“稍佳”[①]。但陈亮曾将天下骛趋于道学作为人才所以壄茸的一种原因,而朱熹则认为“今日人才之坏,皆由于诋排道学”[②],则仍反映了两者在学术取向上的重大差异。

第八节　财为天下之大命

经济是国家的命脉,也是政治的基础。尽管南宋时期的社会经济在总体上有较大发展,但财用匮乏仍然是一个严重问题。南宋的版图较北宋几乎减少一半,人民户口也随之流失,而对金人的巨额赔款、巨大的军费开支、官僚的薪俸、国家的用度等等,最后均须由依附于土地的南方人民来负担,这无疑就使其负担变得更加沉重;而与此同时,随宋室南渡而来的达官显宦侵占土地,乡里豪右则兼并土地,随着土地兼并之风的愈演愈烈,土地大量流失,人民无所赖以生存的情况便愈趋严重。由于要维持国家各项财政支出的庞大数额,统治阶级便加紧朘削人民,有种种新的赋税制度设立,而人民疲敝,既须承担其繁重的赋税,便无力进行必要的生产投资,丰稔之年尚不得温饱,及遇荒年便无所赖生。社会经济既陷入这种恶性循怀,它所导致的就必然是社会的普遍贫困,朝廷就不可能摆脱所谓财用匮乏的阴影。

陈亮不能算是经济学家,但如何使国家富强、使财用不

---

① 《朱子语类》类一百〇九《论取士》。

② 《朱子语类》卷一百〇八《论治道》。

乏却是他时时思考的问题,并提出了他自己的一些见解。这些见解体现了他关于社会经济的一般观念,其中有些观点则极能切中当时财弊之根源。

1. 主张农业为国家富厚之原,要求发展农业生产,强化经济基础,解决农民的土地流失问题。陈亮云:

> 古者农自耕其田,其力与地相若,其食与其口数相称。上之人劝之有其诚,董之有其官,赈之有其政。国以农为本,民以农为重,教以农为先;堕农有罚,游手末作有禁。天下无浮食之民,故民力常裕。①

耕者有其田,劳作者得其食,天下无浮食之民而民力常裕,国家富厚,既是陈亮的理想,也是数千年农业时代之中广大人民的一贯理想。在以农业经济为主体的社会经济结构之中。农民的根本问题即表现为土地问题,而农业生产则是国家经济的根本命脉,是国家富庶之本。儒家的礼乐文化原本发育于农耕文明,而民有其田,得其温饱,是儒家所极为重视的礼乐教化之先,从"井田制"的倡导到"民本"思想的提出,其实质都在解决土地问题,以强化农业这一经济基础。"井田制"在战国时最先为秦国所废除,但此后对其提倡却代代有人,这正足以反观出耕者无其田、勤于稼穑者反不得食乃为整个帝制时代所无法治愈的痼疾。与陈亮同时的有识之士,如朱熹、吕祖谦、叶适等等,也都表现了对于"井田制"的向

---

① 《陈亮集》卷二十《汉论·文帝朝》。

往，曾力加提倡。然陈亮认为，尽管“井田制”为“黄帝以来极十数圣人之思虑，所以维持而奉行之者，惟恐其一事之不详而一目之不精也”[①]，但事随世变，要求其恢复实际上已无任何可能。有见于此，他并未在著作中表现出对“井田制”的热情，但仍然认为农业这一经济基础的动摇、农民受到轻视以及社会贫富悬殊现象的出现，都直接起始于“井田制”之废除：

> 自秦皇废井田，开阡陌，启天下浮薄之习，农至是稍轻贱矣，于是有舍农为游手者。浮食既多，农民日困。[②]
>
> 井田之法行，民无甚富甚贫之患。阡陌既开，而豪民武断乡曲，以财力相君，富商大贾操其奇赢，动辄巨万，甚者以货自厕于士大夫之后。[③]

按陈亮的理解，井田既废，阡陌既开，土地流失即随之产生，于是有所谓“游手末作”的“浮食”之民，农民因而日困；土地流失的另一方面即是土地的集中，天下遂有甚富甚贫之患。因此，陈亮虽不主张复井田，但主观上仍对“井田制”抱有美好的向往。如果推行“井田制”的目的在使耕者有其田因而民无甚富甚贫之患，那么这一点也同样为陈亮关于农民与土地问题的基本思想。他强调须“厚本而劝农”，认为这是治

---

① 《陈亮集》卷四《问答下》。

② 《陈亮集》卷二十《汉论·文帝朝》。

③ 《陈亮集》卷十三《问汉豪民商贾之积蓄》。

具之綦大者。[①] 只有发展农业，巩固社会的经济基础，才能从根本上解决财用匮乏问题。他论汉文帝云：

文帝惩秦之陋，斫雕为朴，不求富国而求富民，故为治之先，勤勤于耕农是劝。今年以开藉田先农，明年以减半租勉农，又明年以除租税赐农；野不加辟有诏，亲率农耕有诏，百姓从事于末有禁，为酒醪以縻谷有禁，无非所以裕民力而俾之安于耕也。富庶之本，实出于此。后世之君，类皆刻农以求富其国，其忘本甚矣！[②]

汉文帝勤于劝农，不求富国而其国自富，陈亮认为，是为文帝时天下大治的根本原因。农业既为国家富厚之本，则民富即是国富；若不培壅根本，专事刻农以求富国，则犹竭泽而渔，最终必致源泉枯竭。

但在南宋版籍锐减、土地兼并成风的情况下，如何使农民安于耕桑却是一个极大的问题，因为许多农民根本无田可耕。失去土地的农民，或为佃户而受乡里豪右的宰割，又或改作别种行业以求温饱，然既无所依托，流动不定，及生资无赖，便成为严重的社会不安定因素。陈亮云：

夫农者，衣食之源也。乡闾之豪，田连阡陌，而佃之无定人，租苟收矣，去来不问也；吾负苟偿矣，

---

① 参《陈亮集》卷十八《汉论·明帝朝》。

② 《陈亮集》卷二十《汉论·文帝朝》。

> 死生非吾所恤也。随其智力之大小，割人以自奉，役人以自安，而县官之法不得而与夺。民生度不足以自衣食，则其强有力者去而屠牛刲豕，以图一朝之快；甚遂什百为群，私鬻茶盐，跳踉于山谷之间，而公家之人不得而谁何。惟其智力无所复之，而后俯首于田亩，雨耕暑耘，终岁勤勤，而一饱之不继也……今兼并为农患，而国用困于兵，兵又不足赖，不幸有水旱之变，一夫疾呼，则闲民之强有力者跳踉以从之。谋国者不是之忧，何哉？[1]

一方面是乡里豪强田连阡陌，“割人以自奉，役人以自安”，为富不仁，不恤佃民之死生；另一方面是大量农民因失去土地而成为流动人口，或即便有土地，却“终岁勤勤而一饱之不继”。这种极端的贫富不均，不仅阻碍了农业的正常发展，动摇了社会的经济基础，而且还酝酿着极其严重的社会动乱的隐患。陈亮对此是有清醒意识的，因此他要求缩小贫富差距，要求抑制土地兼并之风，将土地部分地从垄断者手中解放出来，使户籍有定，使农民有土地可依。“今诚使乡间之豪自分其田而定其属户，为之相收相养之法，则民其有瘳乎！括在官之田，命乡择闲民之强有力者分给之，为之追胥简教之法，则郡县其无虑乎！拣诸郡厢、禁、土军以实禁卫，使与民兵相增减，则国用其可少宽乎！”[2]但陈亮也同样清醒地意识到，如他所说的这种办法，必为“言之而不听也，陈之而不行

① 《陈亮集》卷十四《问兵农分合》。

② 《陈亮集》卷十四《问兵农分合》。

也”，仅能“从诸君讲之”而已。①

由于强调农业为国家财利之源，陈亮遂认为须推行农业生产的保护政策，以促进农业经济的正常发展。在这一点上，他特别重视禁饮酒之风，要求废除酒类专卖，限制酒类生产。其论饮酒云：

> 酒者先王以之行礼，又以之观德，通上下之情，讲燕享之好者也。至幽王时，“以为酒食”，而《楚茨》以“民卒流亡”伤之；“乐酒今夕”，《頍弁》以“孤危将亡”刺之；“饮酒岂乐”，《鱼藻》以“万物失性”讥之。终幽王之时，荒腆于酒，而身殒国危。下迨春秋，僖负羁以粪土为比。先王设醴之意寖泯，而生民嗜末耗本，日益甚矣。②
>
> 酒者先王所以供祭祀也……故祭祀之外，百谷既成之后，为酒以介眉寿；服贾孝养之余，用酒以庆远归；此人情之所不可免者。其他酣饮则有禁，群饮则有杀。糜五谷以腐肠胃，保民者岂不为其终身之地哉！③

在他看来，饮酒只适合于某些特殊的场合，若饮酒无度，不顾场合，则于国于民均有弊而无利。“曲蘖之毒，足以乱志丧

① 《陈亮集》卷十四《问兵农分合》。
② 《陈亮集》卷二十《汉论·景帝朝》。
③ 《陈亮集》卷十四《问榷酤之利病》。

德”①,“糜五谷以腐肠胃”,既造成粮食的大量浪费,更于民生无益,故先王“酣饮则有禁,群饮则有杀”。幽王荒腆于酒,终至身殒国危;社会酗酒成风,则养成骄奢淫佚之习,财用为之虚耗,志气为之衰颓,故须厉行禁酒,以节俭民财,以敦厚民风。然当时饮酒之风极为普遍,陈亮认为,是因朝廷仰酒税以补充军费而实行榷酤之制有以致之。榷酤之设,乃片面地、错误地刺激了酒类生产,以至于酒坊酒库棋布。而实际上,酒税之收入不足以偿其费,民以此而破家械系者却所在多有;尤为严重的是,因酿酒业的片面刺激,高粱价格居高不下,农民遂广种高粱,反轻视艺谷,这不仅错误地引导了农业生产,使农业偏离其正常轨道,而且还因粮食生产不足而酝酿着饥荒。陈亮云:

> 本朝重私饮之禁,而在官则或税或榷,随其风俗之便,固不专与斯民争利也。而军兴以来,户部始仰榷酤之利以补其乏,蚤夜收所以取赢者,而后争利之风炽矣。乡必有坊,民与民为市,犹不胜其苦也。而户部赡军、激赏之库,棋布于郡县,此何为者哉?漕司有库,州有库,经总制司有库,官吏旁午,名曰趁办,而去来无常人,收支无定籍,所得盖不足以偿其费,而民之破家械系者相属也。上下交征微利,则何以保斯民而乐其生哉?夫谷者,民之大命,而田亩之间种秫相望,乐岁之谷如弃物,而秫不以丰凶而常售,其价至或倍蓰于谷。上之人方

① 《陈亮集》卷十四《问榷酤之利病》。

幸榷酤之利,奈何熟视而不为之法乎![1]

因此,陈亮主张取消榷酤之禁,“一切听民自卖”,主张禁酗酒之风,“先罢户部、诸司、州郡之库以风动之”,主张保护粮食生产,“使田亩不坏于秫”。[2] 尽管对于如何严私酤之法,如何使生民不嗜于酒等等问题,陈亮并未提出任何切实可行的措施,但他所强调的纠正酗酒之风以节省民财的主张,至少对于国家财富的积累是有意义的。

在发展农业、巩固社会经济这一点上,陈亮还表现了对农田水利问题的极大关注。[3] 另外,他还主张建立户籍制度,使户口有定制,民力有定籍,而使吏民相互习知。主张繁衍人口,增加社会劳动力,“择守令以滋户口,户口繁而财自阜。”[4]

2. 提倡兵农合一,以减省军费的巨额开支。

南宋所辖虽半壁江山,但国家财政收入的总量却倍于北宋,其中的极大部分又都用于军费,故军费的巨额开支是造成当时财政困难的一个重要原因。陈亮一再指出:“财用之入倍于承平之时,而费于养兵者十之九,兵不足用,而民日以困。”[5]“以东南之地,岁入倍于承平之时,而费于养兵者十之九,然敌至犹以为兵少,或曰未能使人人皆可用也。今边境屯驻之兵固直隶御前,而诸州禁军亦既递阅于行都矣。顾平

① 《陈亮集》卷十四《问榷酤之利病》。
② 参《陈亮集》卷十四《问榷酤之利病》。
③ 参《陈亮集》卷十三《问农田水利》。
④ 《陈亮集》卷二《中兴论·中兴论》。
⑤ 《陈亮集》卷一《上孝宗皇帝第三书》。

居无事,已困于养兵;缓急不足恃,而况于持久乎?”①“地半于承平之时,而岁入倍之……养兵之外,百官有司之奉,郊祀宾客之费,不能以十之一。”②正由于军费数额的过于巨大,税收之策“取民无艺”,几近竭泽而渔,遂造成国力之凋敝与国家财政的极度困难,所谓“上无横敛而民已困,岁无水旱而财已竭”,“今郡县无遗财,诸司无宽用,民无留藏,地无余宝,利自一孔以上皆入于官矣,而大农犹以匮告。”③而尤其糟糕的是养兵之费虽十去其九,但“兵不足用”、“缓急不足恃”,大量的钱财几近虚耗。故陈亮认为,要惩国财困于养兵之弊,应推行古代兵农合一之道,战事起时是农皆兵,战事已息则兵复为农,这样既可大量增加社会劳动力,从而促进农业生产的发展,又可使兵源充足,且有以自养,民不致困于养兵,而军费便可大幅度削减,财用匮乏问题将自行得到解决,至少可以大幅度缓解。陈亮论云:

> 三代之时,民生足以自衣食,而力足以自卫。五人之中,必有智过五人者,等而上之,以至倍蓰、什百、千万而无算。先王为之农官,次第以处之,使用其智力以养其所隶之人,故智愚各得其所,而上下各安其业。无事皆良农,有事皆精兵,而将校又皆有常人,此兵农合一所以为天地之常经也。井法坏而兵犹出于民,则业民犹有常法,恤民犹有实惠。

---

① 《陈亮集》卷十三《问古者兵民为一后世兵民分》。

② 《陈亮集》卷十三《问理财》。

③ 《陈亮集》卷十三《问理财》。

> 及兵民既分，则民知奉租税而已，兵知执干戈而已，无事则民偷而兵惰，有事则民穷而兵骄，上之人又方计田亩以赋于民，业民之法不暇论也。举天下之力不足以养兵，则恤民又安有实惠乎？①

这里表明，兵农合一原为三代所立之法，为“天地之常经”。即便当“井田制”既经毁坏以后，“兵犹出于民”，即仍然体现了兵农合一的精神。它既减省了军费支出，又密切了军民关系，无后代“无事则民偷而兵惰，有事则民穷而兵骄”这种因兵民既分所带来的弊病。同时，农民因无过于沉重的军费负担，其经济状况便必将有一定的改善。因此，兵农合一又是恤民而能见其实惠的一项政策。陈亮又云：

> 古者兵民为一，后世兵民分矣，然汉唐盛时，兵犹出于民也。本朝承五代之余烈，募天下游手强悍之夫以为兵而刺涅之，聚之京师而分之于边陲，使良民相与尽力于南亩，出赋租以衣食之，民生不见去乡井离妻子之患，而游手强悍之夫亦得以自奋其武勇而以功名自见。自当时诸公巨人，往往皆以为便，而世世守之，遂为不易之法……然养兵至于今日，使诸公巨人而见其弊，将亦争言其不便矣。②

这里特为指出“汉唐盛时兵犹出于民”，其意盖在强调兵农合

① 《陈亮集》卷十四《问兵农分合》。
② 《陈亮集》卷十三《问古者兵民为一后世兵民分》。

一不仅为先王之道，而且也为治世所当奉行之策。“本朝”以兵民相分为制，其初承平之时或能得其便利，然至今日已然弊窦丛生。既然尽天下之财犹不足以养兵，则无改于兵制，便无由求其财用之不乏。故陈亮竭力主张进行兵制改革，实行兵农合一之道，则恤民可以见其实惠，财用也将为之不匮。

3. 强调减轻赋税，以民富为国富之本；要求复修常平之法，以济民于缓急；鼓励通商，主张农商相辅，认为天下应当有豪民富商，反对绝对平均主义。

陈亮主张“理财贵宽民”①。因此在《汉论》中，他称赞文帝以勤于劝农为治之先，赞扬明帝“亲耕藉田，以祈农事”②，又论章帝宽厚之政，以为“即真以来，首纳陈宠尚宽之说，除惨酷之科，解妖恶之禁；因刘方有不欺之政，遂戒官吏以苛为察、以刻为明；著胎养之令，赐婴儿之廪，好生之德浃于中外；复平徭役以惜民之力，简赋敛以爱民之财；体之以忠恕，文之以礼乐，一时之民如在春风和气中”③。此论章帝宽民之政，显然也表明了陈亮自己的观点，并体现了对于现实的批判。在他看来，当时的赋税制度正以搜括民财为能事，虽有“恤民”之说，而行暴敛之实，故屡言“上无横敛而民已困，岁无水旱而财已竭”④，“陛下愤王业之屈于一隅，励志复仇，而不免籍天下之兵以为强，括郡县之利以为富；加惠百姓，而富人无五年之积；不重征税，而大商无巨

① 《陈亮集》卷十一《人法》。

② 《陈亮集》卷十八《汉论·明帝》。

③ 《陈亮集》卷十八《汉论·章帝》。

④ 《陈亮集》卷十三《问理财》。

万之藏；国势日以困竭。”①“今所在豪民，谷无五年之积，镪无巨万之藏，而商贾之能操其奇赢者，盖已如晨星之相望，而平民日以困，货财日以削，卒有水旱，已无足依，而况于军旅乎！”②生民之敝已是如此，而官僚之重征敛，竟至一孔微利皆入于官，其“不能者敲榜笞箠，与民为仇；其能者则妙斡巧取，与吏为市。官僚聚首，非财不论；追胥骈肩，非财不急。民生嗷嗷，而富人无五年之积，大商无巨万之藏”③。财源之枯竭源于民生之凋敝，民生之凋敝则源于官府之横敛暴征，巧取豪夺。故陈亮强调须减轻赋税以宽民力，使民稍得苏息。在名目繁多的各种赋税之中，他尤其认为“经总制钱”最为有害，郡县之空虚，民财之枯竭，皆起于经总制的额外征敛。“自经总制起科，而郡县无余赢矣；自经总制立额，而郡县凿空取办矣；自宗子、退卒及归正归明之衣食于县官不可胜计，而郡县岌岌然不能以朝夕矣。然户部亦方困于经总制之不及额也。”④于是除去“敲榜笞箠、妙斡巧取”便也别无他策。陈亮是强调莅政以宽厚为本，恤民当见其实惠的，因此，他主张蠲免各地所拖欠的经总制之额，否则在民不聊生的情形下，“官可罢，吏可杀，而钱不可足也”⑤。

在要求蠲免经总制钱的同时，陈亮认为常平之法既可使民力于稼穑，又可济民于水旱之灾，正为恤民而能见其实惠者，且国家也能增其收益，故最为有利而无弊。其论常平、义仓

① 《陈亮集》卷一《上孝宗皇帝第一书》。
② 《陈亮集》卷十三《问汉豪民商贾之积蓄》。
③ 《陈亮集》卷十四《问古今财用出入之变》。
④ 《陈亮集》卷十四《问古今财用出入之变》。
⑤ 《陈亮集》卷十四《问古今财用出入之变》。

云：

> 义仓之积盈天下，斯民有所恃赖，盗贼无以生心，此固神宗所以为万世根本之虑也。其后从事于西北而用度之不给，固已不免时发而用之，渡江以来，诸司郡县又皆不免贷用，而常平之法几于废矣。今诸郡之所积无几，而县则所至穷空，卒有水旱，则赈救一仰于兼并之家，国家至不爱官爵以诱之，而乘时欺罔者不敢穷其诈而不与也。废常平之法，而以名器假人，则谋国亦疏矣。[①]

北宋自真宗大中祥符（1008～1016）以后，“万事隳弛，务为姑息，渐失祖宗之旧”，各种法制也随之弊坏，“其后神宗皇帝独留意于租赋之入、郡县之藏，而常平、义仓之法尤为详备。元符（1098～1100）以后，支移借用，不复旧典，而神宗之法又坏矣。渡江以来，于财计之远大者犹有遗恨”[②]。故义仓空虚，常平之法为之大坏。及遇水旱之灾，各地义仓无所出，唯倚仗地方土豪开仓救济，而国家则赐之以爵位。在陈亮看来，尽管前代也有类似做法，如汉文帝用晁错之说而募天下入粟县官，得以拜爵除罪，如是富人有爵，农人有钱，粟有所泄，而收主用足、民赋少、劝农耕之效[③]，但在南宋国力羸弱的情况下，此举充其量也只能为一时权宜之计，姑不

① 《陈亮集》卷十四《问古今财用出入之变》。

② 《陈亮集》卷十二《四弊》。

③ 参《陈亮集》卷二十《汉论·武帝朝》。

论“国家至不爱官爵以诱之”乃“以名器假人”，且实际上富豪也无五年之积，则此举岂可久乎？因此，他主张重新建立常平之法，俾使郡县不至空虚，而荒年之民也可稍缓其忧：“今诚使常平使者括其见存之数：某州某县常平若干，义仓若干，诸司之借用若干，郡县之移用若干；可督则督之，可已则已之。使钱足以具粜本，米足以支缓急，前日之罪，一切勿问，复修常平一司之法，县有余积而后积之郡，继自今擅发、移用之罪，不以赦降、去官原减，则水旱之忧不至烦庙堂之虑矣。”①

陈亮虽以农业为国家富庶之本，但并不由此而以商为末，在他那里是没有贬抑工商之意的。他认为“古者官民一家也，农商一事也。上下相恤，有无相通，民病则求之官，国病则资诸民。商藉农而立，农赖商而行，求以相补，而非求以相病……《周官》以司稼出敛法，旅师颁兴积，廪人数邦用，合方通财利……使得以行其意而举其职，展布四体，通其有无，官民农商，各安其所而乐其生，夫是以为至治之极，而非徒恃法以为防也”②。以为“农商一事”，“商藉农而立，农赖商而行”，这一观点实为相当开明，颇利于农村社会经济的发展。在农商求以相补、互资为用的观点下，陈亮既提倡农民肆力于田亩，辛勤于稼穑，又鼓励合法的商业活动，并认为天下应当有豪民富商，反对提倡平均主义。他对王安石变法大加指责，认为“王安石以正法度之说，首合圣意，而其实则欲籍天下之兵尽归于朝廷，别行教阅以为强也；括郡县

① 《陈亮集》卷十四《问古今财用出入之变》。

② 《陈亮集》卷十二《四弊》。

之利尽入于朝廷，另行封桩以为富也。青苗之政，惟恐富民之不困也；均输之法，惟恐商贾之不折也”[①]。在他看来，民生固当体恤，但不思谋求其根本之强固，而以困折富民商贾为事，推行平均主义，则其结果将是全社会之普遍贫困，这对国家经济的发展是极其不利的。“夫民田既已无制，谷不能以皆积；兵民既分，力不能以自卫；缓急指呼号召，则强宗豪族犹足以庇其乡井，而富商大贾出其所有，亦足以应朝廷仓卒之须。”[②]因此，天下豪民之谷无五年之积，富商之货无巨万之藏，并非国家之福，而是全社会普遍贫困化的表现。

4. 认为国家财用之所以贫乏，其根源在于死守家法而不知变通，故强调须进行国家财政制度之变革。陈亮云：

> 冢宰以道诏王者也，而《周官》食货实系焉。《易》曰：“何以守位曰仁，何以聚人曰财。”仁者天下之公理，而财者天下之大命也。王心一失其正，则财无定所，用无常节，而天下病矣，此岂有司之事邪！[③]

宽厚仁慈所以守王者之位，爵位财货所以聚天下之人，故仁为天下之公理，而财为天下之大命，国家兴衰之命脉实系于此。陈亮的这一观点虽与时人不合，却颇切合于生活之实际。既然财为天下之大命，则对于大命的宰制在根本上便非有司

① 《陈亮集》卷一《上孝宗皇帝第一书》。
② 《陈亮集》卷十三《问汉豪民商贾之积蓄》。
③ 《陈亮集》卷十四《问古今财用出入之变》。

之事，而是王者之事。因此，天下之困于财货匮乏，生民之病于生资窳劣，在主张“心者治之原”的陈亮看来，便是“王心”之失正而有以致之。由于“王心”之失正，欲以天下之财尽聚于朝廷，遂以此为指向而定其赋税制度，郡县遂以空虚，财源因而枯竭；财源既枯，则朝廷岂能独得其富厚？而所谓“财无定所，用无常节”，乃直指当时税收制度不统一而且财政管理混乱的情形而言。陈亮云：

> 本朝以三司使领天下之财，使之得以自辟其属，权任亚于二府。及神宗皇帝大正天下之官，而财归于户部，卒无以自别于有司，平时固已不可为，而况于天下多故乎！比者以宰相制国用，宜有以重户部，而南库何为者邪？夫户部天下之财也，内库天子之财也，南库又宰相所领之财也，以制国用之权而不能合其二以为一，顾分而为三，则户部愈不可为矣。户部之财分之诸司，其利源固已不一，徒欲取赢于郡县，顾安所从出哉？①

虽以宰相制国用，但不仅未能强化户部对于国家财政之出入的总体管理，且反而因南库之设而削弱了户部的财权，既使户部愈其空乏，更使财政管理陷于混乱。然户部掌天下之财，资给国用，其度支不敷，便强行征取于地方财政，地方又不得不巧取豪夺于黎民百姓；于是造成地方财政空虚、百姓无

① 《陈亮集》卷十四《问古今财用出入之变》。

所赖生的现象，而导致社会的普遍贫困。在陈亮看来，这种财权不统一，税收无定制，管理混乱的财政制度，实为财弊政弊之根源。因此，他认为要加强对于天子内库之财的管理，预知其数额；同时须罢去南库，以统一财用之源；蠲免地方所欠往年之经总制款项，并减其当纳之数，以充实地方财政。“今诚使大臣之制国用者，得以与知内库出入之数，而并南库于户部，罢诸司之可省者，以一财用之源；然后大蠲郡县经总制之逋，而去其额三分之一，以其一起发，以其一别立库藏之郡，大郡若干，小郡若干；而后藏之县，皆以丞贰掌之。使郡县不忧仓卒之变，则岂不愈于藏之行都乎！”①

实际上，反对朝廷对于天下之财的过分垄断，主张充实各级地方财政，减轻人民的赋税负担而少宽其财力，在此基础上促进以农业为主体的社会经济之总体发展，乃为陈亮之基本的经济思想。按他的理解，“朝廷立国之势，正患文为之太密，事权之太分，郡县太轻于下而委琐不足恃，兵财太关于上而重迟不易举。”②故朝廷对天下之财的过分集中与垄断，必不免于括郡县之利以为富，而郡县无财，人民窭空，乃是本末倒置，其势必至于本末俱弱。因此，他主张反其道而行之，正本清源，使朝廷少事聚敛，使郡县略就从容，以改变其困匮穷乏之局面。在他看来，这是应天下事势之变而不得不然的补偏救弊之策，故谓“财利之本源，法制之根柢，增损盈虚之变，先后参酌之宜，讲究而推行之，使天下之财日

① 《陈亮集》卷十四《问古今财用出入之变》。

② 《陈亮集》卷一《上孝宗皇帝第一书》。

以裕,郡县之用日以足"[1],则生民可少其嗷嗷,天下不至乏财。若利源既已充足,则天下之财用自然不穷;若仍恪守"祖宗家法"不予变通,不亟行改变"郡县空虚而本末俱弱"之局面,则"虽一旦得精兵数十万,得财数万万计,而恢复之期愈远,就使虏人尽举河南之地以还我,亦恐不能守耳"[2]。

陈亮是一位很讲究实际的思想家,这种务实倾向同样明显地体现于其社会经济之基本思想。由上述可见,尽管他对社会经济问题的思考缺乏某种系统性,但他所指陈的问题却往往切中时弊,并且有些观点是具有历史的进步意义的。比如他反对社会贫富的过分悬殊,但又反对财产占有上的平均主义,这一点既颇不同于时人之论,又实际上超越了一向以"等贵贱、均贫富"为理想的农民意识,可以说是具有了某种历史的超前意识。兵农合一之说并不新鲜,但对于解决其时代因巨额的军费开支而造成的财政困难,实不失为可行之道。农商相辅以行的见解超出了重农抑商的儒学传统观念,有利于以农为主前提之下的农村经济的整体发展。"财者天下之大命"的观点,则包含着对于经济为政治之基础的确认;基本物质条件的满足优先于政治教化,原来就为儒学所强调,故陈亮曾论汉武帝元朔元年(前 128 年)诏天下举孝廉而无荐者之事云:"河水泛郡十六,民半为鱼;夏霜杀草,而五谷不茂;商车算赋,而私财日瘵。民于斯时,仰事俯育之不给,宜

---

① 《陈亮集》卷十二《四弊》。

② 《陈亮集》卷一《上孝宗皇帝第三书》。

孝廉之不克全矣。”[①]正源于这种认识，他能够将政治上极度的中央集权与财政上极度的朝廷垄断结合起来进行批判。他所一再强调的必须充实地方财政的主张，即要求削弱这种极度的经济垄断，而给予地方以相对的经济自主权。毫无疑问，这一建议对于社会经济的整体发展是有益的。

① 《陈亮集》卷二十《汉论·武帝朝》。

第五章　哲学与伦理学思想

如果强调道德性命的一般追寻，致力于将至上的宇宙本体翻转为人类存在之自身的价值本体，使人的本质与宇宙本体的天真至善获得纯全的统一，从而建构起宇宙人生之真善美的完满统一的理性殿堂，乃是宋代理学的一般运思趋向及其理论目的，那么陈亮思想的一般发展及其最终目的都与此迥然有异；如果理学的一般倾向及其所关切的核心问题在很大程度上具有浓厚的本体论与形而上学色彩，那么陈亮的理论兴趣及其所关切的对象遂与此大相径庭；又如果理学的一般理论过程重视其整体构成中各部分理论与命题之间的相互关联及其内在的逻辑行程，从而展示其思辩的精深邃密及其理论体系的完整建构，那么陈亮思想的总体表述在这方面便确乎大有逊色。在陈亮那里，我们几乎看不到纯粹的理论思辩，他所关切的一切问题，在本质上乃是以恢复中原为核心的社会政治事务以及现实的人类之生存处境的实际改善，在这一点上，充分表现了陈亮思想之独特的价值取向。尽管他未曾倾心于理论体系的建构，也没有深邃幽眇的理论阐述，但其思想仍具有相对的完整性。就总体而言,陈亮的哲学与伦理学思想是与其历史观念、政治理论、经济主张等等相互缠结在一起的,这一现象虽给我们的研究带来一定程度的困难,但同时也表明他在观念上是将人类活动的经验领域作为其理论之基本限阈的;而甄别、梳理出其哲学与伦理学思想的主要方面并给予恰当的阐述,是为本章的基本任务。

第一节 道界定为现实的哲学意义

陈亮道的观念实来源于其历代史著的钻研,因此在第三章中,我们曾讨论过他关于道的一般见解。据其阐释,道具有这样一些基本特征:

1. 道的自身存在不可能脱离于事物现象的具体存在,所谓"夫道,非出于形气之表,而常行于事物之间者也"[①]。故道之存在的自身相状,若排除了它与现象的有机联系即为不可究诘,因为它不是一个独立于形气之表的自在之物。由于道与现象不相乖离、不相悖反,现象遂有获得其自身存在之特殊形式的本质依据并因此而具有合理性,故现象的丰富性与无穷多样性即成为道本身之实在性的确切显现。"道常行于事物之间",肯定了道与事物共在的必然性;"盈宇宙者无非物,日用之间无非事"[②],则断定了道在现实性上即转化为事物存在本身。因此在本质上,道就是宇宙、社会、人生所共

---

① 《陈亮集》卷九《勉强行道大有功》。

② 《陈亮集》卷十《六经发题·书》。

同汇成并必在现实世界之中获得其充分展示的总相。简言之，道即现实。

2. 因此，现象的一切现存相状都无非是道之实在性的表呈。这样，道的存在就不仅是普遍的，而且是永恒的；它充盈于天地之际，又流行于日用之间，"天下固无道外之事也"。只要天地之运动不曾止息，人生活动仍在继续，道的存在便不容置疑。"夫道之在天下，无本末，无内外。"①它既不与现象相游离，也不与之构成本末关系，而是与现象圆融一体，表里俱彻的。

3. "天下无道外之事"，即表明道是在现实性上对宇宙人生之总相的普遍涵摄，道与事物现象的圆融一体，则表明现象的一切表呈均为道的存在方式。因此，道不是一个可以执持的对象，它必与现象同时处于永恒的流变之中。变化的连续性与永恒性乃为道的固有性格，而这一性格同时又决定了一切关于道的理解与论述，只能而且必须以宇宙人生之总相的现存样式，也即道之实存的现时样式为根本依据；违背这一点，即便其论说深湛，精致绵密，仍为迂阔而不切事情。在这一意义上，道的存在及其所涵摄的现实内容都是相对的，必随时势之转移而转移。

4. 现象有直接呈现的基本特征，故道也为经验活动所可直接证取。"道之在天下，平施于日用之间"②，即必然贯彻于人类的现实生活。人类毫无疑问地构成生活的主体，因而道于现实生活中的贯彻或于日用之间之普遍的流行发用，在

① 《陈亮集》卷十《语孟发题·论语》。

② 《陈亮集》卷十《六经发题·诗》。

本质上乃是由主体的实践活动所实现出来的。换言之，当主体概念一经引入道的观念，道即转化为一个实践的范畴。按照陈亮的理解，主体对于道的实践即构成人道的本质，它是经验领域中人对于道的实际干预；而这种干预的能力，则是“与生俱生”，即恰恰为道所先验赋予的：“所谓平施于日用之间者，与生俱生，固不可得而离也。”①故人的本质即为人道的本质，其核心则是人作为主体之能动的实践精神。

5. 基于以上观点，陈亮在论述中遂充分强调这样一种观念，即只有在宇宙人生之总相的此在情境，也即天地人三才之互动关系的现实结构之中，道才获得其自身之整全的体现。在他那里，这种结构就是“天人之际”，它是现实的，同时也是历史的，其现存形式确切无疑地包含了其自身的历史内容。因此，道的现实追寻，除必须据依于经验世界之结构的现实形态之外，还必须将它延展于人类社会的历史过程。而天人之际的历史性研究，既是历史现实的研究，也是现实之历史的研究，它不仅表现为一般意义上的历史学，而且还构成对于道本身之历程的考察与究诘。因此，当历史意识渗透进现实这一概念并为现实所包含以后，道同时就取得了无限丰富的历史内涵，而成为一个社会历史范畴。作为运动的本体，道展开了社会历史的全部运动，或说社会历史的运动即是道本身运动的实现。因此，所谓道之存在的永恒性原是与历史性相联系的，尽管道所蕴含的现实内容在不同的历史阶段互有差异，但正是这种作为历史现实的“天人之际”的不同内容在历史过程中的递嬗，才体现了道的永恒运动及其自身的完

① 《陈亮集》卷十《六经发题 · 诗》。

善发展。这就表明，对于道的一般究诘，在诉诸现实之"天人之际"的同时，尤有必要诉诸"通古今之变"的历史学方法。

我们现在着重考虑陈亮关于道的如上观念在哲学上所具有的意义。

在关于世界现象的观念问题上，中国哲学与西方哲学之间存在着一项基本而又重大的差异，一般说来，它可被简单地概括为现象是否在本质上具有真实性。西方哲学的一般传统，尤其是由苏格拉底与柏拉图所导源的一派哲学，倾向于世界的二重分割，确认在可感知的实物世界背后还有一个至真纯善的、唯理性方可涵泳其中的理念世界。柏拉图曾用三个著名的比喻来阐明这两个世界之间的关系及其以获取至善理念为目的的知识过程。[①] 按照柏拉图的理解，直接呈现的经验世界，也即可感的实物世界，仅仅是理念世界的投影或摹本，因而不具有本质上的实在性；实在性仅仅是理念世界的固有品格。因此在存在问题上，理念的也即是本体的。柏拉图所殚心竭虑的正是如何弭平这两个世界之间的沟壑，要架起一座由非真实的现象世界通往纯善至真之理念世界的理性桥梁，这就具体展示为其知识论的整体建构。体现于古代印度哲学之中的世界观念与柏拉图的观念有着很大的共同性，经验存在也被视为幻相，是绝对、唯一之大梵的变现，但其在知识途径上的差异却依然是巨大的。而在中国先秦哲学之中，无论在哪一学派那里，虽然存在着对于形而上之道的讨论，但从未由道的至善至真及其作为宇宙本体之位格的确

---

① 三个比喻，即日喻、线喻、洞喻；见柏拉图《国家篇》。

认而导向对于现象存在之真实性的否定。这一点在根本上源于这样一种观念,即道本体的原质即是作为原始之力源的阴阳两种势能之间的相互制约与平衡,故运动乃是本体所固有的基本性格。它与现象之间的关系,不是静态意义上的投射或映像,而是动态的生生化育,是本体之原质的流注。由于现象的无穷序列是由道本体自身的无限性运动所实现出来的,任何现象都必然具有获得其现存样式的本质依据,因而就没有任何理由将现象表述为非存在,尽管它不是终极存在。理学的兴起曾受到佛学的浓重影响,即便在朱熹的宇宙论中;我们也仍然可以看到华严宗法界缘起说的理论影子,但它也仍然与先秦哲学中确认现象为真实的传统保持着一致。朱熹充分突出了作为宇宙本体之理(也即道)的形上的超越性及其存在的绝对性与唯一性,但本体的这些性质根本不是否定气或现象事物之实在性的理论前导,反而在某种意义上成为肯定气之实在性的必要前提。"理一分殊"之说的演绎与重新诠释,使理气既断然为二物,却又保持着相互据依、不即不离的密切关系,正以此故,"格物致知"才可能成为朱熹最为重要的知识路线。即便在陆九渊的心学体系之中,气或形而下之器的实在性也仍然是得到肯定的。朱、陆学说的最重要差异,实际上可归结到这样一点,即在形而上学意义上何者才是宇宙人生最终所归极统一的原点?朱熹将它确认为理,断言"性即理",陆九渊则确认为心,坚持"心即理";并由此而引起了知识问题上的不同见解。

这样,我们就可以在一种较为宽阔的思想背景下来评述陈亮关于道的观念。显而易见,道即现实这一基本观念一方面是对先秦哲学中以人类生活的现实情境为基点来理解形而上学问题之传统的承继，另一方面又表现出了更为决绝的拒斥形而上学的态度。陈亮拒绝讨论道本体的自相，而只强调它常行于事物之间、平施于日用之间，这表明他所理解的道不是一个可以独存的实体，而是事物存在的法则以及在经验中被实践、被贯彻的生活原则。这种法则或原则在实质上是不具有作为本体的意义的。道与事物共在之必然性的断定，实际上便即否定了所谓本体的先在性与超验性，而认为事物本身的存在反而是第一性的。在他看来，即便存在着所谓本体之道，那么在现实的人生境域之中，这种道本身究竟为何的问题也并不重要，关于本体的纯粹知识也不必然地构成现实社会与人生诸问题之解决的必要前提，因此将形而上学的本体论问题以及关于本体的纯粹知识搁置起来不予究诘，而将心力倾注于现实问题的研究、致力于人生状况的实际改善，就无疑要明智得多。于是我们就可以看到，陈亮虽然也谈论道，但却避免在本体论意义上来谈论这一问题。他论道的目的正在于要否定道作为本体的绝对性及其形而上的超越性，要求人类理性从超验的形上境域以及关于这一境域之玄妙问题的纠葛之中摆脱出来，重新回到现实的经验世界，充分关注现实的人生事务。因此，陈亮关于道的界定与阐释，首先就表现了他极为强烈的拒斥形而上学的倾向，并且在其思想的各个方面，实际上都贯彻了一种将本体论与形而上学问题搁置起来的基本态度，这一点同时也表明，他不仅将经验世界的现存相状理解为道的基本限阈，而且将它确认为理性的限阈以及主体得以展现其本质精神之唯一可能的场所。

拒斥道作为本体的绝对性及其存在的超验性，并不意味着陈亮一般地拒斥道的存在。恰恰相反，“夫道之在天下，何物非道？千途万辙，因事作则”①，这种道的实在性是无论如何都不能被否定的。“千途万辙，因事作则”，是他关于道的一种理解，它既表明道的存在具有绝对的普遍性，因为“盈天下者无非物，日用之间无非事”；又表明它在特定情境之中所蕴含的实际内容具有特殊的确定性，因而必然为相对的。这种相对性取决于道的本质运动与变化以及只能在事物的具体存在之中才能展现其自身的固有性格。因此，陈亮在将道界定为现实的同时，也就界定了对道实施把握的根本途径，这就是推究其变化的所以然，并以其现存的实际情形为依据来考察、阐释其现实内容。由于道是“因事作则”的，随事势的转移，其所以“作则”者便互有差异，因而参稽异同，因时制宜，不仅为和同天人之际，使天运人事在当前阶段保持其和谐的有效手段，而且是在道的本质要求之下将它在现实情境之中实现出来的根本方法。在他看来，道的把握绝不应体现为某种非理性的参悟或理性的思辩，而须体现为实践上合乎时宜的行动。因此，作为人类自身之生存方式的实践活动实际上是一开始就被包含在陈亮关于道的界说之中的。

现实毋庸置疑地构成人类生活的基本境域，而当变化的观念既经介入以后，那么现实之所以为现实便必有一个其自身的发展过程，是为现实的历史；如果现实是道的限阈，那么道就毋庸置疑地贯穿于现实的全部历史；历史的现实具体展现为社会运动过程中特定阶段上的天人之际，而实现出天运人事之和谐的制度之确立，按陈亮的理解，即是人对于道的实践，因此，主体对于道的积极干预与实践活动，便也同

① 《陈亮集》卷二十七《与应仲实》。

样毋庸置疑地贯穿于现实的全部历史。陈亮重视历史研究，在其史学思想的表述中充分强调了追究作为历史之现实的“天人之际”对于现实问题之措置的必要性，在根本上即源于这种社会历史之过程的连续性与统一性思想。正因为如此，他才将道转化为一个社会历史范畴，而这一转化的意义则是深刻的。它既使道的内涵获得了极大的深化，使作为现实之历程的历史与作为现实之延展的未来在现实这一基础上获得普遍统一，而且还在某种程度上使哲学与历史学相互统一。同时，现实之所指除了当前的现实（这在本质上也是历史的）以外，也囊括了历史的现实，甚至蕴含了未来的现实，因此，道的运演过程及其运行方向便始终与人类社会的自身发展保持同一。陈亮关于道的这一思想是其哲学与史学思想当中的一个核心观念，它是具有独创性的，因此也就丰富了中国古代的哲学与史学思想。

第二节　主体的实践精神与世界的统一性

上文表明，陈亮的哲学眼光始终落实于现实的经验世界，道在现阶段的实存相状或此在的人生境域，乃是其学说所最终关切的对象。但是“天地之间何物非道”的一般诠释并未解决纷纭繁杂的世界现象如何统一及统一于何处这一问题，而在哲学上，这一问题的恰当处置则是必要的。

形而上学的一般倾向往往表现出要在杂多的现象背后寻找出产生此杂多的原因，这种原因一旦找到，那么一切现象便都成为它的某种结果，现象的纷纭繁杂便不再是繁杂，而有了某种内在的必然性联系。换言之，本体一经确立，现象便获得了统一；而本体论所要解决的一个基本问题，正是世界现象如何统一及统一于何处的问题。譬如在朱熹那里，现象的多样性是为理的唯一性所涵摄的，故理即为现象所最终归极统一的原点。现代唯物论一般不重视形而上学问题，但同样重视世界的统一性问题，一种流行的观点是世界是物质的，因而世界就统一于物质。陈亮也要求形而上学问题的搁置，反对同时代将道或理从现象界抽取出来作单独论述的哲学倾向，但他并不具备现代唯物论中的那种物质概念，更未在这一意义上来阐述世界的统一性问题。在他那里，世界的统一性首先不是与现象的真实性相联系，而是与现象之存在的意义与价值相联系的。

在陈亮看来，现象的实在性仅凭感官知觉及人们的经验活动便可证明，无需诉诸玄妙的理论，但实在性的意义与价值却不是现象本身的固有属性，不可能直接呈现于人们的官能知觉。而就人类生活的实际情形而言，尤其切要的不是通过纯粹的理性思辩去为经验世界的实在性找到某种终极依据，并以这种超验论证为前提反过来规定人类现实活动的合理性，而毋宁是以经验世界本身所呈现的实际相状为依据去寻绎出这种实在性对于人生的意义，并由此而对人类的自身行为作出合乎现实性的恰当选择。而所谓经验世界对于人生的意义，在陈亮那里，恰恰是通过人本身的实践活动才得到实现的。陈亮云：

人之所以与天地并立而为三者，非天地常独运

> 而人为有息也。人不立则天地不能以独运，舍天地则无以为道矣。夫“不为尧存，不为桀亡”者，非谓其舍人而为道也。若谓道之存亡非人所能与，则舍人可以为道，而释氏之言不诬矣。①

这是陈亮关于三才的基本观念。在第三章中，我们曾就此作过讨论，并确认在陈亮三才相互并立而不相离异的观念之中，主导着这一动态和谐系统的始终是人道。而在哲学上，这就涉及到一个相当重要的问题，即作为客体的事物存在，在纯然排除了人的主体性对其渗透的情形下，它本身是否具有独立的意义与价值？按照陈亮的理解，这种情形之下的事物存在，哪怕是天地之运，充其量也不过是一种纯粹的客观性而已，并不具有更多的意味。只有当客观性成为主体意识与活动的对象，从而构成一种主客体互动的关系情境，客观存在的意义与价值才得到充分显发。正因脱离了人事的天地之运是没有意义的，故谓“人不立则天地不能以独运”，“舍人不可以为道”。道的完整内涵既须兼摄三才，唯三才之统一才构成道之整全的显现，而三才的统一又是人本身通过其恰当的实践活动才被实现出来，因而道的现实性在本质上便被归结为人类实践活动的结果，故谓天地赖人以常运而不息，人纪则赖人事以接续而不坠，道是赖人以存的。因此，作为主体之本质功能的实践活动实际上就居于比道更高的地位。世界是为人而存在的，也是为人所改变的，天地之运的客观性只有在人的世界中才具有意义。人既是维系三才系统之动态平

① 《陈亮集》卷二十八《又乙巳春书之一(与朱元晦)》。

衡的能动因素，他便毋庸置疑地成为这一系统所运行的核心。

这样，天地之道即统一于人道，单言人道即是对道的整体提挈。按照陈亮的理解，道即是现实，即是三才之互动关系的总相，而人道的本质则体现为对现实世界实施能动之干预的实践精神，因此，世界现象的普遍联系及其统一性便同样是人的社会性实践的结果。陈亮云：

> 万物皆备于我，而一人之身，百工之所为具。天下岂有身外之事、而性外之物哉？百骸九窍具而为人，然而不可以赤立也，必有衣焉以衣之，则衣非外物也；必有食焉以食之，则食非外物也；衣食足矣，然而不可以露处也，必有室庐以居之，则室庐非外物也；必有门户藩篱以卫之，则门户藩篱非外物也。至是宜可以已矣，然而非高明爽垲之地则不可以久也，非弓矢刀刃之防则不可以安也。若是者，皆非外物也。有一不具，则人道为有阙，是举吾身而弃之也。然而高卑小大，则各有分也；可否难易，则各有力也。徇其侈心而忘其分，不度其力。无财而欲以为悦，不得而欲以为悦，使天下冒冒焉惟美好之是趋，惟争夺之是务，以至于丧其身而不悔。然后从而告之曰："身与心内也，夫物皆外也，徇外而忘内，不若乐其内而不愿乎其外也。"是教人以反本，而非本末具举之论也。①

① 《陈亮集》卷四《问答下》。

在这里，陈亮重新阐释了孟子"万物皆备于我"这一命题。按照他的理解，人的存在首先是作为自然物的存在，因此为生存目的而通过其本身活动来满足基本的生存需要，便是人的自然禀赋，也是人性构成中的一个基本方面。而与此同时，仅仅是为生存目的的人的活动，就注定了他要与自然界构成种种关系；这种关系便是"天人之际"的原始内涵，是人现实生存的基本境域。在这一境域中，人与物的关系无疑是通过人本身的实践活动实现出来并以之来维系的，这样，物就失去了它独立于人类生活以外的纯粹的自然性，而转化为实践的对象，成为为人的存在了。这种自然性的消退，意味着物的被人化，而为人的实践性，也即人的本质精神所涵盖，因此之故，物就不能被理解为"外"。人的现实生存不可能超越其基本的情境规定，但随着文明的进展与生活实践领域的不断扩大，其生活的境域将不断延展，人化的意义将不断深化，作为主体性而呈现出来的人的本质精神所涵盖的层面也将愈其丰富、愈其广大。从必需之衣食而至于天下万物，无不是本质意义上的人的对象化，故"道之在天下，无本末，无内外"，现实的就是切身的，以至于"穷天地之运，极古今之变，无非吾身不可阙之事也"[①]。故"万物皆备于我"，天下无道外之事，便无吾性外之物。

显而易见，"万物皆备于我"这一命题被陈亮改造成了"天下无性外之物"，而他所理解的性，是不能纯然祛除人的自然性内容的。正是人类生存的自然需要首先促成了自然界的人化。尽管陈亮在这里未曾明确地解释这种人的自然性与

① 《陈亮集》卷二十四《赠武川陈童子序》。

人的社会化倾向以及在这种倾向中必然表现出来的社会性有何联系与区别，但是这样一种思想的表达却仍然明确，即只有人的实践活动才将世界现象联系为一个统一的整体，宇宙万物的普遍联系乃是人道的结果，其意义便毫无疑问地只属于人的世界。因此，世界不是统一于抽象的本体之理，而是统一于作为世界之主体的人本身的实践。

这一统一性观念的确立，不仅表明陈亮将整个世界都纳入了人的存在与实践范畴，而且表明他对主体性实现了极大的高扬。在理论上，主体的能动性实践活动已被转化为人道的本质要求，并且也是实现人道自身完善的可能方式，“人道备，则足以周天下之理而通天下之变”[①]；故“天下大势之所趋，天地鬼神不能易，而易之者，人也”[②]。而在现实性上，实践即意味着行道，是对道的整体干预与制导，是为撑住天地、接续人纪的现实途径。如果实践是以诉诸行动为基本特征的，那么陈亮的这些观点便代表了某种哲学上的“行动主义”。他认为“天下之事病于不为”[③]，“风不动则不入，蛇不动则不行，龙不动则不能变化。今之君子欲以安坐感动者，是真腐儒之谈也。孔子以礼教人，犹必以古诗感动其善意，动荡其血脉，然后与礼相入……况欲运天下于掌上者，不能震动，则天下固运不转也。”[④]他所孜孜追求的正是“动”，是现实世界的变革。在他看来，“天下无不可为之时，无不可乘之势”[⑤]，故

---

① 《陈亮集》卷十《六经发题·周礼》。
② 《陈亮集》卷十一《人法》。
③ 《陈亮集》卷十七《汉论·孝宣》。
④ 《陈亮集》卷二十八《又癸卯秋书(与朱元晦)》。
⑤ 《陈亮集》卷二十九《与吴益恭安抚》。

抓住时势的恰当机宜而以人力实现这种世界的变革，不仅是可能的，而且是应当的。他之所以屡挫不馁，竭力鼓动君主，要求君主以“公天下之心”而“鼓动”天下，“勉强行道”，也正以这种“动”的哲学为其依据。可以说，他自己的一生都在实践着这一“动”的原则；而“动”的突出强调，便代表了陈亮之哲学思想的一种特殊风格。

第三节　知识之目的及其价值取向

承上所论，陈亮否定了道的形上性质，拒斥关于超验本体的纯粹知识，这表明他是反对将非经验存在作为知识对象的。因此，在其道的观念之确立的同时，实际上就已然界定了知识的一般限阈及其对象：它只能是经验世界以及存在于其中的事物现象与社会人事，是本质上属于人的世界的全部现实。

按照陈亮的理解，道常行于事物之间，且“千途万辙，因事作则”，故就事物的具体存在而言，道便有其特殊的内涵，而获取事物的具体知识，则表现为对于事物所以然之故的切实究诘。陈亮云：

> 夫盈宇宙者无非物，日用之间无非事。古之帝王独明于事物之故，发言立政，顺民之心，因时之宜，处其常而不惰，遇其变而天下安之。①

---

① 《陈亮集》卷十《六经发题·书》。

“独明于事物之故”，在陈亮所界定的意义上，实际上即是对道的究诘。但是非常明显，这种究诘不带有任何形而上学的色彩，而仅仅是实事认知，它所获得的也无疑是关于事物的具体知识。“明于事物之故”的目的在“达于事物之理”①，它是以事物之现存相状的仔细审察为前提的，因此，陈亮便特别强调“于所已发处体认”②。所谓“于所已发处体认”，即强调知识的起点为事物的具体存在，而其过程，即所谓“体认”，便表现为知识主体对其对象的切实了解与领悟，而终至“明于事物之故”、“达于事物之理”，实现为体现了主客观相互统一的知识形态。这一“体认”的过程，陈亮同样认为是“格物致知”，故谓“格物致知之学，圣人所以惓惓于天下后世，言之而无隐也”③。

在道的意义上，现实之所指不仅是天人之际的当前状态，还包括其过去历程，正是这一历程深切著明地展示了现实总体结构之当前样式的所以然之故，因此，通过现实之历史或古今沿革之变的研究而获得的关于现实的历史知识，在陈亮的知识结构之中便占有极为重要的地位。“穷天地造化之初，考古今沿革之变，以推极皇帝王伯之道，而得汉魏晋唐长短之由；天人之际，昭昭然可察而知也。”④可视为实现这种历史知识的一般方法，而其中体现了实事认知的精神则是显而易见的。

---

① 《陈亮集》卷九《勉强行道大有功》。

② 《陈亮集》卷二十七《与应仲实》。

③ 《陈亮集》卷二十七《与应仲实》。

④ 《陈亮集》卷一《上孝宗皇帝第一书》。

事物存在的多样性与社会人事的复杂性决定了天人之际的现实结构必然为错综纷繁，而随着现实之内涵向其历史过程的延展，随着运动、变化之观念的充分渗入，这种错综纷繁就变得愈加繁杂与周密。因此就个体而言，关于事物的具体知识必为不可穷尽。陈亮在确认这一点的同时，又强调丝毫不懈怠地不断追求一切关于现实的知识，使其积累尽可能地趋于完善。尝云：

> 童子以记诵为能，少壮以学识为本，老成以德业为重。年运而往，则所该愈广，所求愈众。穷天地之运，极古今之变，无非吾身不可阙之事也。故君子之道，不以其已能者为足，而尝以其未能者为歉，一日课一日之功，月异而岁不同，孜孜矻矻，死而后已。①

这里阐明了知识的无限性以及知识过程永无止境的思想，它代表了陈亮关于知识的基本观念。朱熹在谈到"格物致知"时，曾认为有一最后境界："一旦豁然贯通焉，则众物之表里精粗无不到，而吾心之全体大用无不明矣。此谓格物，此谓知之至也。"②按照朱熹在这里的表述，知识就并非没有止境。因此显然，尽管陈亮也以"格物致知"为获得经验知识的一般途径，但其理解与朱熹有很大差距，两种知识观念的冲突实为异常明显。

---

① 《陈亮集》卷二十四《赠武川陈童子序》。
② 《大学补传》，见《四书集注·大学》。

陈亮在强调须“孜孜矻矻”以求知识之愈广愈众的同时，又强调知识的广泛寻求必使归于要约。若“泛乎中流，无所底止”，“纵横妙用，肆而不约”，则不足以会通古今之变，不足以识“圣人之用”，便也不足以知“格物致知之学”的真意。[①] 在他的观念中，现实及其历史都是统一于人道的，故知识的归结或其要约、“底止”之所，便不可能超出现实的人道范畴，如果人道的本质体现于主体对现实世界的实际干预从而促成天人之际的合理性变革，那么知识的价值即在于它对实践的有效性。根据陈亮的阐述，究天人之际，通古今之变，达时措之宜，成天下之利，是知识与实践之间的互动关系。它表明知识的来源在于现实，获取知识的途径则在现实及其历史的充分究诘与会通，时措之宜是对知识的现实利用，而天下之利则是合宜之举措的自然结果，是知识价值的现实转换。故渊源正大之理，必于事物而达之，也必于事物而用之，不能在现实世界中转换出实际效用的知识，在他看来即是没有价值的。

这一思想无疑表现了陈亮在知识之价值取向上的实用主义倾向。所谓陈亮的事功主张或功利主义，在很大程度上即指这种知识价值上的实用主义。而在陈亮自己，这一观念不仅被始终坚持，而且是他批评当时理学风气的指导思想。他对理学的批评，实际上并未本于理论上的分析，而只是强调所谓“玩心于形之表”的知识非但不能实现对于世界的实际干预，不具有经验上的有效性，而且还将人心导向对于现实世界的冷漠，终至于百事不理，以致成为风痺不知痛痒之人。

---

① 参《陈亮集》卷二十七《与应仲实》。

在他看来，世之学者以正心诚意而从事乎形器之表，虽自以为卓然而有见，自以为得圣人溥博源泉正大光明之理，而实际上，得之浅者仅如槁木死灰，得之深者则纵横妙用，肆而不约，是所谓"浅则失体，深则无用"，皆不足以知圣人成顺致利之道。[①] 故"治道之不知，时变之不究，其说虽若可听，其事虽若可行，原始要终，而卒归于无用"[②]。显而易见，知识是必期于有用的，因而知识的实用性便成为陈亮关于知识之价值判断的根本标准。

按照这一标准，他认为对于历史上曾出现过的各种学说，应结合其所从产生的历史现实来进行恰当评价，不能由于它们未能尽合于某种既定的思想框架（譬如时人所理解的孔孟之道）就斥之为"异端"而予以排斥。源于其知识之来源的基本观念，他认为历史上曾经有过的不同知识系统，在本质上均代表了人们在特定的历史现实之中对天地万物之理的体认，作为这种体认的结果，其互有异同便势所必然，故不能是此而非彼。在学术上，他确信并无所谓"异端"。在谈到王霸问题时，我们已分析过陈亮关于"异端"的一般观念，这里不再重复。陈亮不主张黜异端，以为"黜异端"就有可能"终流于异端"（见卷二十三《西铭说》）。其中唯对佛道二教的态度稍有不同。他认为"儒释之道，判然两途，此是而彼非，此非而彼是"（卷二十七《与应仲实》），"释氏以理为障，以身为幻，以孙子为赘，其于君臣父子兄弟夫妇之大伦，一切废弃而不论，专求其所谓出世间法者。夫既已有身矣，则世其可出乎？

① 参《陈亮集》卷二十七《与应仲实》、卷23《西铭说》等。
② 《陈亮集》卷十二《四弊》。

世不可出，则安得而无孙子之情乎？”（卷三十五《胡公济墓碣铭》）然世之“溺于其说者，因以为其道当与吾圣人并行，虽有识者亦以为并行而不悖也”（卷二十五《普明寺长生谷记》），遂至于举世溺焉而不自知，故“其为人心之害，何止于战国之杨、墨也”（卷二十七《与应仲实》）。但另一方面，他又反对“欲人其人，火其书，庐其居，以行吾圣人之常道”的极端排佛行为，认为佛教原为外来之道，其行于中国也已千年有余，自有其存在的理由，且“一日斥而去之，于人情固有所不忍，而四民之中莫贵于士，自后世之为士者，百家众说犹或杂出于其间，则亦何恶于释老之徒也！”（卷二十五《普明寺长生谷记》）他所力加非难的实为时人溺于佛说之风，对佛教本身，则不惬意于僧徒的生活方式而已，以为不耕不蚕，藉丐施以活，非民生之道，故尝为其乡普明寺置田。使田有所出，僧不丐施，“是一僧不复为居民之费，而三夫共饱于十亩也。”而释氏之徒“则可以安坐而自遵其教矣”（参卷二十五《普明寺置田记》、《普明寺长生谷记》）。可见他对佛教学说虽不赞同，却也并不作如何激烈的反对，实是存而不论而已。在谈到道教时，认为其说“大较清邃窈深，与人异趣，非可骤至而卒究，故君子常置而弗论”（卷二十五《重建紫霄观记》）。“置而弗论”实际上正是他对佛道二教的共同态度，然则他在观念上并不以佛道为“异端”，遂皎然明白。

就当前的研究而言，如果通古今之变乃为现实之究诘的必要延展，那么对于不同之知识系统的客观研究，稽考其异同，明辨其流变，寻绎其学说之所以然的现实根源，就恰好为通古今之变的重要内容，也是阐明现实之历史的有效手段。在这一意义上，历史研究的价值便是归于现实的，因而不同的思想学说与不同的知识系统，在经过参合同异，斟酌得失，互取短长的前提下，便可使其相资以为用，即在切合于当世之现实利用这一原则上使它们统一起来，是所谓"苟可以互明其理者无所不用其极"①，"正欲揽金银铜铁熔作一器，要以适用为主耳。"②故"苟有用心之地，则凡天下之学，皆可因之以资吾之陟降上下焉。"③

综上所述，陈亮的知识观带有明显的经验论倾向，他不仅将经验知识视为知识的基本形态，并且将经验效用的实现视为知识的最后目的。而当他将现实的有效性确认为知识之唯一价值的时候，他所强调的确乎是知识对于实践的突出作用，但也同样体现了其实用主义倾向。切于事情，当于实用，是陈亮在知识问题上的根本主张，这一主张无疑与其心目中最为迫切的时代任务相联系。因此，就要求解决其时代所面临的迫切任务与当时道德性命之学的普遍弥漫这一政治—文化矛盾而言，陈亮的知识观自有其难以忽视的特殊意义。究实而言，要求知识在经验领域转换出其实际效用，原是固存于儒家学说当中的一种根深蒂固的观念，在这一点上，陈亮的阐述确乎坚持了"圣人之道"，甚至比务于道德性命之探求的理学家们还要纯粹些。在切于当世实用这一原则之下，他提倡兼容各家学说，熔铸天下之学，体现了对于人类之精神文化产品的尊重，也表现了其宽阔的学术胸怀。然而毋庸讳言，将知识限定于经验实用的领域正有其严重缺陷。仅以实

① 《陈亮集》卷九《扬雄度越诸子》。
② 《陈亮集》卷二十八《又乙巳春书之一(与朱元晦)》。
③ 《陈亮集》卷三十六《钱叔因墓碣铭》。

用性或有效性作为衡量知识的价值尺度，至少就极易导致对于那些为社会所必须却又没有直接实用性的知识、或暂时还不能直接发挥其现实有效性之知识的拒斥以至否定。而实际上，即便是许多科学理论的实用性在其初始阶段也往往并不明显，而哲学及其他人文科学的实际指向，应该说，并不就是经验上的直接有效性，而更应该是人类之思维能力及其精神品质的整体提高。就此而言，陈亮的知识观念便显得过于偏狭，而当时的理学反而是拓展了思维的领域，更有利于人类精神的自我历练。

第四节 功利与道德

陈亮倡言事功，却绝非不言道德。此两者之关系的阐明，既构成其道德哲学的重心，又是实际上其学说何以为朱熹所贬斥的主要原因。儒家哲学在理论上实以善的论证为核心，在实践上则以善的贯彻为极致。告子尝主张人性可善可恶，孟子在与其论辩中确立了人性本善说，稍后的荀子提出性恶论，并以“化性起伪”作为人性改造的现实途径，以达到善在现实性上的高扬；汉代董仲舒等人则有性三品说，但严格说来，“三品”只是对人之智愚程度的划分，而不完全是哲学上所说的人性。尽管这些观点对后世均大有影响，但对于理学思潮而言，唯孟子的性善说是得到坚决维护的，三品说鲜有提及，性恶论则视为异端。然性善说在理论上有一个必须解决的问题，即在人性本善的前提下，人在经验过程中的不善或恶是如何产生的？如果将这种与善不相应甚至相反的表现视为人性在经验中的“异化”，那么又须回答这种异化是如何可能的？

张载首先区分了“天命之性”与“气质之性”，以为前者本善，是真正意义上的人性；后者源于后天习染，未可谓之真性，故为学在于“变化气质”，以复返天命本善之性。此说极为理学家所赞扬，以为最有功于圣门，其原因即在它解决了这个非常重要的问题。尽管张载所谓天命、气质之性的区分，实际上是对孟、荀二说的某种统合，即在人性的先验设定上取乎孟子，而在其经验判断上则有取于荀子；既名“气质”为性，则所谓“变化气质”便无越于荀子所谓“化性起伪”之途；但无论如何，张载的解释依然是典范性的。在此后学者的不断阐释之中，由于以先验善的复归为根本的价值取向，并强调外在利益的追求必使本性遭受蒙蔽，遂导致功利与道德在理论上的分化乃至对立，至朱熹有所谓“存天理，灭人欲”之说，则为这种对立的极端形式。在这一点上，陈亮确乎有截断众流的勇决之气，他不仅提倡事功，肯定人欲在一定程度上的合理性，而且强调功利与道德的相互统一。而这一思想的表述，也同样以其人性论为理论基础。

一、人性是自然性与社会性的统一

上文提及，陈亮接过了孟子“万物皆备于我”这一命题而将它阐释为“天下无性外之物”，照其理解，凡与人之现实生存密切相关的一切物质设施，在本质上都不能视之为“外物”，因为它们共同构成了人生的必要条件。这种生存条件的缺乏，即意味着人生本身有所亏缺，“有一不具，则人道为有缺，是举吾身而弃之也。”然则必要的物质条件的完具与满足，便自然地为人性所包容；而追求这种条件的满足，便是人性的当然要求。陈亮云：

> 耳之于声也，目之于色也，鼻之于臭也，口之于味也，四肢之于安佚也，性也，有命焉。出于性，则人之所同欲也；委于命，则必有制之者而不可违也。富贵尊荣，则耳目口鼻之与肢体皆得其欲，危亡困辱则反是。故天下不得自徇其欲也，一切惟君长之为听。君长非能自制其柄也，因其欲恶而为之节而已。叙五典，秩五礼，以与天下共之。①

这里的论说既来源于孟子而又大异于孟子。孟子云："口之于味也，目之于色也，耳之于声也，鼻之于臭也，四肢之于安佚也，性也，有命焉，君子不谓性也。"②味色声臭与安佚是可以作为自然的人性之欲求的，但这种自然不代表人性的本质，不能被理解为真正的人性，故"君子不谓性也"。"君子所性，仁义礼智根于心"而已。③ 然在陈亮看来，耳目口鼻与四肢的自然欲求，既"出于性"，为"人之所同欲"者，便没有理由不视之为人性而对其加以否定。因此，他不取孟子"君子不谓性也"之说，而主张"必有制之者而不可违也"，即认为只能在一定程度上对其加以限制而不能违背。这样，他实际上就肯定了人的自然性的合理性与正当性。而所谓"必有制之者"，一方面，他认为唯君主为能操制约之权，故"一

① 《陈亮集》卷四《问答下》。
② 《孟子·尽心下》。
③ 《孟子·尽心上》。

切惟君长之为听”；另一方面，君主所操之权又“非能自制”，只能因天下之欲恶而为之节，故“叙五典，秩五礼”遂成为必要，此正为所以制之者。毫无疑问，“五典五礼”的内容是关于道德的，是个体在社会生活中应须奉行的行为规范。而在陈亮看来，这种规范尽管是对人之自然欲求的限制，但其实质却是“因其欲恶而为之节”而已，因此它不仅不与自然人性相冲突，而且这种限制的目的正在于要使社会共同体中人人皆能达其同欲。尝云：

齐宣王之好色、好货、好勇，皆害道之事也，孟子乃欲进而扩充之：好色人心之所同，达之于民无怨旷，则强勉行道以达其同心，而好色必不至于溺，而非道之害也；好货人心之所同，而达之于民无冻馁，则强勉行道以达其同心，而好货必不至于陷，而非道之害也；人谁不好勇，而独患其不大耳。人心之所无，虽孟子亦不能以顺而诱之也。[①]

“好色”、“好货”、“好勇”，代表了人的自然欲求，当它仅仅局限于某一个体自身的时候，它未必为善，而可能为“害道之事”；但当其突破个体的自身局限，扩充于“人心之所同”便即转化为善的，“非道之害也”。因此，仁义道德之心是从自然人性那里自然诱导出来的，是以己之所欲扩充于民之同欲，故道德乃是自然人性之社会化的结果。这种自体局限的突破或社会化的必要性，同时即构成了对于自然人性的一种

① 《陈亮集》卷九《勉强行道大有功》。

制约或规定，是即为所以制之者。但是这种制约在本质上并非出于外在性的强制，而仅仅是自然人性本身的"顺而诱之"而已。毫无疑问，这种"顺而诱之"的观点依然植根于孔孟儒学。按照孔子的阐释，忠恕的内涵即是"己所不欲，勿施于人"[①]，故云"忠恕违道不远，施诸己而不愿，亦勿施于人"[②]。反过来说，就是己之所愿所欲亦须施之于人，故云"夫仁者，己欲立而立人，己欲达而达人"[③]。曾子尝将孔子"一贯之道"概括为"忠恕而已"[④]，孟子则将"仁政"具体表述为"老吾老以及人之老，幼吾幼以及人之幼"，均可见"忠恕"实即是"仁"，其意义但在于"举斯心加诸彼而已"、"善推其所为而已"[⑤]。因此，陈亮之所谓"好色人心之所同，达之于民无怨旷，则强勉行道以达其同心"云云，就是孔子所阐明的忠恕之道的贯彻，就是仁这一儒学中最高道德范畴之意义的切实展现。由于陈亮既将道德建立于自然人性的基础之上，又将它理解为自然人性本身的一种内在制约，因此，人的道德感就不是外来的东西，而是原来就内在于作为社会性个体之人的本质当中的，是人性之整体构成中不可或缺的部分。故云："天地之性，以人为贵；圣以此圣，礼安得伪？仁以此仁，义安得外？"[⑥]仁义道德之感既非外铄，那么礼的奉持即道德践履就同样并不表示对于个体行为的外在性强制，

① 《论语·颜渊》。
② 《礼记·中庸》。
③ 《论语·雍也》。
④ 《论语·里仁》。
⑤ 《孟子·梁惠王上》。
⑥ 《陈亮集》卷三十一《祭郑景元提干文》。

而是人性本身的内在要求，是人性的自然发越，因此便具有贯彻于日常生活，即所谓“平施于日用之间”的必然性。

可见，在陈亮那里，物质利益的追求与道德准则的奉行都是被理解为人的自然禀赋的。如果前一种禀赋表现为人作为自然性存在的自然需要，则后一种禀赋便是人作为社会性存在的当然天职。他所强调的不是这两者的对立，而是其共存统一。这种统一的可能性与必要性则基于这样一种理解，即源于自然人性的己之所欲即为人人之所同欲，故己所不欲者不得施之于人，而己之所欲者应须扩充于人；换言之，道德并不表示任何抽象的意义，其根源仅仅是个体在社会生活中不得以己利的谋求去妨害他人之己利的谋求而已。而对社会的管理者来说，最大限度地实现出人心之所同欲，“强恕而行”、“强勉行道”以达天下之同心，便无疑是道德的，其价值也必然是善的。在陈亮看来，忠恕之道已足以概括一切道德术语所表示的意义，并且是人的两种自然禀赋之间在现实性上的制衡点。其自谓“苟能潜心玩省，于所已发处体认，则知‘夫子之道，忠恕而已’，非设辞也。亮少不自力，放其心而不知求，行年三十，始知此事”①，正足见他对这一点是何等的看重。

人性基于人类自身生存的自然需要，而整全的人性则是人的自然性与社会性的统一，陈亮的这一理解应该说是深刻的。它未曾贬低道德，而又为物质利益的追求这种为时人所讳言、为儒学传统所贬斥的自然人性争得了一席正大光明的地位；同时，它也构成了陈亮功利主义思想的哲学前提。

---

①《陈亮集》卷二十七《与应仲实》。

二、理一分殊与心之所主

陈亮的人性观念阐明了人的本质构成，强调了人的两种自然禀赋之间的交互作用与统一，而其“理一分殊”与“心之所主”则阐明了这种统一在现实性上是如何恰切地体现为个体的主体精神的。

“理一分殊”之说首倡于程颐。在与杨时讨论张载《西铭》时，程颐云：“《西铭》明理一而分殊，墨氏则二本而无分。分殊之蔽，私胜而失仁；无分之罪，兼爱而无义。分立而推理一，以止私胜之流，仁之方也；无别而述兼爱，至于无父之极，义之贼也。”[①]此说提出以后即受到学界的极大关注，至朱熹则对该命题溶入了本体论内容，用以阐明一本之理与万殊之物的关系。然陈亮的“理一分殊”之说则完全依循程颐而来，其为《西铭说》，以为张载《西铭》之书，伊川先生之言，“昭乎其如日星也。”其论云：

> 今之言曰：“亲亲而仁民，仁民而爱物。”彼以其分之次第自取尔，非吾心之异也。取之虽异，而吾心则一，故曰理一而分殊……尝试观诸其身，耳目鼻口，肢体脉络，森然有成列而不乱，定其分于一体也。一处有阙，岂惟失其用，而体固不完矣。是理一而分殊之说也，是推理存义之实也。
>
> 《西铭》之为书也，乾为父，坤为母。塞天地者，

① 《陈亮集》卷二十三《西铭说》引；《伊川文集》卷五。

> 吾之体也；帅天地者，吾之性也；民为同胞，而物则吾与也；大君为宗子，而大臣则家相也；圣其合德，而贤则其秀也；老者视吾之亲，幼者视吾之子，鳏寡孤独者视吾无告之兄弟。此之为定分，定其分于一体也。一物而有阙，岂惟不比乎义，而理固不完矣。故理一所以为分殊也，非理一而分则殊也。苟能使吾生之所固有者各当其定分而不乱，是其所以为理一也。①

程颐谓《西铭》"推理以存义"，明"理一而分殊"，杨时以为"天下之物，理一而分殊。知其理一，所以为仁；知其分殊，所以为义"②。陈亮之说，则直接发明"理一分殊"何以即是"推理存义"之实。由上引可知，他所阐释的重点实在"分殊"，而所谓"理一"，则是就所以为分殊者而言的。因此，他首先将"理一分殊"理解为全体与部分的关系。在他看来，全体是部分的有机整合，部分则是全体的有机构成；唯当部分森然有序而不乱，各处于其恰当合宜之地位，全体才可能是完整统一的，若一处有缺，即全体为不完。故就全体之大用而言，它便是部分一定之用（即所谓"定分"）的整合。部分的缺失或其职分的失当，必将造成全体之用的偏废，故一物有阙，即不得其义（义者宜也），即理为不完。由此可见，他所谓"理一"，实际上即是构成全体的各个部分在其职分上的共同指向，故"理一所以为分殊也，非理一而分则殊也"，即

① 《陈亮集》卷二十三《西铭说》。

② 《宋元学案·龟山学案》。

全体之理（“理一”）的显现由构成该全体的部分（“分殊”）来承担，而“分殊”的共同指向即为全体之“理一”。故“理一所以为分殊”，而“分殊”即所以为“理一”，两相回互关联，而不相离异。按照这一理解，“理一”与“分殊”既为统一体本身的内部和谐，那么在“乾为父，坤为母”的前提之下，构成天地之整体的一切万事万物便是一体化的，故“塞天地者，吾之体也；帅天地者，吾之性也；民为同胞，而物则吾与也”。既以天地万物为吾一体，则天地的全体大用便须由一切万物各得其宜、各当其定分来实现，这正须由吾的主体性来承担。因此，“使吾生之所固有者各当其定分而不乱，是其所以为理一也。”而“吾生之所固有者各当其定分”，便是义，故“亲亲而仁民，仁民而爱物”，虽其次第先后不能无差别，但却是义该如此，非“吾心”妄为分别。由“亲亲”而至于“爱物”，乃是“理一”对于“分殊”的要求，因此，“理一分殊之说也，是推理存义之实也”。

以“推理存义”来诠释“理一分殊”，则“理一分殊”便纯粹是一个关于社会伦理之实践的命题。由该命题的推衍而引导出来的万物一体化思想，在陈亮那里遂显得相当重要。但如果说他强调“理一所以为分殊”，倒毋宁是分殊即所以为理一。事实上，他所真正关切的正是分殊的合理措置，即如何措置得“吾生之所固有者”以至于天下万物均能各得其宜、各当其分。以其道的观念为前提，这种措置就绝非只是心灵的观照，而是必须“以身体之”，必须见诸行为实践的，故“惟践形者为能尽其道也。”[1]践形而尽道，便须“极吾之力”，使

---

① 《陈亮集》卷二十三《西铭说》。

其心“无造次之不存,无毫厘之不体,周流乎定分而完具乎一理”[①]。“分殊”的合理措置既是“理一”的成就与完善,同时也是行道。因此,陈亮对于理一分殊的阐释,实际上是再一次论证了“天下无性外之物”这一基本思想,再一次强调了关于道的实践思想。

然而,“推理以存义”,须有一个能“推”能“存”的主体,措置“吾生之所固有者各当其定分而不乱”,也须有一个能措置的主体。这个主体无疑是现实的人,而在陈亮看来,主体之所以能有外向展现的行为活动,则源于心,心是主体精神之萃集的所在。虽然他未曾特为阐述道、理、心、性之间的相互关系,但当他断定由亲亲仁民而爱物,“取之虽异,而吾心则一,故曰理一而分殊”时,实际上即已确认了“理一”与“吾心”的同一性。“仁者天下之公理”[②],“仁义者人心之同然”[③],由此他遂自然引导出心主于仁的结论:

> 夫子之所谓仁者,独论其心之所主。若泛然外驰,虽曰为善,犹君子之所弃也。亮虽不肖,然亦须要与此心为主。眼下虽不必其一一皆是,然此心之皎然固自知之矣,正不待他人之为计也。吾人之用心,若果坦然明白,虽时下不净洁,终当有净洁时;虽不为人所知,终当有知时。若犹未免于慕外,

① 《陈亮集》卷二十三《西铭说》。
② 《陈亮集》卷十四《问古今财用出入之变》。
③ 《陈亮集》卷十九《汉论·高帝朝》。

> 虽声名赫然，在人心岂可欺哉！[①]

仁为心之所主，其义实即孟子所谓“以仁存心”，是对心之道德性的一种内在规定。而在现实性上，心不仅是个体道德的源泉，而且是实施道德、是非之判断的主体，所谓“此心之皎然固自知之矣”。这种关于道德的自我判断能力，陈亮盖以为是心的固有品质；而当心实施判断之时，要使判断恰当，就必须使其自身处于价值的“0”点。故“象忧亦忧，象喜亦喜，直应之云耳，而吾心未始有忧喜也；能好人，能恶人，直应之云耳，而吾心未始有好恶也。如镜纳万象，过而不留者，盖止于此”[②]。因此之故，陈亮又极强调必“先正其心”，使心“纯一而无间杂”，唯“专精纯诚者”方能“合百为于一致”，故“人之一心恶可二其用也哉！”[③]换言之，心失其正而有间杂之病，则由心所主导而发出的行为即未必为善的，由它所作出的价值判断也未必为合理。在这一点上，陈亮遂同样确信人心惟危之说而主张必操存其心：

> 天下岂有道外之事哉！而人心之危不可一息而不操也。不操其心，而从容乎声色货利之境，以泛应乎一日万机之繁，而责事之不效，亦可谓失其本矣。此儒者之所甚惧也。[④]

---

① 《陈亮集》卷二十七《复吕子阳》。
② 《陈亮集》卷二十三《西铭说》。
③ 《陈亮集》卷十七《汉论·文帝》。
④ 《陈亮集》卷九《勉强行道大有功》。

> 盖人心之危，道心之微，出此入彼，间不容发，是不可一息而但已也。[①]

循此论说，陈亮宜若走向与当时理学的合流之途，但事实却不是如此，原因究竟何在？这一问题的解答仍须追寻其关于人性的基本观念。上文表明，他是将物质欲与道德感均作为人性之自然禀赋的，因而“吾生之所固有者”就不仅有仁义礼智，且有喜怒哀乐爱恶之欲；“吾生之所固有者各当其定分而不乱”，作为主体之心所实现出来的结果，其中便不仅包含着个体对其先天道德禀赋的现实措置，且也必然包含着对其自然的物质利欲的现实措置。因此在陈亮那里，性是心的内部对象，心是实现对性之全体进行统摄与制导的能动性主体，正是这种能动性才使心成为个体之主体精神的集中体现。但是显然，统摄与制导并不表示心能够改变性的固有内容，而只能使这些内容“各当其定分而不乱”，各处于其自身的合宜地位。因此，他并不要求对于自然欲望施行片面的遏制甚至去之灭之，而只是强调须“得其正”而已。“夫喜怒哀乐爱恶，所以受形于天地而被色而生者也，六者得其正则为道，失其正则为欲……夫道岂有他物哉？喜怒哀乐爱恶得其正而已；行道岂有他事哉？审喜怒哀乐爱恶之端而已。”[②]在他看来，性、情是完全统一的，不存在此是彼非，此善彼不善的问题，六情得其正即是道，即是善的。这样，问题的根本就归结到如何使情性，即“吾生之所固有者”各处于一种

① 《陈亮集》卷九《勉强行道大有功》。
② 《陈亮集》卷九《勉强行道大有功》。

合理的定位，而不是以某方面的片面发展来抑制其他方面的发展。换句话说，自我道德禀赋的发展并不必然地要以自然的物质欲望的遏制乃至泯灭为代价，只要物质欲望的发展各得其正，便即是道德的。正是在这一点上，陈亮所谓心主于仁的实际意义遂与理学的一般主张发生了严重分歧。在他那里，仁就是推己以及人，推理以存义，以天下万物为吾一体，以现实存在为吾心的本然关切；根据“天下无性外之物”这一命题，那么将天下人凡“受形于天地而被色而生者”全面而又正当地实现出来，而不仅仅是其中的道德禀赋，便是仁的最上境界。在这一意义上，陈亮是主张人性的全面发展的。

但是在个体那里，“心主于仁”实际上仅仅是一种价值指向上的“应当”，它可以是一种当然的义务，却不表示是一种现实性上的必然。人在经验世界中，“目与物接，心与事俱，其所以取吾之喜怒哀乐爱恶者不一端也，安能保事事物物之得其正哉！一息不操，则其心放矣。”①而心一旦“失职”，情性的经验表现就可能失宜而不得其正，甚或至于“从容于声色货利之境”，则不善与恶便自然产生了。是所谓“人心惟危”，而操存其心，作为个体自身之道德修养的根本手段，便无论如何都极为必要。故“心主于仁”之说，仍然坚持了由孔、孟所开创的义务论伦理学的基本观点。

三、道德及其经验判断的依据

按照陈亮的以上理解，作为自然禀赋的人性，实质上并

① 《陈亮集》卷九《勉强行道大有功》。

无所谓善恶，即便断定仁义礼智之端为善，同时也并无足够充分的理由断定物质利欲的禀赋为恶，反之亦然；因为在作为自然禀赋这一点上，它们恰好可为等价。因此，他极少一般地谈论人性善或人性恶的问题。他所强调的是人类应当在其历史过程中努力实现人道的自身完善，这一点充分体现于其社会历史观念与政治思想当中；而这种完善，实质上又表现为人性在现实世界中的全面发展。显然，全面发展既不可能是片面的抑制或强化，也绝不等于是放任自流，而是在"有以制之"之前提下的互不偏废，"如天之称物平施，如阴阳之并行不悖"[①]。上述表明，他将人性的这种制导权归属于心，而心便因此具备了双向关联的功能。一方面，它以本然人性为自己的审察对象，另一方面，它又是个体行为的使动者；前者是自我体认，由此产生关于行为的动机与意志，后者则是这种动机的结果。因此在陈亮看来，一切善恶都由心所产生，并且必须在经验上表现出来。在这一意义上，心可被理解为个体之身及其经验行为的本体，行为则是本体的流行发用，故善恶也必然是"已发"的状态。作为本体，心是整全，是对固有人性的共相统摄，故"心之本体实非斗饤辏合以成"；[②]而所谓统摄，即是要确保本体之流行发用的合理性，"心主于仁"无疑是关于这一点的限定。"主于仁"是一种当然的义务，故"计较利害非本心之所宜有"[③]。这一义务的观点，体现了道德的崇高，强调了个体之经验行为的道德

① 《陈亮集》卷十《六经发题·春秋》。
② 《陈亮集》卷二十八《又乙巳春书之一(与朱元晦)》。
③ 《陈亮集》卷九《勉强行道大有功》。

指向，同时也引出了关于经验道德判断的问题。

就心对于行为的关系而言，心是本体，是动机，行为则是本体之用或动机的结果；反过来说，则行为是对本体的实践。由于行为具有外向展开的必然性，因而这种实践或动机的结果同样须延展于经验领域。故道德的或善的，不能仅仅对动机的善而言，还必须在现实性上也同时表现为善。在陈亮看来，若仅仅停留于良善动机的涵养或道德意志的培植而不尽力将它们贯彻于经验并实现出善的效果，则道德的崇高价值便应受到怀疑。道德的可实践性及其价值之现实转换的必要性，他是予以特殊重视的。就个体的日常生活而言，若仅有亲亲敬长之心而无亲亲敬长之实，则不能看作是道德的实现，故“仁孝之道”须“平施于日用”。就天下之治而言，君主的个体道德若为高尚，便须体现为天下之事的恰当措置，体现出善的实际治效，正所谓“人君出而经理天下，岂能不从事于文物而索天下于枯槁之域也哉！”[①]故“道揆、法守，本一理也；仁心、仁闻不达诸政，则有体而无用，本末舛而天人之道阙矣”[②]。存于心的仁义礼智只有被贯彻于经验现实，才是体用一贯，“隐显如一，可以为无忝”。[③] 因此在谈到王道政治时，他突出强调了道德原则之普遍的现实效用，必使“井邑之间有无相通，缓急相救”，“疾病死丧，民无遗憾；鳏寡孤独，天有全功”，方可为“治道之极，而圣人之所以赞天

① 《陈亮集》卷十八《汉论·明帝》。

② 《陈亮集》卷十五《问古今治道治法》。

③ 《陈亮集》卷二十三《西铭说》。

地之化育者也”①。在这种“治道之极”被理解为君主道德之心的流行发用的前提下,那么这种发用本身就是成天下之至利的事业。因此在陈亮看来,政治的实际指向就恰恰是现实的事功。而所谓“疾病死丧,民无遗憾”云云,又显然已经包含了民生之物质需要的满足,“五十之食肉,六十之衣帛,八口之无饥,而谓之王道”②,故屈于富强,民有遗憾的“王道”是令人奇怪的。他一方面强调道德必须贯彻于实践,另一方面又强调必须以仁存心,正因仁者为天下之公理,唯以天下为公,方能达天下之事,得天下之宜,成天下之利。因此特须指出,陈亮之所谓功利,其实即是“公利”,是社会全体之福祉的谋求与民生之利益的普遍增进。在他那里,天下之公利的谋求是仁的体现,是正当且也是善的,故普遍之善即体现为普遍的功利。尽吾之力,使天下“无一民之不安,无一物之不养”,使天下之人皆能亲其亲而子其子,据于仁而行于礼,皆能得其喜怒哀乐之正而遂其好色好货之心,标志了人性在现实社会当中的全面发展,便是行道而大有功之验。③

因此,个体经验行为之动机的道德性就并不在于其取向于功利抑或取向于仁义,而在于其为谋天下之公利还是徇一己之私利,前者是道德的,后者则是道德的相对面,是非善或恶。故对于个人之私利的谋取,陈亮同样取竭力反对的态度,认为“利害兴而人心动,计较作于中,思虑营于外,其

① 《陈亮集》卷二十五《普明寺长生谷记》。

② 《陈亮集》卷九《勉强行道大有功》。

③ 参《陈亮集》卷九《勉强行道大有功》。

始将计其便安，而其终至于争夺诛杀，毒流四海而未已”[①]。他自己则以志于善自期：“富，人所欲；善，吾所独欲也。”[②]“读书将以为善，而不志乎举选；应举将以行义，而不志于得禄。”[③]这就可以明显地看出，道德与非道德、善与恶这一问题，在他那里实际上已被转化成了公与私的问题。如果道德的善与非道德的恶相对立，那么它并不是与功利相对立，而只是与私利相对立。故所谓义利之辨、理欲之辨，在陈亮那即是公私之辨，是所谓“有公则无私，私则不复有公”。由于“公”、“私”在个体那里首先体现为一种心灵所主的状态，因此陈亮同样强调必“主于正人心”，必求“正人心之说”，必须“严义利之辨于毫厘之际”[④]。

如上所说，陈亮充分强调了个体道德之展示于经验领域的必要性，重视行为在现实性上的效果，但这并不表示他对动机的忽视，应该说，“心主于仁”就是关于动机的确切规定。但是经验中的道德判断，实施这种判断所可能引以为据的标准，在他看来，却不可能是隐微的动机之善，而只能是外向展现的行为效果。所谓“此心之皎然固自知之”，是指心对个体自身行为的动机具有独立的判断能力，因此关于动机是否合乎道德的判断，只有在道德的自我判断这种情形中才有意义。而在经验中涉及到他人行为之道德性的判断，则须诉诸动机的结果而不是动机本身。陈亮云：

---

① 《陈亮集》卷十《语孟发题·孟子》。

② 《陈亮集》卷三十六《金元卿墓志铭》。

③ 《陈亮集》卷三十一《祭林圣材文》。

④ 参《陈亮集》卷十《语孟发题·孟子》、卷十一《廷对》等。

道之在天下，至公而已矣，屈曲琐碎皆私意也。天下之情伪，岂一人之智虑所能尽防哉？就能防之，亦非圣人所愿为也。《礼》曰："人藏其心，不可测度也；美恶皆在其心，不见其色也。欲一以穷之，舍礼何以哉！"惟其止于理，则彼此皆可知尔；若各用其智，则迭相上下而岂有穷乎！圣人之于天下，时行而已矣，逆计、预防皆私意也。天运之无穷，岂一人之私智所能曲周哉？就能周之，亦非圣人之所愿为也。《易》有太极而生两仪，两仪生四象，四象生八卦，八卦定吉凶，吉凶生大业。故圣人先天而天弗违，后天以奉天时。先天者所以开此理也，岂逆计预防之云乎！[1]

在这里，陈亮否定了动机有资格作为经验行为之价值判断的依据，《礼运》"人藏其心不可测度"之说，则是其立论的根据。可见在这一点上，他所强调的正是"人心惟危"。按照他的理解，"才有人心便有许多不净洁"[2]，"人之私意无穷"[3]，"人心之多私"[4]，其甚者至于"可杀可辱，而谋利之心终不可夺也"[5]。正因"人之分量有限，其心未能尽平也，未能举无私也"，"人之私意固不可信，而吾能自保其无私乎？"[6]故人

① 《陈亮集》卷二十八《丙午复朱元晦秘书书》；所引《礼》，见《礼记·礼运》。
② 《陈亮集》卷二十八《又乙巳秋书(与朱元晦)》。
③ 《陈亮集》卷十一《任子宫观牒试之弊》。
④ 《陈亮集》卷十一《人法》。
⑤ 《陈亮集》卷十三《问贪吏》。
⑥ 《陈亮集》卷十一《廷对》。

心无定，“善恶不常”①，而“辨名实是非之所在，公私爱恶之所归”②，便为绝对必要。然此所谓“辨”，并非停留于理论上的辨析毫厘，也非对于行为者之动机的揣摩测度，而是对其行为本身的直接判断。既然人心有其固有的“不净洁”的一面，不能确保其动机必主于仁，那么动机便不能作为经验道德之判断的依据。若行为本身已然是善的，而必谓其动机未善，因而也否定其行为之善，则意味着本体与功用可以相互脱离，即所谓“功用与心不相应”③，在陈亮看来，这种判断方法正是“私意”的运用而未本于天下之公理，故谓之“逆计、预防”。他坚信“本末感应只是一理”④，动机与行为必相应合，故若个体之行为及其实际效果已然可以判断为善的，由此而判定其“立心之本”或动机之善，倒不会有很大偏差。因此他认为，只有以经验上充分展示出来的行为以及这种行为所导致的实际效果为依据所得到的关于个体之道德的价值判断，才不仅是可靠的，而且天下之人都可引以为准则，可以法，可以戒，可以导人心于向善之途。个体的行为活动既是其动机的经验贯彻，而行为的效果则是动机之实际的底止之所，故“惟其止于理，则彼此皆可知尔”，“过是以往，则人心无穷，不可以尽徇；而天下至众，不可以文欺也。”⑤

---

① 《陈亮集》卷十五《问归正归明人》。

② 《陈亮集》卷十一《廷对》。

③ 《陈亮集》卷二十八《又乙巳春书之二(与朱元晦)》。

④ 《陈亮集》卷二十八《又乙巳春书之二(与朱元晦)》。

⑤ 《陈亮集》卷四《问答下》。

四、道德与功利之统一

陈亮既以为道德不能仅仅作为内在涵养而须同时体现于行为活动，道德的价值只能在经验实践中才被实现出来，又强调道德的实际指向应是天下之公利，是社会之现存状态的切实改善与民生之利益的普遍增进，并且道德的判断也只能以经验上表现出来的效果为依据，那么依据其关于功利的界说，则功利的便是道德的。如果善也有量的界限，那么被实现出来的功利之高低多少便是善之量的衡量标准。因此，功利在他那里就绝不是一个应该被祛除的对象，而恰恰是他"擎拳撑脚，独往独来于人世间"之所追求的目的。[①]

这一观点无疑会与朱熹发生理论分歧。事实上，朱、陈论辩中所涉及到的伦理学问题，其观点之分歧除了关于道德判断的标准以外，就莫过于功利与道德是否能够统一这一问题了。在陈亮所理解的意义上，这种统一是非常明显的，几乎只近于一种常识。而在朱熹看来，道德自有其本身的纯洁性，它只充分体现于个体的内在精神，因而其纯洁性须藉个体的内在修养才能达到，道德的涵养过程即为精神的自我历程，是其高尚情操的培植与不断强化。因此在道德判断上，朱熹遂主张以"立心之本"为准则，而在对待功利的态度上，则坚持以效果为目的便将侵蚀道德的纯洁性这种观点。但是实际上，陈亮是以"心主于仁"为前提来谈论功利目的的，其所谓功利依然是仁的流行发越，其所谓"功利主义"乃是

① 《陈亮集》卷二十八《又甲辰秋书(与朱元晦)》。

"道德的功利主义"。在仁即是公理,功利即是公利这种意义上,他与朱熹的观点实际上存有相互融通的一面。但是无论如何,这两者的价值的取向确乎不同,尤其是在以下问题上,陈亮的观点是无法为朱熹所接受的。

第一,"心主于仁"要求个体道德意志的自我切入,而其证明则是行为在经验上的实际效果,因而在现实性上,为个体所实现出来的道德价值便存在着大小高低之差别,它取决于个体本身的实践才能。正以此故,陈亮一再强调"天下大物也,须是自家气力可以斡得动、挟得转"[①],必须本领闳大开廓。"本领宏阔,工夫至到,便做得三代;有本领无工夫,只做得汉唐。"[②]照此理解,在"心主于仁"的前提下,本领愈是宏阔,所可能实现出来的善的价值便愈大;反之亦然。

因此第二,道德必须藉功利来实现其价值,其表现的最高境界是"不使当道有弃物而道旁有不厌于心者"[③],即藉时措之宜而开辟出天下事业的全新局面,使天下之"公利"有切实的普遍增进。这样,个体之本领的开廓与功业之建立,便为其道德之惠泽能够普施于天下之民的必要前提,故"担当开廓不去,则亦何有于仁义哉!"[④]孔孟"卒不得行其道以拯民于涂炭者",绝非因其道德不够高尚纯粹,而因"无其位也"[⑤]。故道德与功利的指向应是一致的。

第三,朱熹确信董仲舒"正其谊不谋其利,明其道不计

① 《陈亮集》卷二十八《壬寅答朱元晦秘书书》。
② 《陈亮集》卷二十八《又乙巳秋书(与朱元晦)》。
③ 《陈亮集》卷二十八《又乙巳春书之二(与朱元晦)》。
④ 《陈亮集》卷二十八《又甲辰秋书(与朱元晦)》。
⑤ 《陈亮集》卷三《问答上》。

其功”之说，认为道德的纯粹性不容许掺杂功利的谋求。而在陈亮看来，“心主于仁”之前提下的功利即是可欲的对象，既以其为对象，则不谋不计所导致的就不仅是实际事功的失败，而且也是道德上的失败。他以“君子之射”为喻而论云：

> “不失其驰，舍矢如破”，君子不必于得禽也，而非恶于得禽也。范我驰驱而能发必命中者，君子之射也，岂有持弓矢审固而甘心于空返者乎？御者以正，而射者以手亲眼便为能，则两不相值而终日不获一矣。射者以手亲眼便为能，而御者委曲驰骤以从之，则一朝而获十矣。非正御之不获一，射者之不以正也。以正御逢正射，则“不失其驰”而“舍矢如破”，何往而不中哉！孟子之论不明久矣，往往返用为迂阔不切事情者之地。①

在他看来，“计较利害非本心之所宜有”，故“君子不必于得禽”；本于天下之公而谋天下之利在道德上是正当的，故君子“非恶于得禽”。以天下为志，本天下之仁，兼其本领宏阔，工夫至到，便犹“以正御逢正射”，得禽多多而益善。若必不志于得，则又何须驰驱且持弓矢审固？故若纯粹排斥实践上的功利目的，乃为迂阔而不切事情，道德的价值因此也无法被真正实现出来。这种“不必于得禽又不恶于得禽”的态度，实际上也正为陈亮尽心以力行的处世风格。他尝告语弟子云：

---

① 《陈亮集》卷二十八《又乙巳春书之一（与朱元晦）》；所引见《诗·小雅·车攻》，《孟子·滕文公下》尝引之为论。

"古之君子,尽其在我者,以听其在命者,得失非吾事也。然既已应之矣,而谓无心于得,亦岂情也哉!居者勉吾学,而非以畏失也,失亦何害,而吾则未至也;行者竭吾力,而非以志得也,得之固佳,而吾不敢必也。如是而居,如是而行,吾无憾矣。"①正基于这种观点,陈亮进一步认为,在"心主于仁"的前提下,在谋求天下之公利过程中,个人因有某种事功的建立而同时获得其利益,就不悖于道德,而为正当。因此,尽管他反对任何以个人私利为目的的行为,但又在"公"的前提下肯定了"私"的某种合理性,正所谓"天运之公,人心之私,苟其相值,公私合一"②。道德既不与功利悖反,则公利之与私利在特定前提之下也可统一。

第四,陈亮不否认道德有其自身的纯粹性,但否认这种纯粹性来源于人的先验本质。按他的理解,人性原不纯粹,人心本亦"惟危";如果追求物质欲望的满足是为道德的纯粹性所拒斥的,那么人性本身却反而容纳了这种自然的物质欲望。但是另一方面,道德感的确又是人性的一种固有禀赋,并且正是这种禀赋为其自身的不断纯粹化造就了前提。因此,道德的纯粹性并非先天具就,而是必须在经验中通过不断实践、不断磨砺才有可能臻于纯粹的,犹精金必经百炼才能成就一样。尝云:

> 人只是这个人,气只是这个气,才只是这个才,譬之金银铜铁,只是金银铜铁,炼有多少则器有精

① 《陈亮集》卷二十四《送诸生赴补序》。
② 《陈亮集》卷三十三《祭王道甫母太宜人文》。

粗，岂其于本质之外换出一般，以为绝世之美器哉！故浩然之气，百炼之血气也。使世人争骛高远以求之，东扶西倒而卒不着实而适用，则诸儒之所以引之者亦过矣。①

表面上看来，这一观点似乎与朱熹所谓格物穷理以止于至善并无重大差异，但实际上却完全不同。在朱熹那里，性本身即为至善，故经验中个体的一切行为，在道德的意义上，其目的或价值指向在于人性本然之善的复归，而经验上的善，则是人性固有之善的纯粹显现。而在陈亮那里，经验上的道德之善，仅仅是经验实践的经验结果，而不是先验本质的经验回复，尽管道德行为的根源是先验的。因此他认为，道德的高尚价值根本不在于它具有先验的纯粹性，反而是在于它必须在"利欲万端"的经验世界中实现其本身的纯粹，这尤其困难，却是道德的真正价值之所在。"波流奔迸，利欲万端，宛转于其中而能察其真心之所在者，此君子之道所以为可贵耳。若于万虑不作，全体洁白，而曰真心在焉者，此始学之事耳。"②在他看来，一种先验设定的纯粹完善的道德并不能充分高扬道德的崇高价值，只有在一个并不净洁的现实世界中，在与种种非善与恶的不断抗争中所实现出来的道德，才真正可贵且为崇高。浩然之气，只是百炼之血气，故道德也并不具有先验的纯粹性与完善性，它正需要在人的社会化过程中不断完善其本身，并实现其自身价值的崇高。

① 《陈亮集》卷二十八《又乙巳春书之一(与朱元晦)》。
② 《陈亮集》卷二十八《又乙巳春书之二(与朱元晦)》。

综观上述，在道德与功利这一问题上，陈亮是主张两者的和谐统一的。他丝毫未贬低道德，又坦率地肯定了社会的普遍功利乃是可欲的对象，在价值上则是善的。这一观点的理论基础是他关于人性的见解。人性既然统合了人的自然性与社会性，则物质利益的追求与道德禀赋的显现便都合乎人性的自身目的，因此之故，人在现实性上便需要作为主体性之载体的"心"来实现对其统摄与制导，使各当其定分而不乱，不至失去其内部的均衡。张载曾有"心统性情"之说，尽管陈亮没有明确这样说过，但在其论述中实已表达了同样的思想。他关于"理一分殊"的理解虽然不同于朱熹，但与张载《西铭》有极大的关系，同时也多受程颐学说的启导。仁为"天下之公理"，"心主于仁"，然后"天下无性外之物"，使"吾生之所固有者各当其定分而不乱"即所以为理一，这些观点在陈亮思想中实为相当重要，至少是其事功思想之所以被推导出来的理论环节。充分重视陈亮关于"功利"的界说是必要的，正因功利即是"公利"，它才获得了与道德相互统一的基础。而其"公"的思想，实有得于程颐。源于他对人性的基本理解，陈亮认为私心之萌虽然要不得，但在现实性上正为难以避免，因此在强调"心主于仁"，即要求道德意志之自我切入的同时，又竭力反对以动机作为经验道德的判断依据，而要求将注意力充分倾注于经验的实践领域。基于同样的理解，他否认道德的先验纯粹性，而认为只有在不断实践中才能显现出先天道德禀赋的自身价值，才能不断完善这种禀赋并使其臻于纯粹。因此，在人性与道德这一问题上，我们又可以明显地看出荀子以及《礼记》中的某些观点对他的影响；这同时又表明，他在哲学上是充分坚持了拒斥形而上学之基本精神的。

第五节　关于“成人”之辩

“成人”的问题主要涉及到陈亮的人格理想，其论述则集中体现于他与朱熹的论辩。《论语·宪问》：“子路问成人。子曰：‘若臧武仲之知，公绰之不欲，卞庄子之勇，冉求之艺，文之以礼乐，亦可以为成人矣。’曰：‘今之成人者何必然？见利思义，见危授命，久要不忘平生之言，亦可以为成人矣。’”孔子的这一观点是双方在论辩中都引用到的。但理解不尽相同。关于“成人之道”的论辩，也首先由陈亮引起。

淳熙十一年（1184）四月，朱熹有书致陈亮，对其遭遇表示同情，又鼓励云：“老兄高明刚决，非吝于改过者，愿以愚言思之。绌去义利双行、王霸并用之说，而从事于惩忿窒欲、迁善改过之事，粹然以醇儒之道自律，则岂独免于人道之祸，而其所以培壅本根、澄源正本，为异时发挥事业之地者，益光大而高明矣。”[①]时陈亮方在狱中。及脱，遂于同年秋季复书朱熹，除辨析所谓“义利双行、王霸并用”等问题外，又论到“成人之道”：

> 夫人之所以与天地并立而为三者，仁智勇之达德具于一身而无遗也。孟子终日言仁义，而与公孙丑论一段勇如此之详，又自发为浩然之气，盖担当开廓不去，则亦何有于仁义哉！气不足以充其所知，

① 《朱文公文集》卷二十六《答陈同甫》第四书。

才不足以发其所能，守规矩准绳而不敢有一毫走作，传先民之说而后学有所持循，此子夏所以分出一门而谓之儒也；成人之道宜未尽于此。故后世所谓有才而无德，有智勇而无仁义者，皆出于儒者之口。才德双行，智勇仁义交出而并见者，岂非诸儒有以引之乎？故亮以为：学者学为成人，而儒者亦一门户中之大者耳。秘书不教以成人之道，而教以醇儒自律，岂揣其分量则止于此乎？不然，亮犹有遗恨也。①

朱熹来书反对以儒学出于子夏之说，并以为陈亮专欲循管仲、萧何以下规模：

至于儒者成人之论，专以儒者之学为出于子夏，此恐未可悬断。而子路之问成人，夫子亦就其所及而告之，故曰“亦可以为成人”，则非成人之至矣。为子路、为子夏，此固在学者各取其性之所近，然臧武仲、卞庄子、冉求中间插一个孟公绰，齐手并脚，又要“文之以礼乐”，亦不是管仲、萧何以下规模也。②

陈亮复书云：

---

① 《陈亮集》卷二十八《又甲辰秋书(与朱元晦)》。

② 《朱文公文集》卷三十六《答陈同甫》第六书。

天地人为三才，人生只是要做个人。圣人，人之极则也，如圣人，方是成人。故告子路者则曰："亦可以为成人"。来谕谓"非成人之至"，诚是也。谓之圣人者，于人中为圣；谓之大人者，于人中为大；才立个儒者名字，固有该不尽之处矣。学者，所以学为人也，而岂必其儒哉！子夏、子张、子游，皆所谓儒者也，学之不至，则荀卿有"某氏贱儒"之说，而不及其他。《论语》一书，只告子夏以"女为君子儒"，其他亦未之闻也，则亮之说亦不为无据矣。管仲尽合有商量处，其见笑于儒家亦多，毕竟总其大体，却是个人，当得世界轻重有无，故孔子曰"人也"。亮之不肖，于今世儒者无能为役，其不足论甚矣，然亦自要做个人。非专徇管、萧以下规摹也，正欲搅金银铜铁熔作一器，要以适用为主耳。①

朱熹又论云：

观其所谓"学成人而不必于儒，搅金银铜铁为一器而主于适用"，则亦可见其立心之本在于功利，有非辨说所能文者矣。夫成人之道，以儒者之学求之，则夫子所谓成人也；不以儒者之学求之，则吾恐其畔弃绳墨，脱略规矩，进不得为君子，退不得为小人，正如搅金银铜铁为一器，不唯坏却金银，而

① 《陈亮集》卷二十八《又乙巳春书之一(与朱元晦)》。

铜铁亦不得尽其铜铁之用也。荀卿固讥游、夏之贱儒矣，不以大儒目周公乎？“人也”之说，古注得之，若管仲为当得一个人，则是以子产之徒为当不得一个人矣。圣人词气之际，不应如此之粗厉而鄙也。①

陈亮在复书中承认“前书所谓‘搅金银铜铁熔作一器’者，盖措辞之失耳”，但并未改变其基本观点，故又引述孔子称管仲之言，引程颐“心迹元不曾判”之说，阐明其心当与功用相应合、动机必与行为相统一之论，并希望朱熹不必一一尽较语言，而能“察其大意”。②

从上引双方观点可以看出，陈亮与朱熹在人格理想上的差异是异常分明的。就朱熹而言，理本体的存在有其超然独立的绝对性，尽管它普遍流注于事物现象并构成现象的本质，但任何现象都不能被指称为道（即理）本身；理本体在人的集中体现即是性，故“性即理”；唯人有能思之心，故本体之体认也唯有在人才能实现。源于孟子的性善学说以及诸如表述于《易经》中的“元亨利贞”观念，性理之同一性的确认即同时建立了存在的本体与价值本体之间的同一性观念。这样，性既是人的存在之本质，又为道德之本原，人的存在在本质上便是为道德的存在。奉行道德，恪守法度，充分扩展人所固有的道德之善，是为人性所本质地规定了的一种当然的义务之诫命。自我之道德意志的涵养与培植，即所谓“培

① 《朱文公文集》卷三十六《答陈同甫》第八书。
② 《陈亮集》卷二十八《又乙巳春书之二（与朱元晦）》。

蕴本根”，是对义务的奉行与贯彻，也为一切学问功夫的根本指向。只有根本强固，方能枝繁叶茂；只有内心充盈，方能发越洋溢于言行，诚于中而形于外，睟其面而盎其背，然后视听言动，喜怒哀乐，无往而非中节之和。故善的经验实现必基于人性的自我体履，并且本质上即为先验善的对象化。而道德的纯粹性则要求个体在其修养过程中须祛除任何非道德欲念的夹杂，故须“从事于惩忿窒欲”。道德的修养过程，即是“学为圣人”的过程，也便是“成人”的过程，因此“成人之道”必以圣人为规模准的，必以“醇儒之道自律”。在朱熹那里，人格的理想即在自我德性之充分体认的前提下实现对人性固有之善的终极还原；这种德性实践绝非可有可无，而是当然的义务，是作为人的存在而必要的，只有道德的完善，才是本质意义上的“成人”。人性的终极还原，在观念上即是宇宙本体的终极实现，故可以上下与天地同流，参赞天地之化育。

而在陈亮那里，道必不是独立于无形之表而是常行于事物之中；性原无所谓纯善而必于实践中不断历练方有可能臻于纯善；道既不是精神的内部对象而只是主体的实践对象，因而善的发扬与恶的回避都不可能是纯粹的内心体验而须见诸可经验的形式。“忿”与“欲”在价值上未必是恶，作为“六情”的固有内容，只须得其正即是道，乃是善的，故片面提倡“惩忿窒欲”将使人的生存误入歧途。“人只是这个人”，六情乃“吾生之所固有者”，主体精神的崇高价值正体现于使六情之得其正，而不是惩之窒之。六情之得其正，使各当其定分而不乱，便要求个体之心必主于仁，以此为前提而外向展现的一切行为，其意义便是行道，其价值则是善的。根据陈亮关于道的观念及其三才统一于人道的思想,如果人道的精神在于对现实世界实现适时干预而将其导向更有利于人性之全面发展的境地,那么就个体而言,实现这种干预之能力的大小便直接影响到他在经验世界中所可能实现的善的价值量。因此在陈亮看来,个体修养的方向应朝着这种实践能力的拓展,这一点与道德涵养绝无二致,因为能力愈大,"仁智勇之达德具于一身而无遗",便有可能实现出善的最大价值。"自古力足以当天下之任者,多只一个两个,便了一世事。"①反过来说,"气不足以充其所知,才不足以发其所能,守规矩准绳而不敢有一毫走作,""担当开廓不去,则亦何有于仁义哉!"因此在陈亮那里,理想的人格乃是智仁勇之达德兼具于一身的超世迈往之才,是具备"推倒一世之智勇,开拓万古之心胸"的英雄豪杰之士。他坚信人生自是要堂堂正正地做个人,故"成人之道"即在造就有真才能实干的人物,要"当得世界轻重有无",而不仅在于一己之道德的醇谨而已。为造就这种人格,他主张胸襟应当宏大,眼量须是广远,尽可能多地吸取人类已有的知识财富以资其陟降上下,而不必拘执于门户、自局于一说而自缚其手脚。因此,他不以朱熹"醇儒之道自律"之说为然,认为"成人之道"不尽在成一"醇儒",儒家也不过一大门户而已。显而易见,此说虽然与朱熹所谓"道问学"的目的大异其趣,却与陈亮本人反对黜异端而要求超脱门户之见的学术主张完全一致。

在本章将结束时,我们顺便指出三点:

第一,朱熹与陈亮关于道德的基本观念表现出一种思维

① 《陈亮集》卷二十八《又壬寅夏书(与朱元晦)》。

趋向上的明显差异。朱熹首先将道德理解为个体的,无论是德性的体认、道德的践履还是人格的完善,都首先在个体本身显示其实在的意义,故有"学以为己"之说;而在陈亮那里,道德恰好并不仅仅是个体的,更是天下之公的,其价值应须体现于整个社会。故前者以圣人品格的自我成就为最终目的,后者则以社会境况的实际改善为追求目标。如果朱熹及其理学所担忧的是现实世界中之人心的堕落与道德的衰微,则陈亮及其事功学说所担忧的便是这个现实世界本身的堕落与衰微。

第二,综观朱、陈之辩,除开双方基本观点确有歧异以外,也有相互误解的成分。譬如"功利",朱熹只将它理解为私利的谋取与私欲的扩张,故尝以"立大功名,取大富贵,于是心以为利,争欲慕而为之",以至"全然不顾义理"来切责陈亮;而如前所说,此绝非陈亮所谓"功利"的意义。又如"醇儒",陈亮只将它理解为"守规矩准绳而不敢有一毫走作,传先民之说而后学有所持循"云云,毫无疑问,此也绝不可能是朱熹所理想的"醇儒";以为儒学尽出于子夏,的确也未可悬断。类似情况不少,无需赘述。

第三,陈亮虽然反对当时理学,贬抑"今世之儒者",但并不反儒。其所谓"反儒"的言论,仅见于上引论成人之道的那些话,实际上,它主要是针对朱熹"以醇儒之道自律"之说而来,又有感于"今世之儒者"而发。陈亮依然尊崇孔孟,其思想在整体上虽与理学不同(这不表示他于理学思想无有继承),但依然未曾超越儒学的既有范围(这不表示其学说无有创见),而且在他看来,正因有理学的倡导才使孔孟之学不明于天下,此正为其反对理学的一种理由。其他且不论,仅就他用以反驳朱熹之成人之道的理论依据而言，所谓“三才”，所谓“智仁勇之达德”等等，何尝不是儒学经典的固有之说？因此，实际上并不存在陈亮反儒的问题，除非认为“儒学”即是“理学”、“儒家”即是“理学家”，那么陈亮才确曾反“儒”。

第六章　军事思想与战略战术

当道学成为一种时髦而道德性命的反省内求成为风气的时候，陈亮犹于龙窟山中沉湎于诸子百家与历代史策的泛观博览。又独好霸王大略，兵机利害，自觉对古人用兵之道颇有得于心，撰成《酌古论》四卷，其中包含了对两汉以降大量战争事例的分析与批评，同时也集中体现了他的军事思想及战略战术。

《酌古论》是陈亮二十岁之前的著作，但不能被看作是不成熟的作品，这不仅由于其中对古代战争的许多分析都有相当的合理性，在分析中表现了他自己的见解与处事才能，而且还由于这些见解，尤其是他从实际战事中所概括出来的某些思想观念，在他那里是终身保持的。在战争中最能得到充分表现的英雄性格，为少年陈亮所崇拜，由此铸成了其本人之基本的性格倾向，并成为其理想人格的基本形象。《酌古论》的创作，表现了陈亮对其时代所面临的最迫切问题，即抗金复国之最初的深切体认，寄寓了他对南宋“中兴”的热切期望。因此,战争,这种最为雄奇阔大而又谲诈莫测的场面,乃是陈亮寄寓其理想的所在。而《酌古论》的创作,既是陈亮研究古代战争与兵法的心得体会,又是他对自己之军事才能的一种预设的操练,同时,又是他以实际效果为追求目的的事功思想之最初的发露。

第一节　论战略决策

陈亮的军事思想以重视谋略为核心。所谓谋略,具有两方面的基本内涵。首先,它是指战争的主要决策者与指挥者基于战争之全局及其进程的整体把握以及敌我双方之势力的消长与天下事势的现实变动而作出的关于战争之全局而非局部的战略部署,这是战争之整体的指导思想,影响到战争之最后的胜负。其次,它是指对于具体战事的筹划与部署,是特定情形之下的谋攻据守之策,体现为作战技术的具体运用。

就前一方面而言,谋略就是战争的总体策略,是关于战争之全局的战略方针,它不是对于局部战争与具体战斗的筹划谋算,而是这种筹划谋算的指导思想。战略的总体决策必须体现决策者对战争之最后的必胜信念,即须有"必使天下定于一"之大志,而其依据则是审敌情,料敌势,观天下之利害,识进取之缓急,切实把握战争发展的总进程及其总态势。陈亮云:

> 成天下之大功者,有天下之深谋者也;制天下之深谋者,志天下者也。夫以天下之大,而存乎吾之志,则除天下之患,安天下之民,皆吾之责也。其

深谋远虑，必使天下定于一而后已。[①]

善图天下者无坚敌。岂敌之皆不足破哉？得其术而已矣。夫运奇谋，出奇兵，决机于两阵之间，世之所谓术也；此其为术，犹有所穷。而审敌情，料敌势，观天下之利害，识进取之缓急，彼可以先，此可以后，次第收之，而无一不酬其意，而后可与言术矣……夫所谓术者，当审敌之强弱难易而为之先后。[②]

取得战争之最后胜利的信念，既是决策者本人的心志，是决策的动机，又是其指导思想。当战略的制定恰切地体现了“必使天下定于一”而后已之大志的时候，则战略的具体实施便将体现为这种动机或目的的实现。由于战略往往对战争的成败起着决定作用，故谋取天下之大略须预先制定，所谓“取天下之大计，不可以不先定也”[③]。但战略的制定又须排除决策者的主观臆想及其侥幸心理，本着客观的慎重态度，审时度势，对敌我双方之对峙的实际情形及其发展态势作出恰如其分的估计。因此陈亮强调，“有一定之略，然后有一定之功；略者不可以仓卒制，而功者不可以侥幸成也。略以仓卒制，其略不可久；功以侥幸成，其功不可继。”[④]如果没有基于战争之全局考虑的一定之略，那么即使有智勇善战的作战

① 《陈亮集》卷六《酌古论·吕蒙》。

② 《陈亮集》卷五《酌古论·曹公》。

③ 《陈亮集》卷五《酌古论·曹公》。

④ 《陈亮集》卷五《酌古论·光武》。

才能，仍不能保证其取得战争之最后的全面胜利，反而有可能丧失已有的成果，得之于此，失之于彼，终至于左支右绌，无法应付。项羽非不善战，而终被困于垓下；曹操非无智勇，卒不能混天下于一统；均败在其没有关于战争之全局的总体谋略。故“略之不定，而侥幸于或成，则我欲东而盗据其西，我欲前而敌随其后，智谋勇斗，无一可者”[①]，“虽运奇奋斗，所当者破，而旋得旋失，将以济中兴，难矣！”反之，有志于天下之一统，怀抱着必胜之信念，则战略的总体制定便能以此为旨归。因此一方面，战略之既定在指挥者那里犹有成竹之在胸，他可以随事态的具体情形而施以变通之道，在形势的变化之中掌握战争的主动权，“虽事变日异，沛然应之，而天下可指挥而定”[②]，“事变不同，应之亦异”，“观其势，审其人，随其事变而沛然应之，切中机会而未尝有失。”[③]另一方面，它对指挥者也构成一种基本制约，要求他必须抛弃侥幸心理而服从于全局的利益，在进军路线上考虑到轻重缓急，次第先后，如此方能有所不战，战无不胜，不断巩固已有的胜利成果。从全局的利益出发，有时放弃局部利益是必要的，抛弃个人私忿更是必要的，切不能激于意气而草率行事。“英雄之主所为置私忿而未尝求复者，非以私忿之不当复，而义有大于私忿者也。当理而后进，审势而后动，有所不为，为无不成，是以英雄之主常无敌于天下。”[④]

---

① 《陈亮集》卷五《酌古论·光武》。
② 《陈亮集》卷五《酌古论·曹公》。
③ 《陈亮集》卷五《酌古论·孙权》。
④ 《陈亮集》卷五《酌古论·刘备》。

地形的利用在战争中显然具有十分重要的意义，同时也是战略决策以及具体作战方案之制定时必须考虑的一个重要因素，故陈亮认为攻守之间必有奇变，“夫奇变之道，虽本乎人谋，而常因乎地形。一纵一横，或长或短，缓急之相形，盈虚之相倾，此人谋之所措而奇变之所寓也。”[①]无论就大的战略决策而言还是就某种具体的攻取之策而论，地形这一客观因素都构成对人谋这种主体作用的特殊规定，只有这种客观环境才是谋略得以施展的现实背景，因此谋略的制定便须切合于对峙双方所据依的地形。是否占据有利的地理位置，有时对战争的胜负起着关键作用。就抗金复国这一最迫切的现实问题而言，陈亮认为它将是一场持久战，尝云：“今丑虏之植根既久，不可以一举而遂灭；国家之大势未张，不可以一朝而大举。”[②]“夫伐国，大事也，昔人以为譬拔小儿之齿，必以渐摇撼之；一拔得齿，必且损儿。”[③]故须为之详细谋划，而在战备时预先占取有利的地理位置就更为重要，因此他主张移都建业，重镇荆襄。都建业乃示天下以必战之意，而荆襄之地，“控引京洛，侧睨淮蔡，包括荆楚，襟带吴蜀。沃野千里，可耕可守，地形四通，可左可右”[④]，具有战略上的重大意义，是最适宜于打持久战的根据地。在《酌古论》中，他在古代许多重大战事的分析中，周谋曲虑，详为之设，计胜为败，谋败为胜，几若身临其境，其中也无不表现了他对占

---

① 《陈亮集》卷二《中兴论》。

② 《陈亮集》卷一《上孝宗皇帝第一书》。

③ 《陈亮集》卷二《中兴论》。

④ 《陈亮集》卷二《中兴论》，另参《上孝宗皇帝第一书》。

据、利用有利地形的重视。这些表明，陈亮对决定战争之胜负的各种主客观条件有相当充分的认识，他强调谋略的作用，但并不认为谋略所蕴含的内容是纯粹主观性的。一定的谋略固然是制定者之心志及其聪明睿智的表现，但它不可能不接受包括地理位置在内的各种客观条件对它的制约。因此在陈亮看来，一定的战略决策，若为真正切实可行，则必须是决策者在接受各种客观条件之制约与规定的前提下，又通过其主体能动性的充分发挥而实现出来的主客观之间的相互契合与统一。

谋略的制定必然受到客观环境的制约与规定，但一种恰当的战略决策之制定又表明这种客观规定性可以为人的主体能动性所化解与超越。因此，尽管有利地形在战争中起着重要作用，如占据险要地形有可能控制战斗局势，但绝不意味着就能立于不败之地，战争之胜负的决定因素仍然是人而不是客观环境。陈亮云："用兵之道，不可以常律论也。履险者，兵家之危事，智将常用之而胜，他将常以之而败。胜非险也，以有术胜也；败非不险也，以无术败也。胜败在人而不在险，唯险而后可以见人之能否也……故夫智者不恶夫履险，而恶乎无术。"[①]在他看来，险要之地并非不可蹈履，据守险要之敌也并非不可攻克，关键在于是否有制胜之术。"胜败在人而不在险"，即强调了人的主体能动性在战争中的决定性作用。

陈亮对战略决策的重视，表明他对把握战争之全局发展的重要性有相当充分的认识，战略决策的恰当与否直接与战

① 《陈亮集》卷七《酌古论·马援》。

争的最后胜负相联系。要求有“一天下”之大志，本着客观慎重的态度，审时度势，制定出恰当的战略与攻取之策，并在战争的进程中始终掌握主动权，是陈亮对于战略决策的基本要求，也是其基本的战略思想。在具体论述上，他表现出了尊重客观实际的态度，强调了主观对于客观的依存关系，而对于战争之胜负的决定因素是人这一点的肯定，又充分突出了主体的能动性。谋略的运用须切乎事势物情，主体认识应随客观条件的变动而变动，战争的格局与态势发生了变化，则战略方针便须随之而修改，这一基本观念既贯穿于《酌古论》，也与其史学思想与政治观念相统一。

谋略的第二层内涵，即具体的战斗策略与作战技术的实际运用，《酌古论》有更多的论述。战略的一般决策无疑是指挥者胸中之谋略的体现，但这种谋略并不能代替具体的作战方案，因此在临战之前，对即将进行的战斗必须细为筹措，考虑到多种可能发生的情况，这样在临阵之际，才不至于陷入盲目以至束手无策，而能随机应变，夺人之气，掌握作战的主动权。陈亮极其强调战前谋算筹划的重要性，认为“英雄之士，常以多算胜少算，而未尝幸人之无算也”[①]。这种谋算除对己方的兵力布置、进军路线、作战技术等问题作出具体决策以外，还须估计敌方的兵力、布阵、战术等问题，根据实际情形而采取相应的对策。若两军对垒而兵力相去未远，则这种智谋思虑的运用就尤其重要，也最能见出英雄之士之真正的当行本色：“至若敌人去己不远，筹算时出，其势足以迫我；吾居其间，随机而应之，窘之而愈知，费之而愈新，愈

① 《陈亮集》卷七《酌古论·韩信》。

出愈奇，而沛然常若有余，天下始知英雄之为不可当矣。”①因此在陈亮看来，庄重笃实，深谋远虑，乃是英雄之士之必备的、也是最为重要的个体素质。“所谓英豪之士者，必有过人之智”②，“自古英伟之士，乘时而出佐其君，其所以摧陷坚敌，开拓疆土，使声威功烈暴白于天下者，未有不本于谋者也。”③正由于计策谋虑的运用具有特殊的重要性，作战不仅仅是双方斗力斗勇，更是斗智斗谋，故“谋夫策士”才为可贵：

> 所贵乎谋夫策士者，为其能审料敌情以释人君之忧也。夫人各有心，对面相语，莫能相测，敌人远在数千里，而欲察其情，揣其计之所出，此非智者不能为也。方敌人勃然而起，人君四顾惶惑，茫然未知所措，有一人焉奋身而出言之，设为定计，使中敌人之所为，晓然如目见其事而言之者，使人君得先为之规画处置，而向者之忧一旦释然，此谋夫策士所以为可贵也。④

智谋之用在审料敌情以克敌制胜，但临机料敌，犹未足为智谋之最胜境界。陈亮论云：

> 两军对垒，临机料之，曲折备之，此未足为智

---

① 《陈亮集》卷七《酌古论·韩信》。
② 《陈亮集》卷八《酌古论·崔浩》。
③ 《陈亮集》卷六《酌古论·邓艾》。
④ 《陈亮集》卷七《酌古论·薛公》。

> 也。天下有奇智者，运筹于掌握之间，制胜于千里之外，其始若甚茫然，而其终无一不如其言者，此其谙历者甚熟而所见者甚远也。故始而定计也，人咸以为诞；已而成功也，人咸以为神；徐而究之，则非诞非神，而悉出于人情，顾人弗之察耳。①

“运筹于掌握之间，制胜于千里之外”，是陈亮所理解的智谋之运用的最高境界，但这种“奇智”非出于天纵，而原于“谙历者甚熟”，即对敌我双方之情势有笃实真切的了解，并富有生活与作战的实际经验。因此，要在实战中能够把握战争的发展趋势而审料敌情，使己方立于不败之地，在平时就需要有这方面的历练。“盖其平居暇日，规模术略定于胸中者久矣，一旦遇事而发之，如坐千仞而转圆石，其勇决之势殆有不可御者。”②生活经验与战争经验的不断累积，乃是战时运筹制胜的必要前提。这一观点显然与其知识论完全一致。

战争以获得己方的胜利为目的，而一切战前的筹措谋虑也都为了实现这一目的。陈亮认为，料敌制胜，贵在出奇，所制之计谋既须在情理之中，又当越常法之外。“古之善料敌者，必曰攻其所不戒，击其所不备”③，即为不拘常法的克敌制胜之道。为达到制胜的目的，有时在谋略的设置中使用诡术是必要的，“权谲之事固君子之所羞为，而亦兵家之所不废也。”④若

① 《陈亮集》卷八《酌古论·崔浩》。
② 《陈亮集》卷六《酌古论·邓艾》。
③ 《陈亮集》卷八《酌古论·崔浩》。
④ 《陈亮集》卷六《酌古论·羊祜》。

必拘执于正大光明之道，而反遭战败杀身之祸，也非明智之举，故“攻守不事权谲，而庶几于王者之举。苟为不然，而犹恶乎权谲，使功丧而名亏，则亦智者之所不为也”①。

《孙子·计篇》云：“兵者，诡道也。”陈亮无疑是确信这一点的，但这绝不表示他在军事问题上无视道德上的正当性。实际上，他在强调必事谋略以出奇制胜，并肯定“权谲”之当用的同时，又阐明了“英雄之士”与“智谋之士”的区别。他曾将诸葛亮与司马懿作了对比，认为“仲达以奸，孔明以忠；仲达以私，孔明以公；仲达以残，孔明以仁；仲达以诈，孔明以信”。故司马懿虽能出奇制胜，变化如神而天下惮之，仅为“智谋之士”；诸葛亮非但能运筹帷幄，决胜千里，且本于仁义之正，方是“英雄之士”。论者以为诸葛亮“制戎为长，奇谋为短”，陈亮则以为诸葛亮非不能为奇谋诡谲，独不屑为之而已，故“英雄之士能为智者之所不能为，则其未及为者，盖不可以常理论矣”，“谲诈无方，术略横出，智者之能也；去谲诈而示之以大义，置术略而临之以正兵，此英雄之事，而智者之所不能为矣。”②显而易见，陈亮对司马懿与诸葛亮之才能优劣的这种判定，并未纯粹依据是否能为奇谋智术而取得战斗的胜利，而是依据是否具有内在道德。他盛赞诸葛亮之治蜀为“王者之治”，使其不早亡，“吾固知其必能兴礼乐也”，“而论者乃谓其自比管乐，委身偏方，特霸者之臣尔，是何足与论孔子之仕鲁与自比老彭哉！甚者至以为非仲达敌，此

① 《陈亮集》卷六《酌古论·羊祜》。

② 以上见《陈亮集》卷六《酌古论·孔明》。

无异于儿童之见也！”[①]这一评论，也仍然立足于儒家之传统的道德立场，可见他也并未以“获禽之多”、以成败来论人。在他那里，真正的英雄之士，除必须具备过人之智慧，博洽世务，谙熟人情，洞达事态之发展而处事明敏以外，还必须具备内在道德。智仁勇的兼备，才是他所理想的英雄性格。

战前细为筹措，详为谋划，制定出切实可行的作战方案，在陈亮看来，其重要性无论如何强调都不为过分。因此，必戒激于一时意气，持己勇力而鲁莽用兵，必去径行而无谋，侥幸以取胜的临阵心态。“夫所谓幸也者，尝试之而偶得之也”，“夫侥幸以求胜者，幸而成则为福，不幸而不成则为祸，祸福之间相去不能以寸，此君子之论所以无取于斯也。”[②]鲁莽恃力与侥幸求胜，其实质均在轻敌，故陈亮认为，“轻敌者，用兵之大患也。古之善用兵者，士卒虽精，兵革虽锐，其势虽足以扼敌人之喉而蹈敌人之膺，而未尝敢轻也。设奇以破之，伺隙而取之，曲折谋虑，常若有不可当者，而后能以全胜于天下。”[③]兵战应当是冷静理智的行为，故必须在战略上重视敌人，即便己力倍之，也仍须为之“曲折谋虑，常若有不可当者”，方能在战术上克制敌人，确保战争之最后的全面胜利。陈亮认为，轻敌而致败，恰恰最易发生于己方雄强、敌方疲弱之时，若己方士卒未练，兵革未利，军势未张，则固不敢轻敌。因此，他强调在大功垂成之际，尤须保持清醒冷静，力戒骄躁，不敢轻敌，所谓“行百里者，半于九十。故夫古之

① 《陈亮集》卷六《酌古论·羊祜》。
② 《陈亮集》卷六《酌古论·邓艾》。
③ 《陈亮集》卷八《酌古论·封常清》。

智者,尝尽心于垂成之际也”[①]。若以为己强大而敌不足破,草率行事,则往往有取败的可能,是为兵家之大戒。“轻之而败,非敌败之,自败之也。用兵而先之以自败,可谓善用乎?”[②]

陈亮之论谋略,重在审度时势,善料敌情,以出奇计而制胜为兵道之要,这种对谋略的重视,既本于兵战之实际,而亦源出于《孙子》。《孙子》以《计篇》置首,并云:“夫未战而庙算胜者,得算多也;未战而庙算不胜者,得算少也。多算胜,少算不胜,而况无算乎!”则陈亮所谓“以多算胜少算”云云,盖也原本于此。

第二节　攻守之道必有奇变

用兵之实,无非攻守。攻期必克,守期必固,则有攻守之法寓于其中。陈亮论云:

> 用兵之道,有攻法,有守法,此兵之常也;以攻为守,以守为攻,此兵之变也。攻专用攻法,守专用守法,其败也固宜。然守专用攻法,攻专用守法,亦焉得而不败哉![③]
>
> 攻必克而守必固者,天下之奇才也……夫敌守而我攻之,此非善攻也;敌攻而我守之,此非善守也。善攻者,攻敌之所不守,动于九天之上,人

① 《陈亮集》卷七《酌古论·邓禹》。

② 《陈亮集》卷八《酌古论·封常清》。

③ 《陈亮集》卷五《酌古论·刘备》。

> 莫得而御也。善守者，守敌之所不攻，藏于九地之下，人莫得而窥也。故以攻则克，以守则固。[①]

这里对于攻守之法的论述，强调了作战过程中战术使用的灵活性。攻守之道，有常有变，拘执常道，即“攻专用攻法，守专用守法”，往往未足取胜；但若尽弃常道，一味“以攻为守，以守为攻”，也同样未足取胜。陈亮认为，进攻之中当存退守之余地，据守之中须含进攻之机锋，攻守迭相为用，可保无虞，故谓“攻守之间，必有奇变”[②]。就进攻的方面而言，尤其是在敌方强大的情况下，避开其精锐，不事正面强攻，而迂回侧击，寻找其薄弱环节予以突破，所谓“攻敌之所不守”，攻其不戒，击其不备，往往能够奏效。若敌人据形势之险要，又加重兵据守，则尤须避其锐气，不作正面进攻，而多张疑兵以分散敌人的注意力，陷敌将于判断错误，然后伺其虚空而击之，所谓“多方以误之，此兵家之至术也。声东而击西，形此而出彼，虽在坦地犹然，而况于险乎！”[③]若己方兵力强大而作正面进攻，则应一举而攻克，不宜拖延时间。这就需要攻击敌方的要害部位，夺其军威，挫其锋锐，犹“迅雷不及掩耳，震电不及瞑目，彼将望风失措矣”[④]。故“夫善用兵者，常避敌之所轻，而出敌之所忌，是以进而不可御。何者？敌气沮而吾志得也”[⑤]。正面攻击往往需投入较大兵力，

---

① 《陈亮集》卷六《酌古论·羊祜》。

② 《陈亮集》卷二《中兴论》。

③ 《陈亮集》卷七《酌古论·马援》。

④ 《陈亮集》卷八《酌古论·崔浩》。

⑤ 《陈亮集》卷五《酌古论·刘备》。

有时甚至是倾城一战，故须慎重，不得已而后为之，且须尽快结束战斗，拖延时间是不利的。“夫率兵以攻人，顿于坚城之下，数月不能拔，士气已沮；一旦强援奄至，不能扼险以拒之，则腹背受敌，不败何待！”[①]因此，“夫攻者，事之末、患之端也，智者不得已而后为之。使久而不克，则敌将有乘其弊而起者，此其为患殆未可以一二言也。”[②]期于一举攻克，则在战术的运用上以破敌之阵，分散敌人兵力，各个击破为上乘；若敌方战阵已破，兵力无法会合，则其溃势已成。故陈亮云：“善攻人者，使敌不得合，虽合而有以破之，则攻必克矣。”[③]

就据守的方面而论，固守之策在于“守敌之所不攻”，其中就包含着兵力布置之虚实等问题。守敌之所不攻，实际上为诱兵之计。对料定不攻之地，实其兵力，伺机进击；而对敌人必攻之处，反虚其兵力，而实为诱兵。这样，当敌人“以为无备而来肆侵掠，则设覆以待之，诱进而击之；去则因险以要之，乘怠而破之。此出其不意，虽少犹可以覆众也”[④]。这种据守之策，既可以保存实力，避免正面交锋，又可以诱敌深入，伺机攻击，可收以少胜多，以弱胜强之效。因此陈亮认为，己弱而据守，当潜藏不露，行“形人而我无形”之策，[⑤]即设法使敌人暴露自己，伺其弱点既彰而予以打击，而不宜主动出兵迎战敌人。这样，敌方屡攻不下，则其锐气必

① 《陈亮集》卷七《酌古论·薛公》。
② 《陈亮集》卷八《酌古论·马燧》。
③ 《陈亮集》卷八《酌古论·马燧》。
④ 《陈亮集》卷六《酌古论·羊祜》。
⑤ 《陈亮集》卷六《酌古论·羊祜》。

挫，锐气挫则军威衰，然后吾可乘其弊而出击；或敌将陷于忿怒，大举来攻，然吾犹行退守，“贼军至则敛兵不应，设攻具则随机拒守，懈则击之，退则蹑之，食则掩之，夜则袭之。”①一切应变之术，均可随机灵活运用，是为静中有动，动中有静，劳其力，弱其气，疲敝其势的克敌制胜之道。故陈亮认为：“善用兵者，因其势而顺导之。贼锋方锐，而吾势盖弱而未振也。处此之道，当因其弱而柔之，敛兵不应，婴城固守，以挫其锐，而后可图也。”“夫善用兵者，敌衰则一举而乘之，敌锐则示弱以挫之。此兵之常势也。”②

陈亮之论攻守，强调攻守兼备，虚实并用，根据敌对双方的实际情形，施以灵活机动的战略战术，要求诱敌深入，各个击破，牵制敌人兵力，掌握作战的主动权，从而达到战胜的目的。他重视在运动中消灭敌人，故对诱兵陷敌之计、伏击战、小规模歼灭战以及小股部队的骚扰性、游击性作战等均有所论列，并重视其实际运用。即便是较大规模的阵地战，他也同样认为须配合这些灵活便捷的作战方式，则可攻可守，进退从容，不至在战场上完全陷于被动。陈亮云：“夫攻守之道，必有奇变：形之而敌必从，冲之而敌莫救，禁之而敌不敢动，乖之而敌不知所如往。故我常专而敌常分，敌有穷而我常无穷也。”③可见攻守奇变之道在战争中的运用，其根本目的就是要牢牢掌握作战的主动权。

陈亮对于攻守之道的阐述，实以“攻敌之所不守，动于

① 《陈亮集》卷八《酌古论·封常清》。
② 《陈亮集》卷八《酌古论·封常清》。
③ 《陈亮集》卷二《中兴论》。

九天之上；守敌之所不攻，藏于九地之下”为基本思想，而这一思想则来源于《孙子》。《孙子·虚实篇》云：“攻而必取者，攻其所不守也；守而必固者，守其所不攻也。”又《形篇》云：“善守者，藏于九地之下；善攻者，动于九天之上。故能自保而全胜也。”己处守势，则“藏于九地之下”，即极其深密地隐藏自己的力量，使敌人无法测其虚实，所谓潜龙勿用，以静观变；己处攻势，则“动于九天之上”，即极其高明地发挥自己的优势兵力，雷震电扫，一举歼灭。《孙子·九地篇》云：“古之善用兵者，能使敌人前后不相及，众寡不相恃，贵贱不相救，上下不相收，卒离而不集，兵合而不齐。”而陈亮强调“善攻人者，使敌不得合”，正是对《孙子》此论的简要概括。

正以攻守之道有常有变，故陈亮认为兵有正有奇，并区分了正奇之兵的不同功能，强调用兵者当识正奇之用：

> 兵有正有奇，善审敌者然后识正奇之用：敌坚则用正，敌脆则用奇。正以挫之，奇以掩之，均胜之道也……正兵，节制之兵也；奇兵，简捷之兵也。节制之兵，其法繁，其行密：隅落钩连，曲折相对；进无速奔，退无遽走；前者斗，后者治力；后者进，前者更休；一以当十，十以当百；诈者不能袭，勇者不能突；当之则破，触之则摧。此所谓正兵，而以挫坚敌也。简捷之兵，其法略，其行疏：号令简一，表里洞贯；进如飚风，退如疾雷；地险峻则鱼贯而前，道迂曲则雁行而进；以一击百，以百击万；间者不及知，能者不及拒；望之则恐，遇之

则溃。此所谓奇兵,而以掩脆敌也。然而奇兵以简捷寓节制,非废节制也;正兵以节制存简捷,非弃简捷也。唯善治戎者为能制之,唯天下奇才为能用之。①

此论兵之奇正及其不同功用,表现了陈亮关于军队组织的思想及其辩证观。《孙子》云:"凡战者,以正合,以奇胜。故善出奇者,无穷如天地,不竭如江河。""战势不过奇正,奇正之变,不可胜穷也。"②此所谓奇正,主要指实战中以正面佯攻牵制敌人主要兵力,而以主力迂回敌后,击其无备;正面佯攻击之兵为正,敌后袭击之兵为奇。但陈亮所论与此并不相同。他所谓正兵、奇兵,主要是就军队的组织编制而言的。正兵,犹言主力,其编制庞大,组织严密,可组成某种声势浩大而富有战斗力的战阵,是相互勾连相互统一的有机整体。奇兵,则犹轻兵,以精练简捷,行动迅速,能施突袭为主要特点。前者适合于攻坚战与较大规模的阵地战,后者则适合于较小规模、尤其是突击式的对敌作战,故"奇兵之效捷,正兵之效迂"③。正奇之兵各有短长,各有发挥自己威力的特殊阵地,故未可相互替代,未可重此轻彼,而须相资为用。即便就其组织结构而言,"奇兵以简捷寓节制,正兵以节制存简捷",也仍然是相须相生的。唯正奇相生,交相为用,方能对敌灵活作战,充分发挥自己兵力的优势及其效用。然

① 《陈亮集》卷八《酌古论·李靖》。
② 《孙子·势篇》。
③ 《陈亮集》卷八《酌古论·李靖》。

必先之以详观时势，审料敌情，了解敌阵的实际情形及其兵力配置情况，而后决定在攻占中用奇用正或正奇并用。陈亮之论兵有奇正，实际上是就军队之不同结构形式来论攻取之策。

陈亮在论攻守之道时还有一说，即“夫善用兵者，不内人于死地……内人于死地，而求人之不出奇谋，智者固如是乎？”①在他看来，既纳人于死地，则敌将必殚精竭虑而出奇谋，敌兵必决死斗而无所忌惮，而己方虽是乘胜追击，但或路遥师劳，或粮草不继，或计策方穷而不及变通，因此战场上的局势就有发生逆转的可能。此说表明陈亮对战争的胜负在特定情况下可能向对立面转化已有清楚的认识，并实际上提出了如何恰当把握战争之合宜的程度问题。“穷寇勿迫”，原为古代兵家所强调，正所谓“投之亡地然后存，陷之死地然后生”②，陈亮此说是对这一思想的继承。但是显而易见，“不内人于死地”或“穷寇勿迫”，并不是在所有情形之下都是正确的。

另外，陈亮还主张使用间谍以窃取军事情报，如在《中兴论》中即提倡“精间谍以得虏人之情”；同时又谈到了严守军事机密的重要性：“善谋者，鬼神不能窥。使敌人得窥之，则不得为善谋矣。”③但对此问题未作更为具体的论述。

---

① 《陈亮集》卷七《酌古论·韩信》。

② 《孙子·九地篇》。

③ 《陈亮集》卷七《酌古论·韩信》。

第三节　兵战有宜有不宜

陈亮重视战略决策与战术运用上的审时度势，机动灵活，实际上即要求对天下事变之大势、天命人心之所归以及战争的态势作出恰当判断。他提出兵战有宜有不宜的问题，则从另一方面强调了审时度势以及这种恰当判断在战争中的重要性。

“善用兵者不内人于死地”，即有宜与不宜存乎其中，“内人于死地”是为不宜，“穷寇勿迫”则为合宜。故“善用兵者，识用不用之宜，而后能以全争于天下矣。夫战久，胜则兵不可用，敌已惧则兵不必用。不可用而用之则挫，不必用而用之则劳。劳且挫，则敌人反得乘其弊而覆之，上损国家之灵，下亏一身之名。一跌之后，前功尽弃，其为患也可胜道哉？是故智者戒之也”[①]。此所谓宜与不宜，乃就具体的战斗而言，它要求指挥者对战场上的形势作出恰当判断，把握作战的有利时机，适可而止，这样才能巩固已有的胜利；若骄躁急进，超出作战之合宜的程度，则反有可能陷自己于败境，是所谓“举大事者果不可以欲速成也”[②]。

然兵战之是否合宜，在陈亮那里还有更为重要的一层意义，则是与战争的正义性相联系的。

> 古之所谓英雄者，非以其耀智勇，据形势，如

① 《陈亮集》卷七《酌古论·邓禹》。
② 《陈亮集》卷八《酌古论·桑维翰》。

> 斯而已也。此二者,特英雄之末事。而仗大义以从天人之望者,乃英雄之所由起也。苟天命人心已有所归,而吾乃攘袂而起于干戈纷扰之后,用下背上,举逆犯顺,其名曰盗。虽欲耀智勇,据形势,而借英雄之资,其能济乎!①

陈亮在这里实际上涉及到了战争的正义性问题。在他看来,真正的英雄虽然须具备"耀智勇、据形势"的个人才能,但这种才能必须用于"仗大义以从天人之望"。"仗大义以从天人之望",是为合宜,也即为正义。故战争的正义性必然与时势之所趋,民心之所向相联系,"天命之所在,若决江河"②,民心之所向,沛然莫御,应乎时势而顺乎民心,起而为之征战,即为替天行道,正义自然归之。若天命人心已有所归,犹恃其智勇悍拔而发动战争,就是背弃天命人心的猖狂妄行,是为大不宜,也是大不义的。

关于战争之正义性的这种理解,与陈亮的其他某些观点,比如对汉唐之君的肯定,实有直接的联系。在他看来,刘邦以布衣之身崛起于民间,即慨然有拯民于涂炭之心,故"约法三章"以与天下更始,则刘邦之起为承天命而起,其兵战为顺乎天下民心而非为一己之私,正以其得大义之正,故终得以制天下之命。"自黄初以来,陵夷四百余载,夷狄异类迭起以主中国,而民生常觊一日之安宁于非所当事之人。人道失其统纪,而天地几于不立矣。此非有超世迈往拔出之英豪,

---

① 《陈亮集》卷七《酌古论·薛公》。

② 《陈亮集》卷三《问答上》。

安能扫地以求更新乎!”而李渊父子起兵于太原,使天命知其攸归,人心明其所往,故“太原之义旗一指,而天下靡然知所向矣!”[①]在陈亮看来,唯合乎天命人心,即他所理解的正义原则的战争才能获得最终胜利,而不义之战,即所谓“用下背上,举逆犯顺”,无端陷民于乱离的战争,则必将失败。黥布之反,虽无薛公制为定策,也必取灭亡。“曹孟德一有私天下之心,而天下为之分裂者十余世”[②],虽其有诈谋,善征战,最终仍为身败名裂。前秦苻坚“举三国如拉朽”,然淝水一役,终大败于晋,陈亮云:“晋虽弱,中国也;秦虽强,夷狄也。自古夷狄之人岂有能尽吞中国者哉!”[③]则苻坚之败,非败于其兵力之不够雄强,东晋之胜,也非胜于其兵精器利,而在于前者未得天命人心之正而后者得之。因此,取得战争之胜利的根本保证,不是城池坚固,兵革精锐,而是得天地之大义,合时代之大势,顺天下之民心。

从所谓“中国夷狄”的角度来评论淝水之战,既反映了陈亮之基本的政治立场,也体现了他关于民族战争的基本观点。陈亮云:

> 以中国定中国,以夷狄攻夷狄,古之道也。借夷狄以平中国,此天下之末策,生民之大患。而究其本原,乃出于明君贤臣者,盖其事变迫于前,不得已而为之,姑以权一时之宜,未暇为天下后世虑

① 《陈亮集》卷三《问答上》。
② 《陈亮集》卷三《问答上》。
③ 《陈亮集》卷七《酌古论·苻坚》。

也。然其积也既深，其来也既远，狃于见闻，而为之益厉，一旦溃乱四出，虽出于百营而莫之能救，是非可叹也欤？①

在他看来，民族的内部事务应由内部自行解决，因此"以中国定中国，以夷狄攻夷狄"是合宜得体的措置之道。尽管中国的内部战争存在着是否正义的问题，但若"借夷狄以平中国"，却无论如何都是不正当的，它不仅为战略上的重大失误，而且为本质上的不义，贻天下后世以无穷祸害。"借夷狄以平中国"之举，陈亮云："吾尝推原其事，盖肇于唐高祖，成于郭子仪，而极于桑维翰。"②李渊起兵之初，曾向突厥称臣，请求声援以壮其势；郭子仪为平定安史之乱而请兵于回纥；桑维翰为石敬瑭掌书记，为灭后唐而至契丹乞兵，自旦至暮，声泪俱下。陈亮论云："隋炀之暴，遍流于天下，天下之人皆苦其刑而厌其秽德，唯恐其不速亡也。苟能反其道，虽徒手可以亡之，而况太原之众乎！故夫资夷狄之声援者，唐高祖之罪也。""安、史之恶彰闻于天下，天下之人皆欲食其肉而寝处其皮，未尝一日忘之也。苟能顺其势，虽尺箠可以夷之，而况灵武之众乎！故夫用夷狄之辅翼者，是郭子仪之罪也。""潞王（即后唐末帝李从珂，本姓王氏）以非姓而继大统，淫秽暴虐，天下所明知也。张敬达以庸琐之才，统兵以攻石敬瑭……（桑维翰）何至于北面夷狄，请救以示弱哉！北面犹可也，复割卢龙以遗之，使夷狄有轻中国之心，长驱径入，习

① 《陈亮集》卷八《酌古论·桑维翰》。
② 《陈亮集》卷八《酌古论·桑维翰》。

以为常，原情定罪，维翰可胜诛哉！”[1]显然，在陈亮的理解之中，就战争的性质而言，李渊、郭子仪、桑维翰都站在正义一边，但其请求外援，“借夷狄以平中国”，则不仅是策略上的失宜，更是道义上的不义，其虽或得一时之利，却遗将来之患。自唐以降，周边各民族“得骋志于中州，彼其乐中州之繁华而谓其易与也，故常心吞而气蹙之，是以长驱深入无所顾惮，使中州之人世被犬狼之毒，至于今犹未已也”，“吾恶中原之乱于夷狄，故推原三人之罪如此。”[2]而在陈亮的这一原情定罪之中，他所依据的无疑是《春秋》“尊王攘夷”的基本思想，此也正为他关于民族战争中之正义性判断的一种依据。

尤须指出，导致“靖康之难”与北宋灭亡的直接原因，正与宋徽宗急于伐灭辽国而于宣和四年(1122)约金人会战这一策略有重大关系，其情形也与石敬瑭之始请兵于契丹而终灭亡于契丹极为相似，因此在陈亮对以上三人的断罪之中，实际上也包含了他对宋徽宗的深刻谴责。然则《酌古论》以《光武》起卷首，以《桑维翰》置卷末，正寄寓了陈亮对其时代的殷切期望与深沉感慨。

宜与不宜，仅仅是一个问题的两面。不宜于战而战，是为不义；宜于战而不战，同样为不义。陈亮之全部的政治活动都以鼓动宋孝宗励精图治，对金人宣战而恢复中原为核心。在他看来，对金用兵是合乎正义原则的，因为天命人心之所在所向的惟是中国，而坐视江山沦陷，生民涂炭，满足于局

① 《陈亮集》卷八《酌古论·桑维翰》。
② 《陈亮集》卷八《酌古论·桑维翰》。

处东南一隅的奢华安逸，却不顾衣冠礼乐之委弃于地，惟和议之求而不敢用兵，就是弃置天命人心于不顾，就是极大的不义。“皇天全付予有家，而半没于夷狄，此君天下者之所当耻也……中国，圣贤之所建置，而悉沦于左衽，此英雄豪杰之所当同以为病也。”[①]故为恢复中原而兴兵战，即是对天人之望的顺从，是正义之所在，是“中国”所应承担起来的无可推卸的道义与责任。

应该说，关于战争的正义性问题，陈亮并未专门提出来作深刻的、甚至是明确的论述，但这一问题确已包含于其有关论述之中。尽管他所理解的正义并不全等于今天的意义，但这一问题的触及却已然表明他未尝将战争仅仅理解为双方武力的交锋，而是将它与政治经济乃至思想文化等特定的时代内容联系起来进行考察的。从他关于战争之正义性的理解之中，我们就可以对他必欲恢复中原这一战争要求的意义有更深一层的认识。

① 《陈亮集》卷一《戊申再上孝宗皇帝书》。

第七章　文学思想及其词作

陈亮少有驱驰之志，雅负经济之怀，倾心于古今之变的研究，热衷于现实政事的参与，发为议论，则卓荦奇瑰，英气逼人。叶适论其文，谓"海涵泽聚，天霁风上，无狂浪暴流，而回旋起浟，萦映妙巧，极天下之奇险"①，故其论政论事之作历来为人们所重视。而与此同时，陈亮犹以余力从事于歌词的创作，在南宋词坛与中国文学史上都占有一定地位。

陈亮之子陈沆编《龙川文集》，其中已收入一定数量的词作，又别有长短句四卷，叶适《书龙川集后》谓陈亮"又有长短句四卷，每一章就辄自叹曰'平生经济之怀，略已陈矣'！"陈振孙《直斋书录解题》除著录《龙川集》四十卷外，又著录《外集》四卷，云："（亮）平生不能诗，《外集》皆长短句，极不工，而自负以为经纶之意俱在是，尤不可晓也。"

---

① 《水心文集·书龙川集后》。

知在南宋之末，陈亮犹有长短句四卷之《外集》行世。今传三十卷本《龙川文集》卷十七以“词选”为目，录词三十阕，而所谓长短句四卷之《外集》久已亡佚。明毛晋刊《宋六十名家词》，有《龙川词》一卷，即本集所载之三十阕，又别据黄升《中兴以来绝妙词选》补入七首，故毛晋所刊实有三十七首。[①] 王鹏运刊《宋元三十一家词》又据影汲古阁抄本《典雅词》辑得二十八首，为《龙川词补》一卷，内有二首与毛晋所补重出，实得二十六首。唐圭璋刊《全宋词》时，又以《永乐大典》、《全芳备祖》中辑出十余首。[②] 今存陈亮词共七十四首，中华书局 1974 年版《陈亮集》与 1982 年版增订本《陈亮集》所载均同，另有诗四首。著名的注本则有夏承焘校笺牟家宽注《龙川词校笺》，收词六十四首，中华书局 1951 年印行（上海古籍出版社 1982 年重版）；姜书阁《陈亮龙川词笺注》，详注六十四首，拾遗十首，人民文学出版社 1980 年印行。姜注本较夏笺本流传更为广泛。

本章评述陈亮的文学思想及其词作，阐其义蕴，明其风格，并略论他在文学史上的基本地位。

第一节　文以载道与“意与理胜”

文所以为言，诗所以明志，故一代文风必与一代之政治

---

① 毛晋汲古阁本《龙川词跋》、《龙川词补跋》，《陈亮集》附。

② 参唐圭璋《全宋词编辑凡例》、《全宋词初编目录》；吴熊和先生《唐宋词通论》367 页，浙江古籍出版社 1985 年版。然吴先生谓陈亮传世之词共七十五首，而实为七十四首。

文化的一般趋势相联系，个人的文风则与个人的政治观点与学术主张相联系。陈亮重视究天人之际，通古今之变，主张改革时弊，实现恢复，而在其对古今事变的推究之中，已然充分注意到了文风与时代的密切关系，并认为文弊既极，必有以反之。尝以为文弊极于五代之际，"卑陋萎弱，其可厌甚矣！"而就南宋文坛而言，"中兴以来，参以诗赋经术，以涵养天下之士气，又立太学以耸动四方之观听，故士之有文章者、德行者、深于经理者、明于古今者，莫不各得以自奋，盖亦可谓盛矣。然心志既舒则易以纵弛，议论无择则易以浮浅……固其势之所必至也。"故"士皆肤浅于经而烂熟于文"，"学校之士，于经则敢为异说而不疑，于文则肆为浮论而不顾其源"，"放意肆志以侮玩圣言"。斯风"渐不可长"，故"主文衡者当示以好恶"，使士林文风知所归趋，然则虽科举之文格不必变，而文坛风气必随之以变，"古人重变法，而尤重于变文，则必有深意矣。"①此深意之所在，实即文学关乎世教，而文风则系于世风。

源于文风与政风、学风之相互关系的理解，陈亮认为，其当代文风的浮躁儇浅，既来自理学的误导，也源于科举"纳天下之学者于规矩之内"的任法之弊，其直接结果则是天下"人心之日偷而风俗之日薄"。故浮议之风切不可长，任法之弊须行改革，必使人心有所底止，文风归于质实，方能使道德归于敦厚而风俗同于淳朴。就文与道的关系而言，它们是相互扶持相辅以行的，道应成为文所蕴含的内容，故为文有益于世教，学文有裨于为道。他论胡宏及郑伯熊之文，皆以

① 《陈亮集》卷十二《变文格》。

为“惓惓斯世，若有隐忧”[①]，其推崇欧阳修之文，以为“公之文根乎仁义而达之政理，盖所以翼《六经》而载之万世者也”。以文学为明道之器，须羽翼《六经》以播扬道德，须“根乎仁义而达之政理”，表现了作者对于现实的关切，实际上正是陈亮之基本的文学观念。正因其确信文风有关乎一代政治之盛衰，故深恶于肤浅浮华的场屋之弊，必欲提倡一种峭拔刚健之文风以振作士人之气。在他看来，去媚弱而就刚健，则正气将鼓荡激扬于天下，先王法度之盛化于时便有重见的希望。而在浅薄浮议之风的改革上面，他又对欧阳修之文怀抱着厚望：“二圣相承（指高宗、孝宗）又四十余年，天下之治大略举矣，而科制之文犹未还嘉祐之盛。盖非独学者不能上承圣意，而科制已非祖宗之旧，而况上论三代！……故予姑掇其通于时文者（指欧阳修之文），以与朋友共之。由是而不止，则不独尽究公之文，而三代两汉之书盖将自求之而不可御矣。先王之法度犹将望之，而况于文乎！……虽然，公之文雍容典雅，纡余宽平，反覆以达其意，无复毫发之遗，而其味常深长于言意之外，使人读之，蔼然足以得祖宗致治之盛，其关世教，岂不大哉！”[②]可知陈亮之所以编辑《欧阳文粹》，并非仅仅为学者成就举业而设，而是欲藉欧阳之文以究明圣人之道，以推详三代两汉致治之由，并进而使先王法度昌明于时。如果没有根深蒂固的文必须载道、文所以辅道的观念以及文坛风气系乎政治盛衰的观念，那么陈亮对欧阳修之文的这种推崇提倡及其“先王之法度犹将望之”的希冀，

① 《陈亮集》卷二十三《胡仁仲遗文序》、《郑景望杂著序》。
② 《陈亮集》卷二十三《书欧阳文粹后》。

便是无法理解的。

事实上，陈亮确乎主张文以载道，他认为《诗经》之所表现的即无非是道，"当先王时，天下之人，其发乎情，止乎礼义，盖有不知其然而然者。"故发而为诗，既有得于平施于日用之间者，复不逾越于情性之正，诗遂为道的载体。故"圣人于诗，固将使天下复性情之正，而得其平施于日用之间者"①。"平施于日用之间者"即是道，故唯当道成为诗所表现之内容的时候，才能发挥其"使天下复性情之正"的功能。诗如此，文也同样如此。"古人之于文也，犹其为仕也。仕将以行其道也，文将以载其道也。道不在我，则虽仕何为？虽有文，当与利口者争长耳。"②为文犹为仕，为仕以道德为本，旨在辅佐王业，宣导王政，致天下于雍熙之治，故为文也须根于仁义礼乐而达于政事政理，弘扬道德以敦厚士民之心。在这一意义上，为文与为仕的根本目的全然不相背反，若为仕在于行道，则为文将为传道；道便是文之内在的本质限定，逸出这一限定，则虽有华词美文，无异"与利口者争长"，毫无现实意义。因此，若没有对于道的确切把握与独特理解，不是有感而发，则虽有事于形式之雕琢而至于言辞美丽，仍难免于议论无择，内容空乏，有类于无病呻吟，在陈亮看来，这样的文章不做也罢，正如不为行道而为利禄之出仕，原亦是不必出仕的。

强调"文将以载其道"，即以道为文学的本质规定，文学须以道为表现的对象，原是儒家思想中的固有观念，也是宋

① 《陈亮集》卷十《六经发题·诗》。
② 《陈亮集》卷二十九《复吴叔异》。

代由柳开所开启的古文复兴运动所坚持的基本方向，但在陈亮那里，这仅仅是问题的一个方面。另一方面，他又给予文学的自身特质以充分关注，强调作家必须有个人的思想情感在作品中的注入。唯有独特的情意之注入，才能使文章的内容获得深化。因此，他极重视文章的立意，要求在融会前人作品的基础上翻出新意，并进而形成独特的个体风格。《庶斋老学丛谈》载：

> 陈同甫作文之法曰：经句不全两，史句不全三，不用古人句，只用古人意。若用古人语，[①]不用古人句，能造古人所不到处。至于使事而不为事使，或似使事而不使事，或似不使事而使事，皆是使他事来影带出题意，非直使本事也。若夫布置开阖，首尾该贯，曲折关键，自有成模，不可随他规矩尺寸走也。[②]

“不用古人句，只用古人意”，或“使他事来影带出题意”，皆在强调作者须有独特的命意，而文章的“布置开阖，首尾该贯，曲折关键”，均为此命意的表达与阐发而设；既有独特命意，并据此以谋篇结构，文章便能“自有成模”，形成个体特色与风格，而不至于随他人之“规矩尺寸走”。因此，意或内容是决定篇章结构与言辞表现的因素，故陈亮论文，又必取乎“意与理胜”：

---

① “语”，疑当作“意”。

② 元盛如梓《庶斋老学丛谈》卷中上，丛书集成初编本。

大凡论不必作好语言，意与理胜则文字自然超众。故大手之文，不为诡异之体而自然宏富，不为险怪之辞而自然典丽，奇寓于纯粹之中，巧藏于和易之内。不善学文者，不求高于理与意，而务求于文彩辞句之间，则亦陋矣。故杜牧之云："意全胜者，辞愈朴而文愈高；意不胜者，辞愈华而文愈鄙。"昔黄山谷云："好作奇语，自是文章一病；但当以理为主。理得而辞顺，文章自然出群拔萃。"①

这是《陈亮集》中最为典型的一篇文论，其旨即在阐明文章之"意与理"与语言文辞之间的关系，也即内容与形式的关系。"意与理胜则文字自然超众"，是他对这一关系的基本衡定，它是以内容的表现为文章之根本要旨的。显然所谓"意与理"除开道德仁义的内容以外，也指作者的独特立意与篇章结构之文理。立意超拔，格调高雅，必要求作者有其独特的思想情感之投入，立意之高卑，是作者对道理体味之深浅及其人格之高卑的体现，故学文必求高于意与理；文理密察，论说透辟，必要求作者倾其心力于篇章结构的谋划，选择恰当而简练的言词以达其意，故文字便也自然超众。可见，陈亮不是一味强调文以载道以至于废黜文章的艺术性的。他同样追求文章的宏富典丽，出奇巧妙，而只是认为须以宏富典丽寓于质朴平淡之中，必于纯粹和易之内见其巧妙出奇。言辞质朴而立意高健，理既精深而行文简雅，其韵味将愈其隽

① 《陈亮集》卷二十五《书作论法后(意与理胜)》。

永。文质彬彬，虽不事言辞之雕琢，而文章自焕乎其有华彩。

文以“理与意胜”可视为对文以载道说的一种补充。就近处言之，文以载道的观念启导于韩愈，这与他在哲学上首倡道统有密切关系。宋代古文运动之兴，自柳开以降，皆以韩文为倡导，论者遂往往以道立说，至周敦颐则明确提出了“文所以载道也”之说。[①] 如前所述，陈亮是相信“文所以载道”的，但实际上更强调“意与理胜”，这表明他没有将道的实际内涵狭隘地理解为儒家所倡导的道德性命，而是将时代内容、现实生活以及作家本人的思想情感都包括在内的。尽管“理与意”都不可能违背圣人之道，但文以“意与理胜”较之“文所以载道”，无疑显得更为宽平，并且更为突出了文学的自身特质。如果“文以载道”的实质是以文为道的附庸，它正有可能因为道的片面强调而取消文的独立性甚至走向文的否定（二程有文能害道之论，以为玩物丧志，而“为文亦玩物也”，后来理学家多因其说。此论实由周敦颐“文所以载道”，“不知务道德而第以文辞为能者，亦艺焉而已”之说衍变而来。然“载道”说仍承认道文之统一，“害道”说则以两者相对立，其间差距大相径庭），那么文以“意与理胜”则恰恰是以文本身之独立地位的确认为前提，而又强调了须以意与理去充实文的内涵以臻于其自身的尽可能完善。因此，“意与理胜则文字自然超众”，实际上便要求道与文的统一，内容与形式的统一。

就理论本身而言，“意与理胜”是对唐宋以来古文家之文

① 《通书·文辞》。

学思想的直接继承，陈亮引杜牧与黄庭坚语以证其说，[①]实为明证；而在表述上，又直接渊源于欧阳修“大抵道胜者，文不难而自至”之说。故就总体而言，陈亮的文学思想虽无甚独创，却继承了唐宋以来有成就的古文家所倡导的基本精神，反对专事文字之美艳的追求，而要求言之有意，载之有道，使道义的精深、立意的超远与造语的平淡、文风的简朴相互融会。在他那里，由于道的基本内涵就是现实世界的天人之际，因而“意与理”之所归趋的就依然是现实的政事政理、世态物情。而文之所以载道，即在其“根乎仁义而达之政理”，发乎性情之正而足以摇感民心。因此，文足为传道之器，必非为害道之资，道与文不是相互乖离而是相互一贯，并且文本身有其不可被取代的干预现实的独特功能。他有感于士气的沉落与风俗之浇薄而要求改革场屋之弊、振作文坛风气，不仅表明他对文学之特殊的教化作用有明确而深刻的认识，而且表明其文学思想与其哲学、政治思想是相互统一的。而他自己的论作，无论就其“意与理”而言抑或就其文辞的质朴而言，都是对其自身之文学思想的实践。

第二节　词作的内容、风格与艺术

陈亮喜好填词而不善作诗。其集中有诗四首，《谪仙歌》

① 杜牧(803～852)，字牧之，京兆万年(今西安)人。晚唐著名诗人，亦善古文。有《樊川文集》。陈亮所引见《樊川文集》卷十三《答庄充书》。黄庭坚(1045～1105)，字鲁直，号山谷、涪翁，洪州分宁(今江西修水)人。北宋著名诗人、江西诗派的开创者。陈亮所引见《四部丛刊》本《豫章黄先生文集》卷十九《与王观复书》第一通。

当是少年之作，《廷对应制》、《及第谢恩和御赐诗韵》，题意均已明确，《梅花》一诗从内容看也当作于及第以后，可知他平时极少作诗。尝云："予平生不能诗，亦莫能识其浅深高下。"①"亮于今世之诗，殊所不解，不解故不好。至于《古诗》、《离骚》，盖纸弊而不敢释手。"②则其不喜作诗也许并非真的由于莫能识诗之浅深高下而不能作，而或是由于对"今世之诗"的不满意而不愿作。又论诗云："韩退之之论文曰：'纡余为妍，卓荦为杰'，黄鲁直论长短句，以为'抑扬顿挫，能动摇人心'，合是二者，于诗其庶几乎！至于立意精稳，造语平熟，始不刺人眼目；自余皆不足以言诗也。"③于此既可以看出其论诗之旨与其文论的契合，又可见其喜好填词的原因即在于歌词之语句参差错落，"抑扬顿挫，能动摇人心"。

陈亮词七十四首，大多有标题。就其标题看，内容不外乎送别怀人、感时咏物，又多祝寿之作。但在这些词作之中，却时时寄托了他的故国哀思，表现了他的复仇心志，抒发了他的爱国豪情，包含了他对现实的批判。就思想内容方面而言，这是陈亮词最为突出的一个主题。他是将填词作为发抒其"平生经济之怀"的一种手段的，在他那里，词不是"诗之余"，而是"文之余"、"论之余"。吴熊和先生云："陈模《怀古录》卷中引潘牥（紫岩）曰：'东坡为词诗，稼轩为词论。'陈亮则更以论为词，可与他的《中兴五论》、《上孝宗皇

① 《陈亮集》卷二十三《桑泽卿诗集序》。
② 《陈亮集》卷二十七《复李唐钦》。
③ 《陈亮集》卷二十三《桑泽卿诗集序》。

帝书》等并读，比辛词更近于'词论'。"[1]在某种意义上，吴先生此说甚为允当。且看《水调歌头·送章德茂大卿使虏》：

> 不见南师久，谩说北群空。当场只手，毕竟还我万夫雄。自笑堂堂汉使，得似洋洋河水，依旧只流东。且复穹庐拜，会向藁街逢。　尧之都，舜之壤，禹之封，于中应有，一个半个耻臣戎。万里腥膻如许，千古英灵安在？磅礴几时通？胡运何须问，赫日自当中。[2]

此词是陈亮于淳熙十二年为送章森（字德茂）出使金国而作，故词意在激励章森的民族正气，殷切期望他不辱使命，表现出"堂堂汉使"虽"当场只手"而有"万夫雄"的气概，同时也更真切地表现了陈亮本人仇必可复的壮志豪情。"自笑"三句，语属意贯，寄寓了他对朝廷之妥协和议之屈辱政策的批判。下片起首，全用散体，语气逼促而意义一贯到底，虽非歌词常格，却贯注着一股凌厉激扬之气，凛凛然令人正气填膺。"万里"三句，问古责今，悲壮急切，有慷慨郁勃之意；末二句则言"胡运"已尽，仇必可复。陈亮不仅认为"中国"为天地正气之所萃萃、天命人心之所趋向，也有"天道六十年一变"之说，[3]而该词之意义的切实了解，正有必要与他的其他论作并读。陈亮词之所谓以词代论，以这首《水调

---

① 《唐宋词通论》，浙江古籍出版社 1985 年版，249 页。

② 本节所引陈亮词均见《陈亮集》卷三十九。

③ 参《陈亮集》卷一《上孝宗皇帝第一书》、卷二十七《与王季海丞相》。

歌头》最为明显，而其语句铿锵，正气豪气交发并至，大有立懦起顽之势，故往往被推为其“豪放词”的代表作。陈廷焯《白雨斋词话》卷一云：“同甫《水调歌头》云：‘尧之都，舜之壤，禹之封，于中应有，一个半个耻臣戎。’精警奇肆，几于握拳透爪，可作中兴露布读。就词论，则非高调。”姜书阁云：“（陈廷焯）赞其精奇有力，而又贬其调之不高，非吾人所敢苟同也。”①

为抗金北伐，陈亮力主移都建业，重镇荆襄，这与他重视占据可攻可守之有利地形的军事战略思想相一致。为证实自己这一建议的正确性，坚定孝宗的北伐之志，他曾于淳熙十五年春亲至金陵、京口一带实地勘察，“登高四望，深识天地设险之意”②，尝赋《念奴娇》二首以抒其情怀。其中《登多景楼》一首云：

> 危楼还望，叹此意、今古几人曾会？鬼设神施，浑认作、天限南疆北界。一水横陈，连冈三面，做出争雄势。六朝何事，只成门户私计！　因笑王、谢诸人，登高怀远，也学英雄涕。凭却江山，管不到、河洛腥膻无际。正好长驱，不须反顾，寻取中流誓。小儿破贼，势成宁问强对！

多景楼在今镇江北固山甘露寺内。该词为陈亮登多景楼之作，但却不事景物的描摹，而以论事抒怀为主。起首颇突兀，着

① 《陈亮龙川词笺注》32页。

② 《陈亮集》卷一《戊申再上孝宗皇帝书》。

一“叹”字，霎时见其古今之慨；而所谓“此意”者，即《戊申再上孝宗书》中所谓“天地设险之意”[①]，故又以兴起下文。“鬼设”二句，既写周围地形之险要，又批评了以长江天险划分南北，以为可资凭藉而不思进取的苟且偷安思想。陈亮认为，天地设此险要，并非以此分割南北，所谓“天岂使南方自限于一江之表，而不使与中国通而为一哉！”[②]天堑之设，正可利用为扼守江南、抵御强敌的天然屏障，更是北伐抗金、驰骋中原的坚固后盾，故“一水横陈”三句，既以补足“鬼设神施”的内容，又指明可资地形之险要以与北方争雄。“京口连冈三面，而大江横陈，江傍极目千里，其势大略如虎之出穴，而非若穴之藏虎也。昔人以为京口酒可饮，兵可用，而北府之兵为天下雄，盖其地势当然，而人善用之耳……江傍极目千里，固将使谋夫勇士得以展布四体，以与中国争衡者也。”[③]此即为词中“一水”三句所约括的内容。“六朝”二句，是陈亮登楼时所自然想到的，因为六朝均都于建业；而其笔意所向，则直指南宋朝廷无北向之志为“门户私计”。过片三句与“六朝”二句相承接，用“新亭对泣”故事，意在讥讽士大夫之在高位者空有恢复之宏论而无北伐之实际行动；是亦其所谓“使事而不为事所使”之一例。“凭却”二句，正是其讽刺之意的明确表示。在他看来，凭借如此“鬼设神施”之天险，竟使中原沦乎异族而不求恢复，岂不辜负

① 按，唐圭璋等著《唐宋词选注》认为“此意”“指自己登楼远望的用意”，不确。见该著463页，北京出版社1982年版。

② 《陈亮集》卷一《戊申再上孝宗皇帝书》。

③ 《陈亮集》卷一《戊申再上孝宗皇帝书》。

"天地设险之意?"故"正好"三句,语气语意均相互连属,一贯而下,表明其必须戒绝狐疑,长驱直入,以求中原之恢复的一贯思想,同时也是对朝廷上下之畏敌情绪的批判。此三句虽用典故而依然明白如话,散逸出一股英雄之气,能激励人心而催人奋发。末二句用谢玄淝水破秦之事,阐明只要善用地形,形成有利于自己的形势,则虽弱国也依然可以攻克强敌(所谓"强对")。

在陈亮以表现其政治思想与恢复之志为主题的词作之中,以上所简略分析的两首是具有一定代表性的。从中可以看出,所谓龙川词的以词代论,主要就是以词体的形式,重申了他在其他论作中所一再坚持的政治立场与思想观念,其"论"的内容则以恢复中原为核心。矢志复仇,在陈亮实不仅仅是一种政治主张,而且已成为其人生的根本信念,故虽颠踬困顿而依然为之奔走呼号,虽经磨历劫而孤心始终不渝,发之于论,形之于歌,论之歌之,亹亹不厌。其词曲与论作之内容的相互一贯,使其作品带上了一层浓厚的政论色彩,形成了以词为论的鲜明特色。在这一意义上,陈亮的词作乃是恢复中原这一时代主题在文艺领域的变奏。

这一变奏的基调是亢奋、昂扬的,故其风格大抵归于豪放一路。除上引两首以外,其与辛弃疾唱和的三首《贺新郎》,同样堪为代表。如第二首《酬辛幼安,再用韵见寄》:

离乱从头说,爱吾民、金缯不爱,蔓藤累葛。壮气尽销人脆好,冠盖阴山观雪。亏杀我、一星星发。涕出女吴成倒转,问鲁为齐弱何年月?丘也幸,由之瑟。斩新换出旗麾别,把当时、一桩大义,拆开收合。据地一呼吾往矣，万里摇肢动骨。这话把，只成痴绝。天地洪炉谁扇鞴？算于中、安得长坚铁！淝水破，关东裂。

应该说，风格是性格的表呈，故陈亮词的这种纵恣横肆的豪放，是其任情使气之率真性格的自然流露；又应该说，风格是内容的衬托，故其风格的慷慨豪迈也为其词作的内容所决定。抗金复国原是金戈铁马的英雄事业，它需要的是“堂堂之阵，正正之旗，风雨云雷交发而并至，龙蛇虎豹变见而出没，推倒一世之智勇，开拓万古之心胸”，而不需要婉媚与纤巧。“据地一呼吾往矣，万里摇肢动骨”，可谓响遏行云，气吞牛斗。而这种风格的豪放，显然与其词作的内容相为表里。因此，陈亮词的所谓豪放，归结到根本的一点，实际上就是表现了一种他所理想的英雄豪杰的人格特征，从而洋溢出一股既大义凛然又具有非凡之胆魄与豪气的英雄气质。吴熊和先生论辛弃疾词，以为辛词的基调就是“英雄主义”，其所为壮词，“悲壮激烈，发扬奋厉，充满着英雄主义色彩”[①]，此评若用于陈亮的豪放词，同样贴切。

陈亮的以词为论，也并不局限于时代政治的内容。他与朱熹的论辩，其哲学观点的歧异，在其词作中也有体现。《洞仙歌·丁未寿朱元晦》：

秋容一洗，不受凡尘涴，许大乾坤这回大。向上头些子，是雕鹗搏空，篱底下，只有黄花几朵。

① 《唐宋词通论》239页。

骑鲸汗漫，那得人同坐！赤手丹心扑不破。问唐虞禹汤文武，多少功名，犹自是、一点浮云铲过。且烧却、一瓣海南沉，任拈取千年、陆沉奇货。

"丁未"即淳熙十四年(1187)，时朱、陈之间的激烈论辩虽已结束，但双方均记忆犹新，此也正为该词的基本背景。朱熹生辰在九月十五日，正深秋时令，菊花季节。故词的上片写秋景，也写人物；天宇清净，高旷严肃，雕鹗搏空，是深秋风物，更是人物，即朱熹的精神境界。篱底下黄花几朵，与"雕鹗搏空"相对照，有落寞之意，姜书阁谓"以喻众人只有寄人篱下，敷衍度日，草间偷活"[①]，意或得之；然恐更谓朱熹持论过于孤高，常人难以攀援，故不免有"吾之道孤"的寂寥之意，陈亮尝云："比见秘书(朱熹)与叔昌、子约书，乃言'诸贤死后，议论蜂起'，有独力不能支之意。"[②]而就词论，则"黄花"又用以点明祝寿的题旨。下片全是发论，皆指朱熹而言。"骑鲸"二句，谓其才具卓绝，若骑鲸海上，恣意横游，旁人无此才具，乃不得同坐；实又暗指朱熹坚持道统之说，唯倡言道德性命而废黜事功，且容不得与此不同的其他观点。故继以"赤手丹心扑不破"一句以补足其意，谓其坚执己见，确信其观点为颠扑不破，非任何力量所能使之屈服。"问唐虞"云云，语意甚为明白，即指朱熹所坚持的不取事功的观点，"一点浮云铲过"，乃指其对待历来"多少功名"的态度而言。末二句，从字面上看，"且烧却、一瓣海南沉"，

① 《陈亮龙川词笺注》34页。

② 《陈亮集》卷二十八《又乙巳春书之一(与朱元晦)》。

是献香祝寿，然其寓意却与此不同。姜书阁云："'陆沉奇货'指高才久埋而被湮没，不显于世，虽以称朱（熹），盖亦自喻。"[①]此说尚有商量的余地。就词义言，"海南沉"与"陆沉奇货"所指应为同一。若以"陆沉奇货""称朱"，谓其"被湮没"而"不显于世"，则称之非当，喻之不类；若以"陆沉奇货"自喻，则义不关涉，且"任拈取"三字更了无着落。愚以为"陆沉奇货"之所指是朱熹所确信不移的道统说。朱熹谓道统自孟子以后无传，直至二程始发千年不传之秘，故谓之"不传底绝学"，是亦正所谓"千年陆沉奇货"；沉香之燃，淡烟一线，袅袅不绝，以喻道统之所谓"不绝如缕"，盖亦十分贴切。陈亮曾责难朱熹"谓二千年之君子皆盲目不可点洗，二千年之天地日月若有若无，世界皆是利欲，斯道之不绝者仅如缕耳……这些好说话且与留着妆景足矣"[②]。故词中之意，盖谓朱熹既卑弃功名，视若浮云之过空，遂拈取"千年陆沉"之道统，以为"奇货"，津津而乐道之。如此方是辞完意足，文义一贯，若以"陆沉奇货"称朱或自喻，则词义遂突兀而至于不可索解矣。这首词实际上全以发论为主，几乎是他与朱熹之论辩的再现；若不了解这场论辩及其相互之间的不同观点，则该词的确切意义恐怕难以把握。而其文句之间又觉得跳跃性很大，辞似不连而义实相属。体味词意，盖对朱熹暗存讥刺。在陈亮的全部词作之中，这首词无论在内容上还是在手法上，都显得比较特殊。

以词为论确为陈亮词的一个特点，但绝不能用以概括其

① 《陈亮龙川词笺注》35 页。

② 《陈亮集》卷二十八《又乙巳秋书（与朱元晦）》。

全部作品。其词作的内容既不止于"论",其风格也因而多样。在他那里,同样有许多清新婉丽之作,其数量较"豪放词"更多。其中也不乏佳作,如《水龙吟·春恨》:

闹花深处层楼,画帘半卷东风软。春归翠陌,平莎茸嫩,垂杨金浅。迟日催花,淡云阁雨,轻寒轻暖。恨芳菲世界,游人未赏,都付与、莺和燕。

寂寞凭高念远,向南楼、一声归雁。金钗斗草,青丝勒马,风流云散。罗绶分香,翠绡封泪,几多幽怨!正销魂,又是疏烟淡月,子规声断。

这首词上片重在写景,下片主要写情,疏宕有致,情景交融。首二句写独处层楼,而楼隐闹花深处,故风来虽画帘半卷,犹觉其微,以"软"字状春风之轻柔,有质感,甚好。"春归"句至"轻寒轻暖",皆层楼远望之景。翠陌、平莎、垂杨,由远及近,层次分明;迟日、淡云、寒暖,由花繁云淡、春气清朗写至对天气的主观感受,体察入微。"恨芳菲"三句,是层楼远眺触景所生之感,既以总束上片,又点明"春恨"之主题。清朝刘熙载云:"同甫《水龙吟》云:'芳菲世界,游人未赏,都付与、莺和燕',言近指远,直有宗留守大呼渡河之意。"①以为陈亮此词别有寄托,表达了风景不殊却自有山河之异的故国哀思,当是胜解。下片"寂寞凭高念远"一句是主脑。因见长空归雁而念远,因念远而益增寂寞,意相回

① 《艺概》卷四《词曲概》。宗留守指宗泽(1059～1128),字汝霖,浙江义乌人。靖康变后,尝任东京(开封)留守,积极抗金,临终时犹三呼"渡河"。

互，殊见缠绵。“金钗”三句，感往事之无觅；“罗绶”三句，伤别后之幽怨；皆紧扣寂寞念远之意，哀婉动人。“正销魂”三句，虽写景，更写情。“正”、“又”两虚字极好。感伤往事，令人销魂，正当愁怀无由排遣之际，却又见疏烟淡月，心绪益为迷茫；又闻杜鹃悲鸣，则泪眼真欲为泣血。结句悲恻殊甚，充分强化了“春恨”的主题。

写离愁别绪、怀人幽怨，是诗词中最为常见的一个主题，陈亮也有这方面的作品。如《浪淘沙》：

> 霞尾卷轻绡，柳外风摇。断虹低系碧山腰。古往今来离别地，烟水迢迢。　　归雁下平桥，目断魂销。夕阳无限满江皋。杨柳杏花相对晚，各自无聊。

此词写别情，好在辞句浅白流畅，只写景物而不见一“愁”字，却无处非“愁”。其伤别情怀、落寞意绪，皆溶于夕阳无限、烟水迢迢的春日暮景之中，故触目所见一切旖旎风光，皆成主观情绪的对象化，全词也因此而显得委婉含蓄，有蕴藉之美。“杨柳杏花相对晚，各自无聊”，实为移情手法之比较典型的运用。

陈亮作品中又有不少咏物词，其中尤多咏梅之作，今存七十四首词中，各类咏梅词就有九首，另有一首《梅花》诗。其咏冬梅，所充分突出的是梅花傲霜雪、传春信的气质与品格，实为作者本人的歌以咏志。如《汉宫春·梅》上片：

> 雪月相投，看一枝才爆，惊动香浮。微阳未放

线路，说甚来由。先天一着，待辟开、多少旬头。却引取，春工入脚，争教消息停留。

首三句写雪夜月下乍闻幽香浮动，细看方知梅朵已放。以"爆"字状花朵乍开，以"惊动"写幽香初放，有动感，颇独到。此下则是由"一枝才爆"所引出的感想。虽阳和未布，而梅朵先开，是所谓"先天一着"；其正欲"辟开多少旬头"，引来繁红闹春景色。其《梅花》诗有云："一朵忽先变，百花皆后香；欲传春信息，不怕雪埋藏。"皆同此意；而其造语平淡，以理取胜，也为咏梅佳句。陈亮的咏梅词，也有意境颇好者。《品令·咏雪梅》：

潇洒林塘暮。正迤逦、香风度。一番天气，又添作琼枝玉树。粉蝶无踪，疑在落花深处。　深沉庭院，也卷起重帘否？十分春色，依约见了，水村竹坞。怎向江南，更说杏花烟雨？

此咏春天雪后之梅。林塘将暮，香风迤逦，正一番春日好景，忽天气乍变，一场春雪，梅树繁枝遂成"琼枝玉树"。雪片潇潇，落花纷扬，粉蝶翻飞，相互莫辨；"粉蝶"两句以状此迷蒙景色，虽出语无奇却颇有意境。换头两句，因观赏雪景而勾起一缕淡淡的怀人情绪。"十分"三句，写远处水村竹坞依稀可见。原应当是春色十分宜人之时，然雪景旷远，寒意侵人，几令人怀疑"杏花烟雨"之江南春色为不可确信。末二句盖有一层莫名的淡淡哀怨。此词景是淡景，情是淡情，交相融织，有一种蒙眬迷离而又清新幽雅的意境之美。

以上略讲陈亮词作数首，盖欲以见其内容与艺术的一般特色。就总体而言，陈亮词作的内容是丰富的，其中既有恢复的高亢呼声，有其思想观点的表现，也有其坎坷的生活经历、笃真的友情与爱情以及个人情绪的率直流露；其风格也是多样的，既有慷慨激昂、英气勃勃的英雄之词，也有清新可玩、蕴藉婉约的绮丽之作。专就语言的运用而言，陈亮词也有其本身的特色，试为约略言其数点：

1. 措辞通俗，多用俚语、口语入词。陈亮尝自言其词作"本之以方言俚词，杂之以街谈巷歌，抟搦义理，劫剥经传，而卒归之曲子之律"[①]。俚词俗语在其作品中的运用十分普遍，《洞仙歌·丁未寿朱元晦》在这方面也比较典型。其他如：

> 树犹如此堪重别？只使君从来与我，话头多合。[②]
>
> 包裹生鱼，活底怎遭遇。[③]
>
> 也似我侬魂不定，悠悠，宋玉方悲庾信愁。[④]
>
> 群葩如绣，到那时，争爱春长。须知道，未通春信，是谁饱试风霜？[⑤]

此类例子还有很多。俚俗词的运用，一方面是增强了其作品的通俗性，使人读来有一种亲切感，但另一方面也可能产生

① 《陈亮集》卷二十九《与郑景元提干》。
② 《贺新郎·寄辛幼安和见怀韵》。
③ 《祝英台近·六月十一日送叶正则如江陵》。
④ 《南乡子》"风雨满蘋洲"。
⑤ 《汉宫春·见早梅呈吕一郎中郑四六监岳》。

相反的效果，有时还觉得措辞过于浅露而减损了作品的韵味。

2. 善于融化前人语句，用典也往往贴切而少露痕迹。如《点绛唇·咏梅月》：

> 一夜相思，水边清浅横枝瘦。小窗如昼，情共香俱透。
>
> 清入梦魂，千里人长久。君知否？雨僝云僽，格调还依旧。

这首词甚清雅有味。“水中清浅横枝瘦”，由林逋《山园小梅》诗中的咏梅名句“疏影横斜水清浅，暗香浮动月黄昏”而化出，然兼写梅枝水影，形韵俱见，颇有意境。“千里人长久”，则约苏轼《水调歌头》“但愿人长久，千里共婵娟”之句意。又：

> 频凝睇，问人天际，曾见归舟未？①
> 天际目归舟，浪转涛翻一叶浮。②

皆用谢朓《之宣城郡出新林浦向板桥》一诗中“天际识归舟，云中辨江树”之句意，而以状缱绻而又急迫的怀人情绪，极能传神。《南歌子》(“池草抽新碧”)下片：

> 游鞚归敲月，春衫醉舞风。谁家三弄学元戎？吹

---

① 《点绛唇》“烟雨楼台”。

② 《南乡子》“风雨满蘋洲”。

起闲愁，容易上眉峰。

贾岛《题李凝幽居》诗："鸟宿池边树，僧敲月下门。"是即"敲月"一语之所本，然用其语而不用其意，仍能新人耳目。"谁家三弄学元戎"则用桓伊为王徽之吹笛事。《世说新语·任诞》："王子猷（徽之字）出都，尚在渚下，旧闻桓子野（桓伊字）善吹笛，而不相识。遇桓于岸上过，王在船中，客有识之者，云是桓子野。王便令人与相闻，云：'闻君善吹笛，试为我一奏。'桓时已贵显，素闻王名，即便回，下车，踞胡床，为作三调。弄毕，便上车去，客主不交一言。"归鞯敲月，春衫舞风，意态潇洒放达；月色夐明，笛韵悠扬，意境颇觉清空；然月下闻笛，不免"吹起闲愁"，潇洒放达之中忽添一丝哀怨，词意遂生一层转折。向秀过山阳旧居，闻邻人笛声嘹亮而勾起对旧友嵇康、吕安的怀念之情，为作《思旧赋》，[①]则陈词之所谓"闲愁"，或亦有类似者欤？故就词意而言，"谁家三弄学元戎"一句，其事则取桓伊吹笛，其意复兼向秀闻笛，也可谓能融化而不涩。张炎谓"词用事最难，要体认著题，融化不涩"[②]。陈亮词中用典的佳例，盖能符合这一要求。

3. 比较注意用字与句意的提炼。《浪淘沙·梅》："院落晓风酸，春入西园。芳英吹破玉阑干。"以"酸"字状冷风之刺人眼目，使人流泪，本诸李贺《金铜仙人辞汉歌》中"东关酸风射眸子"一句。就修辞而言，乃将冷的触觉转化为酸的味觉，故能出人意表，翻出新意。钱钟书先生尝提出"通

① 参向秀《思旧赋并序》。

② 《词源·用事》。

感”一说，作为古代诗词中的一种艺术手法，“通感”，即感觉的沟通与融会，往往能使辞句达到某种特殊的创意。“芳英吹破玉阑干”，初看起来，“破”字着得甚是无理，“芳英”如何能“吹破”阑干？然稍一推敲，便知落英纷然飘坠，阑干为之斑驳，遂有阑干被芳英吹破的感觉，故“破”字便成妙语。陈亮词中注意炼字的类似例子不少，而尤为我们所欣赏的，乃是那些用字平易，看似毫不着力，却能传达出特殊意境的佳句。如：

黄昏庭院柳啼鸦，记得那人、和月摘梨花。①

“那人和月摘梨花”，遣词平淡已极，然白的月色、白的梨花，“那人”又是“玉人”，交相融织，独具清空，可谓幽雅、淡远、风情、韵致俱到。

寻春闲过小园东。春在乱花深处鸟声中。②

一语道尽一片花繁鸟忙景色。

愁人最是，黄昏前后，烟雨楼台。③

以具象写抽象，将愁情转换为眼前实景，一片开旷迷蒙，令人可触可感。这与李煜《虞美人》“问君能有几多愁，恰似一

① 《虞美人·春愁》。
② 《南歌子》“池草抽新碧”。
③ 《眼儿媚·春愁》。

江春水向东流”及贺铸《青玉案》“试问闲愁都几许？一川烟草、满城风絮、梅子黄时雨”是同一手法。陈亮词中堪称佳句的还有很多，如“蝶翻淡碧低边影，莺啭浓香杪处风”之写深春[①]、“风露浩然，山河影转，今古照凄凉”之咏月[②]，皆别有意境。

第三节　陈亮的文学地位

上文的叙述已大致可见陈亮词作的基本面貌。毛晋评三十卷本《龙川集》所录之词，谓“读至卷终，不作一妖语媚语”，后又得黄升《中兴词选》所录七首，不无绮艳之作，遂以为本集所选盖陈亮之子陈沆“特表阿翁磊落骨干”，略其绮艳，“故若出二手”[③]。胡宗楙则以为毛晋“疑为同甫子沆特表阿翁磊落骨干，似又近于臆测”[④]。原胡氏之意，盖以为《龙川集》在流传过程中有较大散佚，其本集不载所谓绮艳之作，并非陈沆故为删略。而《四库提要》则确信《齐东野语》所谓陈亮狎妓之说，以为是其词体所以杂香奁的原因。[⑤]《齐东野语》之说，我们在第二章中尝辩其非，而《四库提要》之说，更以“词体杂香奁”，贬其人品，亦未为中肯。实际上，“不作一妖语媚语”，未必就能提高其作品的地位；夹有绮艳香奁之作，也未必就贬损其磊落骨干。今本《陈亮集》所录

① 《思佳客·春感》。
② 《一丛花·溪堂玩月作》。
③ 毛晋《龙川词跋》、《龙川词补跋》，《陈亮集》附。
④ 续金华丛书本《龙川词跋》。
⑤ 《四库提要·龙川词提要》。

词作，尽管或仍非其作品的全貌，但已然足以反映其内容与风格的多样性。陈亮的代表性作品，其豪壮雄奇之作，气象恢宏，风骨凛然；其典雅婉约之作，轻柔回旋，意象优美；纯就艺术性言，恐怕后者犹出于前者之上。但无论其豪放与婉约，均为其性情的直接抒写，故大抵皆能与词作本身的内容相互和谐，意刚则词劲健，意柔则词妙嫚，这至少表明陈亮对词这种艺术形式具有良好的驾驭能力。因此，将陈亮的词风单纯归于豪放，恐不能符合其作品的实际面貌，而若归诸婉约，也非情实。

将词划分为豪放与婉约两派，始于明代张綖《诗余图谱》，此后的词学家虽也多异议，然其影响至今犹烈。张綖云："词体大略有二，一体婉约，一体豪放。婉约者欲其词调蕴藉，豪放者欲其气象恢宏。然亦存乎其人，如秦少游之作，多是婉约，苏子瞻之作，多是豪放。大约词体以婉约为正，故东坡称少游为今之词手。后山评东坡如教坊雷大使舞，虽极天下之工，要非本色。"[1]豪放与婉约的划分虽然显得过于简单化，不能反映出唐宋词的全体风貌，也不能体现出词的历史发展过程，但作为两种遣词造意的不同风格，却固存于作家的创作实践之中。故以豪放与婉约作为词派的名称，恐怕纰漏较多，若以为两种基本风格，则大略可信。豪放未必就是粗豪疏狂，婉约更不必秾艳香奁；作为风格，豪放与婉约便可相互兼济，融会一体。不同的作家，固然可有不同的风格分野，而同一位作家，也可兼备不同的风格。但就某一位作家而言，其风格既有某种基本定势，则其创作将更多地体现

① 清·徐釚《词苑丛谈》卷一"词之正宗与变体"引《诗余图谱》。

出其基本的风格趋势是为必然。就陈亮的作品而言，表现其强烈的民族正义感、抒写其恢复之壮志豪情的作品，不仅有其峻拔刚健的基本风格，而且在内容上也是被充分凸现的；其个人之生活情感的抒发，虽往往显得柔和雅致，可称为婉约，但不作矫揉妖媚之态，又往往寄寓其颠踬不遇而孤心不改的卓荦情怀，故其内容与风格仍有总体上相互统一的一面。着眼于其内容上的鲜明特色及其基本的风格趋势来估价陈亮的作品，应该较为恰当。因此，将陈亮作为辛弃疾一派的词人，以峻健峭拔、豪爽放达作为其风格的基调，并以此为基点来衡量他在文学史上的地位，这一文学界的传统做法，也仍然能为人们所接受。

辛弃疾不仅在南宋词坛，而且在整部词史上都居有卓越的地位。他上接苏轼所开辟的豪放词风，在作品中大量表现了其不平常的个人生活之坎坷际遇与故国沦陷江山易手的悲愤，笔势超奇，豪气奔逸，民族大义与牺牲精神交相并织，而焕发出英雄主义的华彩。词而至于辛弃疾，已在很大程度上从表现偎红倚翠的艳情幽绪与娱宾遣兴之生活闲情的圈子当中走了出来，而成为反映时代现实与社会政治的手段，这样就在更大程度上拓展了词的表现范围及其艺术境域，并将其价值提到了一个新的高度。

陈亮词的主导方面与辛词的基本精神是相一致的。他不仅与辛弃疾意气相投，私交甚笃，而且也是辛派词人中的重要人物，正是这一点奠定了他在中国词史上的基本地位。尽管旧时的词论家较少论到陈亮的作品，但也有人注意到了其与辛词的共同性。如刘熙载《艺概》卷四云："陈同甫与稼轩为友，其人才相若，词亦相似。"又节录其寄辛弃疾《贺新郎》之句，谓“观此则两公之气谊怀抱，俱可知矣”。姜书阁先生则似不惬于“自来言宋词者罕及陈亮”，而云：“亮与辛弃疾皆力主抗金北伐者，其持论同，其气概同，二人又为知交，其词风属于豪放一派又同，然稼轩词名冠绝南宋，垂誉至今，同甫似有逊色。而细辨之，龙川词实独具风格，其一种斩截痛快、雄放恣肆之气，又有非稼轩词所能并比者。龙川之词，干戈森立，如奔风逸足，直欲吞虎食牛，而语出肺腑，无少矫饰，实可见其胸襟怀抱。即专以词艺论之，亦自有其精至独到处。”①在今天，“言宋词者罕及陈亮”的状况已全然发生了改变，而成为言宋词者罕不及陈亮，这表明陈亮在文学史上的地位已得到普遍承认。诚然，陈亮的词作无论在内容上还是在风格上均有其精至独到之处，无愧为南宋词坛之名家。洋溢于其作品中的那种慷慨悲壮之美，那种“倚天而号，提剑而舞”的英雄豪气，那种挥之弗去，历久弥新的故国眷恋情绪，无疑具有直接动人的魅力，有其独特的审美价值。他与辛弃疾等其他词人一样，尝为词境的开拓及其题材的深化作出了努力，并对当代词坛及后世产生了无法消泯的影响。应该说，姜书阁先生对其作品风格之主导方面的一般概括是相当中肯的，但若由此而认为他与辛弃疾不分轩轾，在词史上居有同样重要的地位，则恐为过情之誉。究实说来，陈亮词作既不如辛弃疾之丰富，其作品的总体成就也确乎较辛词逊色得多，但却无愧为南宋“爱国词”之阵营中一位不能忽视的重要人物。“在南宋前期……无疑应以代表民族正气的辛弃疾爱国词派为主流。辛弃疾爱国词派，阵容

① 《陈亮龙川词笺注序》。

甚壮，贯穿于整个南宋时期。它上承苏轼，南宋初一些'中兴名臣'为之前驱，陆游、陈亮等爱国志士为之羽翼，之后犹不乏有力的后继者。它的余波，直至宋末未歇。有了辛弃疾词派，南宋词坛才从宣和以来的袅袅余音中转向了'虎虎有生气'的局面。"①以此作为陈亮在文学史上之地位的一般衡定，恐怕更为平实而恰当。

① 吴熊和《唐宋词通论》236页。

第八章　陈亮思想的历史来源

全祖望认为陈亮之学无所承接，若从直接的师承关系而言，这一观点是正确的，陈亮确乎未曾师事当代的某一硕儒大师，其学说在很大程度上有得于其本人的勤学钻研。但如果"无所承接"不是指直接的师从关系而是指其学说的历史渊源，则此说深恐未安。清代甬上诸儒，如黄宗羲、万斯同、全祖望等，既特长于经史之学，又特重视学统，必欲阐明学术之宗分合会，学派之渊源流变，故黄宗羲有《明儒学案》之巨著，有《宋元学案》之未完稿，万斯同有《儒林宗派》，全祖望则萃力于《宋元学案》的修定。以师从关系为线索来纂修某一学案，是《明儒》、《宋元》二学案的基本构思，故全氏之说，当指陈亮的师承关系而言。然味全氏之语，有以陈亮学无师承而寓贬抑之意，盖其重视学统之观念有以致之；然此说既出，后之研究者遂往往深信之，以为陈亮之学无有来历，根底浅薄，则恐未免于"谬以千里"。

就其渊源而言，陈亮之学绝非无所承接，而是正植根于传统文化的深厚土壤，其思想的主要方面都是渊源有自的。这种渊源首先存于儒家经典及先秦两汉诸家学说。譬如作为其政治立场之核心观念的“尊王攘夷”便是《春秋》今文学的基本观念；建皇极，立大中，君主秉枢执要，君臣相与一体，则为《尚书》所表述的主要思想；究古今时势之变，极人事以达时措之宜，开物成务，成顺致利，以及三才不相离异之说，不仅源于《易经》，且也兼摄司马迁与扬雄之论；其论人性之不以善恶实又兼带善恶，反对以动机作为价值判断的依据，则启迪于《礼记》，而又统合了孟、荀之说；其拒斥形而上学，主张力行，倡导在经验实践中实现知识的实际效用，甚至其事功思想，在精神上实与孔孟之说有直接联系。孔孟栖栖遑遑，周游列国，说于诸侯之庭，正欲使其学说施行于天下，故孔子罕言天道、人性，而多为政之论。如论《诗》云：“诵《诗》三百，授之以政，不达；使于四方，不能专对；虽多亦奚以为？”[①]是学《诗》之目的在于达政，即知识须致其实用。孔子云：“不义而富且贵，于我如浮云。”然若“义而富且贵”，便恐怕不是“浮云”，故又云：“富而可求也，虽执鞭之士，吾亦为之。如不可求，从吾所好。”[②]可见孔子也并非全然不要富贵，而只是认为富贵不可强求，必以道义为之前提，故在理论上，他以“义”为“利”的一种内在制约。孟子有一著名论断：“可欲之为善。”[③]而在陈亮看来，道义之善以及本于自然人性之自然需要的物质利益，均是“可欲”的对象，故其论道德与功利之统一，乃以“公”为这种统一的

① 《论语·子路》。
② 《论语·述而》。
③ 《孟子·尽心下》。

基点;以公天下之心而实现全社会之普遍功利,是仁,是义,是天下人心之根本"可欲",故也是根本之善。陈亮认为"《论语》一书无非下学之事",孟子为能通《春秋》之用,又一再强调孔孟之说绝非迂阔而不切事情,这至少可以表明他是自以为坚持了孔孟之说的。

陈亮思想之历史来源的另一重要方面是隋代王通的《中说》。《中说》在陈亮思想的形成与发展中起过极为重要的作用,这是本章研究的一个重点。

再次,北宋自"宋初三先生"以下直至程颐的学说,陈亮也多有吸取。阐明陈亮思想与北宋诸子之学的某种关系,是本章研究的另一重点。

先秦诸子、儒家经典与两汉史学对于陈亮的影响以及陈学与同时的南宋诸儒之学之间的相互影响,前此诸章或已有涉及,或已作简单提示,为避繁琐,兹处不赘。

第一节　陈亮对王通之学的继承

王通(580～617),字仲淹,隋河东郡龙门县(在今山西省万荣县)人;卒后门人私谥为文中子。王通出身于儒学世家,有深厚的家学渊源。少有"四方之志",尝四处游学,用志精覃,以至"不解衣者六岁,其精志如此"。隋文帝仁寿三年(603),王通"慨然有济苍生之心",西游长安,见文帝,奏《太平十二策》,"尊王道,推霸略,稽今验古,恢恢乎运天下于指掌矣。"文帝大悦,下其议于公卿,而公卿不悦,卒未见用。此后王通遂退休于家,精研儒学经典,尤深感于后世王道之不行,乃发愤著书,为《续六经》,所谓"道之不行,欲安之乎？退志其道而已。乃续《诗》、《书》，正《礼》、《乐》，修《元经》，赞《易》道，九年而六经大就。”[①]《续六经》既成之后，王通遂广聚学徒，肆力讲学。河、汾之间，一时为礼乐之地，王通遂有“王孔子”之号。王通之弟王绩《游北山赋》云：“白牛溪里，峰峦四峙。信兹山之宜域，昔吾兄之所止。许由避地，张超成市。察俗删诗，依经正史。康成负笈而相继，根矩抠衣而未已。组带青衿，锵锵拟拟；阶庭礼乐，生徒杞梓；山似尼丘，泉凝洙泗。”其自注云：“吾兄通，字仲淹，生于隋末，守道不仕。大业中隐居此溪，续孔氏六经近百余卷，门人弟子相趋成市。故溪今号王孔子之溪也。”[②]在王通的门人弟子之中，有不少是唐初的名臣巨卿，如薛收、温彦博、杜淹等，然《中说》以房玄龄、魏征、李靖、王珪、陈叔达等等也为王通门徒，则不可尽信。《隋书》、两《唐书》均未为王通立传，尤其《隋书》乃出魏征等人之手，而诸名臣也未提及王通姓名，后人遂以此怀疑《中说》为伪书。司马光曾作《文中子补传》，云：“其（《中说》）所称朋友门人皆隋唐之际将相名臣，如苏威、杨素、贺若弼、李德林、李靖、窦威、房玄龄、杜如晦、王珪、魏征、陈叔达、薛收之徒，考诸旧史，无一人语及通名者。《隋史》，唐初为也，未尝载其名于儒林、隐逸之间，岂诸公皆忘师弃旧之人乎？何独其家以为名世之圣人，而外人皆莫之知也？”又以为“唐世文学之士传道其书者盖寡，独李翱以比《太公

① 以上所引见《文中子中说》卷十《文中子世家》。其有关真伪问题的考辨可参尹协理、魏明著《王通论》，中国社会科学出版社 1984 年版。

② 《文苑英华》卷九十七。

家教》,及司空图、皮日休始重之”,宋兴,因得柳开等人的提倡,“遂大行于世”,故“余读其书,想其为人,诚好学笃行之儒者也。其自任太重,其子弟誉之太过,更使后之人莫之敢信也”①。司马光关于王通与《中说》的观点是很具有代表性的,然房玄龄、魏征等人也并非与王通全无关系,而确曾有过交往,②故陈亮也仍然确信“其后攀龙附凤以翼成(唐)三百载之基业者,大略尝往来河汾矣”。对于诸公之未及王通姓名,陈亮认为是其交往时间未久,“师友之义未成”:“虽(诸公)受经未必尽如所传,而讲论不可谓无也。然智不足以尽知其道,而师友之义未成,故朝论有所不及。不然,诸公岂遂忘其师者哉!”③又云:“以余观之,魏征、杜淹之于文中子,盖尝有师友之义矣;如房(玄龄)、杜(如晦),直往来耳。”④然陈亮又认为,唐初诸公是否言及王通并不重要,“仲淹之学如日星炳然”,⑤“夫文中子之道,岂待诸公而后重哉!”⑥

王通的《续六经》至唐末即已散佚不存。《中说》一书,则全依仿《论语》体例,盖其门弟子记其平时言论之作。宋时流行的《中说》主要有两种版本,一为阮逸刊行本(一直

① 《文中子补传》,见宋邵博《闻见后录》卷四,四库全书本。邵博则因唐刘禹锡有“在隋朝诸儒惟王通能王道,隐白牛谷,游其门者皆天下俊杰”之说,而相信“苏威公等实其朋友门人无疑,非子弟誉之太过无疑”。

② 可参《王通论》第1章。

③ 《陈亮集》卷二十三《类次文中子引》。

④ 《陈亮集》卷二十三《书文中子附录后》。

⑤ 《陈亮集》卷二十三《书类次文中子后》。

⑥ 《陈亮集》卷二十三《书文中子附录后》。

流传至今),一为龚鼎臣刊行本,两本内容盖多有出入。陈亮在淳熙初的数年中曾耗费很大精力于《中说》的研究,参稽阮、龚二本,按内容分类,重新编次,成《类次文中子》十六篇。其序云:“昔者孔氏之遗言,盖集而为《论语》,其一多论学,其二多论政,其三多论礼乐。自记载之书,未尝不以类相从也。此书类次无条目,故读者多厌倦。余以暇日参取阮氏、龚氏本,正其本文,以类相从,次为十六篇。其无条目可入与凡可略者,往往不录,以为王氏正书。”①又以《文中子世家》(阮本作杜淹撰,不可信)、《录唐太宗与房魏论礼乐事》、《录关子明事》(均载阮本卷十)三篇为《文中子附录》。陈亮所定为“王氏正书”的《类次文中子》一书是否刊行,今实难为确定,但从其序引、书后、书附录后三篇所述情况来看,其付梓的可能性较大,而其时间则应在淳熙九年以前,因为是年朱熹与陈亮书中曾提及“所定《文中子》,千万携来”②。惜其书不存,无由详考,唯付阙如而已。

陈亮之为《类次文中子》,定之为“王氏正书”,绝非出于古籍研究的兴趣,而是怀抱着这样一种基本目的,即欲以匡救其心目中的当代学风之偏失。在他看来,王通虽不用于时却不坠其志,虽身处草昧而心存天下,故程颐“隐德君子”之评“犹未为尽仲淹者”,“仲淹岂隐者哉!”③其穷研六经,参稽时变,得帝王之至道,言王霸之盛业,明三才

① 《陈亮集》卷二十三《类次文中子引》。

② 《朱文公文集》卷三十六《答陈同甫》第一书。

③ 《陈亮集》卷二十三《类次文中子引》。程颐之评见《程氏遗书》卷十八,又《陈亮集》卷十九云:“文中子本是一隐君子……其间极有格言,荀、扬道不到处。”

之去就，发愤而为《续六经》，正体现了周公、孔子以天下为己任的根本精神，故谓“《续经》之作，孔氏之志也，世胡足以知之哉！”[①]当时得“河汾道统”诸公，羽翼李渊父子而开有唐三百年之基业，正为王通之学深切而著明，切实而适用的历史证明，而当世学者，鹜趋于玄远的性命之理，空言道德，敝弃事功，不究时变，不重人事，虽云继孔孟之学，而实际上却是对孔孟之学的曲解与支离，而以开物成务为旨趣的王通之学，正可挽救此种空疏之弊。陈亮云：

> 自周室之东，诸侯散而不一，大抵用智于寻常，争利于毫末，其事微浅而不足论。齐威一正天下之功大矣，而功利之习，君子羞道焉。及周道既穷，吴越乃始称伯于中国。《春秋》天子之事，圣人盖有不得已焉者。战国之祸惨矣，保民之论，反本之策，君民轻重之分，仁义爵禄之辨，岂其乐与圣人异哉！此孟子所以通《春秋》之用者也。故事半古之人，功必倍之。孟子固知夫事变之极，仁义之骤用而见效之易必也，纲纪之略备而民心之易安也。汉高帝之宽简，而人纪赖以再立；魏武之机巧，而天地为之分裂者十数世。此其用具之《春秋》，著之《孟子》，而世之君子不能通之耳。故夫功用之浅深，三才之去就，变故之相生，理数之相乘，其事有不可不载，其变有不可不备者，往往汨于记注之书。天地之经，纷纷然不可以复正，文中子始正之。《续经》之作，

① 《陈亮集》卷二十三《类次文中子引》。

孔氏之志也,世胡足以知之哉![1]

按照陈亮的理解,自平王东迁以后,周室衰微,诸侯迭起而争利于毫末,虽其事微浅,然已明周之所谓王道已不合于时势之变。齐桓公一正天下,厥功甚伟,虽其功利之习为君子所羞道,然其卒致富强,终能于衰周之末世而别开生面。故及周道既穷,虽居天地之偏方的吴越也以能因袭其道而至于称霸中国。至战国之时,诸侯尤趋于唯利之争而民生不保,故孟子仁政王道之说,乃为惩时弊而发,是"所以通《春秋》之用者也",原其学说之旨,实在于求切于当世之实用。因此,孔子述《春秋》而备帝王之道,孟子倡仁政而求仁义之骤用,皆在于惩时势之弊而为人道立极,而绝非迂阔不切于事情。汉之有天下,其法令宽简,与民更始,人纪赖以再立,虽其不言王道,而其精神则与孔孟之旨无异。然其间天人相与之理、王霸变通之道,在陈亮看来,孟子以后能究而得之者唯王通一人,故唯王通为能承孔孟之志而正天地之大经。

由此不仅可见陈亮对王通有崇高的评价,而且也表明他是以重振王通之学为己志的,而其基本的学术精神也确乎可与王通相接。阮逸曾解释《中说》之名义云:

大哉!中之为义。在《易》为二五,在《春秋》为权衡,在《书》为皇极,在《礼》为中庸。谓乎无形,非中也;谓乎有象,非中也。上不荡于虚无,下不局于器用,惟变所适,惟义所在,此中之

① 《陈亮集》卷二十三《类次文中子引》。

大略也。《中说》者，如是而已。[1]

如果论道而不荡于虚无，言用而不局于器数，不拘成理，不法故常，惟变所适，惟义所在，期于开物成务，顺致天下之利乃为《中说》的基本精神，那么显而易见，它同样为陈亮屡为阐明的思想之核心。

王通是陈亮为自己所树立的学术偶像，而他于王通之学的继承则是多方面的，几乎其所有重要的基本观念都可在《中说》中找到某种理论原型。现为摭取其主要方面而分述于下。

1. 重王道。这是王通之政治思想的核心。诚如陈亮所说，王通并不是一个"不事王侯，高尚其事"的"隐君子"，而是"在山泽而有廊庙之志"[2]，常以"王道从何而兴"为忧的。[3] 其穷研《六经》，服勤九载，而知"天人之事，帝王之道，昭昭乎！"自云："如有用我者，吾其为周公所为乎！"[4]然又认为两汉以下，述作纷纷，而王道反为暗昧，"吾视（司马）迁、（班）固而下，述作何其纷纷乎！帝王之道，其暗而不明乎！天人之意，其否而不交乎！制理者参而不一乎！陈事者乱而无绪乎！"[5]"史之失，自迁、固始也，记繁而志寡；《春秋》之失，自（刘）歆、（刘）向始也，弃经而任传。"[6]故其《续六

① 《文中子说序》。
② 《中说·礼乐篇》。
③ 《中说·王道篇》。
④ 《中说·天地篇》。
⑤ 《中说·王道篇》。
⑥ 《中说·天地篇》。

经》乃以《元经》置首，方之《春秋》，以明帝王之道。尝述《春秋》、《元经》旨趣之异同云：

> 《春秋》、《元经》于王道，是轻重之权衡，曲直之绳墨也，失则无所取衷矣。①
>
> 《春秋》，一国之书也，其以天下有国，而王室不尊乎！故约诸侯以尊王政，以明天命之未改，此《春秋》之事也。《元经》，天下之书也，其以无定国而帝位不明乎！征天命以正帝位，以明神器之有归，此《元经》之事也。②
>
> 《春秋》，其以天道终乎！故止于获麟；《元经》，其以人事终乎！故止于陈亡。于是乎天人备矣。③

可以显见，明帝王之道是王通的毕生大志，也是其续经之作，尤其是《元经》的根本旨趣。《元经》之纪事，始于西晋太熙（290），终于陈亡（589），正以三百年间王道不作，天下无定国而帝位不明，故云"《春秋》作而典诰绝矣，《元经》兴而帝制亡矣"④。其以《春秋》笔法而褒贬历史，乃欲"征天命以正帝位"，"阐明天命人心之所攸归"。但王通的突出精神实在于不以人事付诸天命，而以天命制于人事，断言"命之所立，其称人事乎！"人事修则天命以从，人事败则天命以去，

① 《中说・事君篇》。
② 《中说・魏相篇》。
③ 《中说・述史篇》。
④ 《中说・问易篇》。

是治乱兴衰，道之存亡，皆本诸人。故云：

> 人能弘道，苟得其行，如反掌尔。昔舜禹继轨而天下朴，夏桀承之而天下诈，成汤放桀而天下平，殷纣承之而天下陂；文、武治而幽、厉散，文、景宁而桓、灵失。斯则治乱相易，浇淳有由，兴衰资乎人，得失在乎教。①

既重王道，又重人事，又以人事为天命之向背、天下之治乱的依据，这一观念遂使王通在尊崇三王五帝的同时又以“时变”的观点去考察历史，从而否定三代政治必为后世所不可企及。“薛收曰：‘帝制其出王道乎？’子曰：‘不能出也。后之帝者，非昔之帝也，其杂百王之道，而取帝名乎！其心正，其迹谲，其乘秦之弊，不得已而称之乎！是以富人则可，典礼则未。’薛收曰：‘纯懿遂亡乎？’子曰：‘人能弘道，焉知来者之不如昔也！’”②在他看来，唐虞三代固然纯懿乎王道，但世代遥远，时势转移，未必能尽为后世之法，尝云：“唐虞之道直以大，故以揖让终焉；必也有圣人承之，何必定法！其道甚阔，不可格于后。夏商之道直以简，故以放弑终焉；必也有圣人扶之，何必在我？其道亦旷，不可制于下。”③唐虞以禅让而终，夏商以放弑而终，是其为法不能无异。这就意味着王道自有其特定的历史内容，只要有“圣人”出而承之

---

① 《中说·立命篇》。
② 《中说·问易篇》。按，此实指两汉而言。“出”，当作“超出”解。
③ 《中说·天地篇》。

扶之，王道即为不坠。故两汉之所谓帝者，虽非三代之所谓帝，其所立之制也未若三代之纯，但不能视之为历史的衰退，而充其量只是意味着后世之人事未能臻于三代之纯懿。“人能弘道，焉知来者之不如昔也！”故三代之纯懿也并非后世所必不可企及。另一方面，两汉之帝制并未超出王道之外，而是“杂百王之道而取帝名”，则两汉帝制实为王道之变通，其实质仍为王道之继续而非其反动，唯有所谓天命人事之变参乎其间而已。由此可见，王通之重王道，不仅未尝脱离社会历史之演变的实迹，而且恰恰是以这种实迹为依据，并以主导这种实迹之演变的人事为核心的。故其重王道的实质，最终便归结为重人事，即强调“人能弘道。”

显然，陈亮没有接过王通重王道的理论形式，但实际上却接过了其重王道的本质精神。首先，陈亮学说所围绕的主题就是现实政治的根本出路，它是以政治清明，国家统一，经济繁荣，人民富足为根本指向的，其屡次上书的目的即在“欲为社稷开数百年之基”，这一行为自然使我们联想到王通于仁寿三年的上《太平十二策》，而两者的目的实也并无异致。其次，王通虽重视王道，但未尝将三代政治悬为绝对标准，而是充分注意到了王道之内容的历史变迁，这一思想实完全由陈亮所继承。他同样虽不否定三代可为理想的政治典范，却断然否定后世必不如三代的流行观念。在他看来，帝王之制度固然大备于成周，但因通变之理俱在，故后世依然可因时之宜而为变通之道，致其盛世之业。通变是时势之必然，而不是违异，故如两汉及唐代，虽以霸王之道杂之，也未如三代之纯粹懿德，但原其实质仍与王道无异；历史正因此而有阶段性差异，也因此而有整体过程的统一性。在陈亮的具体论述中，这一思想便体现为对于两汉是三代统绪之继续这一观点的坚持。再次，也是更为重要的，是陈亮继承并发展了王通之重人事的精神。究心于天运人事流行参错之处是陈亮之学的一个显著特点，他因此而强调人对于道的积极实践与干预，并认为在非主体性所能干预的境域中，道的绝对存在没有意义。因此，“道之存亡非人所能预”在他看来是荒谬的，道与人的世界的必然性联结已然决定了它必受主体性的干预，因此恰恰是人的行为主导着道之实存的现行样式。王通所谓“人能弘道”(也是孔子语)，“命之所立，其称人事乎”，正可视为陈亮之说的理论原型，而重人事实为其思想的根本契合处。但是在王通那里，重人事即所以重王道，因为王道是为人事所开辟的；而在陈亮那里，重人事之本身便是目的，因为世界是以人为运行轴心的。因此之故，他并不像王通那样强调以王道为理想，而只是强调人事对现实世界的积极干预以促进其实际改善；为此目的，他甚至要求将王霸问题搁置起来。此又为陈亮与王通之稍异处。

王通在其重王道的基本思想中，还充分突出了“内中国而外诸夏，内诸夏而外夷狄”这一早为《公羊春秋》所阐明的观念。“董常曰：‘大哉中国！五帝三王所自立也，衣冠礼义所自出也，故圣贤景慕焉。中国有一，圣贤明之；中国有并，圣贤除之邪！’子曰：‘噫！非中国不敢以训！’”[①]故“《元经》抗帝而尊中国，其以天命之所归乎！”[②]但与此同时，中国之所以贵，贵在其得道，得道则必要以人事扶之；人事

① 《中说·述史篇》。
② 《中说·魏相篇》。

不至，中国失道，则无贵之可言。如六朝时，“江东，中国之旧也，衣冠礼乐之所就也，永嘉之后，江东贵焉；而卒不贵，无人也。”①然“中国失道，四夷知之”②，就天下而言，实唯人事有失，而道则不亡，故又有“天命不于常，惟归乃有德，戎狄之德，黎民怀之，三才其舍诸”③之说。我们曾确认“尊王攘夷”是陈亮政治思想中的一个重要观念，而其上孝宗诸书及其他文章中关于“中国”的论述，实际上正以王通之说为其蓝本，尽管今文《春秋》乃为其共同的思想渊源。

2. 辨三才。王通之重王道的政治观念在理论上的具体展开便是“明三才之去就”，而三才之辨反过来又成为其所以尊王道、重人事的根本理由。其早年上《太平十二策》，即以阐明三才去就之理为中心内容。《中说》载：“董常曰：‘子之《十二策》，奚禀也？’子曰：‘有天道焉，有地道焉，有人道焉，此其禀也。’董常曰：‘噫！三极之道，禀之而行，不亦焕乎！’子曰：‘《十二策》若行于时，则《六经》不续矣。’”④可以显见，三才思想在王通那里实占据着极为重要的地位，是其早年《十二策》所阐明的核心，也是其《续六经》所要表达的根本思想，因此是贯穿于其全部思想之始终的。其论三才云：

气为上，形为下，识都其中，而三才备矣。气

① 《中说·述史篇》。
② 《中说·关朗篇》。
③ 《中说·王道篇》。
④ 《中说·述史篇》。

为鬼，其天乎！识为神，其人乎！吾得之理性焉。①

三才不相离也，措之事业则有主焉……（薛）收曰："敢问三才之蕴。"子曰："至哉乎问！夫天者，统元气焉，非止荡荡苍苍之谓也；地者，统元形焉，非止山川丘陵之谓也；人者，统元识焉，非止圆首方足之谓也。乾坤之蕴，汝思之乎？"②

薛收问一卦六爻之义。子曰："卦也者，著天下之时也；爻也者，效天下之动也。趋时有六动焉，吉凶悔吝所以不同也。"收曰："敢问六爻之义。"子曰："六者非他也，三才之道，谁能过乎！"③

按照这里的阐释，天统元气，地统元形，是以气化流行，风雨露雷而有常；四时代序，庶物滋生而有则；然必要有居于天地之中的人方能得此自然世界的"理性"，故"以统元识"者属乎人，是为神。人居天地之中而有识，故能尽乾坤之蕴；其在六爻则居二五之位，故能尽变化之道；是以趋时效动，经天纬地，皆人事之为，故"神而明之，存乎其人；苟非其人，道不虚行"④。三才不相乖离，只有三才的和谐统一才构成世界之整全，而这一整全的统一体又必以人为其中心。

在陈亮那里，三才不相离异且统一于人道的思想是支持

---

① 《中说·立命篇》。
② 《中说·立命篇》。
③ 《中说·述史篇》。
④ 《中说·天地篇》。

其道的观念的理论基础，同时也是其强调人对于世界之实践精神的理论依据；当它运用于历史研究的时候，则成为诠释历史之现实变动的基本框架。它在陈亮思想之整体构成中的重要性是不言而喻的。而从上引王通之说可以明显地看出，陈亮关于三才观念的基本表述全本于王通，甚至有些语句都十分接近。然陈亮不仅强调三才不相乖离，而且认为三才之互动关系即是天人之际，其构成的特定状态即是历史现实的基本结构，即是道之实存的当前境域，则虽有启于王通，更是对王通之说的发展。

3. 尊两汉。王通极推崇两汉之制，但其尊两汉的目的，却与朱熹的理解全相悖反。在王通那里，两汉之制是其王道理想在现实的社会历史之中所能找到的既切近而又可究详的较为理想的典范，故尊两汉即是尊王道，而绝非如朱熹所说的是尊其功利霸业。王通既认为王道有其具体的历史内容，确认两汉之制在本质上无异于三王之道，故其《续书》乃以汉高祖为始。而在两汉诸帝中，尤推尊所谓“七制之主”，即高祖、文帝、武帝、宣帝、光武、明帝、章帝。其论两汉之制及“七制之主”云：

> 薛收曰：“敢问《续书》之始于汉，何也？”子曰：“六国之弊，亡秦之酷，吾不忍闻也，又焉取皇纲乎？汉之统天下也，其除残秽，与民更始，而兴其视听乎！”①
>
> 二帝三王，吾不得而见也，舍两汉将安之乎？大

① 《中说·王道篇》。

哉，七制之主！其以仁义公恕统天下乎！其役简，其刑清，君子乐其道，小人怀其生，四百年间，天下无二志，其有以结人心乎！终之以礼乐，则三王之举也。①

贾琼问："太平可致乎？"子曰："五常之典，三王之诰，两汉之制，粲然可见矣。"②

七制之主，道斯盛矣！薛收曰："何为其然？"子曰："呜呼！惟明王能受训。"收曰："无制而有训，何谓也？"子曰："其先帝之制未亡乎！大臣之命尚正乎！无制而有训，天下其无大过矣，否则苍生不无大忧焉。"③

杜淹问七制之主，子曰："有大功也。"④

不以三代之法统天下，终危邦也。如不得已，其两汉之制乎！不以两汉之制辅天下者，诚乱也已！⑤

显然，王通之所以尊两汉之制，是由于它能除暴秦之残秽而与民更始，本于仁义公恕以统天下，简其力役，清其刑罚，大有功于天下之民，故虽不如三代之纯懿，却庶几能使王道行于天下，故仍足堪为后世之法。

非常明显，陈亮所坚持的汉唐之制为能继三代之统绪，汉

① 《中说·天地篇》。
② 《中说·问易篇》。
③ 《中说·礼乐篇》。
④ 《中说·述史篇》。
⑤ 《中说·关朗篇》。

唐诸君能以公天下之心而为天下之事等等观点及其所陈述的基本理由，皆原本于王通。故朱熹认为陈亮之意“不过推尊汉唐以为与三代不异，贬抑三代以为与汉唐不殊”①。在他看来，汉唐之制即使有可取之处，也不过只偶合于天理而已，原其根本，却是一无是处。然朱熹也深知陈亮之说源出王通，因此他一方面认为王通之学自有其独到之处，荀卿、扬雄皆不敢望其项背，更超出韩愈多多，其“论治体处，高似仲舒”，又能“以天下为心”，“缘它于事上讲究得精，故于世变兴亡，人情物态，更革沿袭，施为作用，先后次第，都晓得，识得个仁义礼乐都有用处。若用于世，必有可观。只可惜不曾向上透一著，于大体处有所欠阙。”②但另一方面，他对其推尊两汉却竭力加以否定：

问文中子之学，曰：“它有个意思，以为尧舜三代也只与后世一般，也只是偶然做得著。”问：“它《续诗》、《续书》，意只如此。”因举答贾琮数处说，曰：“近日陈同父便是这般说话。他便忌程先生说‘帝王以道治天下，后世只是以智力把持天下’，正缘这话说得它病处，它便忌。”

渠（王通）识见不远，却要把两汉事与三代比隆。近来此等说话极胜，须是于天理人欲处分别得明。

（王通）二帝三王却不去学，却要学两汉，此是

① 《朱文公文集》卷三十六《与陈同甫》第八书。

② 《朱子语类》卷一百三十七。

他乱道处。亦要作一篇文字说这意思。①

朱熹并不全然否定王通之学，而只是特不满意于其尊两汉之说。在他看来，以王道而属诸两汉，便玷污了王道的纯洁与崇高；尊两汉便是尊杂霸，因为两汉充其量也只是“偶然做得著”，本质上却与王道无涉。因此他又认为王通“言论大纲杂霸，凡事都要硬做”，“都不消(晓)得从正心诚意做出”，“都是自为张本，做杂霸搆基。”②这些论说正与反驳陈亮之说时一般无二，这就表明，朱熹之竭力非难王通之尊两汉，实有激于陈亮对它的提倡，正缘“近来此等说话极胜”，“浙间英迈之士皆宗之”③，才造成了“家家谈王霸”，“只说文中子，不说孔孟”的局面。

然王通之尊两汉，实有其理论本身的充分理由。朱熹谓王通之所谓“七制之主”，“亦不知其何故以‘七制’名之。此必因其《续书》中曾采七君事迹以为书，而名之曰‘七制。’”④此说并不正确。实际上，王通对其所谓“制”曾有非常清楚的说明：“帝者之制，恢恢乎其无所不容。其有大制，制天下而不割乎！其上湛然，其下恬然。天下之危，与天下安之；天下之失，与天下正之。千变万化，吾常守中焉，其卓然不可动乎！其感而无不通乎！此之谓帝制矣。”⑤故所谓“制”，乃“帝者之制”，而能为之制者，必有得于天命人心，而以仁义

① 《朱子语类》卷一百三十七。
② 《朱子语类》卷一百三十七。
③ 《朱子语类》卷一百三十七。
④ 《朱子语类》卷一百三十七。
⑤ 《中说·周公篇》。

公恕行于天下;“制天下而不割”,“恢恢乎其无所不容”,正为王通衡量一时代之政治的根本标准。在他看来,两汉有七位君主是能合乎这一标准的,故谓之“七制之主”,这也是两汉之所以为可尊的理由。此说同样对陈亮有很大影响,他特别称赞的汉高祖、文帝、光武帝、明帝、章帝,皆在“七制”之列。《汉论》开卷即论“七制”,仍坚持王通之说,认为“考论人物,要当循其世变而观之,不可以一律例也。评后世之人物,一绳以帝王之盛德,则自秦汉以下殆无全人矣”。此盖有感于朱熹对汉唐诸君的评论而发。但陈亮又认为“七制之主”虽有大功却不足于德:“乃若高皇之学,固于德不据焉。武帝之伪,宣帝之刻,光武、明帝之察察,皆于德不足焉。惟文帝、章帝之宽,仅足以言德,而一则不能容手足之爱,一则不能禁奸巨之横,无乃功有余而德不足邪!”[①]是可明陈亮之尊两汉,前后态度实稍有变异,故《汉论》之所论列,多有就立心之本而予褒贬的议论。

4. 明通变。王通又特别重视通变之道,是为其重人事之思想的理论展开,因为只有“统元识”的人才能趋时乘势,于天下事物化而裁之,变而通之,才能致人事之极而开拓出王道的圣业。“薛收问易,子曰:‘天地之中非他也,人也。’收退而叹曰:‘乃今知人事修,天地之理得矣!’”[②]正可见人事之修,天地之理得,须以明通变之理为其前提。而通变的目的既在于明事物之故以得天地之理,则变通即所以为道,故

① 《陈亮集》卷十七《汉论・七制》。
② 《中说・魏相篇》。

王通云:“通变之谓道,执方之谓器。”[①]按他的理解,道是广大悉备而又不游离于事物的,“道甚大,物不废,高逝独往,中权契化,自作天命乎!”只有“得天下之道”,才能“成天下之务”[②],这就要求须达通事物的所以然之故,究明天命之所在,然后施以变化之道,而均调天地,实现对三才关系的合理调整。一时代之政治的昌明,既不可能得之于因循蹈常而无所变革,更不可能在这种因循蹈常之中垂之久远,是所谓“天人相与之际,甚可畏也!”[③]因此王通强调,“达制命之道”,必“得变化之心”[④];“畏天悯人”,须“思及时而动”[⑤]。“通其变,天下无弊法;执其方,天下无善教;故曰存乎其人。”[⑥]正因趋时效动为人道之极则,而天下之泰否皆存乎其人,故“非君子不可与语变”;故其赞《易》而至于《革》,“叹曰:可矣,其孰能为此哉!”[⑦]

王通关于道的观念无疑对陈亮有所启发,而其明通变的思想则为陈亮所充分继承。力主于“祖宗家法”有所损益变通以切于当前的实际需要,是陈亮一系列政治改革措施所围绕的基本思想。而在理论上,他所阐明的也同样是通变即所以为道。随事移世变,道的具体内容便有历史性差异,故尽人事以达时势之变,便成为得天下之至道的根本途径,道因

① 《中说·周公篇》。
② 《中说·问易篇》。
③ 《中说·述史篇》。
④ 《中说·问易篇》。
⑤ 《中说·周公篇》。
⑥ 《中说·周公篇》。
⑦ 《中说·述史篇》。

通变而不坠，也因通变而昌明。唯人为能尽事物之变，故道之存亡必存乎人。这些观念的表述在总体上仍未超出王通，然王通以通变为权宜，又以权宜为所以立皇极，谓"《元经》有变也，所行有适，于是乎见权，权义举而皇极立矣"①。则为陈亮所不取。在陈亮那里，通变不是权宜，而是基于必然性之洞达的根本举措，因此可以谓通变即所以立皇极，却不可谓"权义举而皇极立"。故陈亮之强调通变的思想虽多得于王通，但实际上却又比王通贯彻得更为彻底。

5. 经即史说。王通恐怕是具有经即是史之观念的第一人。《中说·王道篇》载：

> 子谓薛收曰："昔圣人述史三焉。其述《书》也，帝王之制备矣，故索焉而皆获；其述《诗》也，兴衰之由显，故究焉而皆得；其述《春秋》也，邪正之迹明，故考焉而皆当。此三者，同出于史而不可杂也，故圣人分焉。"

此明确以《书》、《诗》、《春秋》为圣人所述之史，虽于《六经》而仅举其三，然经即是史的观念实已甚为明确。王通认为经制至周公而大备，故述作至孔子而得大明："吾视千载已上，圣人在上者，未有若周公焉。其道则一，而经制大备，后之为政，有所持循。吾视千载而下，未有若仲尼焉，其道则一，而述作大明，后之修文者，有所折中矣。"②这一观点是

① 《中说·魏相篇》。
② 《中说·天地篇》。

极为重要的，它是经即史说所从建立的基础，故不仅是陈亮，且至于清代中叶确断“《六经》皆史也”的章学诚，皆主此说。[①] 经制既大备于周公，则周公便集先王治法之大成，而孔子之述《诗》、《书》，定《礼》、《乐》，作《春秋》，则是对周公经纶制作的记述，故六经皆先王之政典，是特定历史时代的政治制度与施政纲领，它由于体现了先王的政治法度与道德教化而成为道的载体，此既使后世之政治有所持循，又可藉以考见先王达天下之至治的盛业，因此六经的本质乃是历史的。王通虽仅指明《诗》、《书》、《春秋》为三史，但其观念中确然以六经为政典，以为可考见治乱盛衰之由，即视之与史著同功。其所以为《续六经》，即由于他认为自司马迁、班固以下史家失职，“国史不明变”[②]，使记繁而志寡，王道暗昧而不明，故云：“王道之驳久矣，《礼》、《乐》可以不正乎？大义之芜甚矣，《诗》、《书》可以不续乎？”[③]“(晋)殇之后，帝制绝矣，《元经》何以不兴乎？”[④]

陈亮关于六经的观念我们曾在第三章作过较详细的讨论，从中可以显见，其基本观点完全与王通相一致，但论述更为充分，表述更为明确。在他那里，六经与诸史同功，均为考见天运人事之参错流行的源泉。因此我们确认，陈亮虽未提出“六经皆史”的命题，但在王通思想的启导之下，他确乎已有六经皆史的观念。否认这一点，则陈

① 章学诚之说可参《文史通义·内篇·原道》等。

② 《中说·礼乐篇》。

③ 《中说·天地篇》。

④ 《中说·问易篇》。

亮的社会历史思想便难以得到恰当的理解。

叶适也有经即史的观念，[①]同时也推崇王通，故朱熹认为“永嘉诸子多喜文中子”[②]；吕祖谦则倡导读经与读史并重。吕、陈、叶三者学术关系最为密切，其观点盖多有相互启发之处。陈、叶皆尊王通，皆重事变，皆主事功，其有共同的经即史的观念也并不奇怪。因此，似乎断定这样一点是没有失误的，即“六经皆史”之说大体导源于王通，在尊王通之学的南宋浙学之代表人物那里获得进一步发展，因浙学的影响而及于后世，至章学诚则总结前人之说而予以确认，并作系统阐释。重视历史研究为浙学之传统，故陈、叶之后，有此观念的也多为浙人，如王应麟、王阳明、胡应麟、章学诚等。但就章学诚之说而言，我们认为，恐怕受陈亮影响的成分更浓厚一些，因为章氏的历史观念全在深化阐述司马迁的“究天人之际，通古今之变，成一家之言”这一主题；其“六经皆史”所从导出的哲学前提是“道因器而见”；其直接前提是“六经皆先王之政典”，是特定之“时会”的产物，为圣人“即器以存道”之实。原其论述，实与陈亮之说多有契合。

上述五个方面实际上也为王通思想的主要构成，它们对陈亮的影响都是非常明显的。此外，王通的某些具体观点也在陈亮那里有所体现，如特别表现于《廷对》及《汉论》某些篇章中的以正人心为急先务的思想，则《中说·事君篇》云：

① 参周梦江《叶适与永嘉学派》252～254页，然谓之“最早”，则恐未也。

② 《朱子语类》卷一百二十三。

“房玄龄问事君之道，子曰：‘无私。’问使人之道，曰：‘无偏。’曰：‘敢问化人之道。’子曰：‘正其心。’”其反对君主之才智独运，主张广开言路，集众人之聪明以临天下，则王通有云：“议，其尽天下之心乎！昔黄帝有合宫之听，尧有衢室之问，舜有总章之访，皆议之谓也。大哉乎！并天下之谋，兼天下之智，而理得矣。我何为哉？恭己南面而已。”①其强调必以公天下之心以处天下之事，则王通有“正主庇民”之说：“房玄龄问正主庇民之道，子曰：‘先遗其身。’曰：‘请究其说。’子曰：‘夫能遗其身，然后能无私；无私，然后能至公；至公，然后以天下为心矣，道可行矣！’”②其思慕管仲、王猛之事业，叹其不作久矣，则王通云：“齐桓尊王室而诸侯服，惟管仲知之。苻秦举大号而中原静，惟王猛知之……其应天顺命，安国济民乎！……三十余年，中国士民，东西南北自远而至，猛之力也。”③“王猛有君子之德三焉，其事上也密，其接下也温，其临事也断。”④如此之类，不遑细举。在陈亮之前，推崇王通的虽大有人在，但对其学术不仅特为表彰，且能较为全面地继承其学术思想并为深入阐发而又造成重大影响的，则推陈亮为第一。

但是另一方面，陈亮又充分扬弃了王通思想中他认为不合时宜的因素。如王通以佛为“圣人”，主张儒、道、释“三教可一”，陈亮对此持否定态度，但又认为非王通本人之说：

① 《中说·问易篇》。
② 《中说·魏相篇》。
③ 《中说·周公篇》。
④ 《中说·天地篇》。

"至于以佛为圣人,以无至无迹为道,以五典潜、五礼错为至治,此皆撰集《中说》者抄入之,将以张大其师,而不知反以为累。"[①]王通首唱"穷理尽性"之说,以道德与利欲相对立,主张"静以思道",认为"推之以诚则不言而信,镇之以静则不行而谨,惟有道者能之"[②]。此类观点实已导理学之初源。又赞扬所谓"无往而不适"的"天隐"[③],故以无言无辩,"终日乾乾"为理想的处世之道,认为"多言,德之贼也;多事,生之仇也"[④],"多言不可与远谋,多动不可与久处。"[⑤]"罪莫大于好进,祸莫大于多言。"[⑥]对于这些方面的思想观念,陈亮无论在理论上还是在实践上都未曾予以接受,这表明他在接受、融会前人之说的同时,是能充分注意到其自身理论之整体构成的统一性的。

第二节　陈亮与北宋诸子

陈亮学说除与王通之学有直接的继承关系以外,又于北宋诸子的某些思想观念多有借鉴吸取。他对南宋理学固然取极端反对的态度,但并不由此而否定北宋诸儒之学,恰恰相反,对"宋初三先生"以降直至二程的学说,他尝用心究详,并以为自得其言外之意,而予以高度评价。尝云:

---

① 《陈亮集》卷二十三《书类次文中子后》。
② 《中说·周公篇》。
③ 《中说·礼乐篇》。
④ 《中说·问易篇》。
⑤ 《中说·魏相篇》。
⑥ 《中说·关朗篇》。

本朝二百年之间，学问文章，政事术业，各有家法，其本末源流，班班可考，于两汉无所不及，而或过之。前辈递相授受，厥有准绳。渡江诸贤收拾遗余，无所坠失。不幸三四十年之间，废置不讲，后生小子不获闻前辈绪论，皆以为天下安有定法，各出意见，自立尺度，惟平者为合律，奇者为出伦耳。岂不悲哉！岂不痛哉！①

在他看来，北宋及南宋之初的学问文章都有本末源流可寻，其崇礼乐而修法度，甚至过于两汉，不幸的仅是三四十年以来道德性命之说兴起以后，学者张皇于幽眇之际，玩心于无形之表，以至于政事不修，而前辈之学术精神为之坠失无遗。有鉴于此，他尝刊刻沈文伯《春秋比事》、林勋《本政书》、杨时《中庸解》、胡安国《春秋传》等，编辑《伊洛礼书补亡》，采集程颢、程颐与张载“相与讲明法度”之论为《三先生论事录》，以为“三先生”之论足以正法度、立人极而达于圣人之用。又尝集周敦颐、二程、张载诸子之说，考其源流，编为《伊洛正源书》，“以备日览”。其序云：

濂溪周先生奋乎百世之下，穷太极之蕴以见圣人之心，盖天民之先觉也。手为《太极图》以授二程先生。前辈以为二程之学，后更光大，而所从来不诬矣。横渠张先生崛起关西，究心于龙德中正之地，深思力行而自得之，视二程为外兄弟之子，而

① 《陈亮集》卷二十七《与韩无咎尚书》。

相与讲切，无所不尽。世以孟子比横渠，而谓二程为颜子，其学问之渊源，顾岂苟然者！[①]

陈亮的这些学术活动，体现了他欲匡救当世学风的积极努力，也体现了他对北宋诸儒之学的重视与推崇。而其本人的学术观点，也往往融会了诸家之说，其中对其影响最大的恐怕还是程颐。

胡瑗、孙复、石介被称为“宋初三先生”，对宋代学术之昌明有导源之功，而对陈亮的学术思想，尤其是其特尚《春秋》的观点，则有直接影响。三先生皆深通经学，而以孙复为最。其于诸经又特重《易》与《春秋》，以为“尽孔子之心者大《易》，尽孔子之用者《春秋》，是二大经，圣人之极笔也，治世之大法也”[②]。欧阳修称孙复之治《春秋》，“不惑传注，不为曲说以乱经。其言简易，明于诸侯大夫功罪，以考时之盛衰，而推见王道之治乱，得于经之本义为多。”[③]据此，则孙复治《春秋》的特色在考时之盛衰，推见王道之治乱，而这一点也正为陈亮之所以特重《春秋》的原因，他同样确信圣人之用尽著之《春秋》，故诸经之融会须达于《春秋》之用。孙复既重《春秋》，遂强调赏罚之用：“赏所以劝善也，罚所以惩恶也。善不赏，恶不罚，天下所以乱也。”[④]将天下之所以乱归结为赏罚不明，往往为专尚《春秋》者的共同观点，陈

① 《陈亮集》卷二十三《伊洛正源书序》。
② 石介《泰山书院记》，引自《宋元学案·泰山学案》。
③ 《宋元学案·泰山学案》。
④ 《宋元学案·泰山学案》。

亮之说也正与此相合。

石介出孙复门下，为人刚健勇决，尚气节，往往极陈古今治乱成败以指切当世，虽谤议喧然，不为稍动，然对其师却推崇备至，以为“自周以上观之，圣人之穷者惟孔子；自周以下观之，贤人之穷者惟泰山明复先生”[①]。我们曾提到过石介的道统说，知其极推崇王通，而这一观点也同出孙复。孙复认为，“自汉至唐”，“始终仁义，不叛不杂者，惟董仲舒、扬雄、王通、韩愈”。宋代之特别推崇王通者，盖以柳开为最早，而陈亮之特尚王通之学，我们认为，极可能受此诸人的启发。石介曾专为揭示王通“三才之道不相离”、“天人之际甚可畏”的观点，认为“人亦天，天亦人，天人相去，其间不容发”，故“言人必言天，言天必言人”，“言人而遗乎天，言天而遗乎人，未尽天人之道也。”[②]此说显然也为陈亮所主。在《戊申再上孝宗皇帝书》中，陈亮谓“臣闻有非常之人，然后可以建非常之功”，此实闻诸石介无疑。石介云：“有非常之事，然后有非常之人；有非常之人，然后有非常之功。”[③]是为陈亮取说于石介的明证。石介又云：“道大坏，由一人存之；天下国家大乱，由一人扶之。古言‘大厦将颠，非一木所支’，是弃道而忘天下国家也。颠而不支，坐而视其颠，斯亦为不智者矣。”[④]其意实即强调道存于人，人必能扶道。而同样的意思在陈亮那里则被表述为道赖人以存，超世迈往之才

① 《宋元学案·泰山学案》。

② 《宋元学案·泰山学案》。

③ 《宋元学案·泰山学案》。

④ 《宋元学案·泰山学案》。

足以匡扶天下,“自古力足以当天下之任者,多只一个两个,便了一世事”[1],是也正所谓“道大坏,由一人存之”。这些例子表明,陈亮的某些观点有取于石介,盖无可疑。他与石介的性格颇有相似的方面,对“三先生”及李觏、梅尧臣等均甚为推重。然则其有启于三先生之学并吸取其某些观点,便为十分自然之事。

李觏俊辩能文,独具怀疑精神,尝著《常语辩》以极言孟子之非,其持论有与陈亮极相类似之处。如关于王霸问题,陈亮坚持王霸之道不抗,认为三代与汉唐之制的实质均为王道,其差别仅在于三代做得尽,汉唐做不到尽处而已。李觏则认为“皇帝王霸”仅为“人之号”,而非“道之目”,自汉迄唐,其“人之号”则“天子”而已,不得谓之霸。当商之未丧,“如使纣能悔过,武王不得天下,则文王之为西伯,霸之盛者而已矣。西伯霸而粹,桓、文霸而驳者也;三代而粹,汉、唐王而驳者也。”[2]是以西伯与桓、文同视为霸,三代与汉、唐同视为王,其间仅有纯驳之异而已。其持论实较陈亮更为明确。

欧阳修为一代文宗,又以史学著名,陈亮极尊之。欧阳修论《易》云:“圣人,急于人事者也,天人之际罕言焉,惟《谦》之《彖》略具其说矣。圣人,人也,知人而已。天地鬼神不可知,故推其迹;人可知者,故直言其情。以人之情而推天地鬼神之迹,无以异也,然则修吾人事而已。人事修,则

① 《陈亮集》卷二十八《又壬寅夏书(与朱元晦)》。
② 《宋元学案·高平学案》。

与天地鬼神合矣。”[①]此以为圣人罕言天人之际，陈亮之说或与此不同；然以为惟当急于人事，人事修则与天地鬼神合，则陈亮之说乃与此契合无间。欧阳修又释《同人》之卦云：“通天下之志者，同人也；类族辨物者，同物也。夫同天下者，不可以一概，必使夫各得其同也。人睽其类而同其欲，则志通；物安其族而同其生，则各从其类。故君子于人则通其志，于物则类其族，使各得其同也。”[②]陈亮为突出强调的必勉强行道以达天下之同心，使天下之人无失其性之所固有者，使天下之物皆能得其所而安，或也受欧阳修之说的启发。

王淮云：“朱（熹）为程学，陈（亮）为苏学。”[③]王淮与陈亮曾有交往，关系不恶，其说谅非无据。今《陈亮集》似乎未见有言及苏氏之处，然苏氏文名冠天下，其读过苏氏的著作当可肯定。观其所论，也确有与苏洵之说直接有关者：

其一，陈亮崇尚《春秋》，但认为《春秋》的根本精神在明赏罚以正王法，此天子之事，故不得视《春秋》为孔子之所自作。“其文则鲁史之旧，其详则天子诸侯之行事，其义则天子之所以奉若天道者，而孔子何作焉？孟子之所谓作者，犹曰‘整齐其文’云耳。”“夫《春秋》，天子之事也，圣人以匹夫而与天子之事，此王法之所当正也，不能自逃于王法而能正人乎？乱臣贼子其有辞矣。”“谓《春秋》孔子之所自作，宜非亮之所敢知也。”[④]照此理解，以《春秋》为孔子之所自作，

---

① 《宋元学案·庐陵学案》。

② 《宋元学案·庐陵学案》。

③ 《宋元学案·龙川学案》。

④ 《陈亮集》卷十《六经发题·春秋》。

则孔子乃“以匹夫而与天子之事”，此正为“王法”所不容，故不得以《春秋》为孔子之作。此说虽以《孟子·滕文公下》“《春秋》，天子之事也”为本，而实也源于苏洵《春秋论》：“赏罚者，天下之公也；是非者，一人之私也……赏罚人者，天子诸侯事也。夫子病天下之诸侯、大夫僭天子、诸侯之事而作《春秋》，而已则为之，其何以责天下？”“夫子之作《春秋》也，非曰孔氏之书也，又非曰我作之也。赏罚之权不以自与也。”①

其二，强调审时度势，知强弱之所在，实施政治改革以使宋朝雄强于天下，是苏洵政论的重要内容，而其观念之核心则是“权”。在他那里，“权”有权位、权宜、权谋等多重意义，其论兵之作名为《权书》，通变以达时措之宜是为权宜，而所以能行赏罚之公于天下则必得乎权位。陈亮论兵而重权谋，无异于苏洵；其论政而重通变，也两相契合。故在王霸问题上，二人之持论便极相近似。苏洵认为，“夫汤、武皆王也，桓、文皆霸也”，武王乘纣之暴，其治一出于礼义，其固为王者；“彼汤则不然”，乃“诛锄其强梗、怠惰、不法之人，以定纷乱，故《（礼）记》曰：‘商人先罚而后赏。’至于桓、文之事，则又非皆任刑也。桓公用管仲，仲之书好言刑，故桓公之治常任刑；文公长者，其佐狐（偃）、赵（衰）、先（轸）、魏（犨）皆不说以刑法，其治亦未尝以刑为本，而号亦为霸。而谓汤非王而文（公）非霸也得乎？故用刑不必霸，而用德不必王，各观其势之何所宜用而已。然则今之势，何为不可用刑？用刑何为不曰王道？彼不先审天下之势而欲应

① 《嘉祐集笺注》卷六，上海古籍出版社 1993 年版。

天下之务，难矣！”[①]苏洵既重“权”，遂特重“位”，认为“位，公也；道，私也；私不胜公，则道不胜位”。唯有“位”者方得行赏罚于天下，“位之权得以赏罚，而道之权不过于是非”。当周之末世，孔子虽得天下之道却不得天下之位，故“夫子以其权是非天下可也”；而《春秋》则赏罚天下，故不得以《春秋》为孔氏之书。[②] 此说在陈亮那里不仅表现为否认《春秋》为孔子之所自作，而且表现为以“位”为行道于天下的必要条件：“孔孟以天下之贤圣而适当春秋战国之乱，卒不得行其道以拯民于涂炭者，无其位也。《易》曰：‘天地之大德曰生，圣人之大宝曰位。’”[③]“不得其位，则此心何所从发于仁政哉？”[④]但是非常明显，陈亮并未接受苏洵以道为私之说，而在政治观念上，苏洵重“几权”的思想也是为其所充分淡化的。

其三，苏洵有一著名观点，认为“利者义之和也”。在他看来，“五色必有丹而色和，五味必有甘而味和，义必有利而义和。”故“利在则义存，利亡则义丧”，而若“义利、利义相为用，天下运诸掌矣”[⑤]。尽管“利者义之和”出于《易·乾·文言》，但苏洵在当时而重申此说，却是在学术界别树一帜。如果这一观点所强调的是义利之间的相须为用，甚至在某种意义上以“利在”为“义存”的前提，那么陈亮之普遍的功利要求，认为民生之实际利益的谋取即为根本之道义，便

---

① 《嘉祐集笺注》卷一《审势》。

② 《嘉祐集笺注》卷六《春秋论》。

③ 《陈亮集》卷三《问答上》。

④ 《陈亮集》卷二十八《又乙巳春书之一（与朱元晦）》。

⑤ 《嘉祐集笺注》卷九《利者义之和论》。

是“利者义之和”论的进一步发展。

理学兴起以后，学术兴趣转向存在之本体问题的理论探讨，而以个体在其生存的境域之中如何转换出其本质所固有的“至善”为其理论的终极关切。周敦颐、张载、邵雍、程颢、程颐，号为“北宋五子”，既为同时，又在学术上联系密切，同为理学的开创者并为这一学术潮流奠定了基本规模及其发展方向。上文提及，陈亮对北宋五子都怀着崇仰的态度，学术上也多取其说，除已曾提及的他与张载的学术联系以外，其取说最多的乃是程颐。这主要体现在以下几方面：

1. 世道有变易，古今有异宜，故须随时因革，以达于致治之极。程颐云：

> 愿陛下以立志为先……法先王之治，稽经典之训，笃信而力行之，救天下深沉固结之弊，为生民长久治安之计，勿以变旧为难，勿以众口为惑，则三代之治可望于今日也。①

“三代之治可望于今日”，即表明后世之治并非必然不如三代，而其前提则是在“法先王”、“稽经典”的同时实施某种制度的改革，“勿以变旧为难”，故程颐极重视“革之道”：

> 推革之道，极乎天地变易，时运终始也。天地阴阳推迁改易而成四时，万物于是生长成终，各得其宜，革而后四时成也。时运既终，必有革而新之

① 《程氏文集》卷五《为家君应诏上英宗皇帝书》。

> 者。王者之兴，受命于天，故易世谓之革命……天道变改，世故迁易，革之至大也，故赞之曰，革之时大矣哉！[①]

在他看来，"变旧"或"革之道"是合乎阴阳终始之理的，它是天道之无言的昭示，为人事所当效法的极则。自然的一切万物在适时变革之中获得其生命的更新与恒久，社会的政治制度也须在适时变革中焕发其旺盛生机才能垂之久远。"革而能照察事理，和顺人心，可致大亨，而得贞正"，然"天下之事，革之不得其道，则反致弊害"，故行革之道，必须慎重，且须具备一定的条件。程颐认为，"时"、"位"、"才"三者之兼备，是推行变革之道的必要条件："变革，事之大也，必有其时，有其位，有其才，审虑而慎动，而后可以无悔。"[②]变革的目的是使万物各得其所，万事各当其宜，故"随时"便有其特殊的重要性：

> 君子之道，随时而动，从宜适变，不可为典要，非造道之深，知几能权者，不能与于此也。[③]
>
> "礼，孰为大？时为大"，亦须随时。当随则随，当治则治。当其时作其事，便是能随时……故学者患在不能识时。"时出之"，亦须有溥博渊泉，方能出之……故笾豆簠簋，自是不可施于今人，自时

① 《周易程氏传》卷四《革》。
② 《周易程氏传》卷四《革》。
③ 《周易程氏传》卷二《随》。

不相称，时不同也。时上尽穷得理……殷因于夏，周因于殷，损益可知。嘿观得者，须知三王之礼与物不必同。自画卦垂衣裳，至周文方备，只为时也。若不是随时，则一圣人出，百事皆做了，后来者没事。又非圣人智虑所不及，只是时不可也。[①]

三王之法，各是一王之法，故三代损益文质，随时之宜。[②]

在这一点上，程颢持论也完全一致，如云：

时者，圣人所不能违，然人之智愚，世之治乱，圣人必示可易之道，岂徒为教哉？盖亦有其理故也。[③]

识变知化为难。古今风气不同，故器用亦异宜。是以圣人通其变，使民不倦，各随其时而已矣。[④]

"随时"的实质是要求对现行制度施以合乎时宜的变革，它是以古今异宜的确认为前提的。基于这一确认，某些制度的死亡与更新便是特定历史条件之下的不得不然，三代之因革损益即是"随时之宜"，故"随时而动，从宜适变"便是"不可为典要"之"君子之道"的可执之道。而在陈亮那里，强调

---

① 《程氏遗书》卷十五。
② 《程氏遗书》卷十七。
③ 《程氏遗书》卷十一。
④ 《程氏遗书》卷十一。

事随世变，古今异宜，认为“祖宗家法”已不合时宜而不足恃，故须通其变以实施各种制度的改革，使万物不失其所而各得其宜，正为贯彻于其思想之各个方面的基本观念。由上引二程之说可见，陈亮的这一基本观念至少与二程之说不相违异。他是确认历史有其纵向发展之必然性的，这种必然性即体现于制度之传承过程中的随时增损，通过必要的变革而使之切合于特定的历史现实。承认三代政治的典范性，并不表示必须实行三代的某些具体措施，而只是要奉行通其变使民不倦这一根本原则。以特定的历史现实或天人之际之切实究详为基础而制定出来的治具条划，在相应的历史阶段上，它必然是切实有效的，故虽不必行三代之法，却依然可臻三代之盛。在这一点上，陈亮之论又与二程之说保持了一致。程颐在“勿以变旧为难”的前提下认为“三代之治可望于今日”，程颢则是在强调“通其变使民不倦”的同时更断言“若三代之治，后世决可复”的。① 此外，程颐以时、位、才三者为变革的基本条件，显然也对陈亮有一定影响。

2. 陈亮以三才论道，强调天地人之间的和谐统一，固然继承了王通之说，但与此同时，以道为唯一，认为天地之道即是人之道，必与人事不相违离，其实又与程颐之论相合。《程氏遗书》卷18云：

问曰：“人有言：尽人道谓之仁，尽天道谓之圣。此语如何？”曰：“此语固无病，然措意未是。安有知人道而不知天道者乎？道一也，岂人道自是人道，

① 《程氏遗书》卷十一。

天道自是天道？《中庸》言‘尽己之性则能尽人之性，能尽人之性则能尽物之性，能尽物之性则可以赞天地之化育’，此言可见矣。杨子曰：‘通天地人曰儒，通天地而不通人曰伎。’此亦不知道之言。岂有通天地而不通人者哉？如止云通天之文与地之理，虽不能此，何害于儒？天地人只一道也，才通其一，则余皆通。如后人解《易》，言‘乾天道也，坤地道也’，便是乱说。论其体，则天尊地卑；如论其道，岂有异哉？”

按照这里的阐释，天地人之道不可分立而为言，三者虽体有不同，而道则无异，故“天地人只一道也，才通其一，则余皆通”。而在道的观念上，陈亮所强调的正是天地人三者的并立而不相离异，强调道是三才的共相统摄，故“人不立则天地不能以独运”，舍人不可以为道。在确认道的唯一性并且它不能脱离于人之现实的实践性这一点上，陈亮与程颐之说显然为相互和谐。陈亮依据其道的观念而突出强调了人之主动的实践精神，断言人能实施对道的干预，从而将道的本质归结为人道本身。这一观念曾深为朱熹所排斥，但实质上却可视为程颐之说的合理引申。如果天地人只一道，绝非天道自是天道，人道自是人道，那么尽人道便是尽天地之道，中间更无转折。陈亮极以人事为当务，而程颐亦云：“世事虽多，尽是人事，人事不教人做，更责谁何？”[①]如果不否认尽人事为人道的固有职责，那么毫无疑问，这同时就是对天地之道

① 《程氏遗书》卷十五。

的实践，按照陈亮的理解，便是对天道的干预。实际上，人能实现对于道的适时干预的确尝为儒家经典所肯定，如果纯粹否认这一点，那么其他且不论，仅是"赞天地之化育"这一为理学所追求的人道的最上境界，即便是理论上也永远都没有可能。但是从朱熹的反驳之中，我们又正好可以反观出陈亮关于道的观念在与程颐之说保持某种和谐的同时又有其差异，而最重要的一点恐怕就是陈亮拒斥了道之超验的绝对性而将它充分纳入于现实的经验世界，从而将它纯粹归结为人道本身，这样，在现实的全部领域当中，人道或人的主体实践性便始终居于主导性位置。而在程、朱那里，天道或天理之超验的绝对性恰恰是被充分强调的，它实质上居于人事之上，并且规定了人事的合理性取向。故所谓"天地人只一道"，在更深层的意义上，乃是强调了人事在合理性之前提下之于天道的无限逼近。

3. 陈亮阐明了道德与功利的统一，支撑这一观念的理论基础是仁为"天下之公理"，"心主于仁"即是要求以天下之公为心，故个体通过其积极的经验活动而实现出民生之利益的普遍增进，以至于"道旁无弃物而民无不厌于心者"，固然必体现为现实性上的功利，而在一般价值判断上，这种功利又只能是被界定为道德的，也即是善的。以"公"说仁，以义利之辨即为公私之辨，是陈亮功利之说的理论依据，而这一观念实源出程颐。程颐云：

> 仁之道，要之只消道一公字。公只是仁之理，不可将公便唤做仁。公而以人体之，故为仁。只为公，则物我兼照，故仁所以能恕，所以能爱；恕则仁之

施，爱则仁之用也。①

公则一，私则万殊，至当归一，精义无二。人心不同如面，只是私心。②

孟子辨舜、跖之分，只在义利之间。言间者，谓相去不甚远，所争毫末尔。义与利，只是个公与私也。③

陈亮尝云：“昔先儒有言：‘公则一，私则万殊。人心不同，如其面焉，此私心也。’呜呼，私心一萌，而吾不知其所终穷矣！”④此所谓“先儒”，乃确指程颐无疑。而陈亮的这一引述，又为其观点有取于程颐提供了明证。

实际上，陈亮对程颐学说的吸取绝不仅限于以上三点，如在一般政治观念上，程颐云：“治道亦有从本而言，亦有从事而言。从本而言，惟以格君心之非，正心以正朝廷，正朝廷以正百官。若从事而言，不救则已，若须救之，必须变，大变则大益，小变则小益。”⑤此说实可以毫无牵强地被理解为陈亮自乾道五年以后屡次上书及体现于《廷对》的中心思想。陈亮认为圣人之用尽著之《春秋》，而二程云：“《春秋》，圣人之用。《诗》、《书》如药方，《春秋》如用药治疾，圣人之用全在此书。”⑥陈亮以为天地之间，触物皆道，而二程云：

① 《程氏遗书》卷十五。
② 《程氏遗书》卷十五。
③ 《程氏遗书》卷十七。
④ 《陈亮集》卷十《经书发题·孟子》。
⑤ 《程氏遗书》卷十五。
⑥ 《程氏遗书》卷二上。

“道之外无物，物之外无道，是天地之间无适而非道也。”[①]尽管陈亮之意未必即二程之意，然其语句至少是颇为接近的。这些表明，程颐与程颢的学说在陈亮思想的整体构成中曾起过相当重要的作用，元代刘壎认为陈亮“其于理学，则以程氏为本”[②]，绝非毫无根据。但陈亮对二程某些思想观点的吸取，不仅未曾使他成为理学的信徒，而且其学说总体面貌正与理学大异其趣，终至遭到得二程之“正传”的朱熹的激烈非难，这种学术在历史发展过程中的分合异同，正需在研究过程中作历史的细致分析。

对陈亮思想之历史渊源的简单追溯表明，陈亮对各种学说的吸取都是有条件的，这就是他曾为申明的切于当世之现实利用的基本原则。正因如此，他在吸取众家之说的同时又能充分保持其自身思想的统一性，可谓杂而不乱，又能于前人之说翻新其意，而终以其特殊风貌于南宋思想界别树一帜。以上所述又表明，所谓陈亮之学无所承接的观念应须改变，所谓陈亮“反儒”的问题仅是杜撰，即便其“反理学”的一般衡定也须作更进一步的分析。陈亮以社会之现实事务为关切对象并以民生之实际利益的普遍增进为目的的哲学与伦理学思想，实质上是在崇尚个体之道德价值的同时又延展了道德的实践领域，并由此而确立了一种新的价值判断模型。因此在总体上，陈亮的学说，应视为以个体道德为本位的儒学，尤其是理学之理论限阈的拓展与深化。

---

① 《程氏遗书》卷四。

② 《隐居通议论陈龙川二则》，《陈亮集》附。

第九章　陈亮思想的传播与“永康学派”

在当时的时代背景之下，陈亮的学说实际上代表了一种以振兴国势、图谋富强、恢复中原为基本目的的社会改革思潮。如果北宋灭亡的史实毕竟未被世人所忘怀，而南宋衰弱的现实又足以激起人们的发扬踔厉之气，则陈亮的学说便具有获得其传播的社会心理基础。这恐怕正是其思想在当时获得相当广泛而又强大的社会反响的真正原因，是一种特定的时代效应。本章除简述陈亮思想的传播及“永康学派”的几位主要人物以外，还将就陈亮之学与永嘉学派及婺学之间的异同作一简要分析。

第一节　陈亮思想在当时的传播

陈亮的学说是以一种崭新的面貌呈现于世人面前的，尽管其思想本身没有十分玄妙的理论思辩，没有精深缜密的体系之建构，但其议论精辟，陈言高放，洋溢着慷慨激扬之气，足以振奋人心，且又切中时弊，极能符合要求社会进步、民族强盛、收复故土这种普遍的社会心理；其本人之处事的率真坦直，时有不拘小节的狂态，其生活上的困顿颠踬，以至于再陷囹圄，颇为其生平添了几分传奇色彩；自乾道八年开始，陈亮一直从事于讲学活动，门下弟子不少；他与朱熹的数年笔战，引起了学术界的普遍关注；凡此种种，皆促成了陈亮思想在当时学界的迅速传播。

朱、陈关于三代汉唐之辩，虽绵延数年而最终未能达成一致的见解，但其影响却是巨大的。及朱熹既殁，南宋学术的鼎盛时代也随之结束，学说的相对统一渐趋于多样化。吕皓云："盖自东莱、晦庵二三儒先生相继长往，东南之士，十十五五，各自雄长，有类乡村团结保伍，斩木揭竿，各自标号，而无所统属。龙川于此时不能表尔堂堂之阵、正正之旗，师出以律，乃反身入行队中，欲人折其木而夺其竿，固宜保伍纷迸四出，人与为敌，虽身死而论未定也。"①所谓"东南之士，十十五五，各自雄长"，"无所统属"，是学术之相对统一局面既经打破以后所出现的情形，在吕皓看来，这并不可取，因此论及陈亮不能于东莱谢世以后，表尔"堂堂之阵、正正之旗"，出以领袖士林，"乃反身入行队中"；这一观点正与当年倪朴致书陈亮希望他"进为小子后生之矜式以绍郑（伯熊）、吕（祖谦）二公后"遥相呼应。由此可见，理学之相对统一局面的打破，实际上正与陈亮学说的传播有极大关系，尽管陈亮"虽身死而论未定"，但其思想已然产生了巨大的时代效应却是可以断定的。吕皓自谓"尝暇日取龙川陈公与晦庵

① 《云溪稿·与水心先生叶侍郎书》，续金华丛书本。

朱公往复辨说王霸之淳驳与夫汉唐之要略，推析而锱铢之，疏其目，为书几万言”，而求正于叶适。叶适复书谓其“讨论精确如此，某岂不能赞一语之决，要是面前人各持论未定，不欲更注脚，徒自取烦聒”①。此既可见叶适论学态度的慎重，也可见朱、陈之辩在当时学界是为人们所讨论的一个热门话题。

实际上，朱、陈论辩在其尚在继续的同时就对学术界产生了深刻影响，引起了强烈的反响。今《陈亮集》虽未保留这方面的资料，但在朱熹文集中却有很多资料可资寻绎。而从他对其后学的谆谆教诲之中，却又足以反观出陈亮思想在学界传播的一般情形。

朱熹尝云：“海内学术之弊，不过两说：江西顿悟，永康事功。若不极力争辩，此道无由得明。”②足见他是将陈亮的学说完全置于理学的对立面的，以为有“极力争辩”之必要。而当时的实际情形却是，“陈同父学已行到江西，浙人信向已多，家家谈王霸，不说萧何、张良，只说王猛；不说孔孟，只说文中子。可畏可畏！”③“近日一派，流入江西，蹴踏董仲舒，而推尊管仲、王猛。又闻有非陆贽而是德宗者，尤可骇异！”又云：“倾岁入浙，从士大夫游，数月之间，凡所闻者，无非枉尺直寻，苟容偷合之论，心窃骇之。”“婺州近日一种议论愈可恶，大抵名宗吕氏，而实主同父，深可忧叹！亦是伯恭有以启之。”④可见陈亮学说的传播速度相当之快，不仅“浙

① 吕皓《云溪稿·水心叶先生哀辞》。

② 《朱子年谱》卷三上“淳熙十二年”下。

③ 《朱子语类》卷一百二十三。

④ 均引自《朱子年谱》卷三上“淳熙十一年”下。

人信向已多”，且已“流入江西”，以至朱熹门下弟子也有改换门庭者。如《朱文公文集》卷三十五《答刘子澄书》即曾提到“后生中亦有一二可教，其一已入陈君保社”。对于“家家谈王霸”的情形，朱熹表示了极大的忧虑，认为这比陆九渊的“顿悟”之说更为学者心术之害，因为“江西之学只是禅，浙学却专是功利。禅学后来学者摸索一上，无可摸索，自会转去。若功利，则学者习之，便可见效，此意甚可忧”①，“陆氏之学虽是偏，尚是要去做个人。若永嘉、永康之说，大不成学问，不知何故如此。”②朱熹的忧虑骇叹，固然表现了他对于世情的关切，表现了他欲使海内学术归于统一的积极努力，但从中更可以看出陈亮思想在当时所造成的巨大影响，实际上已形成一股新的学术潮流，正所谓“顷来议论一变，如山移河决，使学者震荡回扰，不问愚智人，人人皆有趋时徇势驰骛功名之心，令人忧惧!”③这一潮流的出现，在朱熹看来，不仅骇人闻听，坏人心术，而且分裂了圣人之道，必将贻误后学，遗害天下，因此曾攻击不遗余力，以为“若不极力争辩，此道无由得明”，故尝“力为吕祖俭、潘景愈、孙应时辈言之”④。然一时风气所向，虽朱熹也不能力挽狂澜于既倒，正有“独力不能支之意”。他确信近来学风之丕变乃源于陈亮学说的散布流传，并尝以此咎责陈亮，故陈亮《丙午复朱元晦秘书书》有云：“子约、叔昌卒岁一番相见，不过寒温常谈，

① 《朱子语类》卷一百二十三。
② 《朱子语类》卷一百二十二。
③ 《朱子年谱》卷三上“淳熙十一年”下。
④ 《朱子年谱》卷三上“淳熙十一年”下。

而安得有所谓讲切者哉！来书问‘有何讲论’者，犹以亮为喜与人语乎？兼之浙间议论，自始至末，亮并不晓一句。”不管陈亮的自我解释是否可信，浙间议论“名宗吕氏而实主同父”却是实情，朱熹对浙学的非难，也主要针对陈亮而发，如陈荣捷所云：“朱子评浙学，大部以陈氏为对象也。”①

然朱熹学问深厚，辨识明敏，对于陈亮之学在浙间的传播，他也并不仅限于忧思愤懑，而是能深明其学术的主导方面，切中其与理学相分歧的根源，认为其所以“尊霸贱王”，关键即在从事于史学，故“深斥其所学之误，以为舍六经、《论》、《孟》而尊史迁，舍穷理尽性而谈世变，舍治心修身而喜事功”②。其《答沈叔晦书》云：“近日又有一般学问，废经而治史，略王道而尊霸术，极论古今兴亡之变，而不察此心存亡之端。若只如此读书，又不若不读之为愈也。”其《答吕子约书》，则直接指责从事于史学之非：

> 大抵此学以尊德性、求放心为本，而讲于圣贤亲切之训以开明之，此为切要之务。若通古今、考世变，则亦随力所至，推广增益以为补助耳。不当以彼为重，而反轻凝定收敛之实，少圣贤亲切之训也。若如此说，则是学问之道不在于己而在于书，不在于经而在于史，为子思、孟子则孤陋狭劣而不足观，必为司马迁、班固、范晔、陈寿之徒，然后可

① 《中国哲学辞典大全》“朱陈之辩”条。世界图书出版公司 1989 年版，261 页。

② 《朱子年谱》卷三上“淳熙十一年”下。

以造于高明正大简易明白之域也。夫学者既学圣人,则当以圣人之教为主,今六经、《语》、《孟》、《中庸》、《大学》之书具在,彼以了悟为高者,既病其障碍而以为不可读,此以记览为重者,又病其狭小而以为不足观,如是,则是圣人所以立言垂训者徒足以误人,而不足以开人;孔子不贤于尧舜,而达磨、迁、固贤于仲尼矣;毋乃悖之甚耶!

朱熹曾认为,"看史只如看人相打,相打有甚好看处?陈同父一生被史坏了。"①这一观点即便不足以充分说明他对史学的鄙夷,却亦足以说明他与陈亮及浙间学者之观点发生根本分歧的所在。陈亮的学说正以史学为其主干,他用以反驳道统说的是以人事活动为核心的历史现实之运动的实迹,他所坚持的究天人之际、通古今之变、达时措之宜的根本主张正源于司马迁的基本史学方法。而理学所坚持的道统说,应该说,充其量只是某种观念的历史抽象,而不是关于历史之现实运动的概括,因此,当它遇到如陈亮之观点的挑战之时,便确乎会陷入某种窘境。而实际上,道统说既是理学所从建立的观念前提,更是其权威性的基石,设若人人皆陷于历史运动之实迹的追寻与古今兴亡之事变的推究,则"斯道何由得明"?故朱熹之反对治史,痛斥浙东学风,不仅诟詈陈亮、指责陈傅良、叶适,且往往追咎于吕祖谦,正在于他确信治史风气之炽盛必将构成对理学的严重威胁,因此之故,其辩浙学的态度较之辩陆学乃尤其坚决,其语气也更为激烈。

① 《朱子语类》卷一百二十三。

然从朱熹的以上论说之中，我们正可以明显地看出这样几点：

1. 陈亮学说在当时的传播，速度较为迅速，其范围则主要在浙东地区，并及于江西一带。

2. 陈学的传播造成了其影响所及范围之内的学风之转变，学术的兴趣转向史学以及现实社会事务的关切。

3. 这一传播的结果即形成了一种新的学术潮流，打破了学术的相对统一局面，从别一方面启迪了人们的思想，从而促进了当时学术的繁荣。

第二节 “永康学派”的形成

在陈亮学说的传播过程中，形成了所谓“永康学派”。陈亮弟子众多，万斯同《儒林宗派》卷十一列陈氏门人喻侃以下十八人，《宋元学案·龙川学案》列喻民献以下三十四人，但因时代遥远，史料湮没，即便在这些尚有名姓可考的陈门弟子之中，也极少有学术价值的资料留存下来。故本节仅就现有资料可证的范围，略叙其有代表性的几位人物，聊以窥当时一方学术之盛而已。

喻民献，原名汝方，义乌人。其父喻师(字夏卿)与陈亮友，故其遣从之学。民献与其从子喻侃同入太学为诸生，其母王氏勉使力学，而卒能以学问自见于乡闾。①

喻侃，字伯经；本名柟老，后改名宏，复改名侃；义乌人。由太学诸生登宁宗庆元己未(1199)进士第，历任宣城

① 《陈亮集》卷三十六《喻夏卿墓志铭》、卷三十七《喻夫人王氏改葬墓志铭》。

县尉、宜春县丞、签书镇南军节度判官厅公事。幕中多新进少年，议论不合，遂请祠而归。筑室夫人峰下，自号芦隐。尝著《随见类录》二百卷、《芦隐类稿》五十卷，以论六经之功用为主，今皆不存。

喻侃性格雄豪，善谈论古今，往往目光如注，气轩轩出鼻吻间，人莫能抗。宁宗开禧二年(1206)，金人犯淮，时喻侃为宣城尉；府檄令其与县令押送军粮至前沿，县令畏缩不敢前，侃则奋然不顾艰难，独行前往，卒致军粮于濠。其为宜春县丞，当地居民善讼，然其处事谅直，听必以情，民退无后言；凡诉台部者，必曰："得宜春丞一听，死无憾!"故甚为时人所称赏。在学术上，喻侃最得陈亮之学的精神，终身守之而不渝。陈亮崛起之初，侃即与其从弟从父共同往学，且独为诸生倡，以为陈亮之说明白简大，坦然易行，致群从者达数十人。又为布列纲纪，发为辞章，扶持而左右之，使亮之门恶声不入于耳，高名出于诸老之上者，皆喻侃之功。当陈亮陷狱之际，喻侃又出而号召同门，极力营解。陈亮尝感喟："此生死而肉骨也!"时人也壮其义行。①

喻南强，原名宽，字伯强，喻侃从弟。其父以其与陈亮性格相似，使从之学。于诸弟子中，南强能探深索隐，颇得其精要，陈亮称之"凛然可畏"。庆元中，连贡于乡，入太学，为富阳县尉，后调缙云县丞，未上，卒，年七十一。著有《梅隐笔谈》14卷，今不存。当陈亮陷狱，南强与其从兄侃皆竭力营救，南强尤义形于色，指责同门，以为先生无辜受祸，

---

① 参《陈亮集》卷三十七《喻夫人王氏改葬墓志铭》、明崇祯重修《义乌县志》卷十二《人物·儒林》、《宋元学案·龙川学案》。

为弟子者当怒发冲冠。遂力为奔走，终解陈亮之狱。[①]

孙贯(1153～1175)，原名懋，后陈亮为改名贯，字冲季，永康人。陈亮下帷之初，孙贯即来从学，其质性颖悟，力学不辍。从学四年，忽染病死。陈亮哭之恸，率众弟子亲临其穴，并为志其墓。[②]

钱廓(1154～1183)，原名扩（与当朝的与宋宁宗赵扩同名），陈亮为改名廓，字叔因，浦江人。少孤，性沉静和雅，语如不能出口，其于世故淡泊，为人孝友慈爱。不喜时文，从陈亮学，志意甚锐。及归，以文行称于乡里，乡之大人长者相与延誉，或折辈行与之交。不幸早卒，陈亮与叶适均甚为遗憾，以为“使得共学以至于今，不但侪辈之不能及，固吾尊行之所共畏也”[③]。

丁希亮(1146～1192)，字少詹，黄岩人。初师事叶适，后变名姓往永康从学于陈亮。陈亮一见奇之，谓“是人目荦荦，神谔谔，非妥帖为学徒者。且吾乡里不素识，得非岩穴挺出之士耶!”后复问学于吕祖谦。于是一时硕师良友，名言奥义，贯穿殆尽。虽常服补褐而饭疏食，然其为学益力，夜诵逮晨，手抄满屋，纵笔所就，词雄意确，论事深眇，皆有方幅。极为叶适所叹赏。[④]

吕祖俭(？～1196)，字子约，金华人，吕祖谦之弟，尝受业于祖谦。淳熙九年(1182)官明州（今宁波），十四年

① 参崇祯重修《义乌县志》卷十三《人物》、《宋元学案·龙川学案》。

② 参《陈亮集》卷三十五《孙贯墓志铭》。

③ 参《陈亮集》卷三十五《钱元卿墓碣铭》、卷三十六《钱叔因墓碣铭》。

④ 参叶适《水心文集》卷十四《丁少詹墓志铭》、《宋元学案·水心学案》。

(1187)去任，前后凡六年。时明州有“甬上四先生”杨简、袁燮、舒璘、沈焕，除舒璘宦游他乡以外，其他皆于当地从事讲学，吕祖俭以其所学讲于诸书院，议论风发，颇为时人所折服。甬上学者遂以其代舒璘，也号为“四先生”。宁宗即位，官大府丞，以上疏论救赵汝愚，贬韶州，后移筠州，卒于任所。著有《大愚集》，今不存。①

吕祖俭交游广泛，所学颇博，既得父兄中原文献之传，又与甬上、永嘉学者相交往，既曾问学于朱熹，又笃意于陈亮之学。陈亮尝云：“子约以其兄之故，亦相与如骨肉。”②足见其交谊之深。他与陈亮的关系，盖介于师友之间，在学术上，则是陈亮之学实际上的坚决倡导者与有力传播者。这从朱熹的有关议论之中可以得到确证：

> 婺州自伯恭死后，百怪都出。至如子约，别说一般差异底话，全然不是孔孟规模，却做管、商见识，令人骇叹！然亦是伯恭自有些拖泥带水，致得如此，又令人追恨也。③
>
> 伯恭无恙时，爱说史学，身后为后生辈糊涂说出一般恶口小家议论，贱王尊霸，谋利计功，更不可听。④
>
> 子约为人固无可疑，但其门庭近日少有变异，而

---

① 参《宋元学案·东莱学案》。

② 《陈亮集》卷二十九《与张定叟侍郎》。

③ 《朱文公文集》卷三十五《与刘子澄》。

④ 《朱文公文集》卷三十五《与刘子澄》“七月九日”书。

流传已远,大为学者心术之害。故不得不苦口耳。①

可怜子约一生辛苦读书,只是竟与之说不合。②

吕子约死,先生曰:子约竟赍著许多鹘突道理去矣。③

由此可见,朱熹虽力为吕祖俭、沈焕等人讲明圣学宗旨,但始终未能说服吕祖俭,他最后仍是赍着许多在朱熹看来是荒唐“鹘突”的道理去的。而祖俭之说,由朱熹对其批评中更可看出,其大旨在倡导陈亮所主的功利之学,则绝无可疑。吕祖俭也有“汉唐之论”,故朱熹谓其“流入于功利变诈之习”,“却是教坏后生”④,而所谓“其门庭近日少有变异”、“贱王尊霸,谋利计功”、“大为学者心术之害”,则更为其转向陈亮之学的明证。故浙间士人“名宗吕氏而实主同父”,至于“家家谈王霸”,以及“陈同父之学已行到江西”,在很大程度上实得力于吕祖俭的学术活动。因此,将吕祖俭作为“永康学派”的主要代表者之一,应是较为恰当的。

但与此同时,吕祖俭又得其父兄中原文献之传,在这一意义上,他又传婺学而不仅仅是永康之学。然作为吕氏家学的文献之学,实以史学为主,这一点遂与陈亮的学术精神极相

---

① 《朱文公文集》卷三十五《答沈叔晦书》。

② 《朱子语类》卷一百二十二。

③ 《朱子语类》卷一百二十二。

④ 参见《朱子年谱》卷三上“淳熙十一年”下。

合拍，故朱熹谓“浙间学者推尊《史记》”，“婺州士友只流从祖宗故事与史传一边去。”[①]又云：“伯恭、子约宗太史公之学，以为非汉儒所及，某尝痛与之辨……(司马)迁之学，也说仁义，也说诈力，也用权谋，也用功利，然其本意却只在于权谋功利。”[②]按照朱熹的理解，功利之学之所以独盛于浙地，乃在于浙间学者推尊史学，而司马迁正是说权谋功利的代表。然则我们确认朱、陈之辩的核心问题实为历史观念，并以此来作为其学说的基本分野，便有朱熹本人的论说为充分依据。而综观朱熹对陈亮之学与浙间学风的种种批评，我们又可以看出这样一种基本事实，即作为相对独立的所谓“永康学派”实际上并未流传很久，陈亮去世以后，永康之学便与婺学合流，而形成了以历史研究为主要特色的一派学术。朱熹谓“今来伯恭门人却亦有为同父之说者，二家打成一片”[③]，是为明证。宋以降浙东史学之盛，无不以经世致用为倡导，溯流讨源，乃与吕、陈之学的合流有很大关系，而对这一学术的合流起过重要作用的，正是吕祖俭。

第三节 陈学与婺学及永嘉之学

陈亮之学与以吕祖谦为代表的婺学以及以陈傅良、叶适为代表的永嘉之学，在理论上多相合拍，其个人之间的交谊也最厚。三方既地缘相接，而人物往还，共同切磋学术，相

① 《朱子语类》卷一百二十二。
② 《朱子语类》卷一百二十二。
③ 《朱子语类》卷一百二十三。

与砥砺德行，遂形成较为统一的学风，而蔚为一方学术之盛，以至言南宋浙学者，舍此三者而无他。然其基本精神之统一，并不能排除其具体理论与主张的相异。现就此作一极为疏略的讨论。

（一）**陈学与婺学**。　吕祖谦之学以“中原文献之传”为其渊源，特长于经史之学，同时又以理学而与朱熹、张栻相颉颃，相与上下其论，发明心性奥义。其学问既博洽古今，为人也宽厚和易，常使人如沐煦阳。他尝为调解朱熹与陆九渊之间的理论分歧而主持“鹅湖之会”，而在哲学思想上，实际上也折衷于朱、陆之间，明显地表现出统合理、心之学的倾向，比如他是将“理”与“心”同视为哲学上的最高范畴的。以经史之学为其学术骨干以及对朱、陆之说的理论统合，既体现了其学术之“杂博”的一面，同时又表现为其本身的一种特色。在心性问题上，他坚持性善说，认为人心为私心，道心为本心，故须存本心而去私意，且须拔本塞源，令毫发不留。但在理欲问题上，他在坚持“窒欲”的前提下又论述了理欲之统一的一面，认为“天理常在人欲中，未尝须臾离也”[①]，“盖降衷秉彝，固纯乎天理也，及为物所诱，人欲滋炽，天理若泯灭，而实未尝相离也。同体异用，同行异情，在人识之尔。”[②]理欲既未尝相离，甚至为同体而异用，即意味着人都未免于利欲之私，而通过某种制约手段使利欲不至过于“滋炽”便为必要，因此他又认为“利者，义之和也……盖

① 《东莱博议·秦取梁新里》。

② 《东莱集》卷三《与朱侍讲》。

义之和处，即是利也。苟有徒义徒利之辨，则非矣”①。此说显然与朱熹关于理欲为对立之两极的观点不同，而与陈亮所坚持的以公天下之心谋天下之利即是义、即是行道的观点颇相一致。在知识的价值问题上，吕祖谦强调其实用价值的现实转换。就个体而言，这种知识的效用首先体现为变化气质，实现自我的道德完善；其次是发为事业，齐家治国，以至于经邦弘化。因此，以“圣学”为先导而经略四方，兼济天下，将内在知识转换为合乎“圣学”目的的辉煌事业，在吕祖谦那里便被肯定为知识价值之终极还原的最后形式。在这一点上，他与陈亮的观点也同样是和谐的一面居多。在一般学术态度上，吕祖谦主于兼容并蓄，而陈亮之不攻异端，盖也受其陶冶。

然陈、吕之学的差异依然明显，除了学问本身有深广程度之不同以外，其理论上的差异也有数点可说：

1. 陈亮对当时的理学在根本上持反对态度，这一态度既与吕氏绝不相同，因此在哲学上便谈不上对朱、陆之学的折衷或统摄。“道常行于事物之间”这一基本观点，反而与张载之说有更为密切的理论联系，“一人之心，万化之原”的论说，便可视为他对陆学的某种倾向性，但陆氏之以心为本，乃有坚实的逻辑基础为其前导，陈亮在这方面则显得相当薄弱。

2. 吕氏坚持性本善说，陈亮则认为“才有人心便有许多不净洁”，认为人性是自然性与社会性的统一，较少抽象地谈论人性之善恶，其理论来源在很大程度上是《礼记》，并与荀子之说有某种较为直接的联系。这一观点的不同，导致其关

① 《东莱集·易说·乾》。

于个体之修养及道德之境界的观点多有差异。比如在陈亮那里，他并不强调必以惩忿窒欲为道德修养的必要前提，而只强调须将人的自然欲望导向为天下谋公利之途。

3. 吕氏与朱熹一样，坚持道统说，而陈亮则根本不承认有所谓“不传底绝学”。虽然吕氏在讲明心性的同时又倾其心力于历史研究，但即便在史学领域，吕氏重在典章制度的考订与历史事实的还原，陈亮则主要倾心于人物事迹的研究与古今事变的推寻，并要从中抽引出某种理论以指导现实世界的变革，故朱熹贬之，以为“陈同父读书，譬如人看劫盗公案……只要理会得许多做劫盗底道理，待学他做”①。

因此，就理论的一般表述而言，陈、吕之学的差异实为相当明显，但它们之所以最终能够合流，其根本原因仍在于陈、吕都致力于史学研究。正是在这一共同关心的领域之中，尽管其兴趣并不完全一致，但见解却多有契合。吕氏的功利观点及其理欲可相统一的见解，绝大多数均表现于其史学研究，故朱熹谓其“爱说史学”，“拖泥带水”，“有些霸术却忍不住放得出来，今害人之甚”。就历史研究而言，若纯然祛除其致用于现实的基本目的，则历史学的意义与价值便将黯然失色，因此吕氏基于历史研究而表现出以经世致用为主导精神的所谓功利思想，实际上便为非常自然。而这一点恰好又构成了他与陈亮之学相互统一的基础。对此，朱熹确乎有非常真确的见解：“伯恭之学，大概尊《史记》，不然，则与陈同甫说不合。同甫之学，正是如此。”“其学合陈君举、陈同甫二人之学问而一之。永嘉之学，理会制度，偏考究其小小

① 《朱子语类》卷一百二十三。

者，惟君举为有所长，若正则（叶适）则涣无统纪。同甫则谈论古今，说王说霸。伯恭则兼君举、同甫之所长。”①由此可见，陈、吕之学的精神契合处乃在于史学，此也正为其“两家打成一片”，最终得以合流的根本契机。

（二）**陈学与永嘉之学**。 永嘉之学肇始于宋初王开祖，奠定其学派规模的是以周行己、许景衡为代表的“永嘉九先生”；重振“九先生”之学的当推郑伯熊、伯英兄弟；转变其学风的则为薛季宣，而光大其学的乃是陈傅良、叶适。从北宋以来，学绪相承而缕缕不绝，永嘉遂焕然为学问之区，与婺学及永康之学并为浙学的重要代表。然周行己、许景衡均为程颐的及门弟子，“伊洛之学，东南之士，龟山（杨时）、定夫（游酢）之外，惟许景衡、周行己亲见伊川，得其传以归。”②故其说以洛学为宗，实为二程学派在浙江最初的一个分支。许景衡以后，永嘉之学尝一度衰微，及郑伯熊、伯英兄弟继起，“推性命微眇，酌古今要会，师友警策，惟以统纪不接为惧。首雕程氏书于闽中，由是永嘉之学宗郑氏。”至“乾、淳之间，永嘉学者连袂成帷，然无不以先生兄弟为渠率”③。然郑氏兄弟在继承洛学的同时，又特致力于经学，郑伯熊的经学成就尤大。郑伯英则性格峻健果决，有豪杰之气，论事发愤，必欲尽洗历朝弊政，其性格与陈亮颇为相似，故其友处之笃，良非无由。永嘉之学由以洛学为宗而转变为“以经制言事功”的事功学派，正发轫于郑氏兄弟，而真正完成这一这学风之转

① 《宋元学案·东莱学案》。
② 《宋元学案·周许诸儒学案》黄百家案语。
③ 《宋元学案·周许诸儒学案》黄宗羲案语。

变的实为薛季宣。薛氏之学，原本于经史，尤好《易经》，尝读之数百过，其学也必以开物成务为期，“于古封建、井田、乡遂、司马法之制，靡不研究讲划，皆可行于时。”[1]故全祖望谓“其学主礼乐制度，以求见之事功”[2]。薛氏早卒，其学未能抵其全量，而以其经制言事功的治学精神则在陈傅良、叶适那里有更为充分的体现。然陈傅良之学，其成就特在于经史，于古人经制、三代治法，非特讲论而已，且“年经月纬，昼验夜索，询世旧，缁吏牍，搜断简，采异闻，一事一物，必稽于极而后止”[3]。认为儒者之所以可贵，即在“其能通世务，以其所学见之事功”[4]。叶适则所学益为广博，不仅长于经史，在理论上也多有建树。就与陈亮的关系而言，永嘉诸子中以叶适为最密切，而其学术主张也相对更为切近一些。今略为言之：

1. 陈亮之反对儒学道统说，在根本上是以其历史观念为依据的；而叶适之否定道统，则以历史文献为依据，详考文献渊源及其授受关系，从而断言道统说所阐明的授受关系必有谬误。是陈、叶之反对道统说则同，而其所以反对之则异。

2. “道常行于事物之间”是陈亮在哲学上的一个基本观点，并由此演绎为道即现实而成为其历史观念的理论基石。叶适同样认为：“物之所在，道则在焉。物有止，道无止也。非知道者不能该物，非知物者不能至道。道虽广大，理备事

---

① 《宋史》本传。

② 《宋元学案·艮斋学案》。

③ 《水心文集》卷十六《宝谟阁待制中书舍人陈公墓志铭》。

④ 《止斋文集》卷十四《大理寺主簿王宁新知信阳军》。

足，而终归之于物。”①可见其关于道的观念颇相一致，故其在哲学上表现出浓厚的拒斥形而上学的倾向也相互一致。但是这种拒斥形而上学的精神，在陈亮那里，尽管由此而强调了实现知识价值之现实转换的必要性，却未曾由此而建立起较为完整的知识论体系；他是将这一精神充分延展于社会历史之运动过程的阐释的，并由此而建立了颇具特色的关于历史的哲学观念。而在叶适那里，其拒斥形而上学的精神恰好主要体现于知识论而不是历史的一般观念。物在则道在，故知物为至道之前提，惟知道为能该物，故至道复为知物之极致；物与道的必然联结及其互动关系的阐明，表述了叶适之基本的知识路线，他由此而建构了一个较为完整的知识论体系，从而为其事功思想的一般表述确立了理论基础。是陈、叶虽有共同的基本观念，却有颇不相同的致思趋向。

3. 叶适关于人性的观点是以经验为依据的，他不赞同对人性作一种逻辑上的先验设定，认为“古人固不以善恶论性也”，但又认为“孟子性善，荀子性恶，皆切物理，皆关世教，未易轻重也。夫知其为善，则固损夫恶矣；知其为恶，则固进夫善矣。然而知其为恶而后进夫善以至于圣人，故能起伪以化性，使之终于为善而不为恶”②。此论虽以孟荀之说未易轻重，而实则阴主荀卿。陈亮之说，正不以善恶论性，故其以经验为依据而立论的精神，两者实颇相吻合。而在理欲义利观上，叶适也强调了其统一的一面，如云：“仁人正谊不谋利，明道不计功，此语初看极好，细看全疏阔。古人以利与

① 《习学记言》卷四十七《吕氏文鉴一》。

② 《习学记言》卷四十四《荀子》。

人而不自居其功，故道义光明；后世儒者行仲舒之论，既无功利，则道义者乃无用之虚语尔。”[①]既无功利，则道义为无用之虚语，表明道义之落于实处，必有功利包含其中，故道义与功利可相统一。“以利与人而不自居其功”，实与陈亮所谓以公天下之心而谋天下之利并无二致。但另一方面，陈亮之说并未仅止于道德与功利之统一性的论证，而是更进一步以功利的实现作为道德在经验中之贯彻的必要条件，并以见之于经验的功利效果来衡量内在的道德价值。因此，陈亮实际上更坚持了功利主张的彻底性，他是真正将它提升为某种“主义”的。

4. 陈、叶二人都倾心于历史研究，但叶适的兴趣既与永嘉学统相承接，又与吕祖谦更为贴近，而与陈亮有所不同。因此在事功主张上，叶适及其他永嘉诸子都显得比较平稳，重视历代典制的研究以期为现实政事服务，陈亮则重视历史人物的活动及其与时势的关系，重视社会历史作为统一过程的整体诠释。故叶适的态度不如陈亮激烈，显得纡余宽平，言之有据，且不直接谈论王霸问题。叶适之经史之学的总体成就固非陈亮所能比拟，但就其关于历史的理解及其理论所臻深度而言，则不仅在南宋浙学诸派中显得相当突出，而且在整部中国学术史上都应占有一席重要地位。

全祖望在续修《宋元学案》时曾比较了永嘉、永康言事功之异，以为“永嘉以经制言事功，皆推原以为得统于程氏；永康则专言事功而无所承，其学更粗莽抡魁”[②]，又以为“永

① 《习学记言》卷二十三《汉书三》。

② 《龙川学案》全氏案语。

嘉功利之说，至水心始一洗之”[①]。此说屡为学者所征引，影响极大。谓“永嘉以经制言事功”，良是灼见。然所谓“以经制言事功”者，按照我们的理解，实体现为一种历史研究上的“古为今用”，它固然充分突出了历史学知识的现实效用，并且也更具有“学问”的色彩，但是另一方面，仅有典章制度与历史事实的具体研究实际上很难导向历史科学的真正建设；而就体现于这种具体研究中的事功主张而言，它也因受历史事实本身的制约而往往显得隐约，不仅未必能实现其用，而且也很难导向关于事功思想之系统的理论表述。故全氏谓“永嘉功利之说至水心始一洗之”，虽非全无根据，却断然为表象之见。叶适的功利思想，主要是通过其贯彻于经史研究中的怀疑精神，尤其是以实用价值为目的的经验论的知识论之建构来体现的，他并未洗去功利之说，反而是为这一主张建立了更为牢固的理论基础。但是叶适之功利思想的表述，至少在形式上，又确乎不如陈亮那么鲜明。然全氏谓“永康专言事功”，学“无所承”，实也未必尽然。陈亮之说虽无可以直接追溯的学统来源，但仍然植根于深厚的传统文化之土壤。而谓“其学更粗莽抡魁”，则恐怕又未能摆脱表象之见。实际上，陈亮的学说在本诸历史演变之实迹的同时又能超出具体的历史事件之描述，而达成某种理论约括，从而相对完整地表述了其历史的见解；以此为基础而引导出来的功利主义思想，遂不仅显示出具有历史文化本身的厚度，而且在理论上也有其相对的完整性与深刻性。如果前一方面有利于历史学的理论建设，则后一方面便开拓了当时人们的思维领域。在

① 《水心学案》全氏案语。

总体上,金华、永嘉、永康三家之学各有所长,正可相互补充,而若将事功主张作为一种相对独立的思想学说,而并不仅仅是一种治学取向或学术精神,则陈亮无疑更具有代表性。

参考文献

陈亮集(增订本)　邓广铭点校,中华书局 1987 年版。

陈亮年谱　童振福著,商务印书馆 1936 年发行。

陈龙川年谱　颜虚心著,商务印书馆 1940 年发行。

陈龙川传　邓恭三(广铭)著,独立出版社(重庆)1944 年印行。

宋史　(元)脱脱等,中华书局 1985 年版。

续宋编年资治通鉴　刘时举著,丛书集成初编本。

续资治通鉴　上海古籍出版社 1987 年版。

汉书　(汉)班固撰,中华书局 1962 年 6 月版。

后汉书　(南朝宋)范晔撰,中华书局 1965 年 5 月版。

世说新语　上海古籍出版社 1982 年版。

朱文公文集　四部丛刊本。

朱子语类　中华书局 1986 年版。

东莱集　金华丛书本。

东莱吕太史外集、别集　续金华丛书本。

叶适集　中华书局 1983 年版。

习学纪言　上海古籍出版社 1992 年景印四库全书本。

云溪稿　续金华丛书本。

四朝闻见录　四库全书本。

闻见后录　四库全书本。

程史　四库全书本。
桐江集　四库全书本。
浪语集　四库全书本。
止斋文集　四部丛刊本。
癸辛杂识　中华书局1988年版。
二程集　中华书局1981年版。
嘉祐集笺注　上海古籍出版社1993年版。
张载集　中华书局本。
通书　上海古籍出版社1992年景印四库全书本。
林下偶谈　丛书集成初编本。
养疴漫笔　说郛本。
倪石陵书　续金华丛书本。
唐氏遗书　续金华丛书本。
悦斋文钞　续金华丛书本。
朱子年谱　丛书集成初编本。
庶斋老学丛谈　丛书集成初编本。
孙子译注　郭化若译注,上海古籍出版社1984年版。
四书集注　中华书局1983年版。
艺概　上海古籍出版社1978年版。
词苑丛谈　上海古籍出版社1981年版。
词源　人民文学出版社1981年版。
陈亮龙川词笺注　姜书阁笺注,人民文学出版社1980年版。
唐宋词通论　吴熊和著,浙江古籍出版社1985年版。
叶适与永嘉学派　周梦江著,浙江古籍出版社1992年版。
康熙永康县志
崇祯重修义乌县志
文中子中说　上海古籍出版社1989年版。
王通论　尹协理、魏明著,中国社会科学出版社1984年版。

周易　十三经注疏本。
尚书　十三经注疏本。
荀子　诸子集成本。
宋元学案　黄宗羲全集本，浙江古籍出版社 1992 年版。
廿二史札记　(清)赵翼著，中华书局本。
吕祖谦评传　潘富恩、徐余庆著，南京大学出版社 1992 年版。
Hoyt Cleveland Tillman：Utilitarian
Confucianism：Ch'en Liang's Challenge to Chu Hsi. Harvard University.
文史通义　上海世界书局 1943 年版。
春秋公羊传　十三经注疏本。

索　　引

人名索引

二　画

三　画

四　画

五　画

六　画

七 画

八　画

九　画

十 画

十一 画

十二 画

十三 画

十四 画

十五 画

词语索引

四　画

五　画

六 画

七 画

八 画

九　画

十　画

十一画

十二画

十三　画

十四　画

十六画以上

后　　记

这本《陈亮评传》，自准备材料到最后改定，经二度春秋，三易其稿，然至此写《后记》之时，作者并无人们常说的那种"如释重负"之感，反而倍增惶惧之意。尽管古人有"文章千古事，得失寸心知"之说，但书稿究竟是好是坏、对学者有无助益，会在学界产生怎样的影响，则仍须等待读者诸君最为公正的最后裁判，而作者的"寸心"是无济于事的。

因此，我们无须在此表白写作过程的凄清孤寂与酸甜苦辣，此唯作者"寸心"知得已然足够；亦无须感慨学风未醇学问维艰人不我知，此唯患己之不自知不自为而已；尤无须对作者已然表述过的观点重申一番，此唯留诸读者慧心之辨识评判而已。然而，我们所得到的前辈学者之启导、学界同仁之鼎力帮助及其他方面的支持，则未敢忘怀，须表而出之。特郑重以书于次，以志感激：

本书第二章关于陈亮之生平事迹的叙述多得力于邓恭三

(广铭)先生所著之《陈龙川传》(重庆独立出版社 1944 年印行),尽管作者重新进行过细致的考订。

本书的写作提纲曾与浙江大学哲学系李明友教授进行过讨论,并蒙其提出过建设性意见。

责任编辑王步高教授不惮烦碎,不辞辛苦,不仅对编辑事务认真负责,且专为编制了本书"附录"的三个索引(作者定稿后即赴印度浦那大学作访问学者,未遑及此),尤可感怀。

浙江省永康市委宣传部、市文管会提供了本书卷首的数帧照片。

是为记。

作　者

1994 年 8 月 30 日

图书在版编目(CIP)数据

陈亮评传 / 董平、刘宏章著. —南京：南京大学出版社，1996.3(2007.11 重印)

(中国思想家评传丛书/匡亚明主编)

ISBN 978-7-305-02886-1

Ⅰ.陈… Ⅱ.董、刘… Ⅲ.陈亮(1143～1194)-评传 Ⅳ.B244.915

中国版本图书馆 CIP 数据核字(2006)第 003493 号

中国思想家评传丛书

陈 亮 评 传

董 平 刘宏章 著

南京大学出版社出版发行

社址：南京市汉口路 22 号 邮编：210093

电话：025-83596923 025-83592317 传真：025-83328362

网址：http://press.nju.edu.cn

电子邮件：nupress1@public1.ptt.js.cn

南京爱德发展有限公司 印刷

开本 850×1168 1/32 印张 15 字数 337 千

1996 年 3 月第 1 版 2007 年 11 月第 3 次印刷

印数 4001—5500

ISBN 978-7-305-02886-1

定价：38.00 元(精装)